国家社会科学基金项目
"社会主义国家多党合作的理论与实践研究"
（项目编号14BKS038）

一路走来

马克思主义多党合作的理论与实践研究

林怀艺 著

图书在版编目（CIP）数据

一路走来：马克思主义多党合作的理论与实践研究 / 林怀艺著. —北京：中央编译出版社，2021.8
ISBN 978-7-5117-3995-7

Ⅰ. ①一… Ⅱ. ①林… Ⅲ. ①多党合作 - 政治制度 - 研究 - 中国 Ⅳ. ①D62

中国版本图书馆 CIP 数据核字（2021）第 148085 号

一路走来：马克思主义多党合作的理论与实践研究

责任编辑	李媛媛
责任印制	刘　慧
出版发行	中央编译出版社
地　　址	北京西城区车公庄大街乙 5 号鸿儒大厦 B 座（100044）
电　　话	（010）52612345（总编室）　　（010）52612335（编辑室） （010）52612311（营销部）　　（010）52612315（新技术部）
传　　真	（010）66515838
经　　销	全国新华书店
印　　刷	北京中兴印刷有限公司
开　　本	710 毫米 × 1000 毫米　1/16
字　　数	359 千字
印　　张	22.75
版　　次	2021 年 8 月第 1 版
印　　次	2021 年 8 月第 1 次印刷
定　　价	90.00 元

新浪微博：@中央编译出版社　　　微　信：中央编译出版社（ID: cctphome）
淘宝店铺：中央编译出版社直销店（http://shop108367160.taobao.com）　（010）52612322

本社常年法律顾问：北京市吴栾赵阎律师事务所律师　闫军　梁勤
凡有印装质量问题，本社负责调换，电话：（010）52612317

目 录

绪 论 ··· 1
 一、国内外研究现状述评及选题的价值和意义 ················· 2
 二、研究的主要内容和基本观点 ······································ 16
 三、研究思路、方法和理论依据 ······································ 19
 四、成果特点和创新之处 ·· 22

第一章 民主、政党与政党制度 ·· 25
第一节 国家、民主与政党 ·· 25
 一、国家与社会 ·· 26
 二、专制政治与民主政治 ··· 29
 三、民主政治与政党 ··· 39

第二节 政党的本质、特征与功能 ·· 46
 一、政党的本质 ·· 46
 二、政党的特征 ·· 52
 三、政党的中介角色及其功能 ··· 59

第三节 政党制度与政党政治 ·· 66
 一、执政党、在野党、民主党派 ······································ 66
 二、政党制度 ··· 70
 三、政党政治 ··· 79

第二章 马克思恩格斯的政党学说和处理政党关系思想 …… 90
第一节 马克思恩格斯的政党学说 …… 91
一、无产阶级革命政党的产生与类型 …… 91
二、无产阶级革命政党的特性 …… 96
三、无产阶级革命政党的成长、发展是一个曲折的过程 …… 107
第二节 马克思恩格斯的处理政党关系思想 …… 111
一、处理政党关系是一个战略和策略问题 …… 111
二、处理政党关系应增强针对性 …… 116
三、处理政党关系应保持党的特质 …… 118
四、处理政党关系时应掌握领导权 …… 119
五、以科学态度对待执政和民主共和国 …… 122
第三节 马克思恩格斯的政党学说和处理政党关系思想的历史地位及当代价值 …… 125
一、马克思恩格斯的政党学说和处理政党关系思想的历史地位 …… 126
二、马克思恩格斯的政党学说和处理政党关系思想的当代价值 …… 129

第三章 中国在救亡图存中选择多党合作制度 …… 131
第一节 中国国民党从主张议会多党制转向一党专制 …… 132
一、孙中山的议会多党制主张及其夭折 …… 133
二、蒋介石的一党专制及其死路 …… 136
第二节 中国共产党在民主革命时期对处理政党关系的认识 …… 141
一、大革命时期：从坚决"攻击"到以妥协退让的办法"联合"其他政党 …… 142
二、土地革命战争时期：从将中间派别视为"最危险的敌人"到转变策略 …… 144
三、抗日战争时期和解放战争时期：通过有力举措正确处理政党关系 …… 147
第三节 多党合作制度是中共和各民主党派的共同选择 …… 154
一、民主党派的"中间路线"主张及其根本转变 …… 155

二、民主党派接受中共的领导及其政党地位的根本变化 ………… 159
三、多党合作制度的确立 …………………………………………… 160
四、中共自身建设对民主革命时期多党合作制度选择的影响 …… 163

第四章 新中国成立以来多党合作的社会生态 …………………………… 170
第一节 社会主义、中国特色社会主义与中国多党合作 …………… 171
一、社会主义革命和建设与中国多党合作 ……………………… 172
二、中国特色社会主义与中国多党合作 ………………………… 175
第二节 认清国情与中国多党合作 …………………………………… 179
一、国情误判与中国多党合作 …………………………………… 180
二、当代中国最大的实际与中国多党合作 ……………………… 183
第三节 现代化建设与中国多党合作 ………………………………… 187
一、僵化半僵化、封闭半封闭条件下的现代化建设与中国多党
合作 …………………………………………………………… 187
二、改革开放条件下的现代化建设与中国多党合作 …………… 189
第四节 时代主题、对外交往与中国多党合作 ……………………… 195
一、特殊时代主题下的中国多党合作 …………………………… 195
二、和平发展道路与中国多党合作 ……………………………… 197
第五节 中国共产党自身建设与中国多党合作 ……………………… 202
一、"伟大工程"的延续与中国多党合作 ……………………… 202
二、"新的伟大工程"与中国多党合作 ………………………… 205

第五章 中国社会主义革命和建设时期的多党合作 ……………………… 212
第一节 明智选择与多党合作方针的确定 …………………………… 212
一、继续坚持和发展人民民主统一战线 ………………………… 213
二、关键时刻的明智选择 ………………………………………… 214
三、"长期共存,互相监督"的方针的确立 …………………… 217
第二节 民主党派和多党合作的中国特点 …………………………… 218
一、过渡时期:民主党派作为新民主主义政党具有阶级联盟性质 …… 218

二、社会主义时期：民主党派逐步转变成为劳动者的政党……………… 220
　　三、实行多党合作制度亦体现了中国的特殊规律……………………… 221
　第三节　民主党派加强自身建设并发挥作用…………………………… 221
　　一、民主党派的思想改造学习运动……………………………………… 221
　　二、民主党派的组织整顿、发展和分工………………………………… 223
　　三、民主党派在国家建设中作用的发挥………………………………… 225
　第四节　对政党关系若干重大问题的探索……………………………… 226
　　一、坚持共产党的领导，保障民主党派在宪法范围内的地位………… 226
　　二、坚持互相监督，但主要是民主党派监督共产党…………………… 227
　第五节　通过人民政协等多种形式贯彻、落实多党合作……………… 229
　　一、通过人民政协贯彻、落实多党合作………………………………… 229
　　二、通过其他形式贯彻、落实多党合作………………………………… 231

第六章　改革开放新时期的多党合作…………………………………… 234
　第一节　新时期中国多党合作的理论进展……………………………… 234
　　一、新时期爱国统一战线及其首要工作对象…………………………… 235
　　二、新时期对参政党的新认识…………………………………………… 239
　　三、新时期对政党制度的新论断………………………………………… 246
　第二节　新时期中国多党合作的实践成效……………………………… 253
　　一、政治协商生动活泼开展起来………………………………………… 254
　　二、民主监督成为国家监督体系的重要组成部分……………………… 255
　　三、根据参政议政需要安排、培养党外人士…………………………… 257
　　四、民主党派积极投身国家的现代化建设……………………………… 260
　第三节　新时期中国多党合作存在的问题……………………………… 262
　　一、轻视或忽视统一战线、多党合作的问题…………………………… 262
　　二、缺乏开展多党合作工作本领的问题………………………………… 264
　　三、多党合作中的形式主义问题………………………………………… 265
　　四、民主党派自身建设比较薄弱的问题………………………………… 267

第七章　中国特色社会主义进入新时代的多党合作 … 270

第一节　新时代中国多党合作的创新发展 … 270
一、以中国梦为统领巩固发展新时代爱国统一战线 … 271
二、提出评价一个国家政治制度是否民主有效的标准和"新型政党制度" … 276
三、进一步阐释民主党派性质和发挥中国多党合作制度效能的着力点 … 283
四、在加强社会主义协商民主建设中加强政党协商、政协协商 … 286
五、把握国家治理体系和治理能力现代化与多党合作的关联 … 291

第二节　新时代推进中国多党合作的若干抓手 … 296
一、在国家监察体制改革和脱贫攻坚中拓展民主监督职能 … 296
二、建设参政党新型智库 … 302
三、进一步加强民主党派自身建设 … 305
四、促进执政党和参政党的各级组织互动 … 308
五、发挥多党合作在"一国两制"下与特别行政区政党组织衔接中的作用 … 310

第三节　新时代中国多党合作话语体系建设探析 … 312
一、话语、话语体系与话语权 … 312
二、新时代中国多党合作话语体系建设面对的困难 … 314
三、新时代中国多党合作话语体系建设的契机 … 315
四、推进新时代中国多党合作话语体系建设的举措 … 318

结束语　关于马克思主义多党合作的理论与实践的若干总结 … 322
一、马克思主义多党合作是社会主义发展的历史进程中结出的政治文明成果 … 322
二、马克思主义多党合作是马克思主义政党学说和处理政党关系思想民族化、时代化、大众化的产物 … 324
三、马克思主义多党合作必须坚持合规律性与合目的性相统一 … 326

四、马克思主义多党合作必须处理好领导和被领导、执政和参政、互相监督等重大政党关系 ········· 331

五、马克思主义多党合作必须充分考虑传统文化因素的影响 ········· 335

六、马克思主义多党合作必须加强宣传教育 ········· 339

七、马克思主义多党合作必须有执政党、参政党和理论工作者的共同努力 ········· 342

八、马克思主义多党合作必须反对错误倾向 ········· 343

九、马克思主义多党合作必须加强制度化规范化程序化建设 ········· 346

十、马克思主义多党合作必须正确认识本国特色和国际比较 ········· 350

后　记 ········· 356

绪　论

"现代社会是一个组织的社会，在这个社会里，不是全部也是大多数社会任务是在一个组织里和通过一个组织完成的。"① 在形形色色的组织当中，政党②十分耀眼。如果以1679年英国的辉格党和托利党的源起作为比较真正意义上的政党产生的标志，那么政党、政党政治、政党制度来到地球上已有340年的历史了。可以说在当今的中国和世界，许多政治问题和社会问题的发生、发展及结局，都与政党有关。例如，一些亚非拉多党制国家的政党在了解了中国多党合作后，其执政党夸中国民主党派质朴敦厚，不像他们的反对党那样天天制造麻烦；其反对党夸中国共产党心胸开阔，不像他们的执政党那样大权独揽，这表明在世界政党文明的发展进程中，中国多党合作——马克思主义多党合作的典范所贡献的中国智慧和中国方案正越来越引起世人的关注。

马克思主义多党合作，是指作为社会主义革命、建设、改革的领导核心的共产党，同各民主党派③和无党派人士之间的合作共事。在国际共运史上，马克思恩格斯的政党学说和处理政党关系思想为马克思主义多党合作提供了指导思想上的理论源头，但对它的运用，必须通过民族化时代化大众化的途径。在帝国主义和无产阶级革命时代，列宁结合俄国实际，丰富了马克思主义多党合作思想，从实践上对多党合作在俄国实现的可能性进行了探索，只是列宁及其

---

① ［美］彼得·德鲁克：《后资本主义社会》，傅振焜译，上海：上海译文出版社1998年版，第52页。

② 从名称上看，有的政党不带"党"字而称"同盟""联盟""阵线""运动""组织""社""会"等，有的名中带"党"字而实际上不是政党，如"黑手党""啤酒党"等。

③ 剧变前的苏东国家称之为"民主政党"。本书为表述方便，主要采用"民主党派"的提法。

后继者并没有很好解决这个问题，一些社会主义国家没有很好解决这个问题。与此不同，中国始终坚持、完善、发展多党合作，中国特色社会主义政党制度——中国共产党领导的多党合作和政治协商制度，是支撑中国特色社会主义制度的一项基本政治制度，是推进国家治理体系和治理能力现代化的重要内容。这里需要指出：

第一，马克思主义多党合作首先是以制度的形态呈现出来的，但由多党合作的理论与实践所构成的多党合作事业，在内涵和外延上比多党合作制度要宽泛，因而可以说多党合作制度为多党合作事业提供了框架，多党合作事业则为多党合作制度的坚持、完善和发展提供了广阔的舞台。

第二，2007年11月，中华人民共和国国务院新闻办公室发布的《中国的政党制度》白皮书将"中国共产党领导的多党合作和政治协商制度"简称为"中国多党合作制度"。一方面，中国共产党是这项制度的主要缔造者，中国共产党领导是这项制度赖以存在和发展的前提，这一事实是众所周知的，因而省略定语绝没有否定之义。另一方面，这项制度是否包括"多党合作制度""政治协商制度"的内容，学术界曾经有不同的观点。我们认为，从中共和各民主党派、无党派人士建立多党合作开始，包括政党协商、政协协商等在内的政治协商，就是多党合作的重要组织和机构，全称后部分强调的就是多党合作的依托，只要明确了这一点，省略掉这一内容，并不影响表述的精神实质。

一、国内外研究现状述评及选题的价值和意义

国际共运兴起后，共产党人对政党建设、政党关系处理、政党制度选择等的理论与实践探索从来没有止步。从政党制度上讲，首先接受检验的是共产党单独执政制，战后又增添了共产党领导的多党合作制的内容。国内外学术界对马克思主义多党合作的研究，留下了不少成果。

（一）国内外研究现状述评

1. 国外研究现状

国外的研究包括西方学者的研究，也包括非西方国家学者的研究，还包括

前苏东社会主义国家学者的研究。

（1）西方多数学者鼓吹"多元民主主义"的论点，对马克思主义多党合作持否定态度。

一是借助政党制度攻击马克思列宁主义。荷兰学者T. 克斯宣称，多党合作同马克思列宁主义的基本原则是格格不入的，由于他无法解释一些社会主义国家中存在无产阶级政党之外的其他政党的事实，因而他把多党合作说成是具有"宣传意义"的社会现象①。英国"苏联学家"R. 康克斯特指责布尔什维克"用暴力消灭那些得到工人阶级支持的政党和政治集团"，他甚至将个别反苏反共的叛乱者都看成这样的政党和政治集团②，其用心是非常明显的。

二是将社会主义国家的民主党派和政党制度视为一种虚设。美国学者吉塔·约内西库指出，东德的民主党派是作为纯粹名义上的政党而存在的，因为它们自1949年起就声称自己是"为从中间阶级向'无阶级社会'做准备这一特殊的目的而作为一种'传送带'"③。意大利政党问题专家G. 萨托利借用瓦尔特的"霸权党"概念④，他以波兰为例，认为在那里民主党派是"边缘性政党""卫星党"，而执政的统一工人党则是"意识形态霸权党"，在这种"霸权党制"下只能"产生一种虚假的多元主义，或者说一个虚假的政党市场"⑤。

三是以西方多党制为标准宣扬多党轮流执政的价值。美国学者萨缪尔·亨廷顿面对所谓的"第三波民主化浪潮"，强调"测量民主巩固程度的一个重要标志是通过选举实现政府由一党向另一党的转移"，"民主的第一个标准是两个政党之间公平而公开地竞争选票"⑥。同为美国学者的莱斯利·里普森指出，

---

① T. X, *Democratie van het volk*, Leiden, 1968.

② [苏] Б. Н. 托波尔宁：《社会主义的政治制度》，北京：群众出版社1986年版，第183—184页。

③ Ghita Ionescu, *The Politics of the European Communist States*, Praeger, 1967, p. 251.

④ In Allardt and Littunen, eds., *Cleavages, Ideologies and Party System*, op. cit (1964), pp. 283 - 284. See also Wiatr, "The Hegemonic Party System in Poland", in Allardt and Rokkan, *Mass Politics*, op. Cit., pp. 312 - 321.

⑤ [意] G. 萨托利：《政党与政党体制》，王明进译，北京：商务印书馆2006年版，第324页。

⑥ [美] 亨廷顿：《第三波——20世纪后期民主化浪潮》，刘军宁等译，上海：上海三联书店1998年版，第291、369页。

通过"更换不称职的政党的办法来改革政府",是人们在民主制的成长过程中所找到的一条"保障政治自由的康庄大道"①;霍华德·威亚尔达则"按民主程度"将全球的国家和地区划分为"完全民主""部分民主"和"专制"三种类型,在他那里,社会主义国家无一例外的是"专制国家",原因就在于它们不搞多党竞争、轮流执政②,而相当多治理混乱的国家和地区,则因"符合标准"而被推到"完全民主""部分民主"的地位。

四是以西方民主模式作为衡量政党制度合理与否的准绳。萨缪尔·亨廷顿在预测"第三波"的"走向"时提出,"时间属于民主一边","不能排除在二十一世纪在某个时候发生第四次民主化浪潮"③,按照他的"民主化"标准,"第四次民主化浪潮"依然要进一步扩大多党制的领地。霍华德·威亚尔达说,目前中国虽然"很少显示发生民主转变的迹象。但是,还是存在着这样一种可能:中国以及其他东南亚国家将追随韩国和台湾地区的模式,首先实现经济发展,随后进行导向民主制度的渐进自由化"④。另一位美国学者西摩·马丁·李普塞特也认为,"民主是经济增长的直接结果","国家越富裕,民主越可能"⑤,当然这种民主必须是也只能是他们认定的西方民主。

(2) 苏东国家学者的研究比较复杂,主要有四种情形。

第一种,面对战后多个社会主义国家实行多党合作的现实,突破斯大林关于无产阶级专政下只能有共产党存在的论断,从多个角度对相关问题进行探讨。

一是力图从马克思列宁主义中寻找理论根据,从这些国家的具体国情中寻

---

① [美]莱斯利·里普森:《政治学的重大问题》,刘晓等译,北京:华夏出版社2001年版,第209页。

② Daniel C. Esty, et al., *State Failure Task Force Report: Phase II Findings*. Mclean, VA: Science Application International Corporation, July, 1998.

③ [美]亨廷顿:《第三波——20世纪后期民主化浪潮》,刘军宁等译,上海:上海三联书店1998年版,第380、379页。

④ [美]霍华德·威亚尔达主编:《民主与民主化比较研究》,榕远译,北京:北京大学出版社2004年版,第174页。

⑤ 路克利:《海外学者视野中的中国模式与中国研究——对话罗德里克·麦克法夸尔》,载《国外理论动态》2016年第2期。

找现实根据,以此来论证多党合作制度的合理性。苏联学者 Д. 斯列波夫和 И. 尤金认为:"在社会主义革命以后,社会主义建设可以在一个政党,也可以在几个政党存在的情况下进行。这是科学共产主义理论以及证明这一理论正确的多年来的经验教导我们的。"① 另一位苏联学者 П. Н. 费多谢耶夫指出,"社会主义国家可以有一个党,也可以有几个党,这是与各个国家的具体条件和特点相关的",同时他也强调社会主义条件下的多党合作"跟资产阶级的多元论的多党制有着根本的区别"②。捷克斯洛伐克学者雅·马杰伊奇柯提出:"民主党派的存在是由有关国家的历史情况和社会主义革命特点所决定的,并不是社会主义政治结构的一般规律,捷克斯洛伐克有几个政党存在,这是由于阶级斗争的历史条件、社会主义革命的特点决定的。"③

二是强调共产党是社会主义国家多党合作的领导力量。苏联学者 Б. Н. 托波尔宁强调:"承认马克思列宁主义政党的领导作用,对于非无产阶级政党的发展有着原则意义。这是社会政治发展的合乎规律的结果。"④ 匈牙利学者山·拉科什亦强调,社会主义可以在一党制下也可以在多党合作制下建成,"但一定要由掌握政权的工人阶级起主导作用",他指出,问题的实质不在于是否实行多党合作制,"而在于是否承认并代表社会各阶层的利益"⑤。

三是探讨社会主义国家多党合作的基础和作用。波兰学者扎克尔泽夫斯基指出,社会主义国家的多党合作是"以合作为基础的"⑥,当然这种观点遭到萨托利的反驳,萨托利明确表示"我不赞同"⑦。苏联学者 И. 费多谢耶夫认为,在实行社会主义内容的多党合作制度的国家,各党的活动以它们的彼此合作为前提,各党之间的同志关系就是在这种基础上建立的,各个党派的代表们

---

① [苏]罗伊·麦德维杰夫:《论社会主义民主》,史正苏译,北京:商务印书馆1982年版,第107页。
② [苏]П. Н. 费多谢耶夫等编写:《什么是"民主社会主义"》,石健等译,北京:中国社会科学出版社1984年版,第213页。
③ 平章:《论社会主义国家的民主党派》,载《当代世界社会主义问题》1985年第1期。
④ [苏]Б. Н. 托波尔宁:《社会主义的政治制度》,北京:群众出版社1986年版,第210页。
⑤ 平章:《论社会主义国家的民主党派》,载《当代世界社会主义问题》1985年第1期。
⑥ In Allardt and Littunen, *Cleavages, Ideologies and Party System*, cit., p.282.
⑦ [意]G. 萨托利:《政党与政党体制》,王明进译,北京:商务印书馆2006年版,第322页。

都担负着重要的社会职务和国家职务，这样的做法"对吸收劳动者参加国家管理起着重要的积极作用"①。

四是预测社会主义国家多党合作的前景。第一种是比较乐观的。民主德国学者以大量的历史资料说明统一社会党与各民主党派长期合作所取得的显著成就，提出在新的历史条件下仍然要加强党派之间的富有生气的合作，并且主张在社会发展的一切阶段都实行与各民主党派长期合作的政策②。又如，匈牙利虽然实行一党制，但党的领导人卡达尔却在政党制度上提出新见解，他说："一党制对社会主义社会来说并不是原则问题，而是实践问题。现在一些社会主义国家中实行一党制，在另一些社会主义国家中有几个政党在进行活动。我看，在世界社会主义体系以后的发展阶段，后者的数目可能会增加。"③

第二种，认为多党合作仅仅是一种阶段性的存在。典型的像 Б. Н. 托波尔宁，他在肯定多党合作在一定时期的益处不能否认的同时，又认为在社会发展过程中，多党合作"将逐渐丧失意义，最后完全消亡"④。

第三种，带有猜测。南斯拉夫的斯·尼克希奇从20世纪80年代中期东欧一些国家（包括实行多党合作的国家）的政局变动出发，探讨了东欧国家能否实行多党制的问题，尽管他对此做出了否定的回答，但也指出"在这些国家的公开舞台上，充满问题、分歧与冲突的、更加现实的社会面貌将会获得合法性。并且，这将带来新的诱惑和困惑"⑤。后来事态的演变证明，这一猜测还是有预见性的。

第四种，持悲观的西化主张。当时像苏联历史学家罗伊·麦得维杰夫等"持不同政见者"，赞同西方学者的主张，对社会主义国家多党合作不抱信心，在他们这些"西方派"那里，"多数成员并不把实现自己的希望寄托在共产党

---

① [苏] П. Н. 费多谢耶夫等编写：《什么是"民主社会主义"》，石健等译，北京：中国社会科学出版社1984年版，第213—214页。

② 平章：《论社会主义国家的民主党派》，载《当代世界社会主义问题》1985年第1期。

③ 吴彬康等主编：《八十年代世界共产党代表大会主要文件选编》上册，北京：中国广播电视出版社1989年版，第1352页。

④ [苏] Б. Н. 托波尔宁：《社会主义的政治制度》，北京：群众出版社1986年版，第216页。

⑤ [南] 斯·尼克希奇：《东欧社会主义国家能否实行多党制？》，载《当代世界社会主义问题》1988年第4期。

身上，他们也不相信这个党有可能健康起来。他们的理想是多党制"①。

（3）国外学者对中国政党、中国政党制度的关注由来已久。民主革命时期，美国记者埃德加·斯诺的《西行漫记》、美国汉学家费正清的《伟大的中国革命》等著作，就为西方人了解中国共产党提供了难得的"窗口"。新中国成立后，正如美国学者沈大伟所说，"20世纪50年代，研究资源主要集中于对共产党和新中国的研究，包括其制度、领导人和意识形态"②，中国多党合作制度开始进入国外学者研究的视野；改革开放后，这种研究就更加深入了。研究中既有如前所述的希望中国多党合作制度"变天"的情形，也有相对客观、理性的观察和分析。

一是对中国多党合作制度的领导者——中国共产党治国理政能力的肯定。俄罗斯经济学家拉齐斯通过对中俄两国的对比，认为中国"经济快速发展的中国奇迹是在中国共产党的领导下取得的"③。英国社会学家阿尔布劳、柬埔寨《高棉时报》执行总编辑秦索都反对无端指责中国共产党和中国政党制度的言行，前者表示，"西方对中国最大的误解是不了解中国的政党制度，特别是不了解中国共产党"；后者强调，"很多人赞赏中国的经济成就和对世界的贡献，却指责中国政党制度，指责中国缺乏反对党，这是典型的分裂思维"④。

二是认为中国新型政党制度是一项伟大的政治创造。俄罗斯远东所中国制度和意识形态研究专家斯米尔诺夫、越南社科院中国研究院院长阮春强都认为新型政党制度包含"坚持"和"发展"的内涵，前者指出它"建立在马克思主义意识形态观的基础上，同时不拘泥于意识形态束缚，得以不断焕发新的生机与活力"，后者则认为它"既继承了马克思主义政党学说，又带有鲜明的中

---

① [苏]罗伊·麦德维杰夫：《论社会主义民主》，史正苏译，北京：商务印书馆1982年版，第73页。
② [美]沈大伟：《美国的中国研究60年》，载《中国社会科学报》2009年7月2日。
③ 林精华：《俄罗斯汉学界视野中的当代中国政治进程和经济改革》，载《国外社会科学》2014年第5期。
④ 《国际社会热议：中国新型政党制度是一项伟大的政治创造》，载《光明日报》2018年10月19日。

国特色"①。泰国玛希隆大学中国研究中心主任释元德、中欧数字协会主席路易吉·甘巴尔代拉则通过中外政党制度的对比来揭示新型政党制度的优势，前者说西方执政党对于在野党和少数派的声音鲜有兴趣，但"中国共产党希望并愿意倾听来自不同方面的声音"，后者说中国共产党能够团结其他政党进行共同协商，一道为实现远大目标而奋斗，这是"中国政治制度的突出优势"②。近年来，认为新型政党制度是中国经济社会发展背后的"政治制度密码"，越来越得到国际社会不少智库学者的认同。

三是肯定中国多党合作制度的活力并提出改进建议。新加坡学者郑永年指出，"中共作为唯一的执政党，在社会经济利益多元化的条件下，选择的是向各个社会群体和利益开放政治过程。这种选择也是文明特征的使然。简单地说，中共已经开始形成一党主导下的开放型政党制度"③。美国学者罗伯特·劳伦斯·库恩认为，中国多党合作制度"从社会不同群体汲取意见，同时又努力确保政治生态的和谐与政策的延续性"④。俄罗斯学者Л. М. 古多什尼科夫说，"中国共产党对政治、社会和文化具有绝对的控制权，但在有的情况下也允许政治和社会活动的自治"⑤。美国学者沈大伟建议中国共产党在延续一党执政的体制时，赋予八大民主党派"更大的权力和自主"，从而扩大和党外精英和公民之间的协商⑥。

四是强调结合中国历史文化来看待中国模式和中国多党合作制度。美国学者罗德里克·麦克法夸尔认为，中国模式无法被复制，因为它的形成是与中国

---

① 《国际社会热议：中国新型政党制度是一项伟大的政治创造》，载《光明日报》2018年10月19日。
② 《中国新型政党制度：人类政治文明的重大贡献》，载《人民日报·海外版》2018年3月13日。
③ [新加坡] 郑永年：《实践逻辑中的中国政治模式》，载《人民日报·海外版》2014年6月12日。
④ 章念生等：《"是时候重视中国经验了"》，载《人民日报》2018年3月19日。
⑤ 江宏伟：《20世纪90年代以来俄罗斯的中国政治研究概述》，载《国外社会科学》2010年第4期。
⑥ [美] 沈大伟：《继续执政：中国共产党的持续存在》，吕增奎译，载《国外理论动态》2011年第3期。

历史密切相关的,"也是一种中国独有的文化现象"①;皮特(Peter R. Moody Jr)亦强调,"中国政治在没有中国文化的情况下是无法理解的"②,这一点已成为不少国外学者在研究中国模式、中国政治制度时的共识。具体到政党制度,以色列希伯来大学亚洲研究中心主任尤里认为,"一个国家采取什么样的政党制度,完全取决于该国历史传统与现实国情。中国人找到了符合自己的新型政党制度,只要有效,就应该坚持下去"③。新加坡学者郑永年强调,中国政治历来有统一的权威,多党竞争在中国缺乏足够的文化土壤,因而"人们必须对中国的政党制度做一种文化解释,而非简单地把中国的政党理解成为西方的政党"④。

2. 国内研究现状

国内学者对马克思主义多党合作特别是对中国多党合作的研究,主要在改革开放之后。以十八大为界,可以将研究分为两个阶段。

(1) 十八大之前的研究,总的看就是在肯定多党合作的历史必然性、伟大独创性和巨大优越性的基础上,随着多党合作事业的发展而不断深入。

一是概述马克思主义多党合作思想的形成和发展。卢先福、赵云献将马克思主义多党合作思想纳入马克思主义党的学说体系之中,使党的学说的内涵更加充实。⑤ 姜汝真等在概述马克思主义统一战线思想时,重视对多党合作思想的考察,表明多党合作历来是共产党的战略策略的重要组成部分。⑥ 王小鸿对从马克思、恩格斯到列宁再到中国共产党领导人的多党合作思想进行了梳理,

---

① 路克利:《海外学者视野中的中国模式与中国研究——对话罗德里克·麦克法夸尔》,载《国外理论动态》2016 年第 2 期。

② Peter R. Moody Jr, "Political Culture and the Study of Chinese Politics", *Journal of Chinese Political Science*, No. 14, Sep. 2009, p. 253.

③ 《国际社会热议:中国新型政党制度是一项伟大的政治创造》,载《光明日报》2018 年 10 月 19 日。

④ [新加坡]郑永年:《实践逻辑中的中国政治模式》,载《人民日报·海外版》2014 年 6 月 12 日。

⑤ 卢先福、赵云献主编:《马克思主义党的学说史纲》,北京:中共中央党校出版社 1999 年版,第 26—27 页。

⑥ 姜汝真等:《统一战线思想史》,长春:吉林人民出版社 1998 年版,第 37—39 页。

认为马克思主义多党合作思想源远流长、内容丰富，当务之急是力争揭示其发展规律。①

二是总结国际共运中多党合作的教训。高放指出，从大多数社会主义国家实行包括多党合作在内的政党制度的兴衰成败看，关键还在于大力发展社会主义民主。② 肖枫指出，苏联将无产阶级专政与一党制画等号，这是一个理论误区，东欧国家在多党合作中既存在"左"的倾向也存在右的倾向，从而使多党合作未能发挥应有的作用。③ 王瑜指出，东欧国家从探索"人民民主"道路到照搬苏联模式，导致即便保留多党合作的国家，也出现以高度集权为主要特征的政治体制。④

三是探讨民主党派的政党属性和政党性质。关于民主党派的政党属性即民主党派"是不是"政党，多数学者认为，民主党派是科学意义上的政党而非一般政治团体，如余科杰从"政治活动的目标和内容""政党构成的基本要素"两个方面，强调民主党派是不折不扣的政党，即便它们接受共产党的领导也没有改变这个事实。⑤ 胡安进而指出，社会主义国家民主党派是一种特殊类型的政党，这种特殊性表现在它们的政党演化、与共产党亲密合作、走社会主义道路等方面。⑥ 关于民主党派的政党性质即民主党派"是什么样的"政党，学术界先后提出了（次要）执政党、合作党、议政党、资政党、友党等观点⑦，20世纪90年代以来，学者们基本采用了"参政党"的规范提法。

四是关注民主党派的自身建设。吴江、牛旭光提出，民主党派组织自身也存在亟待解决的问题，并不是参政党就不需要加强自身建设。⑧ 郑宪则较早构

---

① 王小鸿：《多党合作思想史》，北京：中共中央党校出版社2007年版，第1—12页。
② 高放：《政治学与政治体制改革》，北京：中国书籍出版社2002年版，第573页。
③ 肖枫：《对原苏联东欧国家政党体制上严重问题和深刻教训的探讨》，载《红旗文稿》1994年第22期。
④ 王瑜：《东欧共产党：倒下的多米诺骨牌》，北京：红旗出版社2005年版，第74页。
⑤ 余科杰：《试论我国民主党派的政党属性》，载《当代世界与社会主义》2004年第4期。
⑥ 中共中央统战部研究室编：《社会主义国家多党合作问题研究》，北京：春秋出版社1988年版，第10—11页。
⑦ 高放：《政治学与政治体制改革》，北京：中国书籍出版社2002年版，第520—524页。
⑧ 吴江、牛旭光：《民主与政党》，北京：中共中央党校出版社1991年版，第82页。

建民主党派建设理论的新的框架和内容①,并探讨中国参政党的运行机制问题②,得到了学术界的较高评价。中共提出执政党和参政党的建设互动后,有关民主党派自身建设的研究成果,就更多涌现出来了,像姚小远、胡怀敏都强调民主党派要加强参政能力建设,围绕这一主题,前者就民主党派进步性和广泛性在参政过程中的体现、代表性与实践性的适当分离等问题做了探讨③,后者则就寻求制度保障、整合共享资源、培养人才队伍等问题做了探讨④。

五是从多维角度对中国多党合作制度进行研究。王邦佐等人将中国多党合作制度置于社会政治环境、经济发展、阶级结构、文化认同等因素中来考察,指出中国多党合作制度要顺应社会生态环境进行完善。⑤郑宪对政党和政党制度的结构功能进行探讨,以此证实我国多党合作制度存在和发展的客观必然性。⑥周淑真、刘红凛分别强调政党制度建设与政治文明、政党关系和谐的关联,前者指出政党制度决定着政治过程和政治发展方向⑦,后者主张结合和谐社会的本质要求与民主政治的时代要求来审视我国的政党制度与政党关系和谐⑧。此外,在比较研究方面,梁琴等人通过对中外政党制度的比较,既指出了中国政党制度的优势,也提出了完善的任务和发展路径。⑨

六是结合政治体制改革的要求,从不同角度对坚持和完善中国多党合作的路径进行探究。邵春霞指出,实现共产党的领导和各民主党派的自主性之间的

---

① 郑宪:《中国民主党派建设理论》,北京:中共中央党校出版社2005年版,第11—16页。
② 郑宪:《中国参政党运行机制》,北京:学苑出版社2002年版,第10—12页。
③ 姚小远:《论提高民主党派的参政能力》,载《上海师范大学学报(哲学社会科学版)》2004年第2期。
④ 胡怀敏:《关于加强参政党参政能力建设的研究》,载《湖北省社会主义学院学报》2007年第6期。
⑤ 王邦佐等编著:《中国政党制度的社会生态分析》,上海:上海人民出版社2000年版,第5—11页。
⑥ 郑宪:《试析政党制度的功能和我国政党制度的作用》,载《中央社会主义学院学报》2000年第11期。
⑦ 周淑真:《论政治文明建设中的政党制度建设》,载《中国人民大学学报》2004年第2期。
⑧ 刘红凛:《政党关系和谐的基本内涵与当代要求》,载《理论探讨》2007年第4期。
⑨ 梁琴、钟德涛:《中外政党制度比较》,北京:商务印书馆2000年版,第21—28页。

相互平衡是深化政治体制改革的一个颇为关键的问题。① 甄小英提出,要通过"不变形式变内涵"的举措,增强我国多党合作的包容力,使之做出适应社会转型的调整。② 张献生指出,中国共产党与民主党派在多党合作中的趋同具有必然性,但这种趋同是以中国共产党与民主党派的不同为前提的,其实质是一个不断求同存异的过程,因而准确把握同和异的辩证关系,是正确认识趋同论的一把钥匙。③ 李爱平等人强调,要加强我国多党合作的制度化、规范化、程序化建设,进一步解决多党合作操作层面的问题④。

(2) 十八大之后的研究。在中国特色社会主义进入新时代和习近平总书记于2014年正式提出"新型政党制度"的背景下,学者们思考多党合作的问题意识更强、视野更宽、实践指向性更明确。

一是探讨习近平总书记对中国多党合作制度的发展。张献生指出,习近平总书记明确了我国政党制度反映人民当家做主的社会主义民主政治属性,突出了政党协商在社会主义协商民主中的重要作用。⑤ 许立坤认为,习近平总书记对民主党派的性质、职能和自身建设做出了一系列新的论断。⑥ 张颖等人从政治协商、民主监督、制度建设三个维度对习近平总书记多党合作思想的深刻内涵进行了概述。⑦ 学者们一致认为,习近平总书记提出的"新型政党制度"概念,在我国多党合作史上是一个重大的理论和实践创新。左定超认为,这一提法充分彰显了习近平新时代中国特色社会主义思想的指导力,是对人类政治文

---

① 邵春霞:《改革进程中中国党际关系模式的优化》,载《政治与法律》2000 年第 5 期。

② 甄小英:《关于增强我国政党制度包容力的几点思考》,载《上海市社会主义学院学报》2008 年第 4 期。

③ 张献生:《"趋同论"刍议》,载《中央社会主义学院学报》2006 年第 2 期。

④ 李爱平、聂阿山:《我国政党制度"三化"建设面临的问题及对策研究》,载《中央社会主义学院学报》2005 年第 1 期。

⑤ 张献生:《党的十八大以来中国政党制度理论的发展和创新》,载《济南大学学报(社会科学版)》2016 年第 6 期。

⑥ 许立坤:《论习近平关于多党合作的重要理论创新》,载《广西社会主义学院学报》2015 年第 2 期。

⑦ 张颖、杨爱珍:《学习领会习近平同志关于多党合作思想的深刻内涵》,载《上海市社会主义学院学报》2014 年第 3 期。

明的重大贡献。①

二是揭示中国多党合作制度的理论渊源和历史根据。刘诚等人认为,新型政党制度是马克思主义统一战线理论、民主理论及政党理论与中国实际相结合的产物。② 蒋锐基于逻辑与历史的统一,强调多党合作制度是中国社会主义民主政治长期发展、渐进改进、内生性演化的结果。③ 李伟指出,中国新型政党制度的形成与我国的传统文化有着深刻的联系,中华文化中的和合文化对我国的政治发展产生了深远影响。④ 肖存良认为,中国新型政党制度是军事力量与社会力量双重复合的结果,中共把军事力量嵌入到政党制度之中,并基于民主党派的社会力量而与他们合作协商,最终形成了共产党领导的多党合作和政治协商制度⑤。

三是论证中国多党合作制度的特色、优势、功能。在这方面,学者们非常重视与一党制、多党制等旧式政党制度进行比较。关于特征,柴宝勇认为中国新型政党制度的最鲜明特征就是"领导"与"合作",这是理解和坚持这一制度的"结构之维"。⑥ 关于优势,卢晓光指出中国新型政党制度既有效避免了缺乏监督的一党制模式,又避免了多党轮流坐庄、恶性竞争的弊端⑦,沈鹤强调它具有更强大的凝聚力,具有更高的决策和执行效率,具有更为完善的廉洁保障⑧,祝灵君则强调它能够代表并有效实现中国人民和中华民族利益的最大公约数,在制度效能上具有符合中国国情的比较优势⑨。关于功能,林尚立等认

---

① 左定超:《论闪耀着马克思主义思想光芒的新型政党制度》,载《团结报》2018年4月3日。
② 刘诚、朱益飞:《论当代中国政党制度的理论建设》,载《马克思主义研究》2013年第2期。
③ 蒋锐:《中国特色社会主义政党制度的理论和实践基础》,载《统一战线研究》2017年第2期。
④ 李伟:《中国政党制度的特点和优势》,载《人民论坛》2013年第9期。
⑤ 肖存良:《社会冲突、政治力量与政党制度——政党制度解释的新视角》,载《中南大学学报(社会科学版)》2017年第3期。
⑥ 转引自杨卫敏:《中国特色政党制度的优势及对世界的贡献》,载《统一战线学研究》2017年第1期。
⑦ 卢晓光:《坚定新型政党制度自信,充分发挥多党合作制度效能》,载《团结报》2018年3月10日。
⑧ 沈鹤:《我国新型政党制度三大优势》,载《中国青年报》2018年3月14日。
⑨ 祝灵君:《从制度自卑走向制度自信和制度自觉——中国政党制度的成本、效能分析》,载《中共浙江省委党校学报》2017年第6期。

为中国新型政党制度能够扩大政治参与、协调利益关系、完善民主监督、增强社会团结和创造多元一体①，余科杰则从团结功能、协商功能、监督功能、协调功能和沟通功能等方面概述了中国多党合作制度的"关系特色"和"功能特色"②。

四是研究中国多党合作制度与协商民主、国家治理的关联。就协商民主而言，肖存良认为政党制度参与创造协商民主，协商民主巩固政党制度③，朱益飞则提出要增强中国多党合作制度的协商主体包容力、政治参与包容力以及协商信息包容力④。就国家治理而言，张献生认为国家治理的深入推进对多党合作制度提出新的要求，多党合作制度以其独特的优势和功能为国家治理提供动力⑤，杨爱珍强调中国多党合作制度框架中的政党协商是兼具价值与形式的民主实践活动，是提升治理能力的有效途径⑥。

五是探究中国多党合作制度的完善。王长江从政党政治普遍规律的维度、执政党历史转型的维度、市场经济的维度和国家治理现代化的维度提出并阐述了执政党建设研究的框架问题。⑦汤颖认为参政党应抓住网络民主的机遇，提升网络参政意识。⑧钟德涛再次强调，民主党派加强参政党建设，是完善和发展多党合作制的一项基础工程。⑨张荣臣认为，新型政党制度要有自己的话语体系，同时要增强制度自信，发挥制度优势。⑩

（二）对国内外研究现状的评价

国内外学术界对马克思主义多党合作的研究，对本书研究思路的拓展和研

---

① 林尚立等：《新中国政党制度研究》，上海：上海人民出版社2015年版，第138—146页。
② 余科杰：《政党学概论》，北京：世界知识出版社2014年版，第523—524页。
③ 肖存良：《政党制度与中国协商民主研究》，载《南京社会科学》2013年第2期。
④ 朱益飞、刘诚：《论增强中国政党制度的包容力》，载《中国青年政治学院学报》2013年第6期。
⑤ 张献生：《多党合作制度在国家治理中的基本作用》，载《政治学研究》2017年第8期。
⑥ 杨爱珍：《政党协商：国家治理的逻辑析说》，载《上海市社会主义学院学报》2016年第2期。
⑦ 王长江：《构建中国化马克思主义党建理论体系的方法论思考》，载《科学社会主义》2017年第6期。
⑧ 汤颖：《网络民主视角下参政党建设的机遇及其实现路径分析》，载《经济研究导刊》2013年第6期。
⑨ 钟德涛：《中国政党制度发展史论》，北京：高等教育出版社2015年版，第313页。
⑩ 张荣臣：《我国新型政党制度"新"在哪里?》，载《北京日报》2018年3月19日。

究框架的形成具有重要的启迪意义。但是，研究中也有值得注意的问题。

就国外成果而言，正如胡德（Daniel F. Vukovich）所指出的，"西方学界在当代中国研究方面带有一种混合了冷战、反共以及殖民主义意识形态的立场偏见，其研究成果缺乏公正性"①，可以说相当多西方多数学者因政治立场和意识形态的掣肘而难以对包括中国在内的社会主义国家多党合作做出客观、公正的评价，当然，这并不否定他们对某些问题的分析不乏反思和借鉴价值。至于近年来一些国外学者在研究中得出的相对客观、理性的判断，也要求我们按照"以我为主，为我所用"的原则加以分析，而不可盲目乐观、悉数全收。前苏东国家学者更多的是把多党合作当作权宜之计而非国家的一项基本政治制度，因而对其研究成果也必须基于马克思主义的基本立场、基本观点和基本方法，具体问题具体分析，做到既不走"老路"，也不走"邪路"。

就国内成果而言，一是关注点主要在中国，比较缺少对马克思主义多党合作的整体性把握；二是着眼点主要在共产党，对多党合作中共产党与民主党派的相互作用、相互影响关注不够；三是研究中各取所需，抓住一点、不及其余的碎片化现象比较普遍，难以给人留下内在逻辑紧密的印象；四是问题主要聚焦国内，对我国多党合作的世界贡献的阐释较少；五是着力点主要在文件解读，比较缺乏把一般政党理论同我国民主党派和多党合作的特殊性结合起来的自觉，因而政策性研究和政策性语言较多，理论性研究和学理性语言较少。

（三）选题的价值和意义

从理论上看，有助于引导人们完整地准确地理解马克思主义、科学社会主义理论，明确多党合作的思想、战略是其一贯主张；有助于结合多党合作的理论与实践来深入思考社会主义民主政治和统一战线问题，促进世界社会主义运动向着更加健康的方向发展；有助于深刻总结中国共产党领导多党合作的经验，把握新型政党制度的建设和发展规律。

从实践上看，有助于共产党人在领导革命、建设、改革的进程中妥善处理根本利益一致基础上的各种具体利益关系，特别是在执政条件下筑牢抵御西方

---

① 刘杉等：《2012年西方当代中国研究热点回顾》，载《国外社会科学研究》2013年第2期。

多党制干扰的防线；有助于在建设中国特色社会主义中不断开创中国多党合作事业的新局面，凝聚各方面力量为实现中华民族伟大复兴的中国梦而奋斗。

二、研究的主要内容和基本观点

（一）研究的主要内容

本课题围绕"马克思主义多党合作"这个主题，分绪论、结束语和正文十章进行研究。

第一章"民主、政党与政党制度"，包括"国家、民主与政党""政党的本质、特征与功能""政党制度与政党政治"三节。本章指出，政党是民主政治的产物和工具，政党同一般政治组织的区别，就在于它始终以执掌、参与或干预国家政权为指向，以此实现自己的政纲，代表、实现、维护一定阶级、阶层或集团的利益，政党在物质层面、精神层面和规范层面都有自己的特征，并且通过与国家和社会的互动来发挥自己的功能；政党政治是以政党为主体并由政党在其中发挥主导作用的政治形式，政党政治以政党制度为核心，通过政党制度规范政党的地位作用、政党与政党的关系、政党与政权的关系等；政党制度的多样性是人类文明的多样性在政党政治中的体现，通过对比可以发现，迄今各种政党制度（法西斯一党极权制除外）都有自己的优缺点；社会主义国家多党合作制度是一种新型政党制度，它的优越性有待今后世界社会主义运动尤其是中国特色社会主义事业的发展来进一步检验。

第二章"马克思恩格斯的政党学说和处理政党关系思想"，包括"马克思恩格斯的政党学说""马克思恩格斯的处理政党关系思想""马克思恩格斯的政党学说和处理政党关系思想的历史地位及当代价值"三节。本章指出，马克思恩格斯历来强调无产阶级只有建立自己的革命政党（即《共产党宣言》所讲的"共产党"）并在党的领导下才能完成自己的历史使命，先进性和纯洁性是无产阶级革命政党的本质属性；无产阶级革命政党无论是在民主革命阶段还是在社会主义革命阶段，都必须采取正确的策略，处理好同其他工人政党、民主政党的关系，"团结""联合"它们，同它们建立"同盟""联盟"，以推动革命的进程；马克思恩格斯的政党学说和处理政党关系思想是马克思主义的不可或缺部分，具有重要的历史地位和当代价值，应该结合新的实践将其发扬光大。

第三章"列宁及其继承人对政党制度的探索"，包括"列宁早年对建党和处理政党关系的思考""列宁对苏维埃政权政党制度的选择""列宁对苏维埃政权政党制度性质和类型的坚守""列宁继承人对苏维埃政党制度的调节及反思"四节。本章指出，列宁在领导经济文化落后的俄国的民主革命和社会主义革命中，非常重视建设一个坚强的无产阶级革命政党，强调无产阶级政党必须争取同盟者并保持党的独立性；列宁对苏维埃政权实行什么样的政党制度，经历了一番探索，最终选择了共产党单独执政制，这是俄国特殊的国情、党情的产物，不具有普遍性；列宁逝世后，尽管其继承者对苏维埃政权政党制度有一些考虑，但苏共最终丧失执政地位，留下了值得反思的深刻教训。

第四章"中国在救亡图存中选择多党合作制度"，包括"中国国民党从主张议会多党制转向一党专制""中国共产党在民主革命时期对处理政党关系的认识""多党合作制度是中共和各民主党派的共同选择"三节。本章指出，鸦片战争后，中国在救亡图存中从西方引入政党这一"舶来品"并探索适合本国国情的政党制度，但不论是民初的议会多党制还是蒋介石国民党实行的一党专制，最后都被扫进历史的垃圾箱；中国共产党在民主革命时期对政党关系的处理，经历了曲折的历程，最终以毛泽东为核心的中共第一代中央领导集体掌握了这门本领，赢得了各民主党派的认可，民主党派接受中共的领导并同中共协商建国，共同创立了中国多党合作制度。

第五章"新中国成立以来多党合作的社会生态"，包括"社会主义、中国特色社会主义与中国多党合作""认清国情与中国多党合作""现代化建设与中国多党合作""时代主题、对外交往与中国多党合作""中共自身建设与中国多党合作"五节。本章指出，新中国成立以来多党合作所处的"社会生态"对于多党合作的影响是深刻的；改革开放前后，中国共产党对社会主义、国情、现代化建设、时代主题、党的建设等的认识有着重大的差别，因而中国多党合作制度呈现出不同的发展态势；在新的历史条件下，要继续为中国多党合作的完善和发展创造更好的社会生态。

第六章"中国社会主义革命和建设时期的多党合作",包括"多党合作在新中国成立初期的发展""多党合作在反右派斗争扩大化之后的受挫""逆境中的斗争"三节。本章指出,新中国成立初期,以毛泽东为核心的中共中央有意识地保留民主党派,多党合作在这一时期得到比较顺利的发展;但是,反右派斗争扩大化后,由于"左"的长时期影响,多党合作遭受挫折,教训十分深刻;"文革"期间,中共和各民主党派在逆境中坚持斗争,保存了多党合作的根基。

第七章"中国特色社会主义新时期的多党合作",包括"新时期中国多党合作的理论进展""新时期中国多党合作的实践成效""新时期中国多党合作存在的问题"三节。本章指出,改革开放后,中国共产党将爱国统一战线视为新时期的重要法宝,民主党派、无党派人士作为统战工作的首要对象活跃在国家政治生活中;随着参政党理论的提出和对政党制度认识的深化,民主党派、多党合作积极投身改革开放和现代化建设并作出了重大贡献;当然,这一时期的多党合作也仍然存在着不足和问题,这些不足和问题需要在新时代得到认真的解决。

第八章"中国特色社会主义新时代的多党合作",包括"新时代中国多党合作的创新发展""新时代推进中国多党合作的若干抓手""新时代中国多党合作话语体系建设探析"三节。本章指出,十八大以来,在以习近平同志为核心的中共中央领导下,中国多党合作在新时代得到了创新发展,习近平总书记关于新型政党制度的重要论述为坚持、完善和发展多党合作提供了重要的行动指南;应该以推进国家治理体系和治理能力现代化等为抓手推动多党合作发展,包括发挥多党合作在"一国两制"条件下与特别行政区政党组织衔接中的作用;重视多党合作话语体系建设,努力掌握政党制度话语权。

结束语:"关于马克思主义多党合作的理论与实践的若干总结",尝试从十个方面对马克思主义多党合作的理论与实践做出总结:(1)马克思主义多党合作是社会主义发展的历史进程中结出的政治文明成果;(2)马克思主义是马克思主义政党学说和处理政党关系思想民族化、时代化、大众化的产物;(3)马克思主义多党合作必须坚持合规律性与合目的性相统一;(4)马克思主义多党合作必须处理好领导和被领导、执政和参政、互相监督等重大政党关系；（5）马克思主义多党合作必须充分考虑到传统文化因素的影响；（6）马克思主义多党合作必须做好宣传教育；（7）马克思主义多党合作必须有共产党、各民主党派和理论工作者的共同努力；（8）马克思主义多党合作必须防"左"反右，反对错误倾向；（9）马克思主义多党合作必须加强制度化规范化程序化建设；（10）马克思主义多党合作必须正确认识本国特色和国际比较。

（二）基本观点

第一，马克思主义多党合作是马克思恩格斯政党学说和处理政党关系思想的理论逻辑和这些国家多党合作发展的历史逻辑相结合的产物，是国家治理体系和治理能力的一个重要方面、重要体现。

第二，在马克思主义多党合作中，共产党是关键要素，必须毫不动摇地保持共产党的先进性和纯洁性，坚持共产党对民主党派的政治领导；民主党派是不可或缺要素，必须毫不动摇地保持民主党派的进步性和广泛性，使民主党派在政党协商、参政议政和民主监督中发挥更大作用。

第三，世界上不存在一成不变的政党制度模式。社会主义国家通过多党合作促成选举民主与协商民主的有机结合，有利于兑现"人民当家做主"这一社会主义民主的本质和核心，也顺应了世界的民主化潮流。

第四，在社会主义国家中，中国的民主党派最多，实行多党合作的时间最长，取得的理论与实践成果最多。中国梦的感召、人民民主的指引、中华优秀传统文化的熏陶，决定了多党合作在中国前景光明、大有可为。

第五，马克思主义多党合作为世界政党文明注入了新的内容和形式。在未来的历史行程中，社会主义国家仍需进一步完善和发展多党合作。

三、研究思路、方法和理论依据

（一）研究思路

以史为经，以论为纬，基于问题导向和"共产党领导的多党合作→协商民主→国家治理体系和治理能力现代化→坚持和发展中国特色社会主义"的逻辑进路，综合运用科社、党建、政治学、国际关系、社会学、组织行为学、文化学、心理学等学科的理论，揭示马克思主义多党合作中合规律性与合目的性、前进性与曲折性、经验与教训等的统一，致力于回答社会主义国家进一步完善和发展多党合作的关键所在，并以此关顾社会主义在世界的前途命运。

（二）研究方法

一是系统方法：在马克思主义多党合作与外部环境之间、多党合作内部诸要素之间的相互联系、相互作用和相互制约中，动态地去研究它。

二是逻辑和历史相统一的方法：在把握马克思主义多党合作历史进程的基础上，以逻辑必然性将其再现出来，力求揭示马克思主义多党合作的内在规律。

三是规范研究和实证研究相结合的方法：把价值判断、逻辑推理和国情特点、主体实际结合起来，在"应然"与"实然"的矛盾和张力中，探讨马克思主义多党合作的科学发展之道。

四是比较方法：遵循可比原则，在纵横交错中进行不同类型政党制度、中外多党合作及改革开放前后中国多党合作等的比较，借此坚定当代中国多党合作的"四个自信"并做到扬长避短。

（三）研究的理论依据

一是统一战线理论。统一战线（United Front）是外来语，中文曾译联合战线，后译为统一战线，它与联盟、同盟、联合战线等是同义语。从广义上讲，统一战线是指不同的社会政治力量——阶级、阶层、集团、政党乃至民族、国家等，在一定共同利益的基础上，为实现一定共同目标而结成的政治联盟，这样的统一战线，古今中外都有过。本课题所讲的统一战线，是无产阶级统一战线，它具有以下几个特点：第一，以马克思主义为指导思想，服从和服务于无产阶级解放全人类、解放自身的伟大事业；第二，以无产阶级及其政党作为组织者和领导者；第三，具有广泛的群基础，这就是说，无产阶级及其政党为了完成自己的历史使命，实现不同时期的纲领、目标、任务，在本阶级团结、联合的基础上，同其他阶级、阶层、集团、政党以及一切可以团结的力量,在一定共同目标下结成政治联盟;第四,无产阶级统一战线是无产阶级政党的战略和策略的重要组成部分,贯穿于党领导的革命、建设和改革的全过程。社会主义国家的民主党派、无党派人士是统一战线工作的重要对象,实现共产党和各民主党派、无党派人士的多党合作,是社会主义国家统一战线工作的重要内容。

二是协商民主理论。协商民主是"deliberative democracy"的常用中文译名。在现代汉语中,协商强调共同商量以便取得一致意见,协商民主强调自由和平等的公民通过公共协商进行决策。协商民主于20世纪80年代在西方的兴起与自由主义民主在现实运作中出现的弊端有密切关系。在人类政治文明史上,共和主义民主和自由主义民主的分歧与争论构成了民主理论演化和发展的主线,直至近代,以通过投票、选举来竞争领导权为特征的自由主义民主几乎成为西方民主模式的范式,但面对社会复杂性的增多和大规模社会不平等的存在,自由主义民主在实践中也不断受到诸如政治参与、公民自治、主体性觉醒、道德抗议等的挑战,由此协商民主一经崭露头角便风靡西方并传播至世界各地。社会主义国家的民主政治建设强调在共产党领导下,将选举民主和协商民主结合起来,这样的协商民主在理念上、形式上与西方协商民主有相通之处并且可以借鉴西方的有益成果,但更根本的是它是社会主义的本质要求,对以实现和发展人民民主为生命的社会主义来说,协商民主是社会主义的自觉选择。社会主义国家多党合作中的政党协商是社会主义协商民主的重要内容和形式,不仅如此,政党协商还嵌入社会主义国家政权组织、统战组织、社团组织、基层组织等等的协商民主之中,在社会主义民主政治建设中发挥着重要的作用。

三是国家权力理论。国家权力在本质上是一种政治权力,表明政治主体对一定政治客体的制约能力和力量。在现实政治生活中,各种政治力量的活动与相互关系主要是围绕国家权力的产生、分配和行使而展开的。马克思主义强调国家权力的阶级性,西方学者则对权力的涵义展开了多维度的研究,像美国学者罗哈罗德·D. 拉斯韦尔和亚伯拉罕·卡普兰认为,"权力就是对决策过程的参与"[①]。

---

① Roharold D. Laswell, Abraham Kaplan, *Power and Society*, Laurentich and Keegen Paul Ltd., 1952, p. 52.

一般来说，国家权力的主体主要是国家，此外，各社会阶级、各政治集团和社会集团、有组织的和无组织的群众、各种政治个体等，也都可以成为政治权力的主体。在政党政治时代，政党作为政治主体的作用非常突出。一党制下的执政党垄断了国家权力，掌握着全部决策过程；多党制下的政党通过竞选掌握国家权力，执政党和反对党的争斗在很大程度上是围绕把控决策过程展开的；社会主义国家多党合作下，共产党是领导国家权力的执政党，各民主党派则通过"一个参加，三个参与"对决策过程发生影响。社会主义国家在无产阶级专政（人民民主专政）的条件下，通过多党合作的政党制度安排，有助于构建一种民主集中型的国家权力结构，促进社会主义政治文明的发展。

四、成果特点和创新之处

（一）成果特点

一是纵横交错。第一章带有概述性，对有关民主、政党、政治制度、政党政治的相关内容进行分析；结束语带有总结性，对社会主义发展的历史进程中多党合作的理论与实践的若干规律进行总结。从第二章到第八章，就是按照纵横交错的安排来阐述马克思主义多党合作的进程和逻辑的：纵体现在按照历史发展顺序来梳理马克思主义多党合作从发端源头（马克思恩格斯的政党学说和处理政党关系思想）到当今主流（中国特色社会主义新时代的多党合作），横体现在从不同（但影响极其重大）国别来展开马克思主义多党合作的探索画卷；纵中之横体现在对每一章内容的安排，都带有专题的特点；横中之纵体现在对不同国别的探索，基本是沿着实践和认识的进展推进。本成果通过结构上的纵横交错，力求反映马克思主义多党合作的理论与实践的波澜壮阔、跌宕起伏及发展前景，从一个侧面体现共产党人对政治文明、社会主义和人类进步事业的不懈追求。

二是是非对比。共产党人在运用马克思恩格斯的政党学说和处理政党关系思想来解决不同时期党面临的不同问题时，既有成就、经验，推动了党领导的革命和建设事业的发展；也有挫折、教训，给党的事业、声誉带来损害。从社会主义发展的进程看，成就、经验固然可贵，但"伟大的阶级，正如伟大的民族一样，无论从哪方面学习都不如从自己所犯错误的后果中学习来得快"①，错误、失败常常成为正确、成功的先导，因而本成果对马克思主义多党合作曾经走过的弯路的反思，不是为了发怀古之幽思，不是为了纠结以前的错误不放，而是为了通过是非对比，防止重蹈覆辙，确保多党合作沿着健康的方向发展。

三是要素结合。马克思主义多党合作中的要素，有组织载体，有人物活动，有时空条件，有事件演展、故事场景、比喻衬托，有理论阐释（是什么、为什么、结果怎么样、趋势如何），等等。本成果抓住马克思主义多党合作的主流和主线——共产党人对有别于旧式政党制度的新型政党制度的探索，将上述要素整合为一体，希冀透过组织、人物、活动，剖析马克思主义多党合作的丰富内容，特别是社会主义国家多党合作的成败得失，从中揭示马克思主义多党合作中那些带有规律性的东西，以此促进社会主义事业向着更加健康的方向发展。

四是突出中国。中国是社会主义国家中民主党派数量最多、实行多党合作的时间最长、取得的理论与实践成果最为丰硕的国家，从一定意义上说，当今讲马克思主义多党合作，首先就是指中国多党合作，特别是指中国特色社会主义进入新时代的多党合作。因此，本成果用了较大篇幅来探讨中国多党合作的形成和发展，探讨中国多党合作的社会生态，探讨中国多党合作的成就和问题，探讨中国多党合作在新时代的新作为。如果说在世界社会主义运动处于低潮的情况下，中国特色社会主义的存在和发展为科学社会主义挽回了信誉，增强了世界上追求进步的人们对社会主义的前途的信心，那么在多党合作并非社会主义国家政党制度首选的情况下，中国的坚持、发展和完善为马克思主义多党合作挽回了声誉，增强了世界上追求新型政党文明的人们对新型政党制度的前途的信心。

五是"三个面向"。本成果坚持以"面向现代化，面向世界，面向未来"的尺度观察和研究马克思主义多党合作。面向现代化要求马克思主义多党合作

---

① 《马克思恩格斯文集》第 1 卷，北京：人民出版社 2009 年版，第 379 页。

自觉加强执政党的执政能力建设和参政党的参政能力建设，为自身的可持续发展奠定扎实的组织基础，从而推进国家治理体系和治理能力现代化的要求；面向世界要求马克思主义多党合作充分认识到政党政治是当今世界民主政治的重要表现形式和实现形式，因而要顺应世界潮流，在发展社会主义民主政治和建设社会主义政治文明中发挥更大作用，在世界政党制度体系中占有一席之地；面向未来要求马克思主义多党合作在认真总结经验教训的基础上，不断通过体制、机制的改革与创新，实现自我完善，从而更加自信地走向未来、开创未来。

(二) 创新之处

一是研究视角。微观上以政党关系为切入点，中观上立足政党制度的创立和变革，宏观上关注政党与主义及事业在前途命运上的密切关联，体现了研究视角上的多维多层、层层递进。

二是研究体系。不但重视对整体的把握，体现多党合作从马克思恩格斯的思想发端到社会主义国家的实践、曲折、现状、趋势的系统性，而且重视对结构的研究，体现多党合作在时代、国别、民族、人物、事件之中的演述，从而展现一幅马克思主义多党合作的丰富图景。

三是研究主旨。运用马克思在《资本论》中所强调的"从后思索"对马克思主义多党合作中的经验教训进行总结，希冀在正本清源的基础上达到解放思想和"向前看"的目的，为新时代坚持、完善和发展中国特色新型政党制度服务。

第一章 民主、政党与政党制度

政党是当今世界上客观存在并且在可预见的时间内仍然具有强大生命力的政治现象。根据统计，目前世界上共有6000多个政党，遍及大多数国家，并且按照"适者生存"的原则而有生有灭、有分有合、有斗有和。20世纪二三十年代，国际工人运动的杰出战士、马克思主义理论家葛兰西在他那一本被誉为体现了"人类意志的极限"的《狱中札记》中就断言："如果在现代写一部新的《君主论》，那么它的主要人物不会是英雄的个人，而是某一个政党。"① 由此可见，研究政治科学，不应该忽略政党问题；研究政治关系，不应该忽略政党关系；研究政治制度，不应该忽略政党制度；研究民主政治，不应该忽略政党政治。对中国这样一个始终坚持和发展多党合作制度的国家来说，还要自觉将多党合作制度纳入研究之中，使之能够得到更广泛的认同和更好的实践。

第一节 国家、民主与政党

剖析政党问题，不能就政党论政党，而是有必要将它置于社会、国家的宏观视野之下，这样不但有助于理清政党的来龙去脉，也有助于进而理清与政党相关的政党制度、政党政治问题。

---

① ［意］安东尼奥·葛兰西：《狱中札记》，葆煦译，北京：人民出版社1983年版，第121页。

一、国家与社会

列宁指出："国家问题是一个最复杂最难弄清的问题,也可以说是一个被资产阶级的学者、作家和哲学家弄得最混乱的问题。"[①] 讲清楚国家问题,首先要明确国家与社会的关系。

(一) 国家源自社会

在国家与社会的关系问题上,黑格尔的观点影响深远。黑格尔试图以客观唯心主义的"绝对观念"对世界上一切存在的共同本质和最初原因做出最高概括,他将家庭、市民社会和国家视为伦理概念客观化过程中的必经环节,其中,家庭是第一阶段,家庭的自然延伸和扩张构成市民社会,但"市民社会是个人私利的战场"[②],而国家是"伦理观念的现实"[③]、"理性的形象和现实"[④],国家既统摄又超越家庭和市民社会,因而成为这两个领域的"外在必然性""最高权力""内在目的"[⑤]。黑格尔对市民社会与政治国家所做的学理区分得到了很高的评价,约翰·基恩(John Keane)认为,黑格尔赋予市民社会概念含义的现代转换,是政治哲学之中自博丹创立"主权"概念、卢梭提出"公意"概念以来最富有创造性的革新。[⑥] 马克思的观点则是一分为二的:"黑格尔把市民社会和政治社会的分离看作一种矛盾,这是他较深刻的地方。但错误的是:他满足于只从表面上解决这种矛盾,并把这种表面当作事情的本质。"[⑦] 那么,马克思恩格斯是怎样透过现象揭示事物本质的呢?

"市民社会"是黑格尔的术语,马克思早期著作中的"市民社会",在广义上指经济基础,在狭义上指资产阶级社会的物质关系,在马克思创立唯物史

---

① 《列宁选集》第4卷,北京:人民出版社2012年版,第24页。
② [德]黑格尔:《法哲学原理》,范扬、张企泰译,北京:商务印书馆1979年版,第309页。
③ [德]黑格尔:《法哲学原理》,范扬、张企泰译,北京:商务印书馆1979年版,第253页。
④ [德]黑格尔:《法哲学原理》,范扬、张企泰译,北京:商务印书馆1979年版,第360页。
⑤ [德]黑格尔:《法哲学原理》,范扬、张企泰译,北京:商务印书馆1979年版,第261页。
⑥ John Keane, *Civil Society and the State*, London: Verso, 1988, p.63.
⑦ 《马克思恩格斯全集》第1卷,北京:人民出版社1956年版,第338页。

观后，这一术语就还原为"社会"了，社会作为人类生活共同体，不管形式如何，都是"人们交互活动的产物"①。人类最早的社会是原始社会，这是直到19世纪70年代才由美国民族学家摩尔根发现的。恩格斯在《家庭、私有制和国家的起源》中指出，在人类历史的早期到处都存在着以氏族制度为基础的氏族公社所有制，随着生产力的发展，私有制出现，一些集团能够经常占有另一些集团的劳动，财富迅速地积聚和集中到人数很少的人手中，大众日益贫困化，对抗阶级形成，人类告别"蒙昧时代""野蛮时代"走向"文明时代"，国家取代了氏族制度，所以国家的产生是社会矛盾发展到一定阶段的产物，国家是凌驾在社会之上且同社会相异化的一种力量。

马克思、恩格斯批判了黑格尔在市民社会和政治国家关系上的颠倒观点。马克思指出，市民社会之于政治国家是前提、原动力、必要条件，"而思辨的思维却把这一切头足倒置"②。恩格斯指出，他和马克思之所以能够开始"共同的工作"，一个原因就在于他们都认识到，"决不是国家制约和决定市民社会，而是市民社会制约和决定国家"③。这就把被颠倒了的关系再次颠倒过来。

（二）国家终将回归社会

国家同氏族制度不同的一个地方，"是公共权力的设立"④。这种公共权力即为国家政权及其相应的制度、组织和设施，并且历来是"政治"的核心问题，所以列宁说国家问题是"全部政治的基本问题、根本问题"⑤，"政治中最本质的东西即国家政权的机构"⑥。美国学者艾伦·C.艾萨克亦看到："哪里有权力关系或冲突情况存在，哪里就有政治。"⑦由于国家产生于阶级冲突和控制阶级对立的需要，所以阶级性是国家的本质特征，经济上占统治地位的阶

---

① 《马克思恩格斯文集》第10卷，北京：人民出版社2009年版，第42页。
② 《马克思恩格斯全集》第1卷，北京：人民出版社1956年版，第251页。
③ 《马克思恩格斯文集》第4卷，北京：人民出版社2009年版，第232页。
④ 《马克思恩格斯文集》第4卷，北京：人民出版社2009年版，第190页。
⑤ 《列宁选集》第4卷，北京：人民出版社2012年版，第25页。
⑥ 《列宁全集》第23卷，北京：人民出版社1990年版，第249页。
⑦ [美]艾伦·C.艾萨克：《政治学：范围与方法》，郑永年等译，杭州：浙江人民出版社1987年版，第20页。

级在政治上也占统治地位，因而"获得了镇压和剥削被压迫阶级的新手段"①。除去特殊情况，国家在常态上，就是一种阶级统治的工具。

在国家产生之后，社会依然存在并按照自己的规律在运行。一方面，尽管不同阶级建立的国家有不同的形式，但国家始终不可能是一种具有自己的"精神的、道德的、自由的基础"的独立存在物，它们都是以一定的社会（发展程度不同）为基础建立起来的，并由此具有某些根本的共同特征；另一方面，既然国家对被统治阶级来说"不仅是完全虚幻的共同体，而且是新的桎梏"②，因而社会就会试图摆脱国家的控制，如果说在自然经济条件下国家与社会是高度一体化的，那么随着18世纪以来商品—市场经济的兴起和发展，"市场神话"使得国家对于经济生活的控制趋于弱化（尽管不同程度的干预始终存在），由此而来的也就有了政治与经济的二元分化和国家与社会的二元分化。

在一个矛盾统一体内，国家与社会的力量呈现出一种此消彼长的态势，当着社会力量势单力薄的时候，国家就像强势的"利维坦"，公共权力甚至被提升到大有吞噬整个社会的高度；当着社会自主空间不断扩展的时候，国家就会更多地向社会让步。由于政治统治需要以社会职能为基础、为前提、为持续的条件，因而国家的政治统治职能与社会管理职能是并行不悖的，从根本上说，后者是服务于前者的，并且国家为社会提供的公共产品、公共服务、公共事业，在量与质两个方面应该不断提高才能满足社会成员不断增长的需要。

随着国家与社会关系的博弈、调整，国家终将因生产力的充分发展、私有制和阶级的消亡而重新回归社会。在"自由人联合体"那里，"某一特殊的社会阶级对生产资料和产品的占有，从而对政治统治、教育垄断和精神领导的占有，不仅成为多余的，而且在经济上、政治上和精神上成为发展的障碍"③，到了那个时候，国家政权成为一种多余的东西，因为它对社会关系的干预成为多余的事情，原来意义上的国家强调的是对人的统治，未来如果还需要组织，

---

① 《马克思恩格斯文集》第4卷，北京：人民出版社2009年版，第191页。
② 《马克思恩格斯文集》第1卷，北京：人民出版社2009年版，第571页。
③ 《马克思恩格斯文集》第9卷，北京：人民出版社2009年版，第298—299页。

那么它的职能是对物和生产过程的管理、领导,从这个意义上看,国家是自行消亡的,任何人希冀采取任何手段在条件具备之前废除国家,都只能是一种空想。

二、专制政治与民主政治

毛泽东说:"将来政治这个名词还是会有的,但是内容变了。"① 从历史唯物主义看,这个"将来",应该是国家回归社会之后的事情;在此之前,"政治"则与国家不可或离,"政治就是参与国家事务,给国家定方向,确定国家活动的形式、任务和内容"②,也就是说,要以国家政权作为公共权威,用以解决关乎国家和社会发展中的大局问题。古今中外在政治问题上的其他观点,都有别于马克思主义政治观的本质规定。一是把政治伦理化,如孔子强调"政者,正也"(《论语·颜渊》),古希腊的柏拉图和亚里士多德突出"正义""善",德国哲学家康德主张"道德法则"。二是把政治等同于一般管理,如孙中山认为政治是"管理众人的事"③,这样城市种花种草、供水供电的活动也叫作政治了;《布莱克维尔政治学百科全书》认为政治是"在共同体中并为共同体的利益而做出决策和将其付诸实施的活动"④,这样家庭、班集体的行为也是政治了。这些观点的共同点,就在于它们都绕开了政治的国家强制力属性。

自古以来,国家形式⑤千变万化,但大致可以分为专制政体与民主政体两类,与此相适应的政治,则被称为专制政治与民主政治。

(一) 专制政治

专制政治是与自给自足的自然经济相适应的,在那里,君主个人(君主

---

① 《毛泽东文集》第7卷,北京:人民出版社1999年版,第351页。
② 《列宁文稿》第2卷,北京:人民出版社1978年版,第407页。
③ 《孙中山全集》第9卷,北京:中华书局1986年版,第254页。
④ [英]戴维·米勒、维农·波格丹诺(英文版)、邓正来(中译本):《布莱克维尔政治学百科全书》,北京:中国政法大学出版社1992年版,第629页。
⑤ 国家形式包括政权的组织形式(政体)和政权的整合形式(国家结构),本文指的是前者。

制、僭主制）或少数寡头（贵族制、寡头制）独揽国家大权，小农尽管人数众多，但自给自足的生产方式和交换方式使他们像马铃薯那样"是由一些同名数简单相加而成的"①，小农不能代表自己，他们的代表同时也是他们的主宰，这样的权威高高在上、不受限制，在保护小农不受其他社会力量侵犯的同时，也以行政权力作为后盾来支配小农的命运，对此小农只能任由摆布，小农的斗争即便取得了胜利也往往是统治者改朝换代的工具。在专制政治下，统治者与被统治者的关系是主奴关系，并且国君之下的所有官吏和百姓都是"臣民"，"在这里一切个人都是平等的，因为他们恰恰什么都不是，而且臣民除了君主的意志以外，再没有别的法律，君主除了他自己的欲望外再没有别的制度"②，臣民对君主形成了高度的依附性、奴性和弥散性（即认同身份世袭）。专制政治在那样的历史条件下具有合法性，并且在遇有昭君圣主、贤明寡头的时候，也能出现国泰民安的景象，如中国西汉的"文景之治"、大唐的"贞观之治"和"开元盛世"、清代的"康雍乾盛世"等。但是专制制度的原则和事实就是"使人不成其为人"，"哪里君主制的原则占优势，哪里的人就占少数；哪里君主制的原则是天经地义的，哪里就根本没有人了"③。

从政治运行的实际情况看，完全彻底的专制政治是不存在的。在中世纪的西欧，神权政治盛行，"上帝，作为绝对的唯一，先于并高于世界上所有的人，他是一切存在的唯一源泉和唯一目的"④，教皇格利高里七世、英诺森三世、神学家托马斯·阿奎那等人纷纷宣扬教会的至高无上权力，像英诺森三世就比喻说"教皇是太阳，皇帝是月亮，像月亮要从太阳那里得到光辉一样，皇帝也要从教皇那里得到政权"⑤。这样一来，尽管教皇和君主的较量、教权和世俗政权的争斗始终存在，但教权对王权的制约却是毋庸置疑的，像1215年英王约翰之所以签署限制王权的《大宪章》，即夹杂着他与教皇英诺森三世

---

① 《马克思恩格斯文集》第2卷，北京：人民出版社2009年版，第566—567页。
② [法]让-雅克·卢梭：《论人类不平等的起源和基础》，高煜译，南宁：广西师范大学出版社2002年版，第136页。
③ 《马克思恩格斯全集》第1卷，北京：人民出版社1956年版，第411页。
④ Otto Ghierke：*Political Theories of the Middle Age*，Cambridge University Press，1987，p.9.
⑤ 徐行言：《中西文化比较》，北京：北京大学出版社2004年版，第220—221页。

的冲突和妥协；鼓吹"朕即国家"的路易十四，也"需要教会，需要教会的威信和效率，这样他才能感到自己是不折不扣的国王：绝对君王，神权君主"①。中国虽然没有西欧那样强势的僧侣群体和教会力量，并且皇权至高无上、奉天承运，但即便如此，有限的分权也仍然是存在的。从横向上看，中国自秦汉后就实行宰辅制度，宰相作为辅佐皇帝、统领百官、综理全国政务的最高行政长官，在历代及其不同阶段都同皇帝存在着或轻或重的君权与相权、将权之争；从纵向上看，则有一个如何处理央地关系的问题，统治者出于"大一统"和防范地方割据的考虑，往往会加强中央集权，采取"强干弱枝"并辅以"罢黜百家，独尊儒术"，但中央的过度集权势必造成地方的空虚并引起地方权臣的不满，像顾炎武就痛批过"守令无权"的现象，说："是以言莅事而事权不在于郡县，言兴利而利权不在于郡县，言治兵而兵权不在于郡县，尚何以复论其富国裕民之道哉！"（《日知录》卷九《守令》）皇帝或主动或不得不采取的地方分权，对皇权也有一定的掣肘。既然如此，为什么专制政治无法自然导向民主政治呢？原因就在于，它缺乏商品—市场经济的基础。

（二）"民主是个好东西"

民主政治取代专制政治具有历史的必然性，"民主是个好东西"②，选择民主政治，体现了人类政治文明的发展规律，是不可阻挡的历史潮流。

民主政治与专制政治的社会经济基础不同，它是商品经济（市场经济是与社会化大生产相联系的发达的商品经济）的要求。内在于商品经济的使用价值和价值、具体劳动和抽象劳动、私人劳动和社会劳动的矛盾，都要求通过交换来解决，这就决定了商品经济必须遵循自由竞争、等价交换的原则，这些原则反映在政治上的要求就是自由、平等，而自由、平等用法律规定出来就是权利，实现权利的形式就是民主。所以，民主首先要处理好的关系，就是自由与平等的关系。"自由就是掌握自己的生活。自由有两个方面：否定的一面是

---

① [法]皮埃尔·米盖尔：《法国史》，蔡鸿滨等译，北京：商务印书馆1985年版，第210页。
② 闫健编：《民主是个好东西——俞可平访谈录》，北京：社会科学文献出版社2006年版，第1页。

免除束缚，而肯定的一面则是行为的自主"①，民主保障消极自由，使社会成员具有不服从其他人的强制的权利，同时鼓励积极自由，使社会成员通过享有人身、政法、经济、社会、文化等方面的基本权利，自由地支配自己的身体和精神，自由地决定自己的事务，从而发展潜能和个性。自由是人区别于动物的一个本质性特征，马克思说每个种都有自己的类特性，这是这个种的生命活动性质的体现，人的类特性不是别的任何东西，而是"自由的有意识的活动"②。平等意味着等量齐观，在民主那里，无论社会成员之间在种族、民族、性别、出身、职业、信仰、教育程度、财产状况等方面存在何种个体差异，他们都享有平等的权利、机会和人格，而不允许存在任何特权。民主必须将自由与平等统一起来：一方面，自由的界限需由平等设定，个人行使自由权利时，必须自觉履行义务，不得损害他人、集体和社会的利益，否则就要受到法律的制止、惩处和道德的谴责；另一方面，没有自由的平等不是真正的平等，不能把平等搞成平均主义，而是应当尊重每个社会成员的性格特征，肯定每个社会成员都有平等的自由发展的机会，鼓励创新、创造、创业，并承认在公平竞争条件下由于能力、水平上的差异而造成的结果不平等。美国学者萨托利指出："平等与自由的关系是一种既爱又憎的关系，这取决于我们所要求的是与差异相适应的平等，还是在每一项差异中找出不平等来的平等。"③

从词源上讲，古希腊文 δημοκράτια（民主）是由 δημος（人民）和 κρατος（权利）组合而成的，强调"人民当权"。"民主"一词在古希腊历史学家希罗多德的著作中就出现了，当年的雅典经过梭伦改革、克利斯提尼改革和伯利克里改革，成为古代民主发展的高地，伯利克里说："我们的制度之所以被称为民主政治，因为政权是在全体公民手中，而不是在少数人手中。"④但那时候

---

① [美] 莱斯利·里普森：《政治学的重大问题》，刘晓等译，北京：华夏出版社 2001 年版，第 1 页。
② 《马克思恩格斯文集》第 1 卷，北京：人民出版社 2009 年版，第 162 页。
③ [美] 乔·萨托利：《民主新论》，冯克利、阎克文译，北京：东方出版社 1993 年版，第 343 页。
④ [古希腊] 修昔底德：《伯罗奔尼撒战争史》，谢德风译，北京：商务印书馆 1960 年版，第 130 页。

的"公民",只是亚里士多德界定的"有资格参与城邦的议事和审判事务的人"①,因而"公民资格仅限于很少部分人"②。罗斯福曾说,"人们对民主的向往,并不仅仅是人类历史上最近才有的现象,它与人类历史同在"③,但只有在资产阶级的经济、政治统治确立之后,它才成为浩浩荡荡、不可阻挡的潮流。资产阶级不但接过了启蒙学者在反对封建专制斗争中提出的"主权在民""天赋人权""分权制衡""社会契约""自由、平等、博爱"等政治思想,而且"把它们描绘成唯一合乎理性的、有普遍意义的思想"④;这些思想又进一步化成实践中的政治制度和政治行动,从而造成持续的"民主化"。摆脱了"臣民"身份而获得"公民"身份的社会成员,至少在形式(法律)上一律平等,"承认大家都有决定国家制度和管理国家的平等权利"⑤。很难说资产阶级对民主有天然的偏好,《共产党宣言》说在资产阶级发展的每一个阶段都有一种伴随现象即这一阶级在政治上的进展,这首先是上层建筑一定要适应经济基础状况这一规律的使然。

"民主"是当今世界上使用频率最高的政治术语之一。据澳大利亚学者让-保罗·加侬研究团队的统计,目前常见的"带修饰词的民主"多达507种⑥,难怪萨托利会发出"民主的概念注定会产生混乱和歧义"⑦的感慨。如果说专制政治并不绝对坏,那么,民主政治也并非完美无缺,如运用得不好可能带来多数暴政、政局动荡、决策效率降低、被政客用来蒙蔽民众等"副作用"。即便如此,绝大多数人仍肯定民主是个好东西。美国学者科恩指出:"如果可以说没有任何政体是没有严重缺陷的,而民主则系所有政体中危险最

---

① [古希腊]亚里士多德:《政治学》,颜一、秦典华译,北京:北京大学出版社2005年版,第74页。

② [美]戴维·赫尔德:《民主的模式》,燕继荣等译,北京:中央编译出版社1998年版,第42页。据统计,即便在雅典最繁荣的时期,这部分人也仅占其总人口的十分之一。

③ 《美利坚合众国总统演说集》,天津:天津人民出版社1997年版,第367页。

④ 《马克思恩格斯文集》第1卷,北京:人民出版社2009年版,第552页。

⑤ 《列宁选集》第3卷,北京:北京:人民出版社2012年版,第201页。

⑥ Jean-Paul Gagnon et al: *Five Hundred and Seven Theories of Democracy*, 2014, http://sydneydemocracynetwork.org/wp-content/uploads/2014/11/Democratic-Theories-Database.pdf.

⑦ [美]乔·萨托利:《民主新论》,冯克利、阎克文译,北京:东方出版社1993年版,第3页。

小、坏处最少的，这样来为民主辩护，也可能是言之成理的。"① 另一位美国学者罗伯特·达尔在回答"为什么实行民主"的问题时，概述了民主所具有的十大令人向往的结果，包括：（1）避免暴政；（2）基本的权利；（3）普遍的自由；（4）自主的决定；（5）道德的自主；（6）人性的培养；（7）保护基本的个人利益；（8）政治平等；（9）追求和平；（10）繁荣。达尔说："既然民主有这么多好处，那么，它和我们能够达到的其他制度相比，多数人都会感到这样的赌博更加划算。"②

"民主"一词自公元前5世纪形成之后，在很长时间内一直是个政治概念；后来，人们又从非政治或准政治的意义上谈论民主，如社会民主、工业民主、经济民主、国际民主，以及民主生活、民主管理、民主作风、民主精神等，这样一来，民主便成为含义很广的概念，常用以表示具有平等、自由性质和特征的状态、现象。对此，萨托利指出，政治民主"是主导的统领性民主"，"是我们可能珍爱的无论什么民主或民主目标的必要条件，必要手段"，"这就是非专指的民主代表'政治民主'、民主首先是个政治概念的原因"③。

（三）社会主义与民主

民主不仅是一种国家形式，而且是一种国家形态。民主之于社会主义不是强加之物，而是社会主义的本质要求。社会主义民主是以马克思主义为指导的人类历史上的新型民主，又称"无产阶级民主""人民民主"。由于"马克思主义""社会主义"是本书的重要概念，因而在谈论社会主义民主之前，我们有必要先对这些概念做一简要分析。

马克思主义是由马克思恩格斯共同创立的以反对资本主义、建设社会主义、实现共产主义为目标的科学理论体系，是关于无产阶级和人类解放、最后实现每个人的自由而全面发展的科学。马克思在世的时候，出于警惕个人崇拜和自己的学说被歪曲、被乱贴标签等考虑，而反对使用"马克思主义"的概

---

① [美]卡尔·科恩：《论民主》，聂崇信、朱秀贤译，北京：商务印书馆2004年版，第210页。
② [美]罗伯特·达尔：《论民主》，李柏光、林猛译，北京：商务印书馆1999年版，第68页。
③ [美]乔·萨托利：《民主新论》，冯克利、阎克文译，北京：东方出版社1993年版，第13页。

念；马克思逝世后，各国工人政党的理论家、活动家越来越多从正面意义上使用"马克思主义"，在这种情况下，恩格斯从1886年开始，也明确打出"马克思主义"①的旗帜，随后这一概念被各国马克思主义者广泛采用，成为国际共运的鲜明指导思想。列宁在领导俄国革命和建设的过程中，把马克思主义发展到了一个新的历史阶段即列宁主义的阶段，列宁逝世后，1924年共产国际五大正式将"马克思主义"和"列宁主义"合称为"马克思列宁主义"，强调马克思列宁主义是"自己党员的共同财产"②。中国共产党所讲的"马克思主义"，不是仅指马克思恩格斯创立的马克思主义，而是包括他们的后继者特别是列宁所发展的马克思列宁主义，这在党章和宪法中都有明确的表述。马克思主义是科学的理论、人民的理论、实践的理论、不断发展的开放的理论，习近平指出："无论时代如何变迁、科学如何进步，马克思主义依然显示出科学思想的伟力，依然占据着真理和道义的制高点。"③继续推进马克思主义中国化时代化大众化，发展21世纪马克思主义、当代中国马克思主义，是我们党和国家思想理论建设的重大任务。

马克思主义博大精深，包括马克思主义哲学、马克思主义政治经济学和科学社会主义三个基本组成部分。在历史文献中，"社会主义"一词最早是由西欧传教士在18世纪中叶的时候使用的，意在强调人具有社会性，抨击当时盛行的个人主义，引导人们遵从由上帝安排好的传统的社会制度。到了19世纪二三十年代，一些空想社会主义者开始用"社会主义"来称谓他们所向往的未来理想的新社会形态。英国社会学家安东尼·吉登斯指出："社会主义一开始是作为一种与个人主义相对立的思想体系而出现的，只是在后来它才把重点放到对资本主义的批判上。"④马克思恩格斯在创立自己理论的过程中，一开始拒绝使用"社会主义"而是采用"共产主义"。1888年和1890年，恩格斯在《共产党宣言》的英文版、德文版序言中说，1847年的社会主义者一方面

---

① 《马克思恩格斯全集》第36卷，北京：人民出版社1974年版，第500页。
② 《共产国际文献汇编》第2册，北京：生活·读书·新知三联书店1965年版，第53页。
③ 习近平：《在哲学社会科学座谈会上的讲话》，载《人民日报》2016年5月18日。
④ [英]安东尼·吉登斯：《第三条道路——社会民主主义的复兴》，郑戈译，北京大学出版社2000年版，第3页。

是空想社会主义的信徒,一方面是形形色色的社会庸医,因而"当我们写这个《宣言》时,我们不能把它叫作社会主义宣言"①。英国历史学家豪布斯邦亦指出:"'共产主义'从一开始就明确表示一种以共同财产而不是私有财产为基础——并在这种基础上进行管理——的社会,并且从巴贝夫以后很快表示一种要造成这种社会的政治运动。"② 后来,马克思恩格斯接受了"社会主义"并且将它视为"共产主义"的同义语,他们还把建立在唯物史观和剩余价值学说基础上的理论叫作"科学社会主义",虽然他们说"'科学社会主义',也只是为了与空想社会主义相对立才使用"③,但同时又强调科学社会主义是他们"所主张的观点的一个核心问题的表述"④。1875年,马克思在《哥达纲领批判》中,从个人消费品分配原则的角度,将未来的共产主义社会分为"第一阶段"和"高级阶段"。到了1917年,列宁在《国家与革命》中明确将共产主义社会的"第一阶段"或"低级阶段"称为社会主义,指出社会主义和共产主义既有差别,又有共同点——生产资料已经成为公有财产,因而列宁认为对社会主义来说共产主义这个名词也是可以用的,当然不要忘记这个社会主义同完全的共产主义相比的区别。未来同一社会形态的不同发展阶段——"社会主义"和"共产主义",得到了马克思主义者的认同。

民主对于社会主义具有极端重要性。首先,民主是建立社会主义制度的前提条件。《共产党宣言》指出,"工人革命的第一步就是使无产阶级上升为统治阶级,争得民主"⑤,这个"争得民主"在《哥达纲领批判》那里就是"无产阶级的革命专政"。无产阶级专政肩负着重大的历史任务,除了增加生产力总量、消除"三大差别"之外,就是要实现对资本主义私有制的改造,以促成资本主义向社会主义的过渡,"实行财产公有的第一个基本条件是通过民主

---

① 《马克思恩格斯文集》第2卷,北京:人民出版社2009年版,第13页。
② Eric Hobsbawm, "Out of the Ashes", Robin Blackburn (ed.): *After the Fall: The Failure of Communism and the Future of Socialism*, Verso, London/New York, 1991.
③ 《马克思恩格斯文集》第3卷,北京:人民出版社2009年版,第407页。
④ 《马克思恩格斯文集》第9卷,北京:人民出版社2009年版,第12页。
⑤ 《马克思恩格斯文集》第2卷,北京:人民出版社2009年版,第52页。

的国家制度达到无产阶级的政治解放"①。这说明，作为一个问题的两个方面的"争得民主"和"无产阶级的革命专政"，是社会主义生产关系赖以建立的政治上层建筑前提，离开了这一点就不可能有社会主义。其次，社会主义与民主不可或离。德国社会民主党的领导人李卜克内西早就断言没有民主的社会主义和没有社会主义的民主都是不可思议的，前者是臆想，后者是虚假。后来，列宁又进一步指出，争取民主的斗争是无产阶级为社会主义革命所做的准备，没有这个准备就不能实现社会主义革命，"胜利了的社会主义如果不实行充分的民主，就不能保持它所取得的胜利"②。至于国家和民主的完全消亡，则只能到"各尽所能，按需分配"的共产主义社会。在这个意义上，列宁指出，专制制度→资产阶级民主→无产阶级民主→没有任何民主，体现了人类民主政治发展的辩证运动过程。

在当今世界上，与社会主义民主并存的是资本主义民主。这二者的本质区别，集中体现在以下三个方面。

一是由于经济基础不同，二者在广泛性上不同。资本主义民主建立在生产资料私有制的经济基础之上，在雇佣劳动制度下，资本家因占有生产资料而攫取工人的大量剩余劳动，他们是社会的主宰，劳动力的数量和工资水平取决于他们依据市场供求计算出来的需要，因而一无所有的工人只能靠出卖劳动力维生，法律面前人人平等的口号掩盖不了劳资之间在社会地位上的重大差别，这就决定了资产阶级以"人权"为标榜的"政治解放"并没有达到"人类解放"的目标，资本主义国家作为"理想的总资本家"，"不过是管理整个资产阶级的共同事务的委员会罢了"③，在那里，"人权本身就是特权"④，并且是"富人的特权"⑤，对工人来说，所谓的政治自由和政治平等"只是徒具空名"，所谓的民主制"也无非是一种伪善"⑥。正因为这样，马克思主义反对谈论抽象

---

① 《马克思恩格斯全集》第42卷，北京：人民出版社1979年版，第3795页。
② 《列宁选集》第2卷，北京：人民出版社2012年版，第782页。
③ 《马克思恩格斯文集》第2卷，北京：人民出版社2009年版，第33页。
④ 《马克思恩格斯全集》第3卷，北京：人民出版社1960年版，第229页。
⑤ 《马克思恩格斯全集》第1卷，北京：人民出版社1956年版，第697页。
⑥ 《马克思恩格斯全集》第1卷，北京：人民出版社1956年版，第576页。

的"纯粹民主"或"一般民主",并且强调资产阶级民主的实质是资产阶级专政。与此相反,社会主义民主是建立在生产资料公有制的经济基础之上的,这就决定了它能够不受制于资本和金钱的操纵而为绝大多数人谋利益。在这样的民主制度下,广大人民真正成为国家和社会的主人,依靠国家政权掌握自己的命运,享有广泛的管理国家和社会的民主权利。

二是由于内容和形式的统一性不同,二者在真实性上不同。在民主问题上,资产阶级擅长把口号喊得震天响,资本主义民主总是以普遍的、抽象的民主形式来掩盖其民主的阶级属性和资产阶级专政的性质,"资产阶级口头上标榜自己是民主阶级,而实际上并不如此,它承认原则的正确性,但是从来不在实践中实现这种原则"①。以普选权为例,资产阶级的政客、学者总是将所谓的"民主"与"选举"画等号,然而纵观普选权在西方的实现,却经历了漫长的历史过程,北欧各国大体在一战后、英国在1928年、法国在1944年、意大利在1945年、美国一直拖延到1976年,才基本确立普选制,即便如此,现实中名惠而实不至的现象仍大量存在。与此相反,社会主义民主的内容和形式是一致的,它依据民主集中制的原则,在人民内部实行广泛民主,把民主的广泛性与决策的科学性有机统一起来;遵循少数服从多数的原则,同时尊重和保护少数人的权利。社会主义国家在建政之初,就建立了广泛而真实的普选制度,同资本主义国家的言行不一形成了鲜明的对比。

三是由于践行的决心与力度不同,二者在全面性上不同。资本主义民主鼓吹个人权利、政治权利,似乎这一些就代表着民主政治的全部。与此相反,社会主义社会的全面发展、全面进步决定了社会主义民主是全面的民主,不仅注重个人权利,而且注重集体权利;不仅重视保障人民的民主权利,而且重视保障人民的经济、文化和社会权利,决心把民主权利推进到各个领域,并且不断创造实现条件,确保人民通过各种途径和形式管理国家事务,管理经济和文化事业,管理社会事务,能够落到实处。在社会主义国家,人民内部按照各种民主原则建立起各种平等的社会政治关系,公民不受财产、职业、职位、教育、民族、种族、宗教、性别等因素的限制,在法律面前一律平等,既享受权利又

---

① 《马克思恩格斯全集》第10卷,北京:人民出版社1998年版,第692页。

履行义务,从而使个人发展、他人发展、社会发展有机统一起来,达到相互促进。

社会主义民主的广泛性、真实性和全面性,决定了社会主义民主具有资本主义民主所不可比拟的优越性:一是作为政治上层建筑,促进社会主义国家经济文化事业的发展和综合国力的提高,从而为巩固、发展社会主义制度服务;二是确保人民当家做主,使法律赋予广大人民的民主选举、民主协商、民主决策、民主管理、民主监督等权利不断得到维护、实现和发展;三是保障人民权益,激发人民创造活力,使广大人民的主体性不断得到发扬、释放;四是展示了人类民主的走向,指引广大人民创造美好民主生活。

当然,社会主义作为资本主义的扬弃物,在看到资本主义民主的虚伪性的同时,也要看到对于资本主义民主在长期发展过程中形成的某些理念、体制、机制、做法等,是可以批判继承的。这种批判继承不是全盘照搬,而是在马克思主义的立场、观点、方法的指引下,将其中有益的因素借鉴吸收过来,从而为社会主义民主的发展提供更多的精神动力、智力支持。

三、民主政治与政党

民主政治与政党存在着千丝万缕的关联,是政党产生和发展的充分条件,是滋养政党的政治生态。

(一) 从古代"党争"看政党与民主的关联

党争,在古代就存在,甚至也很厉害,但古代的党争同现代民主政治条件下的政党斗争完全不是一回事。

中国历史上的"党"字,最早指光线昏暗,《屈赋·远游篇》中的"时暧暧其曭莽",说的就是日月腌黮而无光。后来"曭"被"黨"所取代,逐步具有多重含义:一是地方组织。《周礼·地官·大司徒》:"五族为党。"郑玄注:"党,五百家。"二是处所。《礼记·玉藻》:"不退,则必引而去君之党。"王引之《经义述闻》卷十五引王念孙曰:"党,所也,谓君所坐之处。"三是亲族。《礼记·坊记》:"睦于父母之党。"郑玄注:"党,犹亲也。"四是朋辈。

《论语·公冶长》:"吾党之小子狂简。"五是朋党、偏私,这就带有勾结谋反、营私舞弊的贬义。春秋战国时的"朋党""党人"之说,便指上层社会中利害观点一致者结成的集团。统治阶级为了强化君主集权制,历来视"部党""党羽""党祸""党锢""党同伐异"等为洪水猛兽,在舆论方面,像《论语·卫灵公》主张"君子矜而不争,群而不党",《尚书·洪范》鼓吹"无偏无党,王道荡荡;无党无偏,王道平平";在政治方面,像汉武帝制定了"阿党附益之法",对朝中大臣和地方官吏同诸侯王"结党营私"采取了严厉打击的措施,大明律和大清律也都有打击大臣、官吏"私植党羽"的规定。至于中国历史上的"会党",如天地会、洪门会、大刀会、哥老会、青洪帮等,基本属于民间的秘密团体,带有浓厚的封建迷信色彩,有的是下层民众的互助载体,有的是农民起义的反叛组织,有的则是被统治阶级所收买和利用的工具,这与现代政党不可同日而语。1921年,历史学家王桐龄在分析中国历代党争时一针见血地指出:"中国自古为专制政体,专制政体之下,无政党发生之余地。其有类乎政党者,则东汉末年之钩党,有唐中叶以后之牛李党,唐末之清流党,北宋之元祐党、熙丰党,南宋之伪学党,明末之东林党、阉党,皆敌党加以党之名,自己并不承认为政党也。"①

同中国一样,在古代欧洲,也有一部分利益、观点相同的人抱团卷入政治斗争。古希腊有过"贵族派"与"民主派"围绕最高权力机关的斗争,有过"山外党""平原党""海滨党"的抗衡,古罗马也有过"贵族派"和"平民党"的较量。韦伯依据社会学思维认为"古代的和中世纪的党也可以称为政党"②,但多数学者并不认同这样的观点,这些"派""党"之所以不是科学意义上的政党,归根到底,是由当时占统治地位的自然经济和专制政治所决定的。

1844年,马克思在《关于现代国家的著作的计划草稿》中列出了九个准备探讨的问题,其中第四个问题"代议制国家和宪章"涉及"民主的代议制国家"的内容,第七个问题"执行权力"涉及"集权制和等级制""集权制和

---

① 王桐龄:《中国历代党争史》,上海:上海书店出版社2012年版,第8页。
② [意] G. 萨托利:《政党与政党体制》,王明进译,北京:商务印书馆2006年版,第50页。

政治文明"的内容,第九个问题"政党"则包含"选举权"的重要补充。①马克思所讲的"集权制",即为专制政治,与之相适应的等级,也就是那些按经济地位和社会政治地位的高低划分并被法律确认的不同社会集团,成为普遍存在于奴隶社会和封建社会的阶级关系的特殊表现形式;马克思所讲的"政治文明",即为与专制政治相对立的民主政治,政治文明"一般表现为人们在一定的社会形态中关于民主、自由、平等、解放的实现程度"②,作为人类社会政治生活的进步状态,其核心内容是民主发展的积极成果。正因为有自然经济向商品经济、专制政治向民主政治的转型,才有"代议制国家""政党""选举权"等新生事物的出现。

从理论上、理想状态上讲,民主可以通过全体公民直接行使政治决策权力的形式来实现,古希腊雅典的"公民大会"曾经有过这样的实践,后来,卢梭、孟德斯鸠、霍布斯等人在著书立说中,对这种"直接民主"仍然情有独钟。可是,且不说直接民主所适用的"小国寡民"在现实中极为罕见,更重要的是,"多数暴政"也是很危险的,"这种危险可以由在公共事务中的经历如投票、陪审和对地方政府的广泛参与等来逐步消除,但是,这种消除的程度是有限的"③。因此,间接民主便成为民主运转的常态。间接民主又叫代议制民主或者代表制民主(Representative Democracy),即"全体人民或一大部分人民通过由他们定期选出的代表行使最后的控制权"④。从发生学看,没有代议制民主及其机构——议会(国会),就没有政党。

(二)"内生之党"与"外生之党"

法国政治社会学家迪维尔热曾以议会为参照物,从产生方式上将政党区分为"内生之党"(parties created within the electoral and parliamentary framework)

---

① 参见《马克思恩格斯全集》第42卷,北京:人民出版社1979年版,第238页。
② 《中国大百科全书·政治学》,北京:中国大百科全书出版社2004年版,第504页。
③ 王长江:《现代政党执政规律》,上海:上海人民出版社2002年版,第33页。
④ [英] J. S. 密尔:《代议制政府》,汪瑄译,北京:商务印书馆1982年版,第65页。

和"外生之党"（externally created parties）①。

首先，关于"内生之党"。先发国家资产阶级政党作为议会体制内的政党，属于这种类型的政党，这以英国最为典型，美国、法国也大致如此。

英国的议会发端于13世纪。1640年英国资产阶级革命爆发后，议会内部就形成保王派和国王反对派，在着装上，保王派头戴披肩假发、腰佩长剑，因而被国王反对派叫作"骑士党"；国王反对派短发不掩耳、不戴假发，因而被保王派叫作"圆颅党"。1679年，在斯图亚特王朝复辟时期，英国议会就詹姆斯公爵（即后来的詹姆斯二世）的王位继承权问题展开辩论，那些赞成者被对手骂作"托利党"（Tory，意为"歹徒"），而反对者则被政敌斥为"辉格党"（Wing，意为"强盗"）——这在很大程度上就是由"骑士党"和"圆颅党"演变而来的。以后，"托利党""辉格党"被广为使用，并形成代表不同阶级利益的政治派别：前者代表贵族地主利益，试图维护君主特权；后者代表新兴资产阶级和新贵族的利益，主张限制王权，扩大议会权力。1688年，詹姆斯二世的倒行逆施使得辉格党和托利党联手发动"光荣革命"，并在此后单独或者混合组阁。但是，在相当长时间内，两党都处于草创状态，比如：组织结合主要依靠私人社会关系；政党活动基本局限在议会内部；内阁由国王任命并对国王负责（直到18世纪初内阁才改由议会多数党领袖主持）；政党与派别（faction）同义并且同时使用，党派之间相互敌对，反对党的价值尚未得到认同。随着英国工业革命的完成和社会阶级结构的变化，统治阶级内部虽然有保守势力（代表土地贵族、金融贵族和大商人利益，党名由托利党改为保守党）和改革势力（代表工业资产阶级利益，党名由辉格党改为自由党），但主体力量都是资产阶级。1832年之后，英国进行了多次选举改革，通过降低选民的选举资格门槛、重新划分选区、实行秘密投票等，使选民的人数大大增加；同时，议会内阁制得到确立和巩固，责任内阁的产生与政党在议会选举中的表现挂钩。在这种情况下，两党为了争取更多选民的支持，不得不走出议会，建立健全院外组织系统，并在代表制的基础上改革政党本身；政党与派别

---

① Maurice Duverger, *Political Parties: Their Organization and Activities in the Modern State*, London: Methuen, 1964, p. xxx.

二词分开，后者专指一党之内的不同派系；反对党的活动得到肯定，英国人将大臣称为"陛下的政府"，而反对者则成为"陛下的反对派"①。随着资本主义历史进程从自由竞争走向垄断，自由党逐渐衰落——其奉行的自由贸易政策使英国失去"世界工厂"的地位，大批工业资本家转向保守党，与此同时，随着工人队伍的壮大，工党崛起，并从20世纪20年代开始取代自由党而同保守党轮流执政。

美国独立战争后，华盛顿政府在讨论1787年宪法时，形成了联邦主义者（联邦党人）和反联邦主义者（反联邦党人），这两大政派在国会内外进行活动，经过复杂的分化组合，包括废奴运动的较量——背后仍是资本与土地的博弈，到19世纪60年代演变成为民主党和共和党，两党的阶级利益开始接近。

法国也是世界上出现政党最早的国家之一。1789年资产阶级革命后，法国政局云波诡谲，各种政治力量围绕各个阶段的重大政治问题，形成了许多有组织的政治派别，如雅各宾派、吉伦特派、沼泽派、山岳派、平等派、忿激派、正统派、四季社、秩序党、共和派、激进派等，它们为后来政党的建立奠定了基础。第三共和国时期，法国通过1875年宪法确立了共和制，各类政党井喷而出，数目达到400多个。

其次，关于"外生之党"。在迪维尔热那里，"外生之党"同样与选举制度有关，它形成于立法机关之外，而后挑战统治集团并要求在立法机关中拥有本党的代表。美国学者拉帕隆巴拉和韦纳接受了迪维尔热的观点，但认为不全面，因为它无法涵盖第三世界那些最初有政党而没有选举制度的国家。② 在这里，我们借助"外生之党"的提法，并将其作为一切不同于"内生之党"的产生方式的政党的泛称。

从政党发展史看，"外生之党"有三种情形，第一种情形存在于德国、日本、意大利、俄罗斯等后发资本主义国家。

---

① ［美］莱斯利·里普森：《政治学的重大问题》，刘晓等译，北京：华夏出版社2001年版，第210页。

② J. Lapalombana & Myron Weiner, *The Origin and Development of Political Parties*, Princeton University Press, 1966.

德国从 19 世纪 50 年代开始，就出现各种类型的政党，如德意志保守党（代表容克贵族和高级军政大员）、进步党（代表商业资产阶级、小手工业者的利益）、德国人民党（主要由南部各邦的小资产阶级民主派和部分资产阶级民主派组成）、德国社会民主党（工人政党），但德国议会却是 1871 年普法战争胜利后随着德意志第二帝国的建立才诞生的。19 世纪 70 年代至 20 世纪 20 年代，德国又随政局的变化而出现一些政党。1933 年，希特勒取缔了纳粹党之外的其他政党。目前德国的政党，是在经历了反法西斯和"两个德国"的考验后最终形成的。

日本政党最早出现于明治维新后的自由民权运动时期，当时新兴中小资产阶级为反对藩阀专政、要求设立民选议院而进行组党活动，以准备在开设国会后参政。尽管 1889 年日本设立了议会，但它却仅仅是天皇立法活动的"协赞"机关。1940 年，日本军国主义者通过所谓"新政治体制"，解散一切政党，成立以"实践翼赞大政的臣道"为宗旨的法西斯组织大政翼赞会，直至战后随着以天皇为象征的资产阶级议会制国家的建立，各政党才恢复、重建。

1861 年意大利王国建立前，国家四分五裂，在一些地方出现了反对外族统治、要求国家统一的秘密社团和政治派别，如烧炭党、青年意大利党和以加富尔为首的自由派等。1861 年意大利初步统一后，以原撒丁王国宪法为基础制定了统一的宪法，确立了君主立宪体制，但直到 19 世纪末 20 世纪初，意大利各政党才随着经济的发展和选举权的逐步普及而建立。1926 年，墨索里尼取缔了法西斯党之外的其他政党，直到 1943 年墨索里尼垮台，意大利政党才又在议会共和制的基础上活跃起来，并且具有全国性政党和地方性政党并存、不同意识形态和不同政治倾向的政党并存的特点。

俄国在 19 世纪 20 年代兴起的反对沙皇政府和农奴制的革命运动中，曾出现十二月党人的秘密团体；70 年代，主要由资产阶级自由主义和民主主义知识分子组成的民粹派建立了民意党和土地平分社等秘密团体；1883 年和 1895 年，又有普列汉诺夫、列宁建立的劳动解放社、工人阶级解放斗争协会，这些都为俄国政党的产生做了组织准备。20 世纪初，俄国成熟的政党形成，而俄国的议会——杜马，则是 1905 年革命后，沙皇为应对政治危机而召集的。十月革命前，杜马曾经成为各政党较量的重要平台。

"外生之党"还有另外两种类型:一种是亚非拉国家的民族民主政党。在封建、殖民地或者半殖民地半封建的亚非拉国家,绝大多数没有议会,即便形式上存在议会,也是控制在反动统治者手中,根本不允许代表民族资产阶级、小资产阶级利益的民族民主政党以议会为阵地来开展反对自己的活动,因而这类政党只能在议会外,领导人民群众开展反对帝国主义、殖民主义和封建主义的斗争;另一种是无产阶级政党,无论是以社会主义革命为目标的无产阶级政党,还是肩负民主主义革命与社会主义革命双重使命的无产阶级政党,也无论是在先发国家,还是在亚非拉国家,这类政党都是在议会外建立和发展起来的。

再次,对"内生之党"与"外生之党"的比较。

一是从产生和发展看,"内生之党"大都是欧美资产阶级革命的产物,也是近代资本主义商品经济、议会斗争和自由文化共同作用的结果。至于"外生之党",尽管它们情况差别较大,但它们都不是按照商品经济→民主政治→代议制、议会→政党这样的路径发展起来的,而是统治集团外的政治力量不安现状、积极行动的结果。显然,前者的内生属性要比后者浓厚得多。

二是从与议会、选举的互动看,议会是"内生之党"的摇篮,这类政党的萌芽和原型就是议会中的政治派别,因而"政党只有在一个国家的政体中建立起立法议会时才产生"①,选举的普及改变了政治生活的面貌,政党越来越走向政治舞台的中心;反过来,政党的形成也促进了议会民主制的稳固,因为只有在多党的合法存在和轮流执政成为常态之后,资产阶级议会民主制才算确定下来,所以又说"英国议会制度是从政党制度产生的"②。至于"外生之党",它们诞生后,有的借助合法的手段,逐渐进入议会,成为现行政治体系的组成部分;有的则诉诸革命,破旧立新,像社会主义国家多党合作中的共产党和民主党派也基本属于这种情形,那里的工人阶级(通过共产党)夺取政权、建立自己的政治统治,民主党派同情、支持共产党的革命活动,在革命胜

---

① [美]科佩尔·S.平森:《德国近现代史》上册,范德一等译,北京:商务印书馆1987年版,第228页。

② [美]罗威尔:《英国政府(政党制度之部)》,秋水译,上海:上海人民出版社1959年版,第8页。

利后，共产党成为执政党，民主党派则成为参政党。在当代，原先属于"外生之党"中的绝大多数政党，亦主要在民主政治框架下从事活动，希冀以此达到本党的目标。

第二节　政党的本质、特征与功能

《左传·僖公十四年》中有一句话："皮之不存，毛将安傅？"政党的存在和发展需要一定的社会基础，否则就不可能正确揭示政党的本质、特征和功能。

一、政党的本质

何谓政党？学者们的观点见仁见智，可以说"从来没有能够就'什么是政党'达成一致看法"[1]，但这并不意味着在政党的本质问题上像主观真理论者所鼓吹的那样"公说公有理，婆说婆有理"，关键是要在把握政党的社会基础——阶级、阶层、集团等的基础上，把握政党的阶级性。

（一）政党的社会基础

一定的政党总是以一定的阶级、阶层、集团为社会基础的。根据列宁对阶级的定义，阶级作为一些大的集团，呈现出几个方面的不同：在社会生产体系中的地位，同生产资料的关系，在社会劳动组织中的作用，取得供己支配的社会财富的方式和多寡，由于这样，"一个集团能够占有另一个集团的劳动"[2]，因而形成了统治阶级和被统治阶级之分，阶级斗争就是根源于不同阶级之间在物质利益以及以此为基础的政治利益、文化精神利益上的根本对立，因而当社会基本矛盾发展到一定程度时，阶级斗争必然要表现出来的并且成为阶级社会

---

[1] Richard S. Katz and William J. Crotty, *Handbook of Party Politics*, London: Sage Publication Led, 2006, p. 6.

[2] 《列宁选集》第4卷，北京：人民出版社2012年版，第11页。

发展的直接动力。恩格斯指出，"历史唯物主义"这个名词就是强调历史事件的终极原因和动力之源，不是别的，只能是经济发展、生产方式和交换方式的改变，以及"由此产生的社会之划分为不同的阶级，是这些阶级彼此之间的斗争"①。

"阶层"的概念与阶级密切相关。在《共产党宣言》中，马克思恩格斯指出资产阶级时代不同于以往以等级矛盾掩盖阶级矛盾，而是整个社会日益分裂为劳资两大敌对的阵营，像小工业家、小商人、小食利者、农民等，绝大多数都将因资本、技术、管理等原因而经不起较大的资本家的竞争，结果只能降落到无产阶级的队伍里来；后来，他们正视现实，改变了这一看法，在《剩余价值理论》中，马克思指出介于劳资之间的中间阶级不断增加，他们在不断补充进工人队伍的同时，事实上增加了工人的负担和上流社会的社会安全，同时马克思指出马尔萨斯认为中等阶级的人数将增加、无产阶级的占比例将下降的观点有点空想，"然而实际上资产阶级社会的发展进程却正是这样"②。

这里的"中间阶级""中等阶级"，实际上是"阶层"的含义，由此可见，马克思恩格斯关于随着资本主义的发展，劳资之外的阶层仍将存在、扩大并发挥作用的观点是十分明确的。英国学者戴维·麦克莱伦说马克思以劳资两大阶级的对立为基础构建的阶级斗争观念和模式，是忽视了中间阶级的存在，"已经被证明是过于简单化了"③，这样的论断显然是不可取的，因为它没有完整地准确地把握马克思思想的前后变化。阶层有两种情况：一是同一阶级中的层次化现象，即同一阶级内部按照不同的经济地位和相关标准划分成的社会群体；二是不同阶级的交集部分，即在从业、收入、名望、生活方式以至诉求、情感等方面有相同或相近的社会群体。阶层分析与阶级分析是互补关系，一方面，阶层从属于一定的阶级，同一阶级的不同阶层具有共同的属性；另一方面，如果说阶级的标准是相对稳定的，那么阶层则有多种切入点，可以具体了解阶级内部、阶级之间的不同群体及其力量对比。现代社会学一般将阶层与社

---

① 《马克思恩格斯文集》第3卷，北京：人民出版社2009年版，第509页。
② 《马克思恩格斯全集》第26卷（第三册），北京：人民出版社1974年版，第63页。
③ ［英］戴维·麦克莱伦：《卡尔·马克思传》，王珍译，北京：中国人民大学出版社2005年版，第271页。

会结构结合起来考察，认为在自然经济条件下，社会结构十分封闭，人与人之间的关系是建立在血缘、家族、宗族、世系等基础上的，这种"人的依赖关系"使得不同社会阶层的流动十分困难；商品经济发展起来后，尽管存在"物的依赖性"，但"人的独立性"和普遍交往、多方需求、全面能力等毕竟得到发展，社会"是一个能够变化并且经常处于变化过程中的有机体"①，各个社会群体进行着激烈的分化、组合，这种情形又必然在社会阶层结构中得到反映。

阶级、阶层有时候也被叫作集团。一方面，尤其是那些"大的集团"，就是"阶级"，这在列宁的阶级定义中已经很清晰了，英国学者戴维·麦克莱伦亦认为，"在马克思看来，阶级是基本的社会集团，借助于它们的冲突，社会按照它在经济基础中的变化而发展"②；另一方面，在很大程度上，集团是阶层的同义语，"人们特别关注那些有组织的特殊利益集团形成的压力体系"③。

（二）"党是阶级的组织"

西方学者和我国港台学者在给政党下定义时，一般都强调以下几点：第一，政党的主体是来自"公民""国民""人民"之中的"一些人""一部分人""一群人""男人和女人"；第二，政党是一种自愿的结合，是无数结社中的一种政治团体；第三，政党是宪政体系的必要的组成部分，通过参加竞选将本党候选人安置到公共职位，是政党通向政治权力的台阶；第四，政党通过推动人民政治意愿的形成，促进国家和社会的公益。如同他们竭力回避国家和政治的阶级性那样，他们同样试图回避政党的阶级性，然而，越是这样，越难以科学把握政党这一复杂的社会政治现象。

与空想社会主义相比，科学社会主义注重通过对现实的经济基础的批判来剖析现存社会，强调阶级对立的基础源于经济事实，而阶级对立"又是政党

---

① 《马克思恩格斯文集》第5卷，北京：人民出版社2009年版，第10—13页。
② [英]戴维·麦克莱伦：《马克思思想导论》，郑一明、陈喜贵译，北京：中国人民大学出版社2008年版，第182页。
③ [美]迈克尔·罗斯金、罗伯特·科德等：《政治科学》，林震等译，北京：华夏出版社2001年版，第196页。

形成的基础，党派斗争的基础"①。英国资产阶级革命后土地贵族、资产者和工人之间的斗争以及英国政党发展的历程，充分地说明了这一点。列宁、毛泽东的分析沿袭了上述思路。列宁指出在现代文明国家中，群众不是铁板一块，而是划分为阶级的，阶级的行动则是"由政党来领导的"②，"各阶级政治斗争的最严整、最完全和最明显的表现就是各政党的斗争"③。毛泽东认为："政治社会的第一类就是党派。党是阶级的组织。"④ 与西方学者不同，马克思主义揭示政党的本质，总是透过隐藏在阶级、阶级斗争背后的利益杠杆来看问题，同时基于阶级和阶层、集团的关系，强调政党也与阶层、集团密切相连。

我们认为，政党是这样一种政治组织，它始终以执掌、参与或干预国家政权为目标，以此实现自己的政纲，代表、实现、维护一定阶级、阶层或集团的利益。

（三）政党与阶级之间的关系

这种关系，一是非常密切，二是非常复杂。

之所以说非常密切，是因为：

首先，政党是阶级的一部分，超阶级的"全民党"是不存在的。现在中文使用的"政党"一词来自日文，日文译自德文，而德文 partei 同英文 party、法文 parti、西班牙文 partido 等，都来自拉丁文 partire，其意是"部分""分开"，后来才演变为"政党"。从中可以看出，政党相对阶级，是部分相对整体，并且这个部分往往是政治上比较活跃、比较有抱负的部分，不论资产阶级政党还是无产阶级政党都是如此。列宁在建党时就非常反对"把党同整个阶级混淆起来的错误"，强调"把作为工人阶级先进部队的党同整个阶级混淆起来，显然是绝对不行的"⑤。如果说一切关于非阶级的政治的学说"都是胡说

---

① 《马克思恩格斯文集》第 4 卷，北京：人民出版社 2009 年版，第 232 页。
② 《列宁选集》第 4 卷，北京：人民出版社 2012 年版，第 151 页。
③ 《列宁全集》第 12 卷，北京：人民出版社 1987 年版，第 127 页。
④ 《毛泽东选集》第 5 卷，北京：人民出版社 1977 年版，第 335 页。
⑤ 《列宁选集》第 1 卷，北京：人民出版社 2012 年版，第 473 页。

八道"①，那么试图建立非阶级的、超阶级的所谓"全民党"的言行，不论其动机如何，也是一厢情愿的空想。政党就是这样的事物，如果每个人的政见都完全一致，那就没有组建政党的必要；如果每个人的政见都不一致，亦无组建政党的可能。

其次，政党依托于阶级，但政党却是阶级的对立和斗争进行到一定阶段的产物。一个阶级之所以必须建立自己的政党，就是为了组织成员、凝聚力量，使自己作为一个阶级来行动；反之，政党也必须以一定的阶级为基础，离开了这一点尤其是离开了阶级的利益代表性，政党就不能生存和发展。唯物史观从经济发展、利益分化、阶级斗争的角度来看待政治冲突，"把各个政党看作是这些阶级以及阶级集团的大体相应的政治表现"②，由此看在政党起源问题上的"君子小人品性说""个人气质说""种族、地域说""宗教信仰说""学术思想说"等，都带有唯心主义色彩；"制度论"（议会制度和选举制度的产物）、"历史局势论"（在新旧制度的交替过程中和在民族战争中因对相关问题的争论而产生）、"发展论"（社会现代化的结果）等，也不能完全把问题阐释清楚。但是，政党并不是随着阶级的产生而在奴隶社会、封建社会就有的，它是到了近现代，在资产阶级反对封建主阶级的斗争中、在无产阶级反对资产阶级的斗争中，才出现的一种社会政治现象。在这一进程中，除了资产阶级和无产阶级建党之外，封建主阶级、小资产阶级、农民阶级等，也曾经试图建党并在政党的领导下开展政治斗争。从一定意义上讲，近现代的政治史也是一部政党史。

再次，政党是一定阶级从自在阶段转变到自为阶段的标志。只有当一个阶级在政治上成熟到能够组织自己的政党的时候，这个阶级才真正作为一支独立的政治力量登上历史舞台。14世纪末15世纪初，劳资两大阶级就逐步形成了，但资产阶级政党和无产阶级政党却直到17世纪70年代和19世纪三四十年代才出现。有学者将资产阶级对民主政治的历史贡献概括为"议会、分权、

---

① 《列宁选集》第2卷，北京：人民出版社2012年版，第306页。
② 《马克思恩格斯文集》第4卷，北京：人民出版社2009年版，第535页。

政党、法制和舆论监督"① 五项，政党位列其中；至于无产阶级建党，除了劳资斗争的现实需要，在很大程度上又是受资产阶级启迪的结果。马克思、恩格斯指出，在劳资斗争之初，整个历史运动都集中在资产阶级手里，但旧社会内部的冲突迫使资产阶级因经常要求无产阶级援助而把无产阶级卷进了政治运动，于是无产阶级就从资产阶级那里吸取了教育因素：既然你可以通过建党同国内外的政敌做斗争，那么我为什么不这样做？因而无产阶级在从分散走向团结、在从自发走向自觉的过程中，组织成为阶级和政党的事情虽然由于各种原因而受到破坏，但是归根到底没有什么力量可以阻止，"这种组织总是重新产生，并且一次比一次更强大、更坚固、更有力"②。

最后，"党和阶级之间的媒介就是'广大阶层'（比党大但比阶级小）"③。在不同的国家里，政党与阶级的关系由于历史条件和其他条件而各不相同，但是，一个政党总有帮助和支持它的阶层，这些阶层中的每一个人并不自然成为党员，但正是这些阶层通过靠近政党并为其提供成员和养料、投票等行为，使政党和阶级的关系得到沟通，并且在这个过程中，政党成为"阶级的先进觉悟阶层"④。

之所以又说非常复杂，是因为：

第一，一个阶级对应一个政党的情形较为罕见。如果一个阶级只产生一个政党，这当然有利于凝聚本阶级的力量，但从世界政党发展史看，无论资产阶级还是无产阶级，往往不只产生一个政党，而是带有政党多元化的现象，这些政党彼此之间既有"同"——维护阶级利益，又有"异"——因代表不同阶层、集团的利益而产生组织、政见、策略等的分歧，由这种"异"而导致的斗争，有时候也是非常激烈的甚至带有对抗性的。

第二，几个阶级联合成立一个政党的情形也时有发生。这种情形多是由于这些阶级当时的政见比较接近而走到一起，一旦阶级联合的统一战线瓦解，那么这样的政党就会随之发生变化甚至不复存在。至于由两个或两个以上的政

---

① 吴江、牛旭光：《民主与政党》，北京：中共中央党校出版社1991年版，第82页。
② 《马克思恩格斯文集》第2卷，北京：人民出版社2009年版，第40—41页。
③ 《列宁全集》第24卷，北京：人民出版社1990年版，第39页。
④ 《列宁全集》第24卷，北京：人民出版社1990年版，第38页。

党、政治派别组成的党派联盟，不论是竞选联盟、执政联盟、统一战线联盟或国际性党派联盟，由于参与者均保持各自的政治与组织独立性，因而一旦在共识上出现分歧，党派联盟的分化、分裂就不可避免。

第三，政党代表阶级利益的情形也非常复杂。有的阶级往往由别的阶级的政党来代表它们的利益，像农民阶级的利益，要么由资产阶级政党代表，要么由无产阶级政党代表，历史上建立的农民阶级政党，不少在实质上是资产阶级政党。有的政党号称代表某个阶级的利益而实际上却代表别的阶级的利益。有的政党在一个时期代表这个阶级的利益，在另外一个时期又变成代表其他阶级的利益。还有的政党在它所代表的阶级被改造（或者消亡）后，性质随之发生变化，其政治生命在新的历史条件下得到延续。封建贵族消亡后，欧洲某些国家（如法国）的保皇分子，在特殊的条件下仍以政党的形式继续进行政治活动。

二、政党的特征

特征是一事物区别于他事物的特别显著的征象、标志，政党的特征将其同国家机构和一般社团组织区别开来。政党在物质层面上的特征，包括政党的成员、组织、经费；政党在精神层面上的特征，包括政党的纲领、意识形态、文化；政党在规范层面上的特征，包括政党应当遵守的国家法律、党内法规、惯例。

（一）政党在物质层面上的特征

第一，政党成员。如同人口（定居的居民）是国家的基本条件那样，政党的成员是政党的基本角色，而"角色的组合就是结构"[①]，政党在结构上就是普通党员、干部、领袖的相互作用，以及由此产生的具有自己意图、期望的活动。在政党成员中为数最大的是普通党员，党员的数量和质量关系到政党的规模和影响力，关系到政党开发、整合政治资源的能力，因而政党历来重视将

---

① ［美］加布里埃尔·A. 阿尔蒙德、小 G. 宾厄姆·鲍威尔：《比较政治学：体系、过程和政策》，曹沛霖等译，上海：上海译文出版社1987年版，第14页。

符合本党要求的政治积极分子吸收到党内，并规定他们所需履行的义务和所享有的权利，在当代，党员主体地位越来越得到世界上各类政党的认可。当然，政党也会将不合格成员清除出党，以防止他们的不合适言行对本党造成的危害。政党的干部是那些在党内担任一定的领导工作或管理工作的人，他们是政党事业的中坚力量和承上启下者，从他们当中，又产生出政党的领袖，"政党通常是由最有威信、最有影响、最有经验、被选出担任最重要职务而称为领袖的人们所组成的比较稳定的集团来主持的"①，领袖危机可能会给政党带来巨大的冲击甚至导致政党的衰败，美国学者伯恩斯所说的"我们这个时代最大的愿望之一就是对极具感召力和创造力的领袖的渴求"②，对政党同样适用，因而政党历来高度重视培养、选拔领袖，而不能无视他们的存在。某些政党如日本自民党还设立"准党员"，这是因为，日本不允许公务员加入党派组织，自民党只得接受持相同政见的公务员为非正式党员，这些"党友"除不能担任党内职务外，与一般党员的权利、义务并无差别。

第二，政党组织。公共组织学中有一个比喻，说组织是一个"心牢"，政党组织就是政党成员的"心牢"。政党组织从纵向上看，一般都是马克斯·韦伯所描述的科层（官僚）体系，它从中央到地方再到基层形成精密的层级（包括内部的工作层次关系），党员对领导人的权威，"仅仅在由制度赋予他的、有合理界限的事务管辖范围之内，有义务服从他"③；从横向上看，不仅有同级政党组织之间的分工协作，也有各级政党组织构成部门（如决策部门、执行部门、监督部门、反馈部门等）的分工协作。此外，一些国家的政党还在议会中设立议会党团（若该党所得的议席没有达到该国规定的单独组成议会党团的最低限额，则需要与其他政党联合组团），形成议会内外两套组织系统，以此沟通本党在议会内外的关系，统一议员的行动，实现政党对议会的影响。政党的组织系统是政党开展活动、协调运转的依托，也是政党从外界输入

---

① 《列宁选集》第4卷，北京：人民出版社2012年版，第151页。
② [美]詹姆斯·麦格雷戈·伯恩斯：《领袖论》，刘李胜、郑明哲、陆震论等译，北京：中国社会出版社1996年版，第1页。
③ [德]马克斯·韦伯：《经济与社会》上卷，林荣远译，北京：商务印书馆1997年版，第243页。

人力、财力、物力、信息等各种资源,然后加工并生成政治产品,而后又通过一定的渠道将其释放出去以影响国家和社会的载体。在信息化条件下,科层(官僚)体系暴露出了一些弱点,像哈佛商学院教授奎恩·米尔斯就批评企业中的层峰制是陈腐的规定,"问题不在于钱数达到多少,而是顾客的血压达到多高"①,这对政党同样提出了挑战,因而当前不少政党在党内治理结构中突出网络性、扁平性和开放性,以期充分利用信息与技术,建立点、面、体高度整合的扁平模式和灵活高效的运作,并通过各种组织资源的自由流动使部门间、组织与环境间变得"可渗透";在党外治理结构中突出合法性、亲民性和权力的分散性,以期争取社会各个方面对政党的认可和支持。②

第三,政党经费。政党在财务上包括收入和支出两个方面。政党收入的来源,一是政党成员(定期或不定期,限额或不限额)交纳的党费,这是各国政党较为通行的解决政党活动经费的"主渠道";二是政党从企业经营、商贸活动(即所谓的"党产")以及所属的社团组织中提取的经费;三是企业、团体或个人捐款,这类捐款的动机非常复杂,既有可能出于对政党政策的拥护或对政党候选人的支持,也有可能出于"人际关系投资",以此牟取经济利益或政治地位,西方国家对这类捐款的来源、额度等一般都有严格规定,以遏制可能产生的权钱交易;四是国家的资助,包括直接拨款和间接补贴,西方国家通常根据政党在选举中的得票率或获取的议席来提供资助。政党支出除了维持党务机器的运转外,在西方国家,它的相当大部分是用于开展全国性的和各个选区的竞选活动,当然选举开销也受到相应的法律限制。西方国家在推进政党经费透明方面,采取了诸如要求政党公开捐款人的信息、报告资金收支状况等措施,这固然为相对平等的政党竞争创造了有利的条件,但却无法从根本上杜绝贪污、滥用政党经费的政治基金丑闻,以及把政府官职作为酬劳分配给在竞选中出钱出力的本党成员和个人亲信的"政党分赃制",这些弊病需要无产阶级政党引以为鉴,防微杜渐。

---

① [美]德博拉夫·安科拉、托马斯·科钦安等:《组织行为与过程》,孙非译,大连:东北财经大学出版社2000年版,第33页。

② 徐锋:《现代政党治理刍议》,载《当代世界与社会主义》2004年第1期。

(二) 政党在精神层面上的特征

其一，政党纲领。党纲、政纲，是政党表明自己的阶级基础和社会基础、指导思想、立党宗旨、奋斗目标、基本理论、政治主张、施政方针等宏观问题的文献，有正式（如代表大会通过的纲领、宣言、声明等）和非正式（如竞选纲领、施政纲领等）之分。一般来说，资产阶级政党侧重通过竞选纲领和施政纲领来表达本党的公共政策观点，其中包含有迎合选民、空头许诺等政客行为，但并非完全没有约束力，即便在美国，"总统候选人和代表都认真看待党纲，因为党纲规定了整个政党的前进方向。而且，尽管有控告称党纲遭到忽视，但是大多数总统还是努力执行他们的党纲"[1]。无产阶级政党对纲领更加重视，马克思、恩格斯曾严厉谴责德国社会民主工党（爱森纳赫派）为同拉萨尔派合并而在纲领上向后者无原则让步，认为这样的做法"是我们党的一种耻辱"[2]，他们强调实际行动比纲领重要，但纲领如同旗帜、里程碑，"外界就根据它来判断这个党"[3]。恩格斯还认为，无产阶级政党"暂时处于少数——在组织上——而有正确的纲领，总比没有纲领而只是表面上拥有一大批虚假的拥护者要强得多"[4]。列宁亦强调："一个政党如果没有纲领，就不可能成为政治上比较完整的、能够在事态发生任何转折时始终坚持自己路线的有机体。"[5] 党纲与党章大多分开，但也有一些政党（包括中国共产党），采取在党章的总纲部分简要阐述党的纲领和其他带纲领性的重要问题的做法。

其二，政党意识形态。政党与主义密不可分，很多政党的名字就直接贴着它所信奉的主义的标签。主义作为人们对客观世界、社会生活以及学术问题等所持有的系统的理论和主张，实质上就是意识形态。当法国感觉论哲学家德斯蒂·德·特拉西首创"意识形态"时，它就是"观念科学"的名字。尽管这

---

[1] ［美］詹姆斯·麦格雷戈·伯恩斯等：《民治政府》，吴爱明等译，北京：中国人民大学出版社2007年版，第49页。
[2] 《马克思恩格斯文集》第10卷，北京：人民出版社2009年版，第404页。
[3] 《马克思恩格斯文集》第3卷，北京：人民出版社2009年版，第415页。
[4] 《马克思恩格斯文集》第10卷，北京：人民出版社2009年版，第492页。
[5] 《列宁全集》第20卷，北京：人民出版社1989年版，第357页。

个概念提出后，曾被拿破仑当作"脱离了政治权力现实的一种抽象的、不确定的教条"和"不切实际的空想"①，也曾被马克思、恩格斯当作流行于德国的"从天国降到人间"②的虚假观念体系，但后来它还是逐步中性化以致成为历史唯物主义的重要范畴。同纲领一样，"主义譬如一面旗子，旗子立起了，大家才有所指望，才知所趋赴"③，因而政党又成为各种意识形态的实践试验场，自由主义、保守主义、基督教（天主教）民主主义、马克思主义（科学社会主义）、社会民主主义（民主社会主义）、民族主义、生态主义、和平主义、女权主义乃至法西斯主义等，无不以政党为载体而广为传播，而所谓左、中、右政党也是以意识形态为分野的。随着时代的发展，上述意识形态可能会出现"老干新枝"，如在自由主义、保守主义的基础上形成新自由主义、新保守主义，在社会民主主义的基础上形成"第三条道路"，在马克思主义的基础上形成中国特色社会主义等，但无论如何，意识形态总是无法泯灭的。只要有政党，就有政党所标榜的主义，就有政党对作为自己的精神底蕴的意识形态的宣传与鼓动。

其三，政党文化。政党文化属于政治文化，是有政党参与的客观政治过程在政党成员心理反应上的积累，包括认知、信念、情感、态度、价值观等。政党文化包括政党意识形态，但比政党意识形态的内涵和外延宽泛。美国学者约瑟夫·S. 奈认为，一国的综合国力既包括军事实力和经济实力等依赖劝诱（"胡萝卜"）和威胁（"大棒"）的硬权力，也包括文化、价值观、外交政策等依赖吸引民众（使得他者期望你所期望的目标）的软权力，并强调这二者都不可忽略④；就政党来说，政党文化虽然是无形的、主要靠吸引力来表现的，但这一"软权力"对政党来说却有重要价值：一是引导政党成员明确在言行上什么是本党允许的、鼓励的，什么是本党反对的、制止的；二是激励政

---

① Thompson. JB, *Ideology and Modern Culture*, Cambridge: Policy Press, 1992, p. 31.
② 《马克思恩格斯文集》第1卷，北京：人民出版社2009年版，第525页。
③ 中共中央文献研究室：《毛泽东传（1893—1949）》，北京：中共中央文献出版社1996年版，第66页。
④ [美] 约瑟夫·S. 奈：《硬权力与软权力》，门洪华译，北京：北京大学出版社2005年版，第6—7页。

党成员集中力量为实现本党的纲领和完成本党的任务而团结奋斗；三是加深政党成员对本党的感情，增强以党为荣的自豪感，提高服务、贡献本党的自觉；四是助力本党应对各种风险和挑战，并使本党保持相对稳定；五是为本党事业的发展提供精神动力和智力支持，等等。如同文化有先进、落后、腐朽之分那样，政党文化也有优劣之别，有的政党文化宽松、开放、真诚、积极、向上，有的政党文化压抑、排他、虚伪、消极、颓废，不同的政党文化不仅造就出大相径庭的政党风气，而且造就出大相径庭的政党成员。英国哲学家约翰·密尔说："在精神奴役的一般气氛之中，曾经有过而且也会再有伟大的个人思想家。可是在那种气氛之中，从来没有而且也永远不会有一种智力活跃的人民。"① 政党也是如此。从一个政党成员中多数人的思想、精神、修养、气质、作风等，大致能够判断其政党文化的性态。进步的政党文化带来政党文明，"文明是实践的事情，是社会的素质"②，政党文明是政党文化的升华，体现了政党在改造自身和影响外部世界的实践中所取得的有益成果。

（三）政党在规范层面上的特征

首先，国家法律。一种情形是国家在宪法和其他法律、法规（如选举法、社团法、政治献金法等）中对政党做出相应的规定，一般来说，这种规定比较简明，"政党入宪"在资本主义国家重在张扬民主原则和公民的结社自由原则，在社会主义国家重在确立共产党的领导地位。根据我国学者何力平的统计，"至少有七十多个国家在宪法中明确规定了关于政党的条款"③。另一种情形是制定关于政党的综合性或专门性法律、法规，这类"政党法"在内容上主要涉及三个方面：一是对作为组织机构或者法定主体的政党的内部组织、成员资格、注册、财政、财产等进行规定；二是限制或禁止某些意识形态的政党，防止个别政党占据不适当的优势地位；三是制裁政党及其成员的违法行为。根据芬兰学者劳瑞·卡尔维尼的统计，2003年全世界得到确认的政党法

---

① ［英］约翰·密尔：《论自由》，程崇华译，北京：商务印书馆1959年版，第35页。
② 《马克思恩格斯文集》第1卷，北京：人民出版社2009年版，第97页。
③ 何力平：《政党法律制度研究》，哈尔滨：黑龙江人民出版社2003年版，第49页。

有39部，其中欧洲国家17部，拉美国家9部，中东和北美国家5部，亚洲国家3部，撒哈拉非洲国家4部，大洋洲国家1部①。一般来说，拥有或曾经拥有"政党法"的国家都有特殊的背景，如德国1967年制定"政党法"，是为了防止魏玛共和国和纳粹时期那种要么过于脆弱、要么过于极权的政党格局重演，实现由乱到治；俄罗斯2001年制定"政党法"，是为了扭转苏联解体后开放党禁所带来的政党林立、政局混乱；美国1954年在"麦卡锡主义"猖狂之际通过《共产党管制法》，是为了置共产党于死地，禁止共产党组织的成员以某些代表资格供职，这同德国俾斯麦政府1878年通过的《镇压社会民主党企图危害治安的法令》如出一辙。尽管各国政党立法的目的各不相同，但法律作为国家意志的体现，一经通过，还是会对政党的生存、发展、活动产生重大影响。

其次，党内法规。有一种观点认为，政党不是国家组织，而"法"又是个国家范畴，因而把国家的"法"运用于党内缺乏"法理依据"，但多数观点认为，"党内法规"无非是由国家法律而来的一种引申、借用，表达的是政党规范组织活动和党员言行的党内规章制度，因而这个提法并无什么不妥，而且在事实上它已被很多政党所采用，像毛泽东在1938年就指出，为使党内关系走上正轨，一项重要的工作就是"制定一种较详细的党内法规"②，时至今日，中国共产党已经形成了包括党章、准则、条例、规则、规定、办法和细则在内的较为完善的党内法规体系。在党内法规中，党章处于核心地位，党章通过对党的名称、党员和党的干部、党的组织制度和组织体系、党的纪律、党的经费、党的报刊、旗帜、徽章、党与外围组织的关系等的规定，而使自身至少在形式上保持一致并对各级组织和全体党员形成约束力。由于政党不是乌合之众而是志同道合者的组织，因而它不能容许那些违背本党的纲领和章程、挑战本党的政治、道德底线的组织和成员长期存在，这样，党的纪律的重要性就显现出来了，而通过警告、撤销党内职务直至开除党籍等处分，既可以惩罚违规

---

① [芬]劳瑞·卡尔维尼：《全球比较：政党政治法制化》，程玉红编译，载《当代世界与社会主义》2011年第1期。
② 《毛泽东选集》第2卷，北京：人民出版社1991年版，第528页。

者,又可以通过他律促进自律。在有议会党团的地方,政党还会派出官员监督本党议员在活动时是否与本党的立场保持一致,像英国工党的督导员、德国社民党的干事长、加拿大自由党的组织秘书等,就是扮演这种角色,议员一旦被政党除名,像在英国就意味着政治生命的终结。不同政党在对待党内法规包括执行党的纪律方面存在较大差别,有的主张从严治党,有的则认为整饬过严党会侵犯党员权利、抑制党的活力,这一方面的宽严亦同政党的性质和政党所处的条件有较大的关联。

最后,惯例。在政党应当遵守的规范中,还包括那些法律上没有明文规定,但过去曾经施行,可以仿照办理的做法,即惯例。习惯也是一种事实上的惯例,它经国家认可并赋予法律效力后成为习惯法。美国和英国的宪法对政党完全没有提及,但它们却依据惯例、由惯例而又演变出规则来使政党在现实政治中发挥作用。美国学者詹姆斯·麦格雷戈·伯恩斯指出:"习惯与惯例完善了美国的政府体制。宪法正式文本中所没有的政治机制的出现和发展——如全国性的政党以及各州选举权的扩大——使宪法更加民主化。"① 另一位美国学者莱斯利·里普森的看法如出一辙,他指出:"政治传统已深入到美国政府每一个细小的侧面,其重要性和持久性决不亚于诉诸文字的宪法。"他举例说,政党在美国起草宪法的那些理想主义者那里简直是一种反动,但在实践中,总统的选举、国会的组成和议案的出台,以及主要的行政部门和立法机构之间的合作与分歧,都深受政党的影响,后来这些东西变成惯例,因而在政治传统方面美国"最能说明问题的是政党制度的产生"②。其他国家也有类似的惯例对政党的活动进行规范和引导。

三、政党的中介角色及其功能

如前所述,国家是从社会中产生并以公共权力为保障的。社会由"人"

---

① [美]詹姆斯·麦格雷戈·伯恩斯等:《民治政府》,吴爱明等译,北京:中国人民大学出版社2007年版,第49页。

② [美]莱斯利·里普森:《政治学的重大问题》,刘晓等译,北京:华夏出版社2001年版,第203页。

即民众构成,这个民众,包括来自不同阶级、阶层的群众,也包括社团组织、利益集团以及新兴的、被誉为"第四力量"的媒介。当政党因国家民主化或其他使命的呼唤而产生的时候,它便扮演着不无重要的角色,深嵌于国家与社会之中,并且形成一种互动;政党的功能,就是在这种互动中形成并体现出来的。

(一) 政党之于国家和社会的中介角色

在我国政党问题专家王长江看来,政党与国家、社会或者说政党与公共权力、民众的关系表现在:"民众的政治参与,民众对政府的监督,民众改变政治现状的要求,在很大程度上都是通过政党来实现的。换句话说,在民主政治中,民众通过政党作用于公共权力。"① 就政党而言,由此便形成了党群关系、党政关系、政党关系,就是说,在政党的政治生涯中,它无时无刻不需要同社会上的民众、代表国家的公共权力以及其他的政党打交道。这些关系由于有了政党这一共同的"公约数",而彼此之间相互沟通。

首先,"政党是社会和政府之间的核心中介组织"②。这个中介,英国政治学家欧内斯特·巴克用了桥梁、导管、水闸等比喻。他说政党是个桥梁——两端分别架在社会和国家,这样的双重属性使得"政党就是把社会中思考和讨论的水流导入政治机构的水车并使之转动的导管和水闸"③。"一端架在社会",决定了政党必须关注所谓的"民心向背"问题,争取更多民众的支持,否则就无法生存和发展,当然,政党不是民众,而是促成一定社会关系集束化的组织;"一端架在国家",决定了政党只有对公共权力尤其是政府施加影响,才能体现自身的价值,当然,政党也不是公共权力,而是代表着民众对公共权力的要求和控制。如果没有政党,个体民众的声音在单打独斗的情况下,是很难得到公共权力的重视的,民众只有通过政党这样的组织,才可能影响政治决策,并感觉到自身的权力。

---

① 王长江:《现代政党执政规律研究》,上海:上海人民出版社2002年版,第48页。
② [意] G. 萨托利:《政党与政党体制》,王明进译,北京:商务印书馆2006年版,第2页。
③ R. Harmel, K. Zandana, *Parties and It's Conditions*, Essex: Longman Press, 1982, p. 2.

其次,"政党是人民控制政府之手的延伸"①。政党之外的社团组织是公民结社的产物,政党同社团组织之间存在着互相转化的情形,有的政党就是由抗议团体、生态团体、文化团体、宗教团体等演变而来,个别政党甚至再度转化为社团组织。社团组织同政党一样,也具有"桥梁"作用,它们的一端固然连接着民众,但另一端往往连接着兴趣、爱好乃至某种信仰,与之不同,政党的另一端既然连接着国家,那么它就成为人民控制政府之手的延伸,由此看政党的定义,就十分明朗了。就政党来说,不以执政(或者参与执政)、参政为目的的政党是不可思议的,即便在野党无不谋求上台执政。由于"政党的过程"在事实上包括了选举、立法、执行和司法的过程②,因而执政党通过对"人事权"(机构、官职)和"政务权"(政策、主张)的控制,而对公共权力的运作施加影响,尤其是通过对客体遍及全社会、管辖范围几乎涉及民众从摇篮到坟墓的行政权力的控制,而力求按照自己的面貌来塑造国家和社会。20世纪60年代在许多国家涌现的"绿色政治运动",后来都转变为"绿党",其中的主要原因,就在于它们认识到只有朝政党化方向努力,从一般的宣传、抗议转向参加议会、加盟政府,才能更好地推行自己的生态政治理念。

再次,"党的领导人立足于基层,但他们的手却牢牢操纵着政府的杠杆"③。能够把政党与社会(民众)、国家(公共权力)、其他政党的关系统一起来的,是民众与公共权力的关系,这又还原到了社会与国家的关系,还原到了民主的内核即"人民当权"。之于政党与民众的关系,执政党掌握公共权力,可以还原为民众对公共权力的一种所有权,所以任何掌握都不能背离民众的要求;执政党与民众的关系是执政党与公共权力的关系的起点,忽略了这个起点,后者就可能走样。社会主义国家执政的共产党历来从唯物史观和"政治优势"的高度来看待党群关系,就是在资本主义国家,政党也总是重视同社会的结盟,如左翼政党往往与劳工组织结盟,右翼政党则往往与商会组织、

---

① 王长江:《现代政党执政规律研究》,上海:上海人民出版社2002年版,第42页。

② [英]M. J. C. 维尔:《宪政与分权》,苏力译,北京:生活·读书·新知三联书店1997年版,第334页。

③ [美]詹姆斯·麦格雷戈·伯恩斯:《领袖论》,刘李胜、郑明哲译,北京:中国社会出版社1996年版,第403页。

教会组织乃至种族主义组织结盟,这种结盟有时候甚至达到相当稳定的程度,以致李普塞特和罗坎创立了所谓的"政党选择冻结理论"①。当然,随着时代的发展,政党与社会之间存在"解盟"的可能,但"再结盟"(即政党和选民群体相互选择新的合作伙伴)的情形总是不断发生,有的学者还据此提出"复合结盟",强调多数政党在力图维持传统的结盟关系的同时,还会以具体政策和议题为中心与中间选民进行合作性结盟②。一个基本的事实是,当政党在野时,它栖身社会之中,并且为了"翻身"而加强同民众的联系,但政党并不甘心长期远离公共权力,而总是希望借助民众的支持再度执政,一旦这个目标达到,政党"游向"国家,但却不能用"别了"的心态对待社会,否则终将因民众的不满而再度"翻船"。总之,在政党与民众、公共权力的互动中,面对来自民众和公共权力两边的拉力,政党必须始终保持定力,"如果拉力失衡,政党就会失去重心,倒向一边,或者像民众一样缺乏高度的组织化,甚至散沙一盘;或者为权力所吸附,变成公共权力的附属品,无论这两种情况中的哪一种情况,政党都会遇到危机"③。

(二)政党的功能

迪韦尔热说,"功能概念和组织概念实际上是不能分割的。……人们往往把功能视为组织的目标,只要不把客观目标和参加组织的主观动机混同起来,这种说法便是可以接受的","这一概念既指作用本身,又指作用所包含的一整套任务、活动和职责"④。政党与国家、社会的关系表明,政党的存在是有价值的,它以自己的行动实现自己的目标,这就是政党的功能。前述连接民众与公共权力的中介、组织政府,就属于政党的功能,除此之外,政党的其他功

---

① Michal Shamir, *Are Western Party System "Frozen"? A Comparative Dynamic Analysis*, in Comparative Political Studies, Vol. 17, No. 1, 1984, pp. 35 – 36.

② 高奇琦:《西方政党与社会的关系变迁:一种复合结盟的分析框架》,载《当代世界与社会主义》2013年第5期。

③ 王长江:《现代政党执政规律研究》,上海:上海人民出版社2002年版,第49页。

④ [法]莫里斯·迪韦尔热:《政党社会学——政治学要素》,杨祖功等译,北京:华夏出版社1987年版,第180页。

能还有：

第一，利益的聚合、协调和表达。利益即好处，也指人们通过社会关系表现出来的在物质上、政治上、精神上等的不同需要。利益是人们活动的直接目的，"人们奋斗所争取的一切，都同他们的利益有关"①，"'思想'一旦离开'利益'，就一定会使自己出丑"②。在现实生活中，利益集团是一种客观存在，但如果利益集团成为政治组织的最高形式，那么公共权力的运作就会变得极其困难和混乱，而政党通过引导利益集团的相互妥协和合作，把不同的利益聚合到一个更大的组织中来，有助于驾驭和平息利益集团之间的冲突。另外，正如V.O.凯和沙特施奈德所说，"政党是把群众的偏好变成公共政策的基本的组织"③，"把多数统治的观念变为现实的唯一的组织就是政党"④，政党的利益聚合包含着利益协调，这一点非常重要，否则，在碎片化的利益面前，一切整合都是不可能的，政党必须尽可能将当前利益与长远利益、局部利益与整体利益、具体利益与根本利益等梳理和归纳成在决策时可供处理、选择的方案，形成本党的政策主张，并以此对公共权力施加影响，特别是在取得执政地位后，运用对政府的控制使之落地生根。政党还必须结合自身的意识形态并借助相应的传播载体，将自己在利益聚合、协调方面所做的事情用适当的话语体系表达出来，这样的宣传、鼓动工作做好了，意味着政党能够为社会和国家提供有效的价值导向甚至核心价值观，从而不但增进本党的凝聚力，而且增进外部对本党的理解和认同。

第二，组织动员与政治录用。政党组织动员的最里层是对本党成员的动员，以此减少本党内部的内耗，凝心聚力实现本党的奋斗目标；次一层是对本党依托的阶级、阶层或集团的动员，以此增强本党的阶级基础；最外一层是对选民的动员，以此助力自己候选人的竞选，提高投票率，检阅本党的社会基础和社

---

① 《马克思恩格斯全集》第1卷，北京：人民出版社1956年版，第82页。
② 《马克思恩格斯文集》第1卷，北京：人民出版社2009年版，第286页。
③ V. O. Key, Jr., *Public Opinion and American Democracy*, Knopf, 1961, p. 433.
④ E. E. Schattschnieder, *The Struggle for Party Government*, University of Maryland, 1948, p. 10.

会影响力,如迈克尔·罗斯金说"政党最显著的功能就是让公众去投票"①,又如布赖斯说"政党的功用就是能把一盘散沙的选民都归得井然有序"②。尽管从理论上说民主意味着公民有权选择公职人员,但由于信息不对称,普通人很难对竞争公共职位者有全面的了解,因而像熊彼特等精英民主论者就认为,"民主方法是为达到政治决定的一种制度上的安排,在这种安排中,某些人通过竞取人民选票而得到做出决定的权力","民主就是政治家的统治"③,政党的一个职责,就是通过有组织的活动,把社会上的精英吸收到党内并储存起来,通过培养、锻炼,增进其"党人"意志和各方面能力,而后在适当的时候作为本党的人选推荐给选民,并获得选民基于对本党的信任的支持,就是说,由选民把他们送进公共权力机构中去。

第三,调节民众的政治效能感,促进政治体系的稳定和发展。"人天生是一种政治动物"④,在驱动民众政治参与的因素中,政治效能感(sense of political efficacy)是很重要的一个方面。按照这个概念的提出者——美国学者坎贝尔的解释,它是"一种个人认为自己的政治行动对政治过程能够产生政治影响力的感觉,也是值得个人去实践其公民责任的感觉。是公民感受到政治与社会的改变是可能的,并且可以在这种改变中扮演一定的角色的感觉"⑤。在影响政治效能感的因素中,政党认同与政治效能感存在显著关系,罗纳德·D.兰伯特指出具有较强政党认同的民众由于会夸大自身影响力而具有较大的政治效能感⑥,台湾学者亦发现政党认同不仅会对选举行为有着直接的影响,而且

---

① [美]迈克尔·罗斯金、罗伯特·科德等:《政治科学》,林震等译,北京:华夏出版社2001年版,第218页。

② [英]詹姆斯·布赖斯:《现代民治政体》上,张慰慈等译,长春:吉林人民出版社2001年版,第101页。

③ [美]约瑟夫·熊彼特:《资本主义、社会主义与民主》,绛枫译,北京:商务印书馆1979年版,第337、356页。

④ [古希腊]亚里士多德:《政治学》,颜一等译,北京:北京大学出版社2005年版,第74页。

⑤ Angus Campbell, Gerald Gurin, Warren E. Miller, *The Voter Decides*, Row, Peterson and Company, 1954, p. 187.

⑥ Ronald D. Lambert, James E. Curtis, Steven D. Brown, and Barry J. Kay, *Effects of Identification with Governing Parties on Feelings of Political Efficacy and Trust*, Canadian Journal of Political Science, Vol. 19, No. 4, 1986, pp. 705 – 728.

会透过政治效能感对政治参与行为产生影响①。这样，政党就成为调节民众的政治效能感的重要工具，在公民政治参与的主动与被动、冷漠与狂热、理想与现实之间寻求平衡，既鼓励公民的有序政治参与（这是政党存在的重要基础），又限制公民的过度政治参与。做到了这一点，政党可以比较好地将民众整合进政治体系，使民众产生出为政治体系高效工作的内在要求和对政治体系的忠诚，尽管一些民众在进入政治体系之后可能转而支持其他政党，但那毕竟不同于激进运动，而是有助于政治体系的稳定和发展。反之，如果政党一味煽动民众的政治效能感，并试图采取带有暴力特点的街头政治、夜间政治等方式来对抗现行政治体系，则往往为统治者所不容并极易招致镇压。

第四，推进政治社会化。《布莱克维尔政治学百科全书》指出："人们关于政治传统或政治角色以及与之相关的行为的知识不是生而俱有的，政治社会化就是获取这些知识的一种过程或多种过程。"② 家庭、学校、社团、政党、政府等，无不以不同方式影响民众的政治态度，向他们灌输政治价值理念、传授政治技能，从而推进政治社会化。就政党来说，其渠道主要有：一是开展政党活动，引导广大成员学习并增强组织会议、演讲、合作、妥协等能力；二是办党校、政治学院等教育培训机构，提高干部、青年领袖在治国理政、管党治党、基层工作、争取民众等方面的水平，并以此辐射、带动全党；三是运用传统媒体（报刊、广播、电视等）和新媒体（网络媒体、手机媒体、数字电视等）来宣传本党的理论、纲领、政策、主张，甚至将政治广告发展成为一项重大产业，以此增进社会对本党的认同；四是依据贝叶斯定理（Bayesian Hierarchical Model），父母和子女之间在党派归属方面存在着密切的相互依赖关系，政党日益社会化③；五是对本党的外围组织（如儿童、青年、妇女、娱乐等组织）施加影响，像美国高校建立的民主党和共和党学生联合会，成为锻炼党

---

① 陈陆辉等：《政治效能感与政党认同对选民投票抉择的影响——以2002年北高市长选举为例》，载《台湾民主季刊》2008年第5卷第1期，第110页。

② [英]戴维·米勒、维农·波格丹诺（英文版），邓正来（中译本）：《布莱克维尔政治学百科全书》，北京：中国政法大学出版社1992年版，第616页。

③ Christopher H. Achen, *Parental Socialization and Rational Party Identification*, Political Behavior, Vol. 24, No. 2, Jun., 2002, pp. 93 – 115.

的活动分子、造就后备力量的重要手段；六是提供社会服务，历史上，美国的慈善团体坦慕尼协会（Tammany Hall）主张维护民主、反对"上流社会"，成为民主党的政治机器，它曾为欧洲移民提供周到的服务，并在帮助他们寻找工作和住处的同时将他们招到民主党的麾下。

政党的上述功能"保持政治体制的整体性并使其保持运转"[①]。当然，政党功能发挥得怎么样，同政党的地位尤其同政党是否执政的关系很大。

第三节 政党制度与政党政治

如果从1679年英国形成辉格党和托利党算起，政党来到地球上已经三百多年时间了。自政党开始从事政治活动之后，在资本主义国家历来有执政党和在野党之分；十月革命后，共产党成为社会主义国家的执政党，同时在一些社会主义国家还存在民主党派。在上述类型政党的基础上，政党制度和政党政治随之发展起来，社会主义国家多党合作制度的出现，为政党制度和政党政治增添了崭新的内容和形式。

一、执政党、在野党、民主党派

政党的分类标准多种多样。如前面提到的，依据产生的方式，可以将政党分成"内生之党"和"外生之党"；依据信奉的意识形态，可以将政党分为自由党、保守党、基督教（天主教）民主党、共产党（有的称工人党、劳动党、人民革命党等，本文统称"共产党"）、社会民主党（有的称社会党、工党等，本文统称"社会民主党"）、民族主义政党、绿党等。再比如，依照政党是否得到国家承认，可以将其分成合法政党、非法政党以及介于这二者之间的半合法政党；依据政党的规模和活动领域，可以将政党分为干部政党和群众政党；依照政党的活动范围，可以将其分成地区性政党、全国性政党和国际性政党。

[①] [美] 迈克尔·罗斯金、罗伯特·科德等：《政治科学》，林震等译，北京：华夏出版社2001年版，第216页。

这里着重依照政党同国家政权的关系，就资本主义国家和社会主义国家共有的执政党（ruling party）、资本主义国家的在野党（party out of power）与社会主义国家的民主党派（democratic party）做一分析。

（一）执政党

资本主义国家的执政党，是被赋予在中央层面组建政府并掌握中央层面行政权力的在朝党。像英国这类实行议会内阁制的国家，执政党在议会竞选中获得下院多数议席（多数党），负责组阁，一旦内阁不是由一个政党而是由多个政党联合的党派联盟组成，那么在那几个政党中，往往有一个是主要的、起主导作用的执政党，其他的则是次要的、参与执政的党；像美国这类实行总统制的国家，执政党是获得总统职位的政党；像法国这类实行半总统制的国家，执政党从理论上说与实行议会内阁制的国家并无二致，在这种政体下，如果全民直选的总统所在的政党同国民议会多数党合一，则政府组建与官员任命的权力便握在总统手里，一旦"总统党"和"议会党"出现"分兵把持"的状况，那么获得议会最大多数席位的政党或党派联盟便拥有任命官员、主持政府组建工作的权力。总统在名义上虽然不是政府首脑，却拥有政府大政方针的决策权，而名义上是政府首脑的总理，却只能处理政府的日常事务，实际上只起辅佐总统掌权的作用，因而即便总统与总理不是同党，也不动摇总统作为国家权力中心的地位。概括地说，西方执政党的共同点有：第一，执政地位通过竞选和组阁获得，政党轮流执政，因而政党与政府的联系是暂时的，执政联盟内部也常闹内讧甚至解体；第二，权力有限，仅局限在中央层面执掌行政权力，而不论在议会中是否掌握立法权或其他权力，也不论在地方中是否管辖各级政府；第三，对政府过程以间接调控为主，政党组织在选举落下帷幕后一般就蛰伏起来，不在政府中活动，不直接参与政府政策的制定和执行，而是以政府首脑的名义发挥间接作用。另外，西方国家在政治与行政的关系上一方面强调前者对后者的控制，另一方面这种控制又不能超出合理目的，以"保证政府的民治性和行政的高效率"[①]，并据此建立了以"两官分途"为原则的

---

① ［美］F.J.古德诺：《政治与行政》，王元译，北京：华夏出版社1987年版，第22页。

公务员制度，这也大大降低了执政党对政府过程的介入和干预；最后，在社会领域，主要是对自己的外围组织发生影响，不享有普遍的对社会的领导地位与责任。

在社会主义国家，工人阶级通过自己的先锋队——共产党来实现对国家和社会的领导。领导，作为动词是指"率领并朝一定方向前进"，作为名词是指"担任领导的人；领导者"①。社会主义国家的核心政治原则，就是以共产党为最高政治领导力量，对国家和社会实行全面领导。共产党执政，就是党通过向国家机关、统一战线组织、主要群团组织等推荐重要干部，使他们通过相应的法定程序（非直接任命，否则就会混淆不同组织的边界）进入政治体系，以国家代表的名义行使权力，贯彻党关于治国理政的基本理论、基本路线、基本方略，处理经济、政治、文化、社会等各项事务，为人民谋利益。党的领导是党的执政的前提和基础，党的执政（尤其是国家政权机关的主要领导人由本党成员担任）是实现党的领导的重要途径。与资本主义国家的执政党相比，社会主义国家的执政党具有如下特点：一是地位法定，宪法明确规定党的领导地位，从而也使党处于长期执政地位；二是掌握全部权力，横向上涉及立法机关、行政机关、司法机关、军事机关、统一战线组织、主要群团组织等的整体权力，纵向上涉及中央、地方、基层的整体权力；三是"党管干部"，包括在公务员队伍中贯彻党的干部路线方针，相当多的公务员是党员；四是兼具领导核心与执政力量双重角色，在实施对国家和社会的领导中，采取依法治国和以德治国并举的方略。

（二）资本主义国家的在野党

资本主义国家中与执政党对应的是在野党（party out of power），即那些在议会竞选或总统竞选中，没有取得议会多数席位或总统职位，因而没有执掌或者没有参与执掌国家行政权力的政党；若连议席都没有取得，则连参加议会的资格都没有。在多数资本主义国家，在野党就是反对党（opposition party），但

---

① 中国社会科学院语言所词典编辑室：《现代汉语词典》，北京：商务印书馆1992年版，第722页。

有的国家如英国,只有议会中最主要的在野党才是法定的反对党。在野党处于政府内阁之外,对政府所推行的政策概不负责,可以在议会内外以指责、抨击等方式来牵制和监督执政党的活动,甚至可以通过法定程序倒阁,以图取而代之。在政治宽容度较低的年代,执政党和在野党往往处于相互敌对、剑拔弩张的状态,后来人们发现,在野党的存在对防范执政党滥用职权、协调资产阶级内部的矛盾和冲突、捍卫政治自由等具有重要价值,因而便转而把反对看成一种神圣的职责,英国甚至有"肖特款"(Short Money)和"克莱伯恩款"(Cranborne Money)两种款项专门对议会下院、上院的反对党进行资助。当然,这样的反对不是无事生非,而是需要遵循所谓的"合法反对原则",这一原则包含对反对的认同、有组织的反对以及以和平方式实现政权更替的充分自由三个主要方面。[①] 尽管执政党和反对党之间存在着复杂的关系,但前者并不取消后者,后者也遵循大多数人的意愿,双方都视对方的存在为一种必要,以竞选为途径轮流掌握政治权力,"无论谁执政,在一定时候都必须把权力移交给自己的政治对手"[②]。一些国家的在野各派系还组织"影子内阁",为日后重新上台执政准备预备班子。总之,由于资本主义国家的执政党和反对党是相对的,因而反对党的活动集中在攻击执政党及其官员,但基本不针对整个资本主义制度。

(三)社会主义国家的民主党派

一些社会主义国家除执政的共产党外,还存在认同共产党的领导和执政地位,同共产党共同致力于本国的社会主义现代化建设事业的民主党派。这样的民主党派不是在野党或反对党,不能用西方的那一套标准来裁量它们。

在国际共运史上,曾经有东欧、亚洲的7个社会主义国家在较长时间内存在民主党派,共计23个,其中波兰2个(统一农民党、民主党)、民主德国4个(基督教民主联盟、德国民主农民党、德国自由民主党、德国国家民主

---

① Richard Hofstadter, *The Rise of Legitimate Opposition in the United States*, 1780 – 1840, Berkeley: University of California Press, p.8.

② [美]莱斯利·里普森:《政治学的重大问题》,刘晓等译,北京:华夏出版社2001年版,第210页。

党)、保加利亚1个(保加利亚农民联盟)、捷克斯洛伐克4个(捷克斯洛伐克社会党、捷克斯洛伐克人民党、斯洛伐克自由党、斯洛伐克复兴党)、中国8个(中国国民党革命委员会、中国民主同盟、中国民主建国会、中国民主促进会、中国农工民主党、中国致公党、九三学社、台湾民主自治同盟)、朝鲜2个(朝鲜社会民主党、天道教青友党)、越南2个(越南民主党、越南社会党)。

20世纪80年代末90年代初,国际共运发生动荡,东欧剧变,苏联解体,东欧四国的民主党派同执政的共产党一样,离开了国家政权,有的被边缘化了,有的销声匿迹;越南取消民主党派,朝鲜的民主党派"从20世纪八九十年代开始实际已停止活动"①。只有中国始终保留民主党派并重视发挥它们在国家政治生活中的作用,也正因为这样,中国的多党合作制度才得以比较好的运转。

二、政党制度

英文"party system"如何翻译成中文,目前学术界主要有三种看法:第一种,也是最为普遍的,就是将它翻译成为"政党制度";第二种,将它翻译成为"政党体制",认为外文中的"体制"和"系统"是一个词,因而政党体制"指的就是随着政党的出现而逐渐发展起来的一种政治系统"②;第三种,将它翻译成为"政党政治模式",认为外文中只有"institution"才有"制度"的意思,像迪韦尔热讲"party system"时,强调的就是一国中各党之共存的形式(form)和模式(mode)③。本文采用"政党制度"的提法,认为政党制度不仅是一个国家的政治制度的重要组成部分,而且是一个国家的政治体制改革的重要内容。

(一)制度与政治制度

制度及其价值很早就得到人们的肯定。亨廷顿指出:"制度就是稳定的、

---

① 《政治学概论》编写组:《政治学概论》(马克思主义理论研究和建设重点工程教材),北京:高等教育出版社、人民出版社2011年版,第153页。
② 王长江:《政党论》,北京:人民出版社2009年版,第130页。
③ 古洪能:《政党制度还是政党政治模式》,载《湖北行政学院学报》2012年第1期。

受珍重的和周期发生的行为模式。"① 另一位美国学者道格拉斯·C. 诺思说："制度是一个社会的博弈规则……是理解历史变迁的关键。"② 制度的特点有：第一，明确性，告诉人们能做什么（受到激励）、不能做什么（受到约束），并且不能朝令夕改；第二，普遍性，针对所有的规则制定者和规则遵守者，既可能是全体社会成员，也可能是部分社会成员；第三，强制性，以此节约交易费用、降低社会运行成本，使一定的组织、程序、秩序得以维持；第四，利益性，各博弈方按照制度作出决策选择后，在利益方面就会有取舍、得失的问题；第五，既然是"人为设计"，就存在变革的必要和可能，因而也就有了所谓的"制度变迁"。

马克思在《〈政治经济学批判〉序言》中关于社会形态的经典表述，揭示了生产力、经济结构、政治上层建筑、意识形态之间的关系，这一表述也是以社会制度的形式呈现出来的，并且是包含经济制度、政治制度和文化制度在内的统一体，人类社会的变革和进步就是通过社会形态、社会制度的更替实现的。

制度并非混沌一团，而是可以进行层次的划分。马克思在分析生产关系即经济制度时，就是将它当作一个多层次的概念，认为它存在着"第二级的和第三级的东西，总之，派生的、转移来的、非原生的生产关系"③。政治制度也是这样。如果将"第一级"的政治制度视为基本政治制度，那么"第二级""第三级"的制度则属于具体政治制度，并且可以称之为政治体制和政治机制（political mechanism）。如果将政治制度比作一棵树，那么：根本政治制度、基本政治制度类似树根，它们事关全局、反映事物本质，具有内生性、主导性、相对稳定性的特点，它们的改变往往导致"变天"的后果；具体政治制度类似枝叶，目的是保障根本政治制度、基本政治制度的运转得以实现，其中，政治体制是根本政治制度、基本政治制度在组织形式、权限划分、活动方式等方

---

① [美]塞缪尔·P. 亨廷顿：《变化社会中的政治秩序》，王冠华等译，北京：生活·读书·新知三联书店1989年版，第12页。
② [美]道格拉斯·C. 诺思：《制度、制度变迁与经济绩效》，杭行译，上海：格致出版社、上海三联书店、上海人民出版社2014年版，第3页。
③ 《马克思恩格斯文集》第8卷，北京：人民出版社2009年版，第33—34页。

面的具体化,机制原指机械的结构及其工作原理,后被广为借用,政治机制就是一系列结构、功能、运行规则和运行程序的有机组合,体现为政治体制的运作形态。论及大小,根本政治制度、基本政治制度属于宏观层面,不同具体政治制度则分属于中观、微观层面,虽说前者决定后者的性质、后者必须服从和服务于前者,但如果没有后者或者对它的选择不当,那么前者就无从体现甚至会变成摆设。具体政治制度具有很大的灵活性,这不但表现在它们的动态性、可操作、可塑造、可借鉴,而且表现在它们的灵活性,即在保持根本政治制度、基本政治制度相对稳定的前提下,人们可以通过改革,对具体政治制度的某些部分做"加减法",去旧创新,造成它们的新的工作机能,从而防范因具体政治制度的能量释放完竭而导致根本政治制度、基本政治制度衰败的结局。

在政治与经济的关系问题上,列宁既强调"政治是经济的集中表现",又认为"政治同经济相比不能不占首位"①,这两个论断并不矛盾,因为在一定的经济基础之上,"政治就是参与国家事务,给国家定方向,确定国家活动的形式、任务和内容"②,政治意味着大局、权威,所以统治阶级都会"从政治上"看问题。就政治制度而言,"在一个国家的各种制度中,政治制度处于关键环节"③,人们对国家制度的认可,首先表现为对政治制度的认可。政治制度特别是根本政治制度、基本政治制度的价值,就在于它"是用来调节政治关系、建立政治秩序、推动国家发展、维护国家稳定的"④。一定的政治主体的活动形成错综复杂的政治关系,如阶级阶层关系、国家关系、民族关系、宗教关系、政党关系、党群关系、领袖与群众的关系等,马克思主义认为,人的本质"在其现实性上,它是一切社会关系的总和"⑤,强调凡是有关人与人的相互关系问题都是社会问题,因而"人们的政治关系同人们在其中相处的一切

---

① 《列宁选集》第4卷,北京:人民出版社2012年版,第407页。
② 《列宁文稿》第2卷,北京:人民出版社1978年版,第407页。
③ 中共中央文献研究室编:《十八大以来重要文献选编》中,北京:中央文献出版社2016年版,第62页。
④ 中共中央文献研究室编:《十八大以来重要文献选编》中,北京:中央文献出版社2016年版,第59页。
⑤ 《马克思恩格斯文集》第1卷,北京:人民出版社2009年版,第501页。

关系一样自然也是社会的、公共的关系"①，并且这种社会关系和政治关系根据经验而不需要任何神秘和思辨的色彩就可以揭示。为了处理、调节政治关系，多数国家建立了选举制度、代议制度、政府制度、司法制度、政党制度、民族制度、军队制度等根本政治制度、基本政治制度，并适时对相关的具体政治制度进行调整、革新。

（二）政党制度的划分

政党制度是基于法律规定或传统惯例形成的政党在政治生活中的地位和作用、政党之间的相互关系、政党执掌、参与或影响政权的方式、方法、原则、规范、程序等的总和。政党制度是一国基本政治制度的重要组成部分，现实中政党制度的运转需要相应的政党体制和政党机制做依托，不同政党制度下的政党体制和政党机制既有很大的不同，又有一些共性的东西。政党制度的价值，突出地表现在处理、调节政党关系方面。政党关系即政党之间"相互作用、相互影响的状态、问题、原因和结果"②，主要就是通过政党制度来调节的。

首先，关于划分政党制度的思路。对政党制度进行分类并非易事。1951年，迪维尔热根据一国实际执掌政权的政党的数目，将政党制度分为一党制、两党制和多党制③，至今仍广被采用。后来，西方学者又从不同角度提出了若干政党制度分类标准，其中比较有影响的是萨托利，他不但在政党的计数标准中引入了基于政党实力的"相关政党"概念，认为必须考虑到"那些或者在形成执政联盟舞台上有执政的相关性，或者在反对派的舞台上有竞争性的相关性的所有政党"④ 的影响，而且将意识形态因素充实到数量标准中，强调要重视由各政党之间意识形态距离的远近引起的政党制度的不同。在确立了相关操作性较强的原则之后，萨托利将政党制度分为"竞争性体制"和"非竞争性体制"两个大类，而后再对其进行细分，其中属于竞争性体制的有极化的多

---

① 《马克思恩格斯全集》第4卷，北京：人民出版社1958年版，第334页。
② 参见李燕奇：《当代中国多党合作关系形成史研究》，北京：人民出版社2012年版，第4页。
③ Maurice Duverger, *Political Parties, Their Organization and Activities in The Modern State*, London: Methuen, 1964.
④ [意] G. 萨托利：《政党与政党体制》，王明进译，北京：商务印书馆2006年版，第174页。

党制、温和的多党制、两党制、主导党体制;属于非竞争性政党制度的有一党制(极权主义一党制、独裁主义一党制、实用主义一党制)和霸权党制(意识形态霸权党制、实用主义霸权党制)。①

本书分析政党制度的思路是:先从定性入手,将其区分为资本主义政党制度和社会主义政党制度两大类;其次,按照政党的数目和政党执政、参政的具体情况,划分这两大类中的亚类型;最后,探讨各种亚类型所包含的不同情形。

其次,关于资本主义政党制度。在资本主义发展的历史进程中,一党制是特例,两党制、多党制是常态。

资本主义一党制,核心特征不是一党执政,而是用排斥性的手段,只允许一个政党合法存在和活动,其情形有二:一是20世纪20至40年代德国纳粹党、意大利法西斯政党、日本大政翼赞会在各自国家建立的一党极权制;二是战后一些民族主义政党在摆脱殖民统治之后,面对经济文化落后、长期缺乏民主传统、国内各种矛盾及国家间矛盾十分尖锐的情形,而采取的一党威权制。

资本主义两党制,意味着两个主要的政党获取执政的机会相当均等,其情形也有二:一是两党独大制,在这里,其他政党很少获胜,但它们的存在使得两个主要政党关注选民的不满;二是两党主导制,在两大党之外还有一个或几个相关小党,它们因拥有较多的选票而能在政坛上扮演重要的角色。

资本主义多党制,意味着多个政党为争取上台执政而展开竞争,其情形有三:一是一党独大型多党制,与一党制不同,这里不仅存在反对党,而且反对党还可以参加竞选,因而尽管在一段时间内某个政党持续执政,但"一党独大"并非"一党独霸",反对党也并非没有问鼎权力宝座的机会,20世纪90年代印度等国执政党的变更,都说明了这一点;二是温和型多党制,存在着三个或三个以上势均力敌的政党,但彼此之间或者因意识形态差距较少,或者因能够达成的共识较多,或者因利益相关度较强,而联合起来,组成多数,共同执政,但在联合政府中执政党有主次之分;三是纯粹型多党制,可能执政的政

---

① [意] G. 萨托利:《政党与政党体制》,王明进译,北京:商务印书馆2006年版,第186—333页。

党有多个，但彼此之间意识形态差距较大，有时候甚至还受到种族、民族、宗教、地区、语言等因素的影响，因而分歧、冲突、振荡较多，即便执政联盟内部也不稳固。

再次，关于社会主义政党制度。社会主义国家以马克思主义为指导，政党制度的共同点是共产党兼具领导核心与执政力量双重角色。就具体类型来说有两种①：一种是共产党单独执政制②，另一种是共产党领导的多党合作制。

实行共产党单独执政的国家，在法律上和事实上都不允许共产党之外的其他政党的存在和活动。这些国家虽然也有统一战线组织，但统一战线组织的参与者主要是群团组织，没有民主党派的参与。

实行多党合作制的国家，共产党和一个或若干个民主党派并存，但共产党和民主党派不是执政党和在野党的关系，不存在轮流执政的问题，民主党派自觉接受共产党的政治领导，把共产党为之奋斗的社会主义事业当作自己的分内事，共产党则自觉接受民主党派的监督，重视通过法律和政策发挥民主党派的作用，双方都视对方为友党，这就从根本上改变了资本主义国家"凡是有政党存在的地方，每一个政党都认为一切祸害的根源就在于执政的是别的和它敌对的政党而不是它自己"③的情形。中国经过长期的探索，明确民主党派是多党合作制度中的"参政党"（participating parties），但是这里的"参政"不是"参与执政"，同西方一些国家那种多个政党共同组阁、多个政党同为执政党（当然有主次、主辅之分）有着本质区别。这是一种新型政党制度，它是用来调节中共与各民主党派之间的新型政党关系的，它的远大前途和蓬勃生机，有待今后世界社会主义运动尤其是中国特色社会主义事业发展的检验。

---

① "二战"后，从"欧洲共产主义"开始，发达国家一些共产党开始强调它们所追求的社会主义将保留多党制，此后，世界上又有一些国家的共产党赞同在社会主义条件下采取多党制的观点。在这个问题上，中国共产党遵循科学社会主义基本原则，强调社会主义事业必须始终坚持共产党的领导。

② 对于社会主义国家只有执政党——共产党存在的情形，以往常称"共产党一党制"，我们根据马克思主义理论研究和建设工程教材《政治学概论》的提法，采用"共产党单独执政制"（参见《政治学概论》编写组：《政治学概论》，北京：高等教育出版社、人民出版社2011年版，第152页）。需要说明的是，在我们引用的文献中，如果原来的提法就是"一党制"或"共产党一党制"，则保留原文。

③《马克思恩格斯全集》第1卷，北京：人民出版社1956年版，第478页。

多党合作制度是社会主义国家政党制度的重要类型。尽管目前这项制度主要发生、发展在中国，但否认其在政党制度中的一席之地，要么是一种政治短见，要么则是别有用心。坚持好、完善好、发展好多党合作制度，是新时代中国健全人民当家做主制度体系、发展社会主义民主政治的重大理论和实践课题。

（三）对政党制度的比较和评价

西方学者立足文化、社会、政治的多元主义假设，历来对一党制持反对态度，他们不仅将法西斯一党极权制和共产党一党制相提并论，而且实际上将共产党领导的多党合作制也视为一党制，总之，只要不打破一个执政党的限制，只要不开放党禁，只要不允许各个政党自由参与竞选，就是"党国体制"（party-state system）或者"没有什么重要的体制"。不仅如此，他们甚至连"一党制"下的政党是否可以被称为政党都表示质疑，韦伯、希格芒德·纽曼认为，一旦政党不再通过在政治市场上自由说服而发挥功能，那么它的垄断便妨碍了观念的自由形成和表达，而这恰恰是政党体制的对立面，称这样的独裁组织为政党是用词不当且通常是一种有意的错误；巴克、阿尔蒙德也认为，集权制度没有政党，因为在只留下一个政党的时候，它实际上取消了政党的本质性的东西。[①]

相对于多党制，西方学者认为两党制有更多的优点：一是它较明朗，选民在两个可替换的政党中做出选择，从而减少多党制下各党之间在选举结束后艰难的讨价还价；二是它较公平，鼓励政府更换，不会像多党制下某些政党虽然在大选中得票率不高，却总能部分地参加联合政府的组成；三是它较温和，主要是为赢得中间阵营而竞争，不会像纯粹型多党制那样激起意识形态的竞争。但是，总的说来，西方学者对两党制、多党制始终情有独钟，他们认为：

第一，这是政党词根的题中之义。政党的词根是"部分"（part），这本身就意味着其他部分（多个政党、多个替换物）的共存，因而一党制是自相矛

---

① 参见［意］G. 萨托利：《政党与政党体制》，王明进译，北京：商务印书馆2006年版，第66—67、70—72页。

盾的。

第二，这是确保在政府改变的情况下使国家保持连续的选择。政府并不等于国家，政府只是从全民中挑选出来的少数人以国家的名义，暂时代表国家行使国家的权威，因而同一个国家可以有不同的政府。为了使政府发生改变时一群人顺利地接替另一群人，就需要靠多党轮流执政，通过更换不称职的政党的办法来改革政府。无论哪个政党执政，在一定时候都必须把权力移交给自己的政治对手。

第三，这是确保民主和自由的关键。民主和自由首先是政治性的，民主是"对自由事业的起誓"，"为民主而战，在历史上，就是为政治自由而战"①。要实现自由，就必须由两党制或多党制来保障，正如莱斯利·里普森所说："在民主国家人们深信两个或两个以上政党的存在是区分自由政体和独裁政体的本质标准，是基于这样的认识：哪里存在选择，哪里就有自由；哪里没有选择，哪里就只有强制。判定一个国家的性质最重要的标准就是看它能否容忍多个政党的存在。"②

第四，这是反对政治腐败的有效手段。真正的民主制应该是对执政党而不是在野党的限制，因为长期执政的政党会产生腐败，会变得目空一切，"带来社会公共道德的崩溃，犬儒哲学流行"③。多个政党的存在尤其是反对党的存在，等于承认人民有批评和反对的权利，而这个权利是政治运作必不可少的构成要素。

西方学者对政党制度的分析，带有浓厚的西方中心主义色彩，特别是对社会主义政党制度抱有先入为主的偏见。其实，一个国家选择什么样的政党制度，同各国政治力量的对比、政权组织形式、选举制度、历史传统、文化特点等有密切的关系。在各类政党制度中，除去已被扫进历史垃圾箱的法西斯一党

---

① [美]查尔斯·林德布洛姆：《政治与市场》，王逸舟译，上海：上海三联书店1992年版，第237页。

② [美]莱斯利·里普森：《政治学的重大问题》，刘晓等译，北京：华夏出版社2001年版，第209页。

③ [美]莱斯利·里普森：《政治学的重大问题》，刘晓等译，北京：华夏出版社2001年版，第210—211页。

极权制和尚未付诸实践的社会主义多党制,其他的应该说各有优劣:

发展中国家一党威权制和社会主义国家(也属于发展中国家)共产党单独执政制的长处:一是有助于稳定政局,能够在较短的时期内通过意识形态、组织、利益等的整合,使一个因党派纷争而四分五裂的国家稳定下来;二是有助于提高行政效率,在为实现特定目标而动员社会力量方面往往表现得比较有效。就弊端来说,执政党在没有在野党挑战的情况下长期执政,容易产生精神懈怠、保守僵化、既得利益困扰、腐败衰朽等问题,一旦遇到内部或外部出现重大危机,就可能迅速丧失合法性,甚至导致亡党亡国亡制的结局。

辩证地看,资本主义两党制、多党制并非一无是处:一是保障公民的民主权利(至少形式上如此),人们周期性地通过政党轮替来更换政府;二是在野党的存在使执政党无法为所欲为,各政党之间比较容易进行相互监督。就弊端来说,在政党自由组建的条件下,党外有党,党内分派,各党各派在争权夺利中往往互相攻讦,有时甚至达到不择手段的地步,多党联盟组织的联合政府也往往伴有难产、脆弱、内阁更换频繁、政治内耗等情形。更重要的是,这样的政党制度在本质上是维护资产阶级统治的工具,马克思说,英国议会的党争只愿意"在更换大臣的范围内"[①]进行,在寡头政体中从这一只手换给另一只手。恩格斯指出,尽管美国实行的是比较彻底的民主共和制,但两大党作为政治投机家轮流执政,大搞政治分赃,国民无力对政客集团采取什么有效监控,"这些人表面上是替国民服务,实际上却是对国民进行统治和掠夺"[②]。

社会主义国家共产党领导的多党合作制,是扬弃一党制和多党制的合乎逻辑的结果:之所以要坚持共产党领导,就是要确保社会主义事业和多党合作有一个主心骨,能够沿着正确的方向前进;之所以要实行多党合作,就是要推进积极、有序的政治参与,更好地完成社会主义和共产党的历史使命。从应然的角度讲,这样的安排既有助于避免一党制下的唯我独尊、无所顾忌、政治专制,又有助于防范多党制下的党派林立、互相倾轧、政治动荡,因而能够满足政治生活的双重需求——民主、自由和稳定、权威,但不可否认的一点是,这

---

① 《马克思恩格斯全集》第11卷,北京:人民出版社1962年版,第399页。
② 《马克思恩格斯文集》第3卷,北京:人民出版社2009年版,第110页。

种政党制度也有不足,不论是执政党还是参政党,在长期执政和参政而没有受到地位挑战的情况下,容易带来既得利益问题,这种既得利益一旦累积起来,会形成难以破除的局势,双方都可能由于竞争因素的缺失和权力制衡的不到位而形成惰性,"如果任由体制内政党的惰性蔓延,则可能导致整个政党制度的衰败"①。

时至今日,尚未有一种政党制度已经达到了完美无缺、有利无弊的地步。因而,通过政党体制和政党机制的改革、创新,来为巩固政党制度服务,成为很多政党的选择。

三、政党政治

有一种观点认为,政党政治即是政党制度,这是不合适的。与政党制度相比,政党政治在内涵上更丰富、在外延上更宽泛。作为一种普遍存在的政治现象,政党政治亦如同股份制那样,资本主义可以用,社会主义也可以用,关键看它掌握在谁手里、用来为谁服务。

(一)政党政治的丰富内容

政党政治是以政党为主体并由政党在其中发挥主导作用的政治形式,主要包括:前提——政党的自身建设、政党内部的政治生活;核心——政党制度,涉及政党的地位作用、政党与政党的关系、政党与政权的关系等;基础——政党对社会的回应,根本的是一个对待民众的立场和态度;拓展——政党的对外工作,即通过政党外交参与全球的或区域的治理。在当代,不仅资本主义国家存在政党政治,社会主义国家也存在政党政治,并且都会涉及以下重大问题(党群关系在前面已有分析,这里不再赘述)。

第一,党内民主。从本质上讲,党内民主"就是一个党的全体党员在有关本党的一切问题上有最终决策的权利"②,党员主体地位的实现程度是判断党内民主发展程度的关键所在。政党建立之后,民主政治的基本原则,如体现

---

① 朱昔群:《政党政治市场与政党制度的发展》,载《马克思主义与现实》2007年第5期。
② 沈一之:《理论纵横(政治篇)》,石家庄:河北人民出版社1988年版,第199页。

在自由与平等、权利与义务、多数裁决与允许少数保留意见、选举、监督公职人员与服从他们的权威、民主与法治等的辩证统一，就要求党内政治生活中体现出来，形成党内民主的局面。但是，在19世纪末之前，西方政党基本上属于"干部党"（cadre party），成员局限于政治精英（议员、政府要员），活动空间局限于上层，所以又有"贵族们的党"之称，那时候党内民主并没有引起重视；随着公民选举权的扩大，西方政党逐步发展成为"群众性政党"（mass membership party），"以依赖正式成员为组织特征"①，但在实践中，大多数成员的参与微不足道，面对德国政治社会学家米歇尔斯发出的"寡头统治铁律"（iron law of oligarchy）的警告，党内民主开始引起西方政党的关注。米歇尔斯以德国社会民主党为例，指出部分地由于组织本身的性质（一个大规模的民主政党使领袖在技术上具有不可或缺性）、部分地由于政治权力的关系（专职政党官员因既得利益而追求保全位子，使自己成为组织中必不可少的人）、部分地由于"人性"（部下对从属地位心甘情愿，对领导者自愧不如），而导致"组织处处意味着寡头统治"②。米歇尔斯看到领袖、官僚在政党中的巨大作用并认为他们可能会违背多数人的意愿，这是正确的，但存在两个缺陷，一是忽视了政党的自愿性，二是假定政党中有一批非议的群众和一批无分歧的精英存在，因而萨托利、迈克尔·罗斯金颇为风趣地指出，米歇尔斯的定律如果要大体成立，只能作为"铜律"③或者"橡胶律"④。但是，如何避免政党组织的"寡头统治"倾向变为难治之症，却是值得各类政党高度重视的，为此就需要党内民主。有学者认为，民主政党有两个标志，一看党纲所追求的政治理念、行为目的是民主的还是独裁的，二看该政党内部的结构及行事准则是否符合民主，当今各类政党在意识形态上无不标榜民主理念，因而

---

① [英]戴维·米勒、维农·波格丹诺（英文版），邓正来（中译本）：《布莱克维尔政治学百科全书》，北京：中国政法大学出版社1992年版，第494页。

② [德]罗伯特·米歇尔斯：《寡头统治铁律——现代民主制度中的政党社会学》，任军锋等译，天津：天津人民出版社2003年版，第351页。

③ [美]乔·萨托利：《民主新论》，冯克利、阎克文译，北京：东方出版社1993年版，第156页。

④ [美]迈克尔·罗斯金、罗伯特·科德等：《政治科学》，林震等译，北京：华夏出版社2001年版，第84页。

"一个政党是否为'民主政党',端视其之内部有无民主来论断"①,党内民主由此成为人们判断一个政党是否进步、开明的重要窗口。

第二,政党关系。除一党制国家外,不论是实行两党制、多党制的资本主义国家,还是实行共产党领导的多党合作制的社会主义国家,都是多党并存。不同政党的成立时间有先有后,规模有大有小,影响力有强有弱,因而在国家政治生活中的地位作用不同,这是一种常态。如果各政党都必须以宪法、法律或者惯例为活动准则,在法律上地位平等,在组织上能够独立地处理自己的内部事务,在政治上能够自由地决定自己的政策,那么这是正常的政党关系;反之,如果执政党对非执政党(参政党、在野党)、大党对小党、强势党对弱势党颐指气使,如在事实上把它们当作自己的外围组织、插手它们的内部事务、强迫它们接受自己的理念、限制它们的活动甚至掌控它们的生死大权,那么这种党际关系就是不正常的、不健康的。政党关系往往是一国政治关系折射在政党之间的晴雨表,因而它自然为各政党所重视。

第三,党政关系。当今世界,"政党政府"(party government)是一个客观存在,在美国学者理查德·S.卡茨看来,满足如下三个条件方可称为"政党政府":一是以政纲为标准,通过选举、选拔的人员来制定政府的决策;二是在仅有一党存在的条件下,由执政党制定政策,在多党组成联盟政府的条件下,由各政党协商共同来制定政策;三是内阁成员特别是总理等最高官员在党内选择,"通过他们所属的政党对人民负责"②。在"政党政府"的常态下,党政关系应该如何处理?显然,从组织学的角度讲,政党不是国家机关,即便在它成为执政党后,它和公共权力之间也还是有边界的,公共权力具有国家属性,在那里,权力从何而来、向谁负责、由谁监督、如何执行等,责权利不能含混,政党对权力运作可以施加符合法律规范的影响,"但底线必须是不改变这种法理关系"③。执政党通过推举本党的精英去掌握公共权力尤其是行政权

---

① 陈新民:《德国公法学基础理论》上册,济南:山东人民出版社2001年版,第254页。

② [法]让·布隆代尔、[意]毛里齐奥·科塔:《政党与政府》,史志钦等译,北京:北京大学出版社2006年版,第1页。

③ 王长江、姜跃等:《现代政党执政方式比较研究》,上海:上海人民出版社2002年版,第565页。

力，以"形在外，体在内"的特点贯穿在政治运作的背后，做到党政职能清晰，各司其职；反之，如果党的组织凌驾于国家机关之上，不适当地去包办代替本属国家机关的事务，将党的活动直接浮现在立法、行政、司法行为中，那就会模糊党的组织与国家机关的边界，此时党政关系就会因党政职能紊乱、以党代政而变成"问题"，造成党的组织行政化和公共权力被党的组织占有的情形。在社会主义国家，共产党是法定的执政党，党的组织的职能和国家机关的职能，在不少领域出现交叉，因而试图对这二者进行完全的划清既没有必要也没有可能，像中国在政治体制改革中经过长期探索，就从改进党的领导方式和执政方式入手，实现了党政职能在"大部制改革"背景下的整合。例如，纪委、监委合署办公，但在执纪和执法的过程中，始终严格遵循依法治国的要求，而不是采取纪委对监委的包办代替的模式。

第四，政党外交。美国学者埃尔默·普利科斯把进入20世纪后的外交称为"新外交"，"表现为参与者、事务和场合的激增"[①]。政党作为国际关系中的行为主体参与双边或多边外交，就开辟了党际交往的崭新领域。在一个有担当有抱负的政党的战略思维中，往往包含着世界眼光，政党国际化由此流行开来，不仅各国政党的对外交往越来越频繁，政党政治越出民族国家而融入国际政治之中，而且一些有"伙伴关系"的政党还通过跨国政党组织（国际性或区域性），加强彼此之间的交流合作，典型的有保守党国际（International Democratic Union，创建于1983年）、中间民主党国际（Christian Democrat International，创建于1983年，原名基督教民主党国际，2001年改现名）、自由党国际（Liberal International，创建于1947年）、社会党国际（Socialist International，创建于1951年）、全球绿党联盟（Global Green，创建于2001年）等。政党外交应坚持各国党一律平等，在自主解决内部事务的同时，通过协商的办法解决共同关心或共同面对的问题，决不应由任何"老子党"或"霸王党"去干预别国党的内部事务，把控本应由各国党共同做出的决定，这也是国际关系民主化的要求。

---

① [美]埃尔默·普利科斯：《首脑外交》，周启朋等译，北京：世界知识出版社1990年版，第14页。

（二）政党政治建设与民主政治建设的关联

萨托利强调："如果说现代政治有什么特别'现代'的东西，那就是一个政治上活跃的或政治上流动的社会，这是一个新的资源，同时也是复杂性的一个新的资源。如果是这样的话，现代政治需要政党的引领，在不存在多个政党的实践和地点，也需要一个单一的政党。"① 这个说法同葛兰西将政党比喻为当代的"君主"有异曲同工之妙。政党政治出现之后，从起初并不起眼的议会内部的精英争斗，逐步发展成为多数国家民主政治的重要表现形式和实现形式。不论是从先发国家的情况看还是从后发国家和亚非拉国家的情况看，政党政治建设与民主政治建设都有着密切的关联。

首先，在先发国家，民主政治建立在先，政党（"内生之党"）产生在后，政党不具有开国之功，但也因而必须恪守民主与法治的游戏规则，在这样的条件下形成的政党政治，逐步在建设的过程中发展出如下特征：一是公开性，政党要把自己的政治主张、组织机构、成员等公之于世，从事公开的政治活动，并且这种公开性不仅限于党内，而且还要面向党外（尽管内外有别），一定历史条件下的保密性，终究要逐步公开化。二是群众性，政党要发展党员，扩大党的队伍，反映群众要求和利益，争取党内外群众的支持，只有这样才能成为国内政治生活中有影响的组织。三是竞争性，在政党内部，领导人选遵照少数服从多数、多数尊重少数的原则做出决定；在政党之间，执政党或执政联盟依得票多少、多赢少败的原则做出决定。四是选择性，在政党内部，重大决策和领导人通过代表大会等权力机关在不同方案、不同人选中做出选择，不能搞个人说了算，把代表大会变成橡皮图章或表决机器；在政党之间，各政党把自己的政纲和候选人交由选民进行选择，而不能由某个政党垄断选举，硬要选民画圈认可。五是轮替性，在政党内部，党的政纲要与时俱进，不断调整变化，党的领导人要有任期，不搞终身制；在政党之间，各政党承认执政—在野地位的

---

① ［意］G. 萨托利：《政党与政党体制》，王明进译，北京：商务印书馆2006年版，第50页。

时常轮换是正常现象，不可能由某个政党永远垄断政权。①

这些特征决定了政党政治同古代的"家族政治""朋党政治"比较起来，虽然都有争权夺利的一面，但却不再倚重暗地施计而以阳光下运作为主，因而进步性是不言而喻的。政党政治不是民主政治的本质要求，但"民主原则运用得越彻底，政党就越重要"②。美国学者 E. E. 沙特施奈德和莱斯利·里普森都认为，西方民主是由政党创造的，"没有政党现代民主制是不可想象的"③，"离开政党，政治过程将变得无法理解"④。即便当前在世界民主化潮流中，各种组织或群体如雨后春笋般涌现，但德国学者托玛斯·迈尔仍强调除了政党之外，没有任何组织具备"将各个社会利益群体整合在一起并反映到政治生活中去的使命"⑤。可以这样说，政党的兴起成为现代政府的一大标志，一个稳健的政党制度不但保证了政权在不同政党之间的和平移交，而且使选举制、分权制、监督制、任期制、参与制等得以推行。可以说，政党政治是人类政治文明发展中取得的成果。

其次，在后发国家和亚非拉国家，政党（"外生之党"）先于民主政治而建立，并且如拉帕隆巴拉和韦纳所说，政党的出现通常伴随着危机（包括合法性危机、参与的危机和整合的危机三种）的形势。⑥ 在这种情况下，亚非拉国家民族民主政党和共产党中不乏以武装力量为后盾、依靠暴力而取得执政地位者，但革命党时期为着争取民族独立而采取的以服从为特征的等级结构和组织作风，容易变成一种保守惯性并被继承下来，因而在一定意义上，革命斗争

---

① 参见高放、华翊：《从苏共兴亡看政党现代化问题》，载《中共杭州市委党校学报》2002 年第 5 期。

② [美] 乔·萨托利：《民主新论》，冯克利、阎克文译，北京：东方出版社 1993 年版，第 155 页。

③ E. E. Schattschnieder, *Party Government*, New York: Holt, Rinehart & Winston, 1942, p. 1.

④ [美] 莱斯利·里普森：《政治学的重大问题》，刘晓等译，北京：华夏出版社 2001 年版，第 203 页。

⑤ [德] 托玛斯·迈尔、郭业洲、陈林：《关于媒体社会中政党政治的对话》，载《当代世界与社会主义》2000 年第 4 期。

⑥ Joseph Laphambara and Myron Weiner, *The Origins and Development of Political Parties*, Princeon University Press, 1966, p. 13 – 14.

的遗产似乎都是一个"挥之不去的魔咒,而不是什么福音"①。此外,这类政党在执政之前出于鼓动的需要,必然会对民众做出发展经济、改善民生、提高福利等承诺,当它们上台执政的时候,政党是第一位的,政府是从属的,政党手中掌握着大量的政治资源,对政治体系具有强大的支配能力,此时,政党可能会过于相信领袖和组织的力量、过度放大行政的手段,急于求成地去做一些违背客观规律的事情。"观念上的保守和行为上的激进非常奇怪地镶嵌在一起,是这类政党出现失误的重要原因。"② 在这类政党执政的一段时间内,党内民主、党际民主和人民民主都相当匮乏,但是,一方面,这些国家之所以能够建党,意味着它们多少有自由民主思想的传播和哪怕是粉饰门面的民主形式;另一方面,民众在革命前对民主化的渴望、在革命后对非民主化的失望,以及外部因素的驱动,多重因素交叠,迫使这类政党在一段时间之后,要么通过自我革新获得新生,要么因政绩困境而导致统治无法继续下去,甚至丧失执政地位,从而引发它们进行深刻的反思。

  总之,从政党的历史进程看,正如有的学者所说,"进步的政党天然是同民主相联系的"③,它应该在推翻专制政治中,在实现人民民主中,在促进经济社会发展、改善民生中,彰显自己的生命力和合法性。如果说"内生之党"是民主政治的产物、并且反过来又推动民主政治的完善,那么,"外生之党"的使命,在很大程度上也是同追求民主政治、建设民主政治联系在一起的。马克思在分析现代社会的经济运动规律时认为,社会运动、发展的规律不能跳过,不能取消,人们通过认识它可以少走弯路,"缩短和减轻分娩的痛苦"④,政党政治也是如此,就是说,它只有顺应民主政治的潮流和趋势,才有存在和发展的理由。当然,民主政治的发展,包括民主理念的提出、更新,民主内容的拓展、深化,民主形式的丰富、多样,也都对政党政治提出了新的课题,如当今"协商民主"在全球的广泛兴起和运用,就对政党政治重新审视自我,

---

① Christopher Clapham, *From Liberation Movement to Government*, in The Brenthurst Foundation, Discussion Paper, No. 8, 2012, p. 5.
② 王长江:《现代政党执政规律》,上海:上海人民出版社2002年版,第74页。
③ 荣敬本、高新军:《政党比较研究资料》,北京:中央编译出版社2002年版,第7页。
④ 《马克思恩格斯文集》第5卷,北京:人民出版社2009年版,第10页。

对内改进组织结构和运作方式，对外争取更广泛的社会力量支持，以"有为"谋求"有位"，有了更多的、更高的要求，政党政治对此不能不保持高度的应变、应对能力，积极主动开展工作，否则就会滞后于时代和民众的诉求。

（三）两种类型的政党政治建设

由于政党政治建设与民主政治建设的密切关联，一些学者认为当今的民主政治在很大程度上就是政党政治，这是有一定道理的。如前所述，社会主义民主与资本主义民主存在着本质区别，这些本质区别在政党政治中同样是存在的。列宁曾经把政治事态比作链子，认为抓住整条链子的关键是抓住主要环节，"不能你想抓哪个环节就挑哪个环节"[1]。在政党政治建设方面，资本主义国家与社会主义国家的抓手有着明显的差异。

资本主义国家实行两党制、多党制，在那里，政党的功能是围绕选举展开的，因而政党政治建设的抓手，就是在定期的竞选中争夺执政地位，正如美国学者莱斯利·里普森所赞誉的那样，"政党制度可能是现代人对政治艺术的最大贡献"[2]。在这种情况下，政党的其他活动，不论是争取群众、推进党内民主、协调党政关系、开展政党外交等，都是以这个抓手为轴心、紧扣这个抓手进行的。资产阶级政党在取得执政地位后，可能为了巩固执政地位而重视政党政治建设，也可能自视执政地位已稳而将其束之高阁，待需要的时候再重新启动。

社会主义国家共产党的领导和执政地位、民主党派的参政地位、多党合作的基本政治制度地位，都是长期的、稳定的，在这种情况下，政党政治建设的抓手更倚重于共产党的党内民主。从国际共运的经验教训看，共产党对国家政权、多党合作和政党外交的领导，无不以党内民主（如党内权力结构、领导体制、决策、执行、监督机制等）的习惯和经验为基础，什么时候党内民主健康、正常，党政关系、政党关系就处理得比较好，政党外交也进行得比较

---

[1] 《列宁选集》第4卷，北京：人民出版社2012年版，第692页。
[2] ［美］莱斯利·里普森：《政治学的重大问题》，刘晓等译，北京：华夏出版社2001年版，第209页。

第一章 民主、政党与政党制度

好,如果党内民主受挫,变成党的领袖和组织代替人民当家做主,那么党政关系、政党关系、政党外交出现的就是另外一种情形。假如党内民主滞后而其他方面异军突起,则可能失控、混乱,戈尔巴乔夫在苏联推行多党制的失败就充分说明了这一点。当然,社会主义国家共产党在搞好党内民主建设的基础上,还应处理好同国家政权机关的关系,因为发展党内民主是为了更好开展党内政治生活,更好以执政党的身份治国理政;还应处理好同民主党派的关系,改进政党协商,使多党合作落到实处;还应推动政党外交,使之成为本党走向世界、世界了解本党的一个重要窗口。就党内民主建设其他方面的政党政治建设来说,前者决定后者,但后者对前者也有能动的反作用,因而一个是找准抓手、重点突破,一个是整体推进、全面建设,二者不可偏废,并且都是为了更好地回应民众的期待,践行立党为公的宗旨。

两种类型的政党政治建设在抓手上的差异,也从一个侧面反映了社会主义国家和资本主义国家的区别。在资本主义国家,"金钱是政治活动的母乳"[①],两党制或多党制归根到底体现的是资产阶级不同利益集团之间的竞争。资产阶级政党被金钱、媒体、利益集团所控制,常常将党派利益凌驾于国家利益之上,甚至不惜为此进行恶斗,不仅议会政治的决策效率十分低下,而且为了筹措竞选经费和赢得选票,经常对选民做出种种过高的甚至离谱的承诺,置国家的整体利益、长远利益于不顾,债务危机更是将"福利病"的弊端暴露无遗。两党制或多党制在表面看来是不同政党轮流执政,实际上只不过是资产阶级维护自己的私利、选择自己的国家管理者、实现内部利益平衡的政治机制,难怪布赖斯说美国的民主党和共和党就像两个空瓶,招牌不同,但"无论什么液体都可以灌进的"[②]。在这样的政党制度下,即便工人阶级政党被允许参与国家政治生活甚至参与联合执政,也不可能从根本上改变资本主义国家的性质,不可能从根本上维护工人阶级和广大人民的利益。社会主义国家生产资料公有制的经济基础和维护人民当家做主的上层建筑,决定了工人阶级先锋队——共

---

① [美]哈罗德·F.戈斯内尔、理查德·G.斯莫尔卡:《美国政党和选举》,复旦大学国际政治系译,上海:上海译文出版社1980年版,第244页。
② [英]詹姆斯·布赖斯:《现代民治政体》上,张慰慈等译,长春:吉林人民出版社2001年版,第99页。

产党是社会主义事业的领导核心，党的领导与社会主义国家具有强烈的同构性，一荣俱荣，一损俱损，而为了加强和改善党的领导，就必须重视发展党内民主。共产党发展党内民主绝不允许在党内形成既得利益集团或派别组织，其目的是要最大限度地调动党的各级组织、干部和党员的积极性，确保党内形成生动活泼的政治局面，并对人民民主形成示范和导向作用，从而使社会主义国家充满生机活力。

如前所述，社会主义是资本主义的扬弃物，批判继承资本主义民主政治的文明成果，是科学社会主义关于社会主义民主政治建设的一贯主张。政党政治是社会主义扬弃资本主义的一项重要内容。社会主义政党政治是以共产党为主心骨的，在一些国家还有民主党派的参与，它当然要批判、克服资本主义政党政治中的消极因素，揭露其受有产者把控、受党魁操纵、受既得利益绑架的本性，坚决摒弃那一套勾心斗角、尔虞我诈、投机取巧的言行并与之划清界限；同时，资本主义社会中孕育着新社会的因素，工人阶级的一个历史使命，就是将那些新因素"解放"出来①，因而社会主义政党政治还要汲取资本主义政党政治中的积极成果，使自己成为合乎历史前进方向、具有远大前途的新事物。

共产党以实现共产主义为最高理想和最终目标，但历来以实现和发展人民民主为己任。党在领导无产阶级夺取政权的过程中，作为"先进阶级民主主义政党"②，强调"民主在今天就是共产主义"③，把争取民主作为民主革命或者社会主义革命的重要目标；党执政后，人民对美好生活的期待，就包含发展社会主义民主政治、建设社会主义政治文明的内容，并且这种期待随着社会主义事业的发展，是在质和量两个方面日益增长的。但是，"外生之党"的属性，使共产党的执政之路包括领导社会主义民主政治建设之路同样充满曲折，从国际共运的起伏发展看，民主问题甚至经常成为敌对势力西化、分化社会主义国家的一个场域。正反两方面的经验教训启示共产党人，为着加强民主政治建设，必须加强政党政治建设，使政党政治建设成为民主政治建设的重要内容

---

① 参见《马克思恩格斯文集》第3卷，北京：人民出版社2009年版，第159页。
② 《列宁全集》第14卷，北京：人民出版社1988年版，第121页。
③ 《马克思恩格斯全集》第2卷，北京：人民出版社1957年版，第664页。

和有力助推器。

　　社会主义国家的政党政治建设首先要从本国的实际出发、彰显特色、坚定自信，同时也应该遵循"以我为主，为我所用"的原则，敢于、善于从资本主义国家那里学习、借鉴那些属于人类政治文明成果的理念和体制机制，从而把共产党自身建设好，把共产党党内政治生活开展好，把同民主党派的关系、同政权的关系理顺好，把党群关系密切好，把对外党际关系处理好，使党更好地成为社会主义事业的坚强领导核心。政党政治建设搞好了，社会主义国家的民主政治建设得到充分的表现和实现，才能进一步增强社会主义的优越性和吸引力，增强人们对社会主义在与资本主义的竞争中，依靠自身力量赢得与资本主义相比较的优势，从而最终取代资本主义的信心。

第二章 马克思恩格斯的政党学说和处理政党关系思想

马克思主义哲学认为,物质决定意识,但思维着的精神作为"物质的最高的精华"①,对物质具有反作用,由此,就有了既要尊重客观规律,又要发挥主观能动性的问题。同客观规律与主观能动性辩证统一相关联的另一个问题,就是社会历史趋向与主体选择的关系。社会历史趋向强调社会历史规律的客观性和必然性,这规定了历史主体的活动要受规律性的制约,不能为所欲为,但是,承认这一点,并不是说历史主体在规律面前是无能为力的,实际上,历史主体在社会发展的可能性空间内,从来都是有能动性和选择性的,差别只在于这种能动性和选择性的程度。历史主体可以是阶级、政党、个人,普列汉诺夫说,"只有在疯人院里才会产生促进月蚀的政党"②,但在社会领域,组织政党却是英国资产阶级革命以降的常态政治现象,参加政党也成为一定个人实现自己政治抱负的载体,作为历史主体的政党面对既定历史条件下社会生活未来发展的多种可能的方向、目标、方式,依靠谁、选择什么、怎么选择,就是它的能动性的体现。

马克思恩格斯的毕生使命,是从社会形态更替、阶级斗争、劳动异化、剩余价值、资本主义基本矛盾等方面论证"两个不可避免",为此,他们"诉诸群众,诉诸无产阶级"③,强调通过阶级行动和建党来完成自己的历史使命,

---

① 《马克思恩格斯文集》第9卷,北京:人民出版社2009年版,第426页。
② [俄]普列汉诺夫:《普列汉诺夫读本》,王荫庭编,北京:中央编译出版社2008年版,第142页。
③ 《列宁选集》第2卷,北京:人民出版社2009年版,第414页。

否则将一事无成；无产阶级革命政党无论是在民主革命阶段还是在社会主义革命阶段，都必须团结一切可以团结的力量，同其他工人政党、民主政党建立统一战线①，从而实现社会历史趋向与主体选择的统一。

马克思恩格斯的政党学说和处理政党关系思想②是马克思主义多党合作的理论源头。虽然他们没有目睹社会主义从理论到实践的飞跃，不可能更多关照社会主义国家多党合作问题，但他们的相关论述对包括中国共产党在内的共产党人加强自身建设、壮大统一战线，仍然具有重要的现实意义。

第一节 马克思恩格斯的政党学说

马克思恩格斯政党学说中的"政党"，首先是无产阶级政党，但与一般无产阶级政党不同，它接受了科学社会主义，立志通过革命的手段破旧立新，因而是无产阶级革命政党。马克思恩格斯的政党学说，是他们对无产阶级革命政党自身建设的设计与探索。

一、无产阶级革命政党的产生与类型

无产阶级革命政党不是凭空产生的。在无产阶级革命政党的历史上，不仅出现过国际性的政党组织，以及非常普遍的民族国家范围内的政党组织，还出现过与政党属性和政党联合相关的国际组织。

（一）无产阶级革命政党的产生

无产阶级在反抗资产阶级剥削和压迫的斗争中，曾长期处在自发阶段，像

---

① 1840年10月，恩格斯指出，"在同宗教的黑暗势力进行斗争的任何情况下，我们都应该结成统一战线"（《马克思恩格斯全集》第41卷，北京：人民出版社1982年版，第133页），第一次提出"统一战线"概念。从文献看，马克思恩格斯主要使用"同盟""联盟""团结""联合"等来表达统一战线思想。

② 从理论体系上说，马克思恩格斯的政党学说包含处理政党关系思想，为方便论述，我们将政党学说的侧重点放在党内，将处理政党关系思想从政党学说中析出来进行专门论述。

以破坏机器为特征的"卢德运动",就是一个典型。那时候,工人运动同社会主义是分离的,工人在劳资斗争中举行罢工、起义甚至发生流血冲突,而所谓"社会主义者",即包括各种空想主义体系的信徒和形形色色的社会庸医,他们自外于工人运动,祈求"有教养的"统治者通过发慈悲进行社会改良。结果,工人运动因缺乏科学理论的指导而"屡战屡败",即便像标志欧洲工人运动进入新的独立政治运动时期的三大工人运动(法国里昂丝织工人起义、英国工人宪章运动、德国西里西亚纺织工人起义),也以失败而告终;而脱离工人运动的社会主义学说,不论它在辞藻上多么华丽,终究也只能是一种善良愿望,无法对实际生活产生什么影响。马克思恩格斯的历史功绩之一,就是强调科学社会主义理论必须同工人运动相结合。理论基础和阶级基础的关系是,前者把后者当作物质武器,后者则把前者当作精神武器,在无产阶级争取自身解放的运动中,如果说理论基础是"头脑",那么阶级基础则是"心脏"。这种结合的结果,就是促成无产阶级革命政党的建立,并在党的领导下,不断增强无产阶级斗争的自觉性,最终实现无产阶级的历史使命。

(二)无产阶级革命政党的类型

无产阶级为争取自身解放而建立的组织,首先是工会,恩格斯对此评价很高,认为"这是非常重要的一点,因为这是无产阶级的真正的阶级组织,它靠这种组织和资本进行经常的斗争,使自己受到训练"[①]。但是,工会具有群众性和松散性的特点,只有建党并以政党为本阶级的最高组织形式,"武器"才能真正发挥效用。当然,早期的无产阶级政党与工会存在界限不清甚至相互转化的现象,像法国的"四季社"(原称"家族社")、德国的"正义者同盟"(原称"流亡者同盟")、英国的"全国宪章协会"等,都有这种情况,宪章派甚至被恩格斯视为"近代第一个工人政党"[②]。这些组织中的大多数具有半秘密性质,人数不多,等级森严,缺乏科学理论的指导,盛行宗派主义和个人崇拜,并企图通过密谋暴动来达到自己的目标。马克思恩格斯对无产阶级建党问

---

① 《马克思恩格斯全集》第34卷,北京:人民出版社1972年版,第122页。
② 《马克思恩格斯文集》第3卷,北京:人民出版社2009年版,第517页。

题看得很重、抓得很紧，他们结合革命斗争的需要，指导无产阶级建立了不同类型的政党组织。

一是国际性政党组织。由正义者同盟改造而来的共产主义者同盟是一个具有国际性的"先进的共产主义政党"①，它曾经在欧美8国（以德国为主，包括英、法、比、荷、美、瑞士、瑞典）建立过支部，属于世界性共产党。马克思恩格斯在1846年建立的布鲁塞尔共产主义通讯委员会的基础上，通过重点改造正义者同盟，在次年建立共产主义者同盟。共产主义者同盟的国际性，同19世纪40年代马克思恩格斯对无产阶级革命特点的判断有关。那时资本主义处于自由竞争阶段，他们指出，随着交往的扩大，世界性的历史、贸易、交往逐步形成，这就使地域性的共产主义成为不可能，因而共产主义具有国际性，"只有作为占统治地位的各民族'一下子'同时发生的行动，在经验上才是可能的"②，当然，这个"同时发生"并不意味着革命在各国整齐划一爆发，而是指在一个历史时期内，几个发达国家相继爆发革命，形成一个相互促进和支持的局面。恩格斯在《共产主义原理》中提出，共产主义革命虽然至少要在几个发达国家内同时发生，但这个同时并非齐步走，因为革命发展得怎么样，是较快或较慢，与这个国家的生产力发展水平和工业发达程度密切相关，同时在整个世界的联系愈发紧密的条件下，共产主义革命还会对世界上其他国家造成影响，造成其原来的发展进程的改变，所以共产主义革命是"世界性的革命，所以将有世界性的活动场所"③。可见，马克思恩格斯已经注意到了发达国家也有发展不平衡及实现革命快慢的问题，不过他们认为这些国家联系紧密、互动性大，因而革命虽然先后有别，但不是孤立进行的，而是在一个可以预见的历史时期发生并波及其他国家，造成全球性的影响。

二是民族国家范围内的政党组织。进入19世纪50年代，马克思恩格斯没有重提无产阶级革命同时发生的思想，加上各国工人运动不断发展且这种发展的不平衡性日益突出，采取世界性政党的组织形式对无产阶级的斗争已经显得

---

① 《马克思恩格斯全集》第8卷，北京：人民出版社1961年版，第450页。
② 《马克思恩格斯选集》第1卷，北京：人民出版社2012年版，第538—539页。
③ 《马克思恩格斯选集》第1卷，北京：人民出版社2012年版，第687页。

不合适了，因而马克思恩格斯开始力促在民族国家范围内建立无产阶级革命政党。1865年，恩格斯在《普鲁士的军事问题和德国工人政党》中，首先提出了要在德国建立工人政党的任务，1869年成立的德国社会民主工党（爱森纳赫派）①，成为世界上第一个在民族国家范围内建立的社会主义工人政党，这给了马克思恩格斯很大的启发，坚定了他们推动在民族国家范围内建党的决心。在马克思恩格斯的指导下，并受德国社会民主工党建立后德国工人运动取得的显著成就的鼓舞，欧美主要国家的工人阶级纷纷建立了自己的政党或组织，尤其是在第一国际解散之后，工人运动向广度发展，出现了"以各个民族国家为基地建立群众性的社会主义工人政党的时代"②。马克思恩格斯花费了极大的精力来帮助各国党搞清楚党的性质、使命和如何开展革命斗争、如何建设党的问题，以确保党在领导工人阶级从事政治行动的时候，能够始终成为一个"有自己的目的和自己的政治"③的独立的政党。

第三，与政党属性和政党联合相关的国际组织。马克思恩格斯指导建立的第一国际，属于政党性的国际工人组织；恩格斯指导建立的第二国际，属于无产阶级政党的国际组织，但它们与上述两类政党组织的历史使命却是相同的。

共产主义者同盟解散后，欧洲仍有一批坚定的工人在推动建立新的国际工人组织。随着资本主义的发展和工人运动的重新活跃，在"国际委员会"（1855年）、"国际协会"（1858年）的基础上，"国际工人协会"于1864年诞生（恩格斯在1892年称之为"第一国际"）。参加第一国际的主要是工人团体（第一国际中的德国社会民主党成员是个人身份参加），因而有人将第一国际定性为"群众性国际无产阶级组织"④或者"工人群众组织的一种

---

① 德国于1863年建立全德工人联合会（拉萨尔派），1869年建立德国社会民主工党（爱森纳赫派），1875年在两派合并的基础上成立德国社会主义工人党，1890年改名德国社会民主党。以往的历史教科书沿袭苏联和东德的传统说法，把德国社会民主党的成立时间说成是1869年，但该党一直自称成立于1863年。

② 《列宁选集》第2卷，北京：北京：人民出版社2012年版，第417页。

③ 《马克思恩格斯文集》第3卷，北京：人民出版社2009年版，第225页。

④ [苏]巴赫、戈尔曼、库尼娜编：《第一国际》（第一卷，1864—1870年），杭州大学外语系俄语翻译组译，北京：生活·读书·新知三联书店1980年版，第62页。

大联合"①。但是，第一国际成立伊始，马克思在《国际工人协会共同章程》中就明确规定，成立协会的目的是把它打造成为工人团体——工人阶级追求自身彻底解放的团体进行联络和合作的中心，同样出自马克思之笔的《国际工人协会成立宣言》强调把夺取政权作为工人阶级的伟大使命，为了达到这一点，工人需要反对政治上的冷淡主义，积极参与政治斗争，"并且同时都在努力从政治上改组工人政党"②，可见，如果第一国际仅仅是一个一般的各国工人群众性联盟，那么它就不可能提出只有政党才具有的夺取政权的目标，就不会将各国建党提到那么紧迫而重要的高度，因此，第一国际是具有政党属性的国际工人组织，恩格斯甚至称它是"世界各国无产阶级政党的联盟"③。

在第一国际由于旧形式已经过时而解散之后，恩格斯寄希望于建立一个新国际，它"将是纯粹共产主义的国际，而且将直截了当地树立起我们的原则"④。从1871年巴黎公社失败到1889年第二国际成立前，欧美14国建立了14个社会主义政党，连同此前建立的德国社会民主党，一共达到15个。在资本主义从自由竞争阶段向垄断阶段过渡的过程中，各国社会主义政党和团体再度把筹建新的国际组织提上议事日程。1888年，由英国工联与法国工会联手倡议的国际工人代表大会召开，这为促进各国工会之间的国际团结和联合奠定了基础。1889年，在恩格斯的亲切关怀下，在法国工人党（马克思派）的积极推动下，国际社会主义工人代表大会在巴黎召开（1900年成立社会党国际局，1907年该局主席王德维尔开始使用"第二国际"的称谓），第二国际的一大历史功劳，同样是促进各国社会主义政党的成长和发展，这样，到第一次世界大战爆发前，又有15个社会主义政党建立起来，使第二国际成为欧洲、美洲、亚洲、大洋洲共计30个社会主义政党的国际组织，这比起第一国际时期只有一个德国社会民主党，情况是大为不同了；同时，第二国际在社会主义政

---

① 曹长盛、杜康传、李忠杰主编：《世界社会主义共产主义运动》，长春：东北师范大学出版社1994年版，第212页。

② 《马克思恩格斯文集》第3卷，北京：人民出版社2009年版，第13页。

③ 高放：《第一个政党性的国际工人组织——第一国际光芒四射》，载《中国延安干部学院学报》2014年第1期。

④ 《马克思恩格斯文集》第10卷，北京：人民出版社2009年版，第399页。

党的外围,还建立了强大的工会、妇女、青年组织,扩大了党的影响力。因此,第二国际是"第一个社会主义政党的国际组织"①,第二国际的成立及其巩固老党、建立新党的努力,在马克思主义政党发展史上还是具有重要意义的,尽管后来一些政党滑向了修正主义。

二、无产阶级革命政党的特性

无产阶级革命政党的特性,从"种差"的角度,将它同其他类型的政党区别开来。这种特性,也是无产阶级革命政党的先进性和纯洁性的重要体现。

(一)坚持党的无产阶级性质

首先,党是以无产阶级为基础建立起来的。马克思恩格斯指出,同农民、小资产阶级这些在政治上同历史的进步成反比的社会力量相比,无产阶级作为大工业的产物才是真正革命的阶级,它与先进生产力相联系,不是着眼于维护当前的可怜的利益,而是面向未来,成为最强大的革命阶级。随着大工业的发展,无产阶级的人数和集体力量日益增长,作为"产业军"的组织性、纪律性和团结战斗精神不断增强,当它意识到自己处于社会的最下层,如果不从根子上推翻维护旧制度的经济基础和上层建筑就无法改变自己的命运时,就会产生革命的诉求。

无产阶级的革命性表现在:一是强调两个"最彻底的决裂",不但以消灭资本主义私有制为自己的"一句话"的理论,坚决反击从所谓的"劳动得来的财产""保持独立性和个性""防止懒惰之风盛行"等方面来维护私有制的种种谬论,而且坚决反击在教育、家庭、祖国、民族、真理等观念上维护私有制的种种谬论,以此来完成人类历史上最广泛、最彻底、最深刻的变革;二是强调与过去奴隶主、地主、资本家主导的为少数人谋利益的运动不同,"无产阶级的运动是绝大多数人的,为绝大多数人谋利益的独立的运动"②,决心打

---

① 高放:《第一个社会主义政党的国际组织第二国际功败垂成》,载《中国延安干部学院学报》2014年第6期。

② 《马克思恩格斯文集》第2卷,北京:人民出版社2009年版,第42页。

破剥削阶级的自私自利本性,做到一心为公;三是强调革命的内容和形式的统一,内容具有国际性,因而需要"全世界无产者,联合起来!",形式具有民族性,首先立足本国舞台开展斗争。这些特点决定了以无产阶级为基础建立起来的政党较之剥削阶级政党、农民的或者小资产阶级的政党,具有与生俱来的先进性、革命性。

其次,党不能沦落为背离无产阶级性质的"全民党",党内也不容许代表有产阶级的既得利益集团存在。在国际共运史上,最早提出"全民党"的是"苏黎世三人团",他们在《德国社会主义运动的回顾》一文中,攻击所谓的"片面的工人党",企图将党改造成为"一切富有仁爱精神的人"的"全面的党",以防止"招致资产阶级或其他任何人的怨恨";他们希望工人阶级服从"有教养的和有财产的"资产者的领导,并且坚决摈弃革命的道路。马克思恩格斯对"全民党"的论调予以无情批判,指出如果他们想的和写的一致,那么结果只能是让他们退党或者放弃在党内的显要职位,否则,他们就会兴风作浪,"利用自己的职务之便来反对党的无产阶级性质"①,在这种情况下,让他们占据党内的显要的职位,就意味着党完全丧失原则,出卖自己,结局将是十分可悲的。在马克思恩格斯看来,党可以在一定时期为了一定的目的而同其他社会力量联合,党内也可以有来自其他社会力量的个人,但党不能敞开大门将一切人收入到自己的组织之中,"我们绝对不需要任何代表资本家、中等资产阶级或中等农民的利益的集团"②。

再次,党应采取有效措施对非无产阶级出身的党员进行教育。如上所述,党以无产阶级为阶级基础,但党又具有广泛的社会基础,允许其他阶级出身的个人加入其中。随着工人运动的发展,小资产阶级、农民甚至资产阶级分子涌入日益壮大的工人政党中,这从一个侧面说明无产阶级已经确实成为领导阶级,但由于这些人入党往往是被迫而来的、迫不得已的,因而这就给工人运动带来了危险,无产阶级及其政党如果原则不坚定,对非无产阶级思想和愿望让步,结果就会丧失领导地位,将工人运动引上歧途。马克思恩格斯强调,卷入

---

① 《马克思恩格斯文集》第3卷,北京:人民出版社2009年版,第478—479页。
② 《马克思恩格斯文集》第4卷,北京:人民出版社2009年版,第519页。

无产阶级运动的非无产者,首先要求他们放弃原先的阶级偏见,不能再对资产阶级、小资产阶级的世界观残余眷恋不忘,"而要无条件地掌握无产阶级世界观"①。为了达到这个目的,一方面,在党内必须自由地交换意见,以此同化和教育那些"不成熟的粗糙的材料",因为对这些人的教育不应该采用小学生的注入式,而是要让他们在争论、争吵中提高觉悟、逐步警醒;另一方面,"消化总得有个过程。为此就需要盐酸",就是不否认和隐瞒党内矛盾与问题,正确开展党内斗争,"建立党内真正和谐的关键就在这里"②。总的来说,恩格斯要求党有意识地对非无产阶级出身的成员进行思想理论教育,帮助他们不仅在组织上入党,而且在思想上入党,党内可以交流、争论,不能为了一团和气而放弃党内的批评、斗争等。

(二) 坚持和发展科学理论

无产阶级革命政党通过在坚持中发展、在发展中坚持,来推进思想理论建设和研究,确保理论的科学性,使之成为行动的指南。

第一,在唯物史观和剩余价值学说的基础上确保理论的科学社会主义性质。"我们党有个很大的优点,就是有一个新的科学的世界观作为理论的基础"③,这个"新的科学的世界观",就是唯物史观,它科学地解决了社会存在与社会意识的关系问题,强调从社会基本矛盾运动中去把握历史发展的规律,去寻找阶级社会发展的直接动力,去探求人类历史的创造者,从而同一切主观的或客观的唯心主义划清了界限。以唯物史观分析资本主义社会,资本主义剥削的秘密昭然若揭,从前经济学家在深沉的黑暗中的摸索,因为有了劳动价值论基础上的剩余价值学说去阐释剩余价值的生产、流通和分配,使得"明亮的阳光"照进了经济学,从而成为马克思的划时代功绩。唯物史观和剩余价值学说这两个发现使社会主义从空想变成了科学,科学社会主义横空出世。马克思主义理论体系中"各种见解之间的内在联系"④使之成为一块

---

① 《马克思恩格斯文集》第3卷,北京:人民出版社2009年版,第484页。
② 《马克思恩格斯文集》第10卷,北京:人民出版社2009年版,第679页。
③ 《马克思恩格斯文集》第2卷,北京:人民出版社2009年版,第599页。
④ 《马克思恩格斯文集》第9卷,北京:人民出版社2009年版,第8页。

"整钢",成为关于无产阶级和人类解放的科学,这个问题是原则性的,党内根本不容讨论,如果在这个问题上出现任何动摇,"就意味着对整个无产阶级社会主义提出怀疑"①。所以,无产阶级革命政党有自己明确的指导思想和行动指南,在这一点上不容许有任何的动摇和叛变,否则,党就会迷失方向、改变性质。

第二,理论必须具有彻底性和发展性。一是科学理论是为了指导实践,因而不能脱离实际和人搞空论。马克思指出,理论说服人才能掌握群众,理论彻底才能说服人,无论是"彻底"还是"说服人"都要求抓住根本,"而人的根本就是人本身"②。恩格斯在批判德国社会主义工人党内"青年派"时尖锐地指出,如果把脱离群众的冒险主义幻想搬到现实中去,那么即便一个强大的工人政党,也会在敌人"完全合情合理的嘲笑中毁灭掉"③。二是唯物主义方法是研究历史的指南,原则是研究的最终结果而不是出发点,因而"正确的理论必须结合具体情况并根据现存条件加以阐明和发挥"④。三是科学理论不仅需要时代化,而且需要民族化和大众化,1880年马克思口授的《法国工人党纲领导言》,就是马克思主义法国化的一个杰作,"寥寥数语就可以对群众说得一清二楚"⑤。针对美国社会劳工党(以德国侨民为主)脱离美国本土工人的活动方式,恩格斯批评了学理主义、教条主义的危害,强调科学理论的发展性,"而不是必须背得烂熟并机械地加以重复的教条"⑥。四是以科学态度对待理论认识的变化,像《共产党宣言》的一些提法受到当时条件的限制,有的不完善、有的过时了、有的需要随着运动的发展而形成新的认识,但马克思恩格斯坚持《宣言》作为历史文件,他们是没有权力随便加以修改的,他们在其他论著及《宣言》各种版本的序言(而非正文)中指出那些已经过时和应做修改的地方,体现了严谨的科学态度。

---

① 《马克思恩格斯文集》第10卷,北京:人民出版社2009年版,第444页。
② 《马克思恩格斯文集》第1卷,北京:人民出版社2009年版,第11页。
③ 《马克思恩格斯文集》第4卷,北京:人民出版社2009年版,第396页。
④ 《马克思恩格斯全集》第27卷,北京:人民出版社1972年版,第433页。
⑤ 《马克思恩格斯文集》第10卷,北京:人民出版社2009年版,第467页。
⑥ 《马克思恩格斯文集》第10卷,北京:人民出版社2009年版,第560、562页。

第三，发挥党的报刊和党的领袖在理论研究和宣传中的作用。马克思恩格斯具有丰富的办报办刊经验，他们认为，报刊表明党的存在，必须高举旗帜、坚持原则，首先的任务一是进行理论建设，捍卫党的要求，二是敢于斗争，驳斥敌对势力对党提出的各种污蔑。党的报刊的主持者必须站在党和斗争的中心，而不能够是那些为稿费而写作的文人，因为他们的生活方式决定了他们对真正的科学工作是一无所知的。马克思恩格斯强调"科学越是毫无顾忌和大公无私，它就越符合工人的利益和愿望"①，因而他们虽然不否认领导机关从道义上对报刊发生影响，但要求报刊不能满足于扮演"简单传声筒"的角色，而是要具备"正确的、有朝气的并且是充满胜利信心的调子"②。值得一提的是，马克思恩格斯对待理论建设非常严谨，同一些口头上讲马克思主义而实际上对马克思主义一知半解的人相比，马克思认为要提供给工人的东西就必须是最好的东西，如果比最好的稍差一点也不行，因为那对工人来说"就是犯罪"③。他们还特别强调党的领袖在这一方面的担当和带头作用，要求领袖们以强烈的责任来透彻地理解理论问题，摆脱旧的世界观和传统言辞的影响，强调"社会主义自从成为科学以来，就要求人们把它当作科学来对待，就是说，要求人们去研究它"④。

(三) 坚持同党内外的错误思潮、倾向做斗争

在马克思恩格斯的一生中，他们都在同冒牌社会主义者做艰难的斗争，并且这种斗争"比对其他任何人所做的斗争都多"⑤，这条战线上的斗争，就是为了坚持和发展科学社会主义。

第一，同空想社会主义的斗争。空想社会主义经历了"乌托邦"之后长时间的发展、嬗变，但由于没有认清社会发展规律、无产阶级历史使命和革命途径，因而它们所提供的启迪工人觉悟的材料被淹没在抽象的、幻想的太空之

---

① 《马克思恩格斯文集》第4卷，北京：人民出版社2009年版，第313页。
② 《马克思恩格斯全集》第35卷，北京：人民出版社1971年版，第206页。
③ 《马克思恩格斯文集》第10卷，北京：人民出版社2009年版，第588页。
④ 《马克思恩格斯文集》第2卷，北京：人民出版社2009年版，第219页。
⑤ 《马克思恩格斯文集》第10卷，北京：人民出版社2009年版，第486页。

中，同历史的发展不是成正比而是成反比。随着无产阶级的历史进展，这种体系的信徒越来越变成反动的宗派，他们不思进取，仍然梦想用试验、改良、说教等办法来实现社会空想，结果响应者越来越寥寥无几，越来越失去任何实践意义和任何理论依据。恩格斯指出，社会主义要从空想走向科学，就不再应该从头脑的意识构建出发，那是无济于事的，"必须首先把它置于现实的基础之上"[①]。

第二，同小资产阶级社会主义的斗争。他们指出现代小资产阶级是社会上变化最大的阶级，这个阶级由于拥有少量资本而在生活条件上接近资产阶级，但是按其存在的不稳定性则接近无产阶级的地位，因此它总是在两大阶级之间摇摆，并随着政局的变化时而倒向前者，时而倾向后者，"它的政治态度也像它的社会存在一样充满矛盾：一般说来它的最准确的用语是'纯粹民主'"[②]。小资产阶级从自己的尺度、立场出发去批判资产阶级制度和替工人说话，由此形成的小资产阶级社会主义，虽然击中了资本主义生产关系中的矛盾，但却因鼓吹工场手工业中的行会制度、农业中的宗法经济而成为反动而又空想的悲叹。

第三，同资产阶级社会主义的斗争。他们指出资产者总是把自己的眼前直接利益当作永恒不变的东西，为了达到一己私利，甚至不惜和封建主达成肮脏的妥协，因而尽管他们中的那些想要消除社会弊病的人也打出"社会主义"的招牌，采取一些改良的办法来改善工人的生活，但却是为了诱导无产阶级相信它所统治的世界是最美好的世界，从而厌弃一切革命运动、抛弃关于这个社会的可恶的观念，正如《共产党宣言》所说，打着社会主义旗号的资产者，要的是资本主义社会的生存，但是他们惧怕革命的无产阶级的斗争以及由此引发的危险，他们抗拒任何使资本主义社会发生革命的、瓦解的因素。资产阶级社会主义具有严重的保守性，它同封建社会主义和小资产阶级社会主义一样，都是反动的社会主义。

第四，同改良主义的斗争。他们指出英国工联之所以奉行改良主义路线，

---

① 《马克思恩格斯文集》第3卷，北京：人民出版社2009年版，第537页。
② 《马克思恩格斯全集》第16卷，北京：人民出版社1964年版，第76页。

就在于它已经沦落为"少数工人贵族的组织"①，它的基本原则就是害怕革命、企图用细微的改良和合法的斗争来逐渐改造社会，"这样做不是自己被欺骗、被愚弄，就是欺骗社会主义"②。他们并不否定工联开展经济斗争的意义，但认为不应该夸大这种斗争的作用，因为它只是在用止痛剂而不是在除病根，对工人阶级来说，希望以公平的工作换取公平的工资是不可能的，因为剩余价值规律的铁律是决不允许出现这种情形的，工人阶级必须坚决摈弃这个保守的格言，而代之以"消灭雇佣劳动制度"③的革命口号。

第五，同机会主义的斗争。他们指出右倾机会主义的要害在于勾销阶级斗争、向反动政府和资产阶级投降，与此相反，唯物史观通过对社会基本矛盾的分析，找到了阶级斗争这一阶级社会发展的直接动力，强调劳资之间的阶级斗争不可避免，是变革资本主义社会的巨大杠杆，任何企图从工人运动中勾销掉阶级斗争的人，都不可能成为革命的无产阶级的同路人，走不到一块儿。恩格斯晚年，右倾机会主义在德国社会民主党内泛滥，对此他一针见血地指出，机会主义的核心要义就是"为了眼前暂时的利益而忘记根本大计，只图一时的成就而不顾后果，为了运动的现在而牺牲运动的未来"④，机会主义者在表面上、局部上、暂时性上可能也会给工人运动带来一时的好处，但饮鸩止渴，最终的结局必然是向统治者投降，使工人运动中的脓疮变大，因而越是"真诚的"机会主义危险就越大。

无产阶级革命政党通过同形形色色的错误思潮、倾向做斗争，澄清了党内对错误思潮、倾向的模糊认识，促进了党的理论水平的提高；同时，这种"倒逼"又成为党丰富和发展马克思主义理论体系的重要动力，像恩格斯写作《反杜林论》，虽然首先是出于批判的目的，但这种批判却是积极的批判，因为恩格斯把论战转变成从哲学、政治经济学和社会主义学说方面对科学理论的"比较连贯的阐述"⑤，为觉悟工人掌握科学理论提供了重要的学习材料。

---

① 《马克思恩格斯全集》第17卷，北京：人民出版社1963年版，第694页。
② 《马克思恩格斯文集》第10卷，北京：人民出版社2009年版，第643页。
③ 《马克思恩格斯文集》第3卷，北京：人民出版社2009年版，第77—78页。
④ 《马克思恩格斯文集》第4卷，北京：人民出版社2009年版，第414—415页。
⑤ 《马克思恩格斯文集》第9卷，北京：人民出版社2009年版，第11页。

（四）实行民主集中制的组织原则

马克思恩格斯没有"民主集中制"的提法，但在建党中却处处体现了这样的要求。共产主义者同盟时期，马克思恩格斯更多强调在党内贯彻民主的价值和原则，从而完成了为建设无产阶级革命政党而斗争的一个巨大而艰难的转型；第一国际时期以及后来在指导民族国家建党时，马克思恩格斯在同宗派主义、无政府主义做斗争中，又强调要加强纪律、集中和权威，反对宗派集团的破坏和分裂活动。但总的看，民主和集中是辩证统一于党的组织原则的。

第一，建立民主的组织结构。共产主义者同盟的组织体系是支部→区部→总区部→代表大会这样的结构，在最高权力机关——代表大会闭会期间，中央委员会是它的权力执行机关；下级组织要定期向上级组织报告工作进展情况，上下级组织保持经常联系。代表大会实行年会制，确保了党内权力授受关系的正当性，恩格斯晚年在致德国社会民主党主席倍倍尔的信中仍强调即便从遵守党章杜绝落人以口实的角度看，执行委员会也必须坚持每年召开代表大会，为全党提供一个年度的发表自己意见的机会，"这样做任何时候都是必要的"[①]。马克思恩格斯还主张党务公开，共产主义者同盟一大由于处境艰难而未能公开举行，但会议结束的当天就向盟员发出通告信，通报大会的各项重要情况，因为他们认为代表大会的成员有责任把会议的情况至少是讨论的情况，向盟员公开。

第二，实行民主选举、民主决策。正义者同盟同当时的秘密团体一样，也是"半宣传、半密谋的团体"[②]，马克思恩格斯在改组它的时候，将以前那些带有密谋活动和宗派活动色彩的东西从盟章中删除掉了，以前接收盟员时采用的带有半神秘主义的仪式也删除掉了，从而赋予无产阶级革命政党文明的基因。恩格斯是国际共运学科的开创人，他在晚年回顾共产主义者同盟历史时，指出同盟之所以能够堵塞任何要求独裁的密谋狂的道路，就在于"组织本身

[①] 《马克思恩格斯全集》第38卷，北京：人民出版社1972年版，第474页。
[②] 《马克思恩格斯文集》第4卷，北京：人民出版社2009年版，第227页。

是完全民主的，它的各委员会由选举产生并随时可以罢免"①，恩格斯说当年同盟章程先经各支部认真讨论再提交代表大会审查通过，这一做法得到了发扬光大，以后无产阶级革命政党的党内生活就是按这样的民主制度进行的。马克思恩格斯认为，官僚主义的"集中制"对秘密团体和宗派运动有用，但它同无产阶级的工会和政党的本质相矛盾，因为这样的做法无助于工人自己走路而是助长他们对上级的盲从，这在德国这个有着浓厚的试图依靠"国家帮助"搞社会主义的国家尤其值得警惕。马克思高度称赞巴黎公社所实行的选举制、撤换制，强调："如果用等级授职制去代替普选制，那是最违背公社精神不过的。"②

第三，党内权力合理分解、相互制约。以马克思恩格斯特别关注、悉心指导的德国社会民主党为例，这个党成立后，内部逐渐形成执行委员会、监察委员会和党委员会三个机构，实现了党内权力的合理分解、相互制衡，特别是防止了党内执行权力的过度膨胀，为当时不少国家的社会主义政党所效仿。尽管民族国家范围内的资产阶级政党在成立时间上早于工人政党，但不可能作出这种既有利于发展党内民主也有利于实现党内监督的规定，体现了当年工人政党在民主建党方面的自觉。

第四，纪律、集中和权威是党的生存和发展所不可或缺的。没有这些，党必然沦落为涣散的没有战斗力的组织。1859年5月，马克思在致恩格斯的信中，在反对拉萨尔关于支持普鲁士自上而下的统一德国的主张时，就提出只有绝对保持党的纪律才能避免一事无成。第一国际后期，巴枯宁分子以"自治权"为幌子鼓吹无政府主义，对抗总委员会和代表大会的权威，为反对巴枯宁主义，马克思恩格斯强化了总委员会的权力，并论证了权威和集中的重要性。恩格斯阐明了权威和自治的辩证关系，指出支部当然有自治权，这一点谁也不会否认，但是如果某些全权最终不是赋予总委员会，那么联合会就不可能存在和活动。巴黎公社失败的教训之一，不是集中用得太多而是在生死攸关的时刻没有必要的集中，各派各行其是，恩格斯在总结其教训时指出，为了进行

---

① 《马克思恩格斯文集》第4卷，北京：人民出版社2009年版，第276页。
② 《马克思恩格斯文集》第3卷，北京：人民出版社2009年版，第156页。

斗争，必须把一切力量捏在一起并聚焦到同一个攻击点上，如果有人不分青红皂白诅咒权威和集中，认为它们在任何情况下都不需要，那么这样说话的人"要么不知道什么叫革命，要么只不过是口头革命派"①。1878—1890年间，德国社会主义工人党处于非法状态，国会党团面对俾斯麦政府施行《反社会党人非常法》而被迫实行"独裁"，恩格斯一方面指出这种独裁当时是必要的，另一方面也指出一旦党取得了合法地位，所谓的独裁的"幽灵"就绝不应该再现。恩格斯还指出，"一个大党的纪律无论如何不可能像一个小宗派那样严厉"②，党内经常性会出现一些非原则性的分歧，在处理这类事情的时候，就更不能搞小宗派那种宽容性很低的"纪律制裁"。

（五）坚持以好的作风塑造党的形象

无产阶级革命政党同其他剥削阶级政党的本质区别之一，在于它有一个好的作风，以此内促党内风清气正的政治生态，外塑党的良好形象。

第一，明确党员条件。《共产主义者同盟章程》对盟员的条件，从生活方式和活动、革命毅力、宣传工作、承认共产主义、服从同盟决议、保守同盟机密、不得参加任何反共团体、接收入盟要求等方面做了严格的规定，盟员不能遵守这些条件将被开除，开除了之后将不得再次入盟。这些条件，对保持党员的先进性、纯洁性起到了重要的保障作用。

第二，创造清爽的党内关系。《共产主义者同盟章程》强调所有盟员都一律平等，盟员之间是兄弟关系，有义务相互帮助，成员在支部内的准绳不是个人而只能是原则。《国际工人协会共同章程》则把"没有无义务的权利，也没有无权利的义务"③ 在无产阶级的工会和政党的内部确立下来。马克思恩格斯强调，党内关系应当是纯洁的，他们认为党员领导干部是党员"自己的仆人"，党员没有必要过分客气地对待领导干部、百依百顺地服从他们、视他们为完美无缺的官僚，而是可以进行批评；同时，任何一个领导干部，即便身居

---

① 《马克思恩格斯文集》第10卷，北京：人民出版社2009年版，第375—376页。
② 《马克思恩格斯文集》第10卷，北京：人民出版社2009年版，第613页。
③ 《马克思恩格斯文集》第3卷，北京：人民出版社2009年版，第227页。

高位,也无权要求别人对自己采取温顺态度。

第三,开展批评和自我批评。1847 年 12 月,恩格斯面对英国宪章派主办的《北极星报》对他的批评,大度地指出,在革命者中批评有助于达到团结和互相了解。马克思恩格斯强调无产阶级革命政党必须开展批评和自我批评。1889 年 12 月,恩格斯面对德国党内压制不同意见的情形,更加辛辣地指出,工人运动以最尖锐地批评现存社会为基础,工人运动离不开批评这个生命要素,工人运动不能逃避、禁止批评和争论,无产阶级革命政党要求别人给予自己言论自由,"仅仅是为了在我们自己队伍中又消灭言论自由吗"①?1891 年,恩格斯在为发表马克思《哥达纲领批判》而斗争时指出,无产阶级革命政党的无情批评可能会给敌人提供恶意诽谤的武器,但要看到这种做法也会给敌人带来极大的惊愕,因为对手是绝对没有勇气这样做的,他们将会有这样的感觉产生:"一个能够这样做的党该具有多么大的内在力量啊!"②

第四,党的领导干部在各个方面都应该成为全党的榜样。马克思恩格斯对党的领导干部的理论学习和研究提出了很高的要求,但在他们看来,要在党内担任负责的职务,即便同时具备写作才能或理论知识也是不够的,它需要熟悉党的斗争条件并掌握斗争方式,具有久经考验的耿耿忠心,性格坚强,"最后还必须自愿地把自己列入战士的行列中"③。这就是说,党的领导干部不但应当具有理论知识,还要有实践经验并善于密切联系群众。马克思恩格斯非常反对搞任何形式的个人崇拜,他们摒弃了一切助长迷信权威的东西,把声望看得一文不值,从来不让公布那些来自各国的歌功颂德的东西并对此加以斥责。他们认为,过分吹捧害处很多而没有好处,有损于科学家的品质,他们之所以同一些人"完全断绝了任何来往"④,就在于这些人在党内明着暗着搞阿谀奉承。显然,马克思恩格斯的言行与同期那些乐于制造和接受个人迷信者完全不是一个道上的。

马克思恩格斯在道德品质和人格力量方面也是正能量满满的。他们所建立

---

① 《马克思恩格斯文集》第 10 卷,北京:人民出版社 2009 年版,第 580 页。
② 《马克思恩格斯文集》第 10 卷,北京:人民出版社 2009 年版,第 602 页。
③ 《马克思恩格斯文集》第 4 卷,北京:人民出版社 2009 年版,第 397 页。
④ 《马克思恩格斯全集》第 34 卷,北京:人民出版社 1972 年版,第 365 页。

的"伟大的友谊"为世人所称颂,恩格斯赞誉马克思是共产主义者同盟时期"一个大家都乐意服从的、第一流的领袖"①,是第一国际时期"每届总委员会的灵魂"②,他还把马克思的传略同德国工人政党的简史联系起来,指出"从这个角度撰写的一个人的传记会变成一个无疑以马克思为其最高体现的党的历史"③;马克思也肯定恩格斯是"当代社会主义最杰出的代表人物之一"④,这样的评价实事求是,丝毫没有矫揉造作。恩格斯对待亡友的言行尤其令人肃然起敬。马克思逝世后,恩格斯承担起了指导国际工运、共运的重任,整理出版了马克思未完成的《资本论》第二、三卷,但是,恩格斯始终谦虚谨慎、实事求是,决不居功自傲、欺世盗名,他高度肯定马克思的才华和贡献,坦然告诉世人国际共运所取得的一切成就都应当归功于马克思的理论和实践活动,没有马克思,工人阶级争取自身解放的斗争还会在黑暗中徘徊。恩格斯说,他一生注定要做的事就是配合"第一小提琴手"——马克思拉第二小提琴,在马克思逝世后,当这个理论空白突然要由自己来填补、代替的时候,问题、漏洞就出来了,"这一点没有人比我自己更强烈地感觉到"⑤。

三、无产阶级革命政党的成长、发展是一个曲折的过程

从共性的角度看,尽管革命是历史的火车头,但是任何企图一夜之间就完成的革命最后都不可能真正取得胜利,甚至走向自己的反面,所以革命是艰巨的任务,不能指望它一蹴而就完成、轻而易举成功;从个性的角度看,如果说资产阶级革命具有突飞猛进而又很快就达到自己的顶点的特点,那么无产阶级革命则经常在进进退退中自我批判,"往往在前进中停下脚步,返回到仿佛已经完成的事情上去,以便重新开始把这些事情再做一遍"⑥,所以无产阶级革命是前进性与曲折性的统一,亦不可能径情直遂、一帆风顺。上述情形决定了处在

---

① 《马克思恩格斯文集》第4卷,北京:人民出版社2009年版,第3页。
② 《马克思恩格斯文集》第3卷,北京:人民出版社2009年版,第456页。
③ 《马克思恩格斯文集》第10卷,北京:人民出版社2009年版,第375页。
④ 《马克思恩格斯文集》第3卷,北京:人民出版社2009年版,第491页。
⑤ 《马克思恩格斯文集》第10卷,北京:人民出版社2009年版,第525页。
⑥ 《马克思恩格斯文集》第2卷,北京:人民出版社2009年版,第474页。

革命漩涡之中的无产阶级革命政党的成长、发展，必然是一个曲折的过程。

(一) 勇敢应对敌对势力和统治阶级的遏制和扼杀

1848年革命失败后，普鲁士警察当局于1851年5月制造了"科伦共产党人案"，共产主义者同盟随即在同年11月宣告解散，在这种情况下，工人的组织、政党、机关报刊都被摧毁，四处流散，短促的解放梦已随着工业狂热发展、道德败坏和政治反动的时代的到来而破灭了，资产阶级还采取"大棒加胡萝卜"的政策，通过增加工作、提升工资等手段，诱惑、收买工人中意志薄弱的一部分人鼓噪改良主义，通过"黄色工会""政治工贼"等动摇、瓦解工人阶级的斗志。第一国际、第二国际以及民族国家范围内的社会主义工人政党，也都遇到各国反对派的围剿和迫害，像德国社会主义工人党在"非常法"期间，不但被政府的"鞭子加甜面包政策"搞得内部思想混乱，而且处于非法地位。尽管统治阶级在一定条件下也会违背自己的意志，以滑稽可笑的歪曲的方式扮演特殊的"革命遗嘱执行人"的角色，在一定程度上将无产阶级革命政党在斗争中提出的愿望、主张和要求落到实处，但统治阶级的言行往往具有不彻底性和虚伪性，他们的政治考量归根到底是为了保障自己的生存和消灭对手，对此，无产阶级革命政党必须始终保持清醒的头脑，防止被统治阶级的表象所迷惑。

(二) 坦然应对党内的斗争、分裂、合并等波折

在将正义者同盟改造为共产主义者同盟的过程中，马克思恩格斯对魏特林主义和"真正的"社会主义及其宗派主义的、密谋活动的方式进行了批判，第一个无产阶级革命政党的诞生就是充满曲折的；共产主义者同盟后期，有以维利希、沙佩尔为代表的"左派"集团同以马克思恩格斯为代表的同盟中央委员会的争论及其另立中央、分裂同盟的行径。民族国家范围内建党后，像德国、法国工人政党内部的派别争论、较量一直存在，所以大国的任何工人政党的发展往往伴随着内部斗争，"这是符合一般辩证发展规律的"[①]。在国际组织

---

① 《马克思恩格斯文集》第10卷，北京：人民出版社2009年版，第483页。

中，第一国际前期同蒲鲁东主义和工联主义的斗争，尤其是后期同巴枯宁主义的斗争，充满艰辛，1872年，恩格斯代表总委员会向第一国际海牙代表大会所做的关于巴枯宁集团破坏活动的调查报告中指出，在工人阶级斗争的历史中，巴枯宁集团作为一个秘密阴谋隐藏在队伍内部，不是为了同整个运动一起共同为摧毁资本主义剥削制度而斗争，而是要"摧毁为反对这种制度而进行最坚毅斗争的协会本身"①。第二国际成立初期，开展了反对德国党内"青年派"等的无政府主义的斗争，但由于对右倾机会主义放松了警惕，而导致它滋长、蔓延并成为主要危险。恩格斯逝世后，修正主义泛滥，德国的伯恩斯坦派、英国的费边派、法国的入阁派、俄国的经济派、意大利的改良派、保加利亚的宽广派，以及欧美不少国家的机会主义者，相互勾结，一起攻击各国党左派搞"教条式的"马克思主义，这使得"社会主义运动内部不同派别之间的争执，第一次从一国的现象变成了国际的现象"②，但由于各国党左派对修正主义的实质和危害认识不够深刻，导致这一思潮逐步占据上风以致造成第二国际破产。

（三）善于应对并处理好党内派别问题

第一，承认党内派别存在的合法性，但在涉及原则的问题上不能迁就党内派别。党内派别的存在和活动是一种常态，恩格斯认为，无产阶级的运动具有过程性，在它所经历的各种发展阶段，由于主客观因素的影响，不是所有的人在每一阶段上都能够前进的，而是有一部分人会停留下来，正如罗马各基督教派也有内部斗争一样，"'无产阶级的团结一致'实际上到处都是在各种不同的党派中实现的，这些党派彼此进行着生死的斗争"③，这是一种常态。当然，对党内派别不能放纵、不能无条件迁就，尤其是在涉及原则的问题上。1875年，马克思之所以抱病写作《哥达纲领批判》，就是痛斥爱森纳赫派背弃原则，将充满拉萨尔主义气息的观点写入纲领，这样一个"极其糟糕"的纲领

---

① 《马克思恩格斯全集》第18卷，北京：人民出版社1964年版，第158页。
② 《列宁选集》第1卷，北京：人民出版社2012年版，第294页。
③ 《马克思恩格斯文集》第10卷，北京：人民出版社2009年版，第393页。

会使党"精神堕落",丧失政治纯洁性,发生分裂,因而党"决不拿原则做交易"①。恩格斯也说,党的领导希望看到成功固然无可厚非,但"需要有勇气为了更重要的事情而牺牲一时的成功"②。恩格斯晚年顶住各种压力坚持发表《哥达纲领批判》,充分表明了他和马克思在这个问题上的严正立场。

第二,反对随便将反对派开除出党。恩格斯说,在每一个党的生存和发展中,内部往往有较为温和的和较为极端的派别之分,由此而来的派别之争难以避免,采取不由分说的办法将较为极端的派别开除出去,结果"只会促进这个派别的发展"③。德国社会主义工人党内部的"青年派",以为自己受过"学院式教育"就狂妄自大,脱离实际和群众,他们的言行给党的领导人造成了许多麻烦,以致李卜克内西和倍倍尔都威胁要把这帮冒险分子剪除掉,恩格斯却不认可这样的做法,因为这样做仅仅达到谴责反对派的目的,而没能有说服力地证明它给党带来的危害,德国社会主义工人党是帝国最大的党,党内不可能不出现派别,一切专制,即便是专制的假象也应当避免。

但是,如同对党内派别不能无条件迁就那样,如果党内派别背叛革命事业、危及党的生存,那么一方面,党必须如黑格尔所说的那样经得起分裂的考验④。对1882年法国工人党发生的分裂,恩格斯坦然应对,认为盖得派和可能派争论的是原则性的问题,可能派牺牲了运动的无产阶级的阶级性,并且使分裂成为不可避免的事,这也好。既然无产阶级的发展总是在内部斗争中实现的,那么团结一致固然可贵,也是应该极力争取的,"但还有高于团结一致的东西"⑤。可见,恩格斯希望党内团结,但这种团结需要建立在志同道合的基础上,否则,表面团结,实则潜伏着更大的危机。

另一方面,面对为害派别的破坏,党必须果断将其清除出去。维利希、沙佩尔等人被清除出共产主义者同盟,巴枯宁和他的死党吉约姆被开除出第一国际,就是为了不因"团结"而牺牲原则、闹丑剧、自取灭亡。"非常法"期

---

① 《马克思恩格斯文集》第3卷,北京:人民出版社2009年版,第426页。
② 《马克思恩格斯文集》第10卷,北京:人民出版社2009年版,第391页。
③ 《马克思恩格斯文集》第10卷,北京:人民出版社2009年版,第580页。
④ 参见《马克思恩格斯文集》第10卷,北京:人民出版社2009年版,第393页。
⑤ 《马克思恩格斯文集》第10卷,北京:人民出版社2009年版,第486页。

间，针对右倾机会主义的挑衅，恩格斯说，面对腐朽分子和好虚荣的分子的挑衅，党不能采取暧昧的态度，而是要坚决抛弃掩饰与调和的政策，勇于面对争论和吵闹，如果党沦落到宁愿容忍这样的蠢货在内部胡作非为、作威作福，而不果断拒绝抛弃他，"这样的党是没有前途的"①。针对"苏黎世三人团"的背叛，马克思恩格斯指出，即便暂时容忍他们，也不能让他们影响党的领导，并且分裂终究会到来，只是一个时间问题，早分裂比晚分裂好。"非常法"废除后，福尔马尔将拉萨尔主义翻版成为议会主义，恩格斯严厉批判了德国党内的"议会迷"和第二国际的机会主义，他在1892年写给倍倍尔的信中说："福尔马尔的言论再一次证明，此人已经失去了同党的一切联系。显然，不是今年就是明年，势必要同他决裂：看来他企图把国家社会主义的梦想强加于党。"②

第二节 马克思恩格斯的处理政党关系思想

1883年，恩格斯在《共产党宣言》德文版序言中提出了这样一个重要思想，那就是无产阶级解放自己，是以解放全人类为前提的，没有整个社会摆脱剥削、压迫和阶级斗争，无产阶级解放就是一句空话。既然无产阶级及其革命政党胸怀解放全人类的宏远大志，那么它就不应该单枪匹马干革命，何况那样也干不成革命，而是要在加强自身团结、统一的基础上，最大限度、最大规模地争取同盟军、建立统一战线，由此就需要处理与其他政党的关系。如果说马克思恩格斯的政党学说奠定了无产阶级革命政党自身建设的学理基础和行动指南，那么他们的处理政党关系思想则奠定了无产阶级革命政党在多党并存格局中掌握领导权的学理基础和行动指南。

一、处理政党关系是一个战略和策略问题

无产阶级革命政党要完成自己的历史使命，需要正确的纲领和路线，也需

---

① 《马克思恩格斯全集》第34卷，北京：人民出版社1972年版，第90页。
② 《马克思恩格斯全集》第38卷，北京：人民出版社1972年版，第404页。

要正确的战略和策略。战略泛指对重大问题的筹划与指导,策略就是计策谋略,如《人物志·接识》所说,"术谋之人,以思谟为度,故能成策略之奇",也指适合具体情况的做事原则和方式方法。战略和策略有密切关联。当然,战略和策略的区分,在同一范围内是确定的,但按各种大小不同的范围来说,又是相对的。①《共产党宣言》正文第一章揭示历史规律,第二章论述党的学说,第三章剖析文献,第四章探讨战略和策略。结合第四章的题目,共产党人处理党际关系,在本质上是一个党的战略和策略问题。

(一)把当前斗争和长远目标结合起来

共产党人和其他工人政党的最低纲领相同,都是夺取政权,但共产党人"在当前的运动中同时代表运动的未来"②——消灭资本主义私有制,实现"自由人联合体"的共产主义,最高纲领和最低纲领的统一揭示了共产党人的战略和策略的基本原则,要求党既要积极参加当前一切有利于无产阶级的革命斗争,又要始终胸怀共产主义的远大理想。如果只顾当前斗争而忘记长远目标,当前斗争就会迷失方向甚至蜕化变质、走向失败;如果一味强调长远目标而轻视当前斗争,长远目标就会变成空中楼阁甚至骗人的把戏。19世纪40年代,欧洲很多国家的无产阶级及其政党肩负着完成资产阶级民主革命和社会主义革命的双重任务。在资产阶级民主革命中,民主革命胜利后依据"不断革命论"的必然结果只能是无产阶级的政治统治,没有这一点,实行共产主义措施便失去了首要条件。因此在那些民主革命还未完成的国家,共产党人不能排斥民主主义者,而是要同他们并肩战斗,"民主主义者的利益也就是共产主义者的利益"③;其次要提出民主改革要求,尽管这些并没有超越资产阶级民主革命的范围,但却是共产党人与其他政党达成合作、协调利益的基本要求。

(二)处理政党的关系必须有助于加强工农联盟基础上的统一战线

当时参加欧洲革命的有资产者、无产者、小资产阶级者(主要指小工业

---

① 参考《辞海》(第6版),上海:上海辞书出版社2010年版,第181、2388页。
② 《马克思恩格斯文集》第2卷,北京:人民出版社2009年版,第65页。
③ 《马克思恩格斯文集》第1卷,北京:人民出版社2009年版,第666页。

家、小商人、手工业者等)、农民(小农人数众多),建立在这些政治力量基础上的政党,不仅有工人政党,还有民主政党,各类政党内部的情形也是五花八门、复杂多样。无产阶级革命政党既存在与其他工人政党合作的问题,也存在与民主政党合作的问题。只有建立最广泛的统一战线,才能争取革命的胜利。

建立工农联盟至关重要。在不少地方,"农民到处都是人口、生产和政治力量的非常重要的因素"①。农民在资产阶级民主革命中一般是从属于资产阶级的,但正如马克思所说,工农所受的剥削,剥削者相同——都是资本,区别只在于形式上不同,只有资本瓦解才能使农民得到解放,只有无产阶级的政府坚决反对资本主义,才能从根本上改变农民的经济贫困和地位低落,这种根本利益上的一致性决定了无产阶级是农民的天然同盟者和领导者,而无产阶级在推翻资产阶级制度的革命中一旦获得农民的支持,就得到了一种合唱,否则的话,"它在一切农民国度中的独唱是不免要变成孤鸿哀鸣的"②。恩格斯晚年进而强调,为了夺取政权,社会主义工人政党"应当首先从城市走向农村,应当成为农村中的一股力量"③。恩格斯对农村居民进行了阶级分析,指出小农是党建立工农联盟的"重心",党应当帮助小农打破小私有观念,并遵循自愿、示范、国家帮助、从低级到高级等原则,引导小农走合作化道路,因为这是他们唯一得救的途径;对中农和大农,"大概我们在这里也将拒绝实行暴力的剥夺"④,而是同样要通过合作社转变他们的顽固态度。

统一战线形成和发展的基础不是别的,而是共同利益。马克思恩格斯认为,在反对共同敌人的斗争中,不仅党派的利益会趋向一致,而且"将来也自然会产生出这种只适合一时需要的联合"⑤。不论是民主革命中还是社会主义革命中,共产党人与其他政党的统一战线,都是在求同存异的前提下进行的。

---

① 《马克思恩格斯文集》第4卷,北京:人民出版社2009年版,第509页。
② 《马克思恩格斯文集》第2卷,北京:人民出版社2009年版,第570、573页。
③ 《马克思恩格斯文集》第4卷,北京:人民出版社2009年版,第510页。
④ 《马克思恩格斯文集》第4卷,北京:人民出版社2009年版,第529页。
⑤ 《马克思恩格斯文集》第2卷,北京:人民出版社2009年版,第369页。

(三) 处理政党关系必须寻求原则和策略、坚定性和灵活性的平衡

原则的坚定性体现了一种定力，要求共产党人无论何时、何地、何为，都必须牢记无产阶级的立场、根本利益和战略目标。在处理政党关系的时候，到底什么能够做、什么不能够做，恩格斯指出，他所赞成做的，就是对党的直接的好处无可争辩、值得争取，对国家前进方向的好处无可争辩、值得争取，但所有这一切都不能离开一个前提，那就是保持党的无产阶级性质，"对我来说，这是绝对的界限"①。如果迷失自我，就会丧失领导地位。

策略的灵活性体现了一种应变，强调从实际出发，对斗争方式方法的运用要做到灵活多变。1848年革命期间，马克思创办的《新莱茵报》的旗帜是现成的，就是说，是民主派的旗帜而非无产阶级的旗帜，但民主派的旗帜绝不影响报纸在各个场合强调自己的特殊性质——无产阶级性质，因为从当时的具体情况看，无产阶级性质无法写在旗帜上，恩格斯说，当时如果不是采取这样的做法，不愿意事实上站在先进的无产阶级的一端去参加、推动运动，那么他和马克思即便办报，也只能办一个小报，屈居某一偏僻地方，在那里宣传共产主义，结果创立的就不是大型的行动政党，充其量只能是一个小小的宗派。② 在马克思主义新闻史上，《新莱茵报》以民主派报纸的面貌宣传无产阶级的观点主张，追求"工人阶级的解放"，就是一个通过报纸来达到"直接指挥者"目的的典范。

在处理政党关系时，原则的坚定性管的是根本方向，因而策略的灵活性总是在一定原则之下的灵活，一旦这种"灵活"被搞成无原则的随心所欲，制造的只能是混乱、损失甚至背叛、失败；同时，坚持原则不能绝对化，原则在现实中可以因具体条件的变化而有不同的实现形式，离开了策略的灵活性，僵化地、静止地、线性地对待原则，抹杀具体事件的差异，就会犯教条主义的错误。共产党人必须将上述二者辩证统一于处理政党关系之中，而不能机械割裂。

---

① 《马克思恩格斯文集》第10卷，北京：人民出版社2009年版，第578页。
② 参见《马克思恩格斯文集》第4卷，北京：人民出版社2009年版，第5页。

（四）处理政党关系必须应对合法斗争和非法斗争的考验

无产阶级刚刚登上历史舞台的时候，只要它争取自身解放的斗争威胁到资产阶级的统治，他们就会出兵镇压。为了"以暴制暴"，马克思恩格斯一开始非常强调暴力革命，指出共产党人要达到自己的目的，非用暴力不可，否则就不可能推翻现存的社会制度，他们还提出共产党人对这一策略不屑于隐瞒而是公开宣布。但是，马克思恩格斯并非对暴力情有独钟，巴黎公社后，欧洲资本主义议会民主制度、公民选举权在一些国家逐步确立并得到完善，根据形势的变化，马克思恩格斯开始强调对付各国政府，应有和平的或暴力的两手武器并用。在马克思看来，各国的制度、风俗和传统不同，这些都是工人阶级夺取政权时采取什么手段所必须考虑到的，像英国、美国、荷兰等国家，工人可能借助和平手段，掌握政权，达到上升为统治阶级的目的。

"非常法"废除之后，德国社会民主党获得的选票和议席不断增多。恩格斯首先反省了过去的错误，他指出，1848年的革命者曾希望以一次简单的突然袭击来实现社会改造，但历史表明这是错的、不可能的幻想，一方面街垒、巷战等旧式起义常用的手段已随着城市改造后街道变得又长、又直、又宽而逐步退出舞台，另一方面无产阶级夺取政权需要经过长期的严酷顽强的斗争，慢慢向前推进，一个阵地一个阵地夺取，远不能指望速战速决。恩格斯肯定工人使用普选权是最锐利的一件武器，定期确认的选票数目，给工人政党提供了关于自身力量和各个敌对党派力量的精确情报，这样一把衡量工人政党的行动是否适度的尺子，可以使工人政党避免不适时的畏缩或蛮勇。既然合法性在新的历史条件下可以出色地为无产阶级争取自身解放的斗争效劳，那么工人政党就不应该破坏合法性、弃之如敝屣，否则就成了傻瓜。

恩格斯的策略是把合法斗争、日常工作和实现目标、夺取政权的革命决战相结合，但这必须以对方也在法律范围内活动为前提，否则工人政党将"不得不重新走上它还能走得通的唯一的一条道路，即不合法的道路"[①]。社会民

[①]《马克思恩格斯文集》第4卷，北京：人民出版社2009年版，第401页。

主党作为"革命者""颠覆者",用合法手段获得的成就多得多,统治者在惊慌之余,可能运用秩序党式的颠覆即非破坏法律不可的颠覆,将其置于普通法之外,因此,党决不能忘记革命权是唯一的真正"历史权利"。基于对德国实际的清醒估计,恩格斯指出,那种认为工人政党取得选票的多数就将取得政权的看法是不对的,因为,资产阶级作为统治阶级绝对不甘自动退出历史舞台,十之八九在工人政党取得选票的多数到来以前,统治者首先会使用暴力对此进行镇压,形势将逼迫工人政党从议会舞台转到革命舞台。恩格斯警告那些盲目相信"和平进入社会主义"的德国党领导人,如果宣扬绝对放弃暴力,最终将一无所获,任何一个政党都不应该走得那么远,竟然放弃自己的权利——拿起武器对抗不法行为。当《前进报》在社论中把恩格斯描绘成一个"温顺平和、守法的人"的时候,恩格斯认为这是一个可耻印象,必须消除。当然,恩格斯还是坚信,即便统治者面对社会主义运动的日益高涨而采取非法行为和暴力,但是,"反革命势力的暂时优势也许能把社会主义的胜利推迟几年,然而这只能使今后的胜利更彻底和更巩固"①。

二、处理政党关系应增强针对性

针对欧美政党政治的特点,无产阶级革命政党在处理政党关系时,必须有的放矢,有针对性地开展工作。

(一) 无产阶级革命政党处理与其他工人政党关系:重在兄弟团结

欧美各国政党政治的一个特点是党内有派、党外有党,以工人阶级为基础的政党同样不止一个。《共产党宣言》指出,共产党人和其他工人政党不是相对立的,在维护工人利益这点上,共产党不是工人政党中的特殊政党,也不提出宗派原则塑造运动。

全世界无产者联合斗争是国际主义的要求,因为团结和联合的力量有助于每个国家的工人运动的成功。马克思恩格斯认为,国际工人协会之前的经验证

---

① 《马克思恩格斯文集》第 4 卷,北京:人民出版社 2009 年版,第 430 页。

第二章 马克思恩格斯的政党学说和处理政党关系思想

明,各国工人单枪匹马奋斗就会受到惩罚,任何分散的努力不仅不能成功,而且必然遭到共同的失败,可见各国工人及其并肩作战的兄弟团结是多么重要!此外,工人政党合作也有助于传播科学理论,例如,第一国际成分复杂,马克思以"实质上坚决,形式上温和"的高超艺术,起草了《成立宣言》和《临时章程》,正是在这个组织里,群众克服了空想主义等冒牌社会主义思潮的影响,学习了科学社会主义的第一课,增进了理论的清醒,推进了革命进程的发展。

(二)无产阶级革命政党处理与其他民主政党关系:重在争取

无产阶级革命政党立志实现"两个最彻底的决裂",因而它同现存社会制度和政治制度——不论是资本主义的还是前资本主义的,都持反对态度和革命主张。为了壮大力量,"共产党人到处都努力争取全世界民主政党之间的团结和协调"①,因而共产党人要从具体条件出发,联合小资产阶级政党和资产阶级政党以反对当前的主要敌人。对小资产阶级政党,只要它不为资产阶级效劳,就应该看到它同无产者的共同利益,同它们达成行动的协议,尽可能采取共同的政策。至于资产阶级政党,只要它在反对封建君主及其追随势力中采取革命行动,无产阶级革命政党就应该给予支持。

马克思恩格斯非常关注在无产阶级革命政党"还很软弱不能独立行动的时候,它应当联合哪些党派"②。马克思认为,革命的发生需要主客观条件同时具备,从主观条件来说,革命不可能由一个政党而将由多数人来完成,"只有人民才能完成革命"③,布朗基派希望由少数革命家进行突袭干成革命是不可能的,即便成功,也只能造成少数人的专政而不是无产阶级的专政。马克思恩格斯强调,为了达到特定的目的,无产阶级革命政党决不应无条件地反对同其他政党一起采取共同行动,哪怕这种行动是暂时的、不稳定的。

综上所述,无产阶级革命政党应采取争取民主政党的做法,并在合作中善

---

① 《马克思恩格斯文集》第2卷,北京:人民出版社2009年版,第66页。
② 《马克思恩格斯文集》第1卷,北京:人民出版社2009年版,第661页。
③ 《马克思恩格斯全集》第45卷,北京:人民出版社1985年版,第716页。

于协调关系、合作共事。

三、处理政党关系应保持党的特质

"人民"是一个历史范畴，在战胜共同的敌人之后，战胜者也可能因利益分歧而兵戎相见，因此无产阶级革命政党在处理政党关系时，必须保持党的特质，才能及时应对可能出现的各种问题。

（一）无产阶级革命政党在先进性上优越于其他工人政党

共产党是工人政党，又有着其他工人政党所不具有的先进性，对此，《共产党宣言》从国际主义、共产主义、实践方面的坚决性、理论方面的自觉性等四个维度对此进行了深刻的剖析。

首先，共产党人强调无产阶级在斗争中有高于民族利益的阶级利益，但却支持民族独立。共产党人是国际主义者，但反对任何爱国沙文主义。共产党人倡导国际联合，但这样的联合只存在于国家之间，这些国家的独立自主是国际主义的题中之义。

其次，共产党人坚持共产主义，只有在地球上最终实现共产主义，才能为人的真正发展开辟广阔的前景，因而共产党人总是把最高纲领和最低纲领统一起来，既致力于实现最低纲领，又为最高纲领而不懈奋斗，而不是将二者割裂开来。

再次，共产党人是坚决行动者。共产主义不仅是一种价值追求和理想制度，还是一种以改变现状为目的的现实运动，作为实践的唯物主义者，共产党人致力于使现存世界革命化，以此推翻旧世界、建设新世界。共产党人立志通过"全面革命""不断革命"实现两个"最彻底的决裂"，这样的决心和毅力是党的性质、宗旨所决定的。

最后，共产党人掌握革命的科学的理论。关于这一点，我们在"坚持和发展科学理论"中已经做了详细的分析。恩格斯说科学社会主义就是无产阶级运动的理论，在工人政党中，只有共产党自觉同冒牌社会主义做斗争，坚持和发展科学社会主义并用它来武装无产阶级、指导实践。共产党人理论清醒，能够在社会历史趋向与主体选择的辩证统一中推进人类进步事业。

（二）无产阶级革命政党在"不断革命"上超越小资产阶级政党

小资产阶级在经济上的不稳定性反映到它们的政党的政治纲领上，就是妥协性、不彻底性，马克思恩格斯对此有清醒估计。在他们看来，小资产者提出变革社会的要求在很大程度上甚至是保守的、反动的，它们不会为无产者的利益、为美好未来而变革整个社会，他们的诉求仅仅是"想使现存社会尽可能让他们感到日子好过而舒服"①，一旦他们提出的低度要求得到了满足，他们便满意地向统治者示好，赶快结束革命。与此相反，无产阶级革命政党立志消灭私有制、消灭阶级、消灭现存社会，科学社会主义作为"革命的社会主义"，决心通过不断革命，将资产阶级民主革命推进到社会主义革命，建立无产阶级专政，使这种专政成为消灭剥削、压迫、阶级差别的杠杆，并在此基础上发展民主、增加生产力总量，开辟人与自然、社会和他人关系真正和谐的情景，从而体现了同小资产阶级社会主义的原则性区别。

（三）无产阶级革命政党时刻不忘自己与资产阶级政党的对立

对自由派资产者，马克思恩格斯指出无产阶级革命政党在支持他们的时候，不要跟着他们自我欺骗，要看到阶级的对立，要在资产阶级民主革命胜利后，不失时机将其引上社会主义革命，为建立共产主义新社会而努力奋斗。

四、处理政党关系时应掌握领导权

领导权是革命的关键问题。在革命进程中，无产阶级革命政党处在什么样的地位？是它引领其他政党，还是它被其他政党牵着鼻子走？国际共产主义运动的经验教训表明，无产阶级革命政党无论在什么情况下，都要始终坚持党的领导不动摇，这也是处理好政党关系的根本保证。

---

① 《马克思恩格斯文集》第2卷，北京：人民出版社2009年版，第191页。

(一) 无产阶级运动的独立性需要党的领导

共产主义者同盟在 1848 年革命中对发挥组织的力量重视不够,马克思恩格斯鉴于这个教训指出,共产主义者同盟采取降低自己的地位附和资产阶级民主派的做法是一种尾巴主义,正确的做法应该是在民主派旁边建立自己的独立的政党组织,并且不论这样的政党组织是秘密的还是公开的,都"应该使自己的每一个支部都成为工人协会的中心和核心"①,只有这样,无产阶级的立场和利益才能在不受资产阶级影响下得到独立讨论。"工人阶级政党在一定的条件下完全可以利用其他政党和党派来达到自己的目的,但是它不应当隶属任何其他政党。"② 只有这样才能站稳立场,取得最终胜利。

在民族国家范围内建党的任务,在巴黎公社失败后显得更加迫切。1870 年 8 月,恩格斯已经预见到法国"不管哪一天都可能来个天翻地覆",但"最糟糕的是,巴黎一旦发生真正的革命运动,由谁来领导呢"③? 1871 年 2 月,恩格斯又明确指出,工人摆脱旧政党支配的最好办法就是建党,并且建党不是有的国家需要有的国家不需要,而是每一个国家都需要这样做,由此建立起来的无产阶级政党要有不同于其他政党的政策,"因为它必须表现出工人阶级解放的条件"④。这个观点在日后得到了不断的强调,在实践中发挥了巨大的威力。

(二) 无产阶级运动方向的把握需要党的领导

马克思恩格斯要求共产党人在参与社会运动时,不论这个社会运动是什么样的,都要把所有制作为运动的基本问题强调出来,而不管其发展程度怎样。共产党人的"一句话"理论就是要在地球上消灭(而不是改变)资本主义私有制。1880 年,马克思指出,"这种集体占有只有通过组成为独立政党的生产

---

① 《马克思恩格斯文集》第 2 卷,北京:人民出版社 2009 年版,第 193 页。
② 《马克思恩格斯全集》第 7 卷,北京:人民出版社 1959 年版,第 362 页。
③ 《马克思恩格斯全集》第 33 卷,北京:人民出版社 1973 年版,第 146 页。
④ 《马克思恩格斯文集》第 3 卷,北京:人民出版社 2009 年版,第 92 页。

者阶级或无产阶级的革命活动才能实现"①,进一步表达了消灭私有制、建立公有制只有在党的领导下才能得到实现的思想。

(三) 无产阶级真正作为一个阶级来行动需要党的领导

无产阶级组织成为阶级、进而组织成为政党,是递进性的工作。从英国宪章派起,每个无产阶级政党总是把建立独立政党同实现阶级统治、无产阶级专政联系起来,并且作为最近目的来争取。一个掌握了领导权的无产阶级革命政党,才能将分散的阶级力量凝聚成为合力,促进无产阶级转变为自为阶级。

在无产阶级作为一个阶级来行动的过程中,它要战胜艰难险阻、经受各种考验,也必须有自己的革命政党的领导,这也是每一个卷入运动的新国家的第一个步骤,怎样组织起来各国可以不同,但必须是真正的工人政党。恩格斯说,自共产主义者同盟之后,他和马克思从1847年起就坚持认为,无产阶级要取得胜利,特别是在决定关头要强大到致胜,就必须"组成一个不同于其他所有政党并与他们对立的特殊政党,一个自觉的阶级政党"②。

(四) 以科学态度对待同盟者需要党的领导

马克思恩格斯关于无产阶级革命政党的先进性论述和无产阶级革命政党在与其他政党合作时必须保持独立性的思想,实际上包含着这样一个问题,即无产阶级革命政党即便与其他政党建立联盟,也不能没有对它们的批评权,以斗争求团结,而不是一味地妥协退让。像针对小资阶级政党,无产阶级革命政党越是勇于提出自己和他们的分歧意见,越是敢于激烈和坚决地反对它,它就越顺从,"对工人政党做更多的让步"③,如果不是这样,小资产阶级政党就会企图巩固本身地位,削弱革命的工人政党的锐气和进步性。总之,在革命的进程中多个政党结成同盟是一种常态,但只有在无产阶级革命政党的领导下,它才能沿着代表历史发展的正确方向开展并取得成效。

---

① 《马克思恩格斯文集》第3卷,北京:人民出版社2009年版,第568页。
② 《马克思恩格斯文集》第10卷,北京:人民出版社2009年版,第578页。
③ 《马克思恩格斯文集》第4卷,北京:人民出版社2009年版,第9页。

五、以科学态度对待执政和民主共和国

政治的核心问题是国家政权问题。无产阶级革命政党领导、推动革命,在革命进程中与其他政党建立合作,也是为了夺取政权,并依靠无产阶级专政改造旧社会、建设新社会。与此相关的一个问题,则是无产阶级专政应该采取什么样的政体即国家政权组织形式才有助于无产阶级实现自己的历史使命。

(一) 以科学态度对待执政

关于无产阶级革命政党上台执掌政权的时机,马克思恩格斯在共产主义者同盟建立前后,尤其是在观察和思考共产主义者同盟在1848年欧洲革命中的活动之后,对这个问题进行了认真思考,既反对急于求成,又强调要为特定条件下的既成事实做好充分准备。

马克思是在1859年提出"两个决不会"的观点的,但在此之前,他早就意识到革命阶级在主客观条件具备之前发动革命往往只能导致失败的结局。1847年10月,马克思在与海因岑辩论时指出,如果经济条件没有充分成熟,资产阶级即使推翻了君主专制、确立了阶级统治,也只能是暂时的,同样的道理,在资产阶级仍处于上升时期、统治条件尚未在历史进程中、生产方式灭亡尚未提上日程的时候,无产阶级即使发动推翻资产者统治的革命,胜利也是暂时的、不巩固的,"只能是资产阶级革命本身的辅助因素"[①]。1850年9月15日,马克思在共产主义者同盟中央委员会会议上再次强调:"我们献身的党,幸运的恰恰是还不能取得政权。"[②]为什么这样说呢?在马克思看来,无产阶级在条件不具备时取得政权,它推行的只能是小资产阶级的措施,而不会是革命的无产阶级的社会主义措施,所以,无产阶级革命政党只有在自己的观点可以付诸实施的条件具备时,才能取得政权。

恩格斯也是如此。1850年夏秋,他在研究德国农民战争史时精辟指出,对于激进派的领袖来说,过早被迫出来掌握政权是一件最糟糕的事情,因为这

[①] 《马克思恩格斯全集》第4卷,北京:人民出版社1958年版,第331—332页。
[②] 《马克思恩格斯全集》第7卷,北京:人民出版社1959年版,第620页。

个时候运动还没有达到成熟地步,他所代表的阶级的统治条件没有具备,在这种情况下他所能够做的事情并不取决于他,而是取决于相应发展程度的物质生活条件和生产关系,结果在他所恪守的理论和他的行为之间就产生了矛盾,他就陷入进退维谷的境地,他所能做的事同他所奉行的原则是相互矛盾的,同时他无法办到原先所应做的事,这样一来,他代表的不是自己的阶级,而是那个具备统治条件的阶级,对于自己的阶级,他唯一能够做的,就是空话、诺言、搪塞,把异己阶级的利益说成是自己的利益,"谁要是陷入这样的窘境,那就无可挽回地要遭到失败"①。

1853年,恩格斯在致约·魏德迈的信中又说,在其他政党都丧失历史主动性而工人政党不得不出来执政时,出台的举措到底在多大程度上将不是直接符合无产阶级的利益而是符合小资产阶级的利益,但由于无产阶级大众的推动、原先理论原则的影响和激昂情绪的支配,共产主义的实验、跳跃可能开始实施,由于火候未到,因而事物将走向自己的反面,这样就会出现"掉脑袋"的事情且被人视为怪物、笨蛋(那就糟糕多了)。当然,历史的进程十分复杂,恩格斯也指出,"然而这无关紧要,重要的是在我们党的文献中为我们党应对这样的局面预先做历史的辩护"②。人们不应当简单地指责这种由于历史的原因所造成的事实违反理论原则的状况,而应当根据历史发展的复杂性对其进行客观的总结评价。国际共运的历史进程充分证明了恩格斯的论断的先见之明。

(二)以科学态度对待民主共和国

无产阶级掌权后,对于现成的资产阶级的国家机器,不能直接拿过来使用,更不能指望借助它达到自己的目的,原因很简单,原来的国家机器在本质上是奴役他们的,"不能当成解放他们的政治工具来使用"③,这是从国体即国家的阶级性质的角度来说的。无产阶级国家的国体,只能是无产阶级专政。

---

① 《马克思恩格斯文集》第2卷,北京:人民出版社2009年版,第303—304页。
② 《马克思恩格斯文集》第10卷,北京:人民出版社2009年版,第110页。
③ 《马克思恩格斯文集》第3卷,北京:人民出版社2009年版,第218页。

至于政体，马克思恩格斯曾根据巴黎公社的经验强调"议行合一"。在西欧，始于中世纪中期的实行自治的城镇就叫"公社"，法国大革命时期巴黎等城市的自治机构也叫公社，1871年的巴黎公社则是无产阶级专政的国家形式之一，马克思指出，1848年二月革命时巴黎无产阶级的"社会共和国"，表达了摈弃君主制、实现本阶级统治的意愿，这个意愿由巴黎公社实现了，因为巴黎公社"正是这个共和国的毫不含糊的形式"①。巴黎公社在普选的基础上产生公社委员会，下设若干个承担具体职能的委员会，公社委员构成各委员会委员的领导核心，公社委员会决定重大问题，而后交由各委员会执行，由于这样，巴黎公社议行合一，兼具行政机关和立法机关的角色，强调实干，摆脱清谈馆式的议会式机构模式。巴黎公社为了防止国家和国家机关由社会公仆变为社会主人而采取了普选制、撤换制和普通工人工资制的办法，它的社会政策和措施使得除富有的大资产阶级之外的巴黎人都从中受益，因而"公社的真正秘密就在于：它实质上是工人阶级的政府"②，由此决定了是劳资之间阶级斗争的产物，是劳动获得经济解放的政治形式。巴黎公社是多派联合执政，行使具有国家性质的权力的除布朗基派和蒲鲁东派外，还有其他派别，在公社委员会中，共产主义派即接近马克思恩格斯学说的为数极少，因而力量极其微弱，巴黎公社失败的最重要原因，就在于缺乏作为核心的无产阶级革命政党的坚强领导。

对于民主共和国，即非巴黎公社"议行合一"式的政体，恩格斯在1884年指出它是"资产阶级统治的彻底形式……资产阶级统治的最后形式"③。当时典型的资产阶级民主共和国如法国和美国，在那里，代议机关至少在形式上把权力集中在自己手里，一件事情要办成，只要取得多数人的支持并按照宪法规定处理就可以了，那里的立法、行政、司法等权力是分开且相互制衡的，以此来调节资产阶级内部不同集团的利害关系，实现资产阶级的统治。

恩格斯晚年，右倾机会主义在德国党内盛行，一些人鼓吹"现代的社会

---

① 《马克思恩格斯文集》第3卷，北京：人民出版社2009年版，第154页。
② 《马克思恩格斯文集》第3卷，北京：人民出版社2009年版，第158页。
③ 参见《马克思恩格斯文集》第10卷，北京：人民出版社2009年版，第514—515页。

正在和平长入社会主义"。恩格斯指出，这些人没有考虑到的问题是，德国还处在容克地主阶级实力强大而议会仅仅起粉饰作用的旧社会制度中，"和平长入社会主义"在民主共和国是可能的，但在德国走不通，希望旧的污秽的东西温顺走向新社会，就会把党引入迷途。由此，恩格斯多次告诫德国党的领导人，在德国必须为争取把一切政治权力集中于人民代议机关之手而斗争：1891年，恩格斯指出工人阶级及其政党取得统治需要民主共和国的形式，这一点是毋庸置疑的，这种政体是无产阶级专政的特殊形式；1892年，恩格斯又指出，在民主共和国中，劳资之间的斗争将"以无产阶级的决定性胜利告终"[1]；1894年，恩格斯再度重申共和国和君主国对无产阶级的不同意义，前者是"无产阶级将来进行统治的现成的政治形式"[2]。

从国体与政体的关系上讲，一方面，国体决定政体，"共和国像其他任何政体一样，是由它的内容决定的"[3]，民主共和国作为无产阶级的统治形式与作为资产阶级的统治形式，分别适应不同国体的要求，服从和服务于统治阶级的意志和利益，体现国体的性质。另一方面，政体具有相对独立性，国体相同的国家可以采取具体形式不同的政体，国体不同的国家却可能采取相同的政体，只是这样的政体必然有体现其阶级统治性质的区别。由于实践的限制，恩格斯没有提供无产阶级专政条件下的民主共和国的政党制度的相关论述，这个无法苛求前人。

第三节 马克思恩格斯的政党学说和处理政党关系思想的历史地位及当代价值

马克思主义的诞生，从《共产党宣言》算起，仅有170多年。在这短短的时间中，一方面，这个诞生于欧陆的学说，以排山倒海之势，穿越时空，对

---

[1] 《马克思恩格斯全集》第22卷，北京：人民出版社1965年版，第327页。
[2] 《马克思恩格斯文集》第10卷，北京：人民出版社2009年版，第671页。
[3] 《马克思恩格斯文集》第10卷，北京：人民出版社2009年版，第671页。

人类历史进程产生着巨大的影响，以致法国学者雅克·德里达说，离开了马克思和他的记忆、遗产，就没有将来，所以"无论如何得有某个马克思，得有他的才华，至少得有他的某种精神"①。另一方面，马克思主义由于它的坚定的革命性而屡遭敌对势力围剿，远的不说，就说战后，从法国的加缪开始，西方学者不断鼓吹各种版本的"意识形态终结论"，尽管其观点令人眼花缭乱，但说来绕去，基本要义却是不变的——无非是再度宣告消失了、没用了、失败了。这两种观点孰是孰非，时代、实践和科学的发展必将给出权威的结论，我们是赞同第一种观点的。

马克思主义博大精深，在它的体系中包含着政党学说和处理政党关系思想。在新的实践基础上，我们应该科学认识其历史地位和当代价值，将其发扬光大。

一、马克思恩格斯的政党学说和处理政党关系思想的历史地位

马克思恩格斯创立的政党学说和处理政党关系思想，提供了无产阶级革命政党在这一方面的理论基础。

从17世纪70年代英国议会斗争中产生辉格党和托利党、19世纪40年代共产主义者同盟建立算起，资产阶级政党来到地球上要比无产阶级革命政党早160多年的时间。尽管在20世纪以前，西方对政党学说的研究还停留在比较零散和肤浅的阶段，但像博林布鲁克、休谟、伯克、麦迪逊等人，毕竟开始思考政党的基本特征、运行规则、发展趋势等问题，只是他们对政党支持也好、反对也罢，从整体研究也好、侧重宗派（或党派）研究也罢，都是作为一种政治上层建筑，为维护和巩固资产阶级的统治服务的。在他们当中没有也不可能产生为无产阶级争取自身解放斗争而呐喊的政党学说。这个任务，是由马克思恩格斯来完成的。

马克思恩格斯的政党学说和处理政党关系思想，从一开始就充分体现了党性、阶级性与人民性的高度统一。党性是一个政党固有的本性，由于政党是阶

---

① ［美］雅克·德里达：《马克思的幽灵》，何一译，北京：中国人民大学出版社1999年版，第15页。

级的最高组织形式,因而党性可以说是阶级性最高和最集中的表现,党性中关于一个政党的性质、宗旨、奋斗目标等规定,在本质上就是这个政党所依赖、所归属的阶级的特点的高度凝练和升华。人民在不同的历史时期有着不同的内容,包含着不同的阶级、阶层和集团,其最稳定的主体部分始终是从事物质资料生产的劳动群众及其知识分子,而这当中必有一个起主导作用的阶级,这个阶级在理论上和行动上成为人民中其他部分的"领头羊"。所谓人民性是基于人民利益的角度而言的,它包含人民的整体利益需求、集体意志表达以及权利诉求等方面,坚持人民性,就是努力实现好、维护好、发展好最广大人民根本利益。党性、阶级性与人民性本来是各有使用范围的概念,只有在无产阶级革命政党诞生以后,它们才第一次实现彼此之间的统一,而这是任何资产阶级政党学说所无法达到的。

马克思恩格斯强调,无产阶级革命政党是无产阶级的先锋队,它自然要为无产阶级的利益而奋斗,但同时还要照顾同盟者的利益(如果这些同盟者建立了自己的政党,那么就要照顾相关政党的利益,这样才能保持与它们的团结,维护与它们的合作关系),从这个意义上讲,无产阶级革命政党同时是人民的和民族的先锋队,代表最广大人民的根本利益。无产阶级革命政党将无产阶级运动为绝大多数人谋利益的决心变为党的宗旨,因而党除了无产阶级和最广大人民的利益,没有自己特殊的利益,并且坚决反对用任何特殊的、宗派的原则来塑造无产阶级运动。在无产阶级革命政党那里,人民的利益就是党的利益;为人民谋利益,就是党在自己的政治生命中一切活动的出发点和归宿。由此可见,无产阶级革命政党的党性、阶级性和人民性,从来都是一致的、统一的,这不是一个宣传口号,而是根据历史唯物主义得出的确凿结论。

马克思恩格斯的政党学说和处理政党关系思想还具有革命性和科学性相统一的特征。革命性表现在它的坚定的人民立场,当然这个人民性以党性、阶级性为前提,正是无产阶级的先进性决定了它所追求的自身的解放,同全人类的解放是完全一致的;正是无产阶级革命政党的党性决定了它立党为公,具有为实现崇高理想而团结一切可以团结的力量的宽厚心胸。马克思恩格斯毫不隐讳自己的政党学说和处理政党关系思想的阶级本质,其批判精神和革命精神是非常鲜明的。科学性表现在,它力求按照无产阶级政党政治的本来面貌如实地将其反映出来。实践是认识的源泉,这两大特征在实践的基础上统一起来,无产阶级革命政党不同于剥削阶级政党的特质,使得它对革命的、科学的政党学说和处理政党关系思想有一种特别的渴望和追求。

肯定马克思恩格斯的政党学说和处理政党关系思想的历史地位,决不是说它已经完美无缺了。首先,在政党学说方面,"马克思、恩格斯讲得不多"[①],处理政党关系思想也是如此,并且主要是以零散的、插入的方式呈现在论著之中;其次,他们更多的是将无产阶级革命政党同其他政党的合作当作党领导革命的一种策略,对政党政治演进中民主政党可能出现的转型、变化缺乏相应的关注,对多党合作的生命力和可持续性比较缺乏从战略的角度去考量;第三,尽管马克思恩格斯是清醒的革命家,强调"两个必然"和"两个决不会"的内在统一,反对无产阶级革命政党过早执掌政权,但他们对"两个必然"的实现和无产阶级革命政党上台执政仍然存在高估,对资本主义生命力和资产阶级政党把控政权的能力仍然存在低估。在英国,当英国工人政党于19世纪90年代崛起并在议会选举中开始挑战两个官方政党(保守党、自由党)时,恩格斯就期待英国的工人政党完善、发展起来,尽快结束旧政党的跷跷板游戏,因为那样的游戏是在两个代表资产阶级利益的执政党之间展开的,其目的就是使"资产阶级统治永存"[②]。在德国,"非常法"被废除后,恩格斯便预言德国社会民主党在可以预见的时间内将争取到社会力量中的绝大多数,成为国内起决定作用的力量,造成其他一切势力向它低头的态势,所以恩格斯要求党在决战之前好好地保存和发展这支队伍,使它不至于被消灭掉,"这个党现在已处于这样的地位,它几乎能像数学那样准确地确定它夺得政权的时间了"[③]。事实证明,这些判断有不切实际之处,历史的进程没有沿着恩格斯的预测走下去。时至今日,资本主义依然具有一定的生命力,资产阶级政党依然占据上层建筑的统治地位,即便偶有工人政党通过选票上台,也是短暂时光,并且在上台后也不可能迅速采取激进的手段,对社会进行全面的改造。经典作家在对革

---

① 《邓小平文选》第2卷,北京:人民出版社1994年版,第44页。
② 《马克思恩格斯文集》第4卷,北京:人民出版社2009年版,第381页。
③ 《马克思恩格斯文集》第4卷,北京:人民出版社2009年版,第551、428、562页。

第二章 马克思恩格斯的政党学说和处理政党关系思想

命形势的判断上,确实有比较简单、乐观的一面,从中可以看出新旧社会的交接是复杂的,清醒的革命者对此必须有更加长时间的判断和估计,必须有足够的耐心去争取一个个阵地,直至最终取得胜利。

当然,这样的评价并不是贬低或者否认马克思恩格斯的政党学说和处理政党关系思想,因为按照列宁的观点,判断历史的功绩,着眼点是"比他们的前辈提供了新的东西"[①],那种站在今天的角度对历史活动家说三道四、提出不切实际的判断标准的言行,是完全不可取的。

二、马克思恩格斯的政党学说和处理政党关系思想的当代价值

马克思恩格斯创立政党学说和处理政党关系思想的时候,无产阶级革命政党刚刚登上历史舞台,对于自身是什么样的党、怎样建设党、怎样处理与其他政党的关系、怎样夺取政权等问题,都不甚清楚,当今共产党已经成为世界政党中的一支重要力量,对上述问题的认识同它的"童鞋"时期相比已经不可同日而语了,但马克思恩格斯的相关论述仍然是共产党人的宝贵精神财富。

第一,提供了完整地准确地理解马克思主义的重要视角。马克思恩格斯的不少论著,如《共产主义原理》《共产党宣言》《共产主义者同盟中央委员会告同盟书》《国际工人协会成立宣言》《国际工人协会临时章程》《哥达纲领批判》《关于共产主义者同盟的历史》《1891年社会民主党纲领草案批判》《卡·马克思〈1848年至1850年的法兰西阶级斗争〉一书导言》等,以及作为马克思主义文献遗产和思想宝库的大量书信,都或多或少、或明或隐涉及政党学说和处理政党关系思想的内容,因而毫无疑问它们是完整地准确地理解马克思主义的一个重要视角,离开了这个视角,就难以理解社会历史趋向与主体选择的关系,难以领会党的因素对于提高革命阶级的觉悟程度、组织程度和动员程度的意义,难以做到无产阶级革命进程中客观规律与主观能动性的辩证统一。

第二,提供了共产党人认识资本主义政党政治、加强自身建设和处理政党

---

① 《列宁全集》第2卷,北京:人民出版社1984,第154页。

关系的重要理论指南。马克思恩格斯的政党学说和处理政党关系思想虽然是立足于无产阶级夺取政权的需要，但它所阐述的基本立场、观点却有超越时空的价值。资本主义在发展的历史进程中变幻无穷，但"万变"之中有"不离其宗"的东西，因而马克思恩格斯对当时资本主义政党政治那些力透纸背的分析，对观察当今的资本主义政党政治依然具有重要的启示意义；共产党人求生存、谋发展，必须加强自身建设，党的建设必须体现时代性，但只要是马克思主义政党、工人阶级先锋队，马克思恩格斯的建党思想就依然是管党治党的思想理论武器；共产党人坚持群众路线，就不能忽略政党政治这个领域，特别是一些国家的共产党夺取政权后，实行共产党领导的多党合作制，尽管多党合作的主题从革命转向了建设、改革，但马克思恩格斯关于共产党人要团结一切可以团结的力量和政党、关于处理政党关系时应由共产党掌握领导权并发挥其他政党的作用、关于妥善解决政党合作中的分歧与矛盾等论述，依然具有重要的理论价值和逻辑力量。

第三，提供了研究政党理论的科学方法。马克思恩格斯在这方面对资产阶级学者和政客的超越，在很大程度上来源于研究方法的重大变革。资产阶级学者和政客只是停留于对政党现象的描述和所谓的"对策"分析上，希望以政党为选举工具，实现政权在本阶级不同党派之间的轮流替换，以此确保自己的统治并弱化、消除无产阶级革命政党的影响，马克思恩格斯则力图通过现象分析，阐明政党的本质和功能，揭示资本主义政党政治的弊病及其运动、发展规律，要求无产阶级组建自己的独立政党，并在革命进程中与其他政党建立合作和同盟关系，从而迎接"雄鸡的高鸣"。在马克思恩格斯那里，他们既用政党学说和处理政党关系思想来强调无产阶级的历史使命和推动"两个必然"的历史进程，又用这样的历史使命和历史进程来深化无产阶级革命政党加强自身建设、正确处理政党关系的必然性，重在建设，重在总结事物的发生发展规律，这样的视野和方法对于社会主义国家将多党合作与社会主义事业在21世纪的前途命运结合起来考察，无疑是高瞻远瞩、高屋建瓴的。

第三章　中国在救亡图存中选择多党合作制度

中国历史悠久，自公元前5世纪的战国时代到1840年鸦片战争，中国处于封建社会，曾出现过诸多盛世，创造过光辉灿烂的古代物质文明和精神文明。鸦片战争之后，数千年未有之"大变局"使得中国的发展进程被西方资本—帝国主义列强打断了，由于"一是社会制度腐败，二是经济技术落后"①，中国逐步沦为半殖民地半封建社会。"两半社会"，就是当时中国的社会性质、基本国情。

就阶级关系而言，旧的封建统治阶级即地主阶级继续掌控着国家的经济基础和上层建筑；旧的被压迫阶级即农民阶级仍是中国社会人数最多的阶级，但小生产者的阶级局限性决定了他们不可能单凭自身获得解放；城市小资产阶级，包括广大的知识分子、小商人、手工业者和自由职业者，同样深受"三座大山"的压迫，但也具有散漫性。新出现的中国资产阶级包括官僚买办资本家和民族资本家，前者鱼肉民众、挤压民族资本，后者则是在外国资本主义和本国封建主义、官僚买办资产阶级的夹缝中求生存，始终未能真正成长起来成为资产阶级的主体，它们与外国资本主义和本国封建主义形成了两面关系——既有矛盾、斗争，又有依赖、妥协，这种政治上的两面性，决定了民族资产阶级没有革命的彻底性。随着外国资本—帝国主义在华企业的创办和中国民族企业的诞生，中国诞生了新兴的工人阶级，它是新生产力的代表，又深受"三座大山"的压迫，因而是近代中国最先进、最革命、最具组织纪律性的阶

---

① 《马克思恩格斯文集》第2卷，北京：人民出版社2009年版，第672页。

级,并且与农民有着天然联系,因为有些破产或失去土地的农民就加入产业工人队伍或成为其后备军。

就社会主要矛盾和主要任务而言,主要矛盾是帝国主义和中华民族的矛盾、封建主义和人民大众的矛盾,主要任务是反帝反封建。中国各族人民具有光荣的革命传统,到了近代,这一光荣的革命传统,始终是同反帝反封建、争取民族独立和人民自由幸福的革命——先是旧民主主义革命,后是新民主主义革命——紧密联系在一起的。

就建国方案而言,从中国共产党成立到新中国成立前,三种主要政治力量分别提出三种不同的建国方案:地主阶级和买办性的大资产阶级,其政治代表先后为北洋政府和国民党统治集团,方案是以军事独裁统治继续维持半殖民地半封建社会的状态;民族资产阶级,其政治代表是民主党派、无党派民主人士,方案是建立资产阶级共和国,使中国成为一个独立的资本主义国家;工人阶级、农民阶级和城市小资产阶级,其政治代表是中国共产党,方案是通过新民主主义革命建立人民共和国,而后逐步走向社会主义、共产主义。由于资产阶级共和国的方案行不通(下文具体分析),因而在"两个中国之命运"的抉择中,中共的方案最终成为包括民族资产阶级在内的中国最广大人民群众的共同选择。

政党和政党制度,在中国是个舶来品,是在19世纪末中国人民进行救亡图存的斗争中来到中国的。与20世纪上半叶中国出现三种建国方案相适应,20世纪上半叶中国同样出现三种政党制度主张,结果,不论是国民党的一党专制还是民主党派的两党制、多党制幻想,最后都退出历史舞台,为中国共产党领导的多党合作和政治协商制度——与人民民主专政的国体相适应的政党制度所取代。在一定意义上,中国人民对政党制度的探索和选择,就是中国近代史的一个缩影。

第一节 中国国民党从主张议会多党制转向一党专制

在政党制度问题上,中国国民党的创立者——孙中山希望采取议会多党制的模式，但这一尝试胎死腹中，被以袁世凯为首的北洋军阀无情扼杀了。以孙中山的学生、信徒、接班人自居的蒋介石，则转而建立一党专制，结果在解放战争中，不论是在前方的军事战线还是在后方的"第二条战线"，都失败频频，最终丧失政权，退守台湾。总的讲，国民党没有探索出适合中国国情的政党制度。

一、孙中山的议会多党制主张及其夭折

19世纪末20世纪初，中国民族资本主义和民族资产阶级的发展，为资产阶级革命派成立团体、组建政党奠定了经济的及阶级的基础。1894年11月，孙中山创立了第一个资产阶级革命团体——兴中会，兴中会同后来成立的资产阶级革命团体如华兴会、科学补习所、光复会、岳王会等，都具备了政党的若干特征，尽管它们囿于当时社会上闻"党"色变的大众心理而没有明确打出政党的招牌，但"这种刻意的回避并没有影响这一时期的思想家们日后对这类'学会'政党性质的肯定"①。在革命形势的发展中，孙中山于1905年8月成立了同盟会——全国性第一个资产阶级政党，希望以此集聚政治精英、实现"三民主义"。列宁说："孙中山的纲领的字里行间都充满了战斗的、真诚的民主主义。"② 在同盟会的领导下，1911年由武昌首义掀起的辛亥革命高潮，推翻了清王朝的反动统治，并在1912年建立了中华民国。

中华民国成立后颁布了《临时约法》，社会中上层人士的政治参与激情暴涨，政党从被视为洪水猛兽，到被视为议会内阁制的运作载体，因而在民国初年春天出现了"政团林立"的乱象，"集会结社，犹如疯狂，而政党之名，如春草怒生"③。其特点，一是数目众多且名目繁多，号称300多个，取名党、会、社的均有，不少组织"既乏经济背景又无群众基础，故只可谓之政团，不得以政党论也"④。二是政纲虽然令人眼花缭乱，但就政治倾向而言，却只

---

① 杨德山：《中国近代资产阶级政党学说》，北京：人民出版社2002年版，第33页。
② 《列宁选集》第2卷，北京：人民出版社2012年版，第291页。
③ 《民国一年来之政党》，载《国是》第1期，1913年5月。
④ 王绍鏊：《蔽帚楼杂忆》，见《民进会史资料选辑》第二辑，北京：民进中央会史工作委员会，第31页。

有主张革命的政党和主张立宪党的政党之分,而这大体是清末革命派和立宪改良派的延续。三是众多政党在多变的分化组合中骤生骤灭,而后形成了两大主要政党:1912年8月,同盟会与统一共和党等合并为国民党,其目的是争取组成政党内阁,实行内阁责任制;1912年5月,民社、国民协进会、民国公会、统一党、国民党(非孙中山的国民党)等组成共和党,它是袁世凯政府用以对抗同盟会和国民党的御用党,以拥袁为己任,自命为国权党,被称为纯袁派。四是政党政治热闹非凡,但徒有其表。在这一背景下,孙中山的议会多党制主张逐步形成。

(一)孙中山议会多党制主张的主要内容

其一,孙中山区分了"政党"和"革命党"的不同,认为革命党在专制政权下必须冒流血牺牲的危险,而政党则是与民主政治相适应的体制内组织。孙中山把二者当作并列的概念是不科学的,但指出政党活动的阶段性则是正确的。

其二,孙中山强调了政党必备的要素,主张政党应该是很高尚的,党员应该是能够领导国民的优秀分子,政纲应该彰显政党要义,政党应该以党德定胜负,因而党员、政纲、党德这些要素对一个政党来说是至关重要的。

其三,孙中山指出了政党在民主政治条件下的作用,认为宏观上是汇集国家权力,微观上是增进人民政治智识、组织内阁、监督政府,而民国的基础要巩固,就需要政党的基础巩固。

其四,孙中山对文明党争抱有很大期待,因而他赞赏英美那样的两党轮流执政制,反对党派之间相互倾轧。在他看来,党争应当以谋求体现国家公共利益的政见为前提,"不可一党之私见相争"[①];应当采用正当方法并具有高尚理由,不能搞尔虞我诈,因为"国家之进步与否,即系于党争之正当与否"[②];应当文明进行,才能达到"代流血之争"[③]的目的。

[①]《孙中山全集》第2卷,北京:中华书局1982年版,第485页。
[②]《孙中山全集》第3卷,北京:中华书局1984年版,第5页。
[③]《孙中山全集》第3卷,北京:中华书局1984年版,第45页。

（二）孙中山议会多党制主张破产的原因

在袁世凯的凶悍压制下，当时孱弱的政党不堪打击。宋教仁被刺和"二次革命"被镇压，标志着多党制灰飞烟灭。

第一，孙中山对以袁世凯为代表的北洋军阀抱有不切实际的幻想。同袁世凯及其御用党搞"文明党争"就是一种天真的表现，"三权分立之说，在西洋各国为事实，在中国为具文；在西洋各国为维持国脉之本源，在中国为粉饰文明之器具，所谓'橘生江南为橘，生江北为枳'，在他国行之，而国富兵强人民安乐者，在我国行之，乃适得其反，东施效颦，只增其丑，沐猴而冠，有其躯壳，无其精神"①。

第二，国民党成分复杂，纲纪废弛，丧失革命精神。民国成立后，孙中山不赞成党主义，他认为共和国成立后，在政治上就只有改良的事情，"更无二次革命之可言"②，也就是不再需要革命了，这就解除了革命党人的思想武装，对袁世凯势力的倒行逆施放松警惕。同盟会作为政党公开活动后，乱象丛生，孙中山说一个政党如果有强大的结合力、如果有系统的严整的政见，组织体系坚强，意识形态旗帜鲜明，"自足以运用其国之政治，而贯彻福利民福之蕲响"③，但是，国民党无论是组织还是思想都无法形成凝聚力，怎能有能力去治国理政和为国民谋求利益呢？

孙中山一生都在践行"吾志所向，一往无前，愈挫愈奋，再接再厉"的誓言。1914年7月，他发起创立中华革命党；1919年10月解散中华革命党，创建中国国民党。后来，他以联俄、联共、扶助农工为政策基础，把旧三民主义发展为新三民主义，实现了政党政治思想的伟大变革。1924年，孙中山在三民主义的演讲中说，中国的民情风土习惯不同于欧美，社会也不同于欧美，"所以管理社会的政治自然也是和欧美不同，不能完全仿效欧美"④，强调欧美的机器在中国可以效仿，欧美的政治在中国却无法照样去做。孙中山已经

---

① 王桐龄：《中国历代党争史》，上海：上海书店出版社2012年版，第1页。
② 《孙中山全集》第2卷，北京：中华书局1982年版，第352页。
③ 《孙中山全集》第2卷，北京：中华书局1982年版，第397页。
④ 《孙中山全集》第9卷，北京：中华书局1986年版，第320页。

意识到中西的社情民意不同,政治制度也必然不同,政党制度又何尝不是如此呢?

(三) 民国初年多党制尝试的意义

历史地看,民元政党政治的乱象及多党制尝试的挫折,对后来中国政党制度、政党政治的选择具有很大的影响:一是中国的救亡图存需要政党,但要解决政党的数量、组织模式和政党制度模式;二是许多有识之士在亲历了这次"民权初步"的演练后,对专制政治更有切肤之痛,这就为在日后国民党一党专政之下民主党派的产生奠定了基础、埋下了伏笔。

二、蒋介石的一党专制及其死路

蒋介石集团在表面上继承了孙中山三民主义的衣钵,但体现在其哲学观、心理观、伦理观、历史观、民族观、国家观、战争观、政党观、人民观、经济观上的精髓,则是法西斯主义。蒋介石在1931年召开的国民会议开幕词中说,现在统治各国的政治理论,除传统的君权神授说不必计议外,大体可分为法西斯蒂之政治理论、共产主义之政治理论、自由民治主义之政治理论三种,他断言共产主义理论有悖中国固有道德,自由民治主义理论在英美可以实行,因为它有其"长期演进之历史,人民习于民权之运用",但在中国则必造成"群疑满腹,众难塞胸,今岁不征,明岁不战,使共产主义军阀坐大于中原也",唯有法西斯蒂之政治理论"操之者即系进化阶段中统治最有效能者"。中国正处在"训政之阶段","领导素无政治经验之民族,是非借经过较有效能的统治权之行施不可"①。国民党的御用文人大肆鼓吹法西斯主义,叫嚣"只有法西斯主义,才能救中国","要借法西斯之魂,还国民党之尸",要"三民主义为本,法西斯主义为用"②。正因为这样,周恩来一针见血地将"中国的法西斯

---

① 蒋介石:《国民会议开会词》,载《新中华杂志》1931年第1卷第1期,第74—75页。
② 徐渊:《法西斯蒂与三民主义》,转引自田子渝等主编:《中国近现代政治思想史》,北京:档案出版社1990年版,第323页。

主义"称为"新专制主义"①。

（一）"新专制主义"盛行的主客观原因

从主观原因看：一是为了维护以"四大家族"为代表的官僚买办资本的既得利益，这个集团对中国人民所采取的超经济的掠夺、扩张和垄断，需要有一种极其反动的寡头政治作为上层建筑来为之服务，新专制主义成为必然的选择。二是反共的工具。从国共合作时期的"中山舰事件""整理党务案"开始，蒋介石在22年的独裁统治中，总是强调"攘外必先安内"，视中国共产党为心腹大患。周恩来在抗战时期借用《礼记·中庸》的"诚者，物之始终，不诚无物"这句话来揭露蒋介石消灭共产党的企图。为了达到反共的目的，蒋介石不得不借助新专制主义的威权。三是剪除党内异己、实行个人独裁的手段。即便在孙中山时期，国民党也是一个成分复杂、组织涣散、纪律松懈的联盟，内部派系林立，孙中山逝世后，老的派系依然存在，同时又分裂出了新的派系，新老派系争权夺利、互相倾轧，甚至另立中央、各霸一方，蒋介石自命为国民党"正统"、孙中山"合法继承人"，但不断受到党内派系的挑战，因而他企图通过新专制主义，巩固自己在党内的地位。

从客观条件看，则是国际国内因素共同作用的结果。季米特洛夫指出："掌握政权的法西斯主义，乃是最反动、最主张民族侵略主义、最抱帝国主义野心的财政资本家的公开的恐怖的专政。"② 蒋介石将德意日法西斯主义搬到中国，并与中国传统文化中的落后部分和中国几千年的封建君主专制传统相融合，使新专制主义成为半殖民地半封建社会条件下的中国化的法西斯主义。

（二）一党专制是蒋介石"新专制主义"在政党观上的集中体现

新民主主义革命的对象——"三座大山"的集中表现，"就是蒋介石国民

---

① 《周恩来选集》上卷，北京：人民出版社1980年版，第142页。
② ［保］季米特洛夫：《季米特洛夫选集》，北京：人民出版社1953年版，第45页。

党的反动统治"①。这种反动统治,同一党专制是不可分割的。

第一,它确立了所谓的党国"法统"。南京政府成立后,蒋介石集团通过 1928 年的《训政纲领》《国民政府组织法》、1930 年的《国民会议组织法》、1931 年的《训政时期约法》等,建立起以他为首的、代表大地主大买办阶级利益的"一党专政"。这个政治体系的权力授受关系是:中国国民党全国代表大会→中央执行委员会→中央政治委员会(有时称"中央政治会议")→国民政府→五院→各部。国民政府主席向中央执行委员会提名国民政府五院院长及副院长,国民政府主席请命于中央政治委员会主席,向中央执行委员会负责。蒋介石同时是中央执行委员会、中央政治委员会和国民政府的"一把手",这就使他成为一个"自请自命"的独裁者,不管是下级对上司还是上司对下级,都是蒋介石自己在表演,这就是国民党统治全国人民的法律依据。胡汉民说"党外无政,政外无党"②,其实是"蒋外无政无党"。同北洋军阀相比,国民党新军阀依然是城乡反动势力的代表,没有改变对内镇压和对外投降的情形,"对工农阶级的经济的剥削和政治的压迫比以前更加厉害"③。

第二,它鼓吹"一个主义、一个政党、一个领袖"。1934 年,蒋介石推动"新生活运动"的目的之一,就是希望改变"邪说横行,人多沉迷陷溺,莫知所从"④的状况,用"一个主义""一个政党"来钳制国民的思想。蒋介石说,中国要在 20 世纪的世界谋生存,则三民主义"为中国唯一的思想,再不好有第二个思想,来扰乱中国"⑤,革命没有成功以前,"我们只有承认中国国民党为领导中国革命唯一的革命党"⑥。抗战时期,蒋介石又指出中国的建国离开了国民党就会失去枢纽、动脉,"中国国民党如能存在一天,则中

---

① 《毛泽东选集》第 4 卷,北京:人民出版社 1991 年版,第 1313 页。
② 胡汉民:《党外无政 政外无党》,载《大公报》1928 年 9 月 21 日。
③ 《毛泽东选集》第 1 卷,北京:人民出版社 1991 年版,第 47 页。
④ 《新生活运动纲要》,载《南昌市政半月刊》,1934 年第一卷第一期(特载)。
⑤ 蒋介石:《中国建设之途径》(1928 年 7 月 18 日),见秦孝仪主编:《总统蒋公思想言论总集·卷十演讲》,台北:中国国民党中央委员会党史委员会,1984 年版,第 323 页。
⑥ 蒋介石:《为什么要有党》(十八年七月在北平视察党务时讲演),载《中央周报》1929 年第 82 期,第 18—22 页。

国国家亦必能存在一天，如果今日的中国，没有中国国民党，那就没有了中国。……简单的说，中国的命运，完全寄托于中国国民党"[1]。但是，这个"三民主义"和"中国国民党"，早已蜕化变质了，与孙中山的本意，渐行渐远。

蒋介石利用了孙中山"以党治国"思想的躯壳而又阉割了它的灵魂。孙中山对"以党治国"的认识有一个过程，他的本意是以政党作为未来国家的雏形。到了中国国民党时期，孙中山完善了"以党治国"的思想：一是考虑到革命党人"无国可治"并借鉴俄国"将党放在国上"，强调爱国的前提是"应先由党造出一个国来"[2]；二是针对党内外一些人将"以党治国"误解为要党员都做官，强调以党治国强调的是"用本党的主义治国"[3]，不但国民党的成员要遵循这个主义，全国人民也都要遵循这个主义，中国才可以得到治理；三是要求做好宣传工作这个"第一步工夫"，指出如果全国人民都接受了国民党的宣传，在心理上归化国民党，国民党能够以主义征服人民，"便可以实行以党治国了"[4]；四是认为在以党治国方面俄国布尔什维克比英美法等国的政党"握权更进一步"[5]，是国民党效法的对象。孙中山推行训政的目的是为了达到民主宪政，以党治国尽管存在着混淆政党和国家的组织职能边界的不足，但主要还是强调以党义治国，而蒋介石及其手下的御用文人却打着孙中山思想的躯壳，推行一党专制，诱导成年的国民加入国民党、青年的国民加入三青团，并将蒋介石与三民主义、中国国民党捆绑在一起，借机鼓吹和制造对蒋介石的领袖地位的盲从。周恩来一针见血地指出："蒋介石的政党观，是要全国各党各派都统一融化于蒋记国民党、蒋记三青团之内。""这是最露骨的一个主义、一个党、一个领袖的自白了。"[6]

---

[1] 蒋介石：《中国之命运》（1943年3月），见秦孝仪主编：《总统蒋公思想言论总集·卷四专著》，台北：中国国民党中央委员会党史委员会，1984年版，第124页。
[2] 《孙中山全集》第9卷，北京：中华书局1986年版，第104页。
[3] 《孙中山全集》第8卷，北京：中华书局1986年版，第282页。
[4] 《孙中山全集》第8卷，北京：中华书局1986年版，第285页。
[5] 《孙中山全集》第9卷，北京：中华书局1986年版，第103页。
[6] 《周恩来选集》上卷，北京：人民出版社1980年版，第148、149页。

第三，它以军权、恐怖、特务手段作为后盾。蒋介石也搞各级参议会、新县制等，但这些在他那里都是粉饰门面的欺人摆设。蒋介石是以抓军权起家的，因而他非常重视强化暴力统治的反动军队，他愈是感觉大地主大资产阶级外强中干、软弱无力，就愈是排斥资产阶级的民主方法，周恩来指出："蒋介石口中的民权主义，实是党权高于一切，早就没有民权。……进一步说，连党权也不是，还是军权高于一切，特务高于一切吧！""甚至连一党的专政也不敢采用，而愈要采用恐怖的手段，实行特务的统治和个人的独裁。"① 国民党时期的三个特务系统——中统、军统和政学系，牢牢地控制着国民党的党、军、政的主要部门，渗透到全国的一切机关、学校、农村，构成一个对内剪除异己、对外疯狂反共和镇压民主运动的严密的特务组织网络。

第四，国民党不但指共为匪，而且也限制、迫害民主党派。早在20世纪20年代末，我国民间即流行着"党外无党，帝王思想；党内无派，千奇百怪；以党治国，放屁胡说"②的政治谚语，用以讽刺蒋介石所推行的一党专政。抗战时期，国民党迫于时局而组织国民参政会，但各党派只能以"经济团体"或"文化团体"的名义参加，党派成员只能以个人的名义活动，因而毛泽东曾嘲笑国民党"惜墨如金，是党派不叫党派，叫社会贤达"③。抗日战争进入相持阶段后，国民党确定了"防共、限共、溶共"的方针，设立"防共委员会"，制定了《防制异党活动办法》《共党问题处置方法》《沦陷区防范共产党活动办法草案》等文件，取消了抗战初期人民得到的某些权利，在国统区将中共和一切民主党派打入地下，监狱和集中营内"充满了共产党人、爱国青年及其他民主战士"④。这种情形一直延续到全面内战爆发之后。

---

① 《周恩来选集》上卷，北京：人民出版社1980年版，第149、147页。
② 转引自高放：《马克思主义与社会主义新论》，哈尔滨：黑龙江人民出版社2007年版，第169页。
③ 《毛泽东文集》第6卷，北京：人民出版社1999年版，第387页。
④ 《毛泽东选集》第3卷，北京：人民出版社1992年版，第1042页。

第二节 中国共产党在民主革命时期
对处理政党关系的认识

在中国旧民主主义革命"山重水复疑无路"的时候，发生在俄国的十月革命给中国送来了马克思列宁主义，帮助了中国的先进分子运用这个主义的立场、观点、方法重新考虑中国的命运和出路，而"走俄国人的路——这就是结论"①。李大钊指出，中国的劳苦民众在多重压迫之下听到十月革命喊出的颠覆资本主义、帝国主义的声音，"格外沉痛，格外严重，格外有意义"②。先进的中国人由此产生了对社会主义的向往，并在对各种社会主义流派的比较中，选择了马克思主义的科学社会主义。与此同时，中国新的社会力量尤其是产业工人队伍的壮大，使得革命斗争有了更为广泛的群众基础。五四运动为中国共产党的成立奠定了思想上和干部上的基础。

1921年7月，中共建党是"开天辟地的大事变"③。毛泽东指出，既要革命，就要有一个按照马列主义的革命理论和革命风格建立起来的政党，没有这样一个革命党，就不可能领导战胜走狗，"自从有了中国共产党，中国革命的面目就焕然一新了"④。中共为中国革命带来了全新的领导核心、指导思想、革命纲领、斗争方法、前途走向，使一个新的革命火种在沉沉黑夜的中国大地上点燃起来。中共坚持马克思列宁主义的革命原则，在科学社会主义与社会民主主义、共产党与社会民主党、民主集中制与涣散的组织原则的取舍中，政治方向一开始就十分明确。俄国无产阶级政党建立之初，列宁曾说，"这种或那种'色彩'的加强，可能决定俄国社会民主党许多许多年的前途"⑤，上述问题明确了，不论是理准备不足还是经验缺乏，都可以通过学习、时间来弥补。

---

① 《毛泽东选集》第4卷，北京：人民出版社1991年版，第1471页。
② 《李大钊全集》第4卷，北京：人民出版社2013年版，第124页。
③ 《毛泽东选集》第4卷，北京：人民出版社1991年版，第1514页。
④ 《毛泽东选集》第4卷，北京：人民出版社1991年版，第1357页。
⑤ 《列宁选集》第1卷，北京：人民出版社2012年版，第312页。

处理政党关系——要不要同本党之外的其他政党建立联系、建立什么样的联系、怎样建立和发展这种联系等，也是这样。

一、大革命时期：从坚决"攻击"到以妥协退让的办法"联合"其他政党

这种非此即彼的思维和行动，是党在创立初期不成熟的一个表现。

（一）中共一大拒绝同其他政党的合作

中共一大在讨论对其他政党的态度问题上产生了争论。有些人坚决与其他政党做斗争，另一些人主张与其他政党合作同时又保留批评他们的权利，"会议接受了第一种意见"[①]。一大通过的中国共产党第一个纲领强调："中国共产党彻底断绝同黄色知识分子阶层及其他类似党派的一切联系。"[②] 中国共产党第一个决议又强调，中国共产党对现有其他政党采取独立的攻击的政策，"不同其他党派建立任何关系"[③]。一大的认知水平，既反映了年轻的中国共产党保持自身的先进性和纯洁性的愿望，也折射出了党对中国革命的性质、对象和任务缺乏深刻认识的事实。

（二）以"党内合作"方式解决第一次国共合作问题

中国共产党是共产国际的一个支部，共产国际的帮助对中共来说，是重要的政治、道义和物质支持，但反过来，共产国际也因此成为中共的领导者。1922年初，共产国际要求共产党与民主革命政党进行合作，这就直接促成了中共改变关于不同其他党派建立任何联系的规定，转而寻求建立"民主的联合战线"。中共二大在提出反帝反封建的民主革命纲领、将"打倒列强，除军

---

① 中央档案馆编：《中共中央文献选集》第1册，北京：中共中央党校出版社1989年版，第558页。

② 中央档案馆编：《中共中央文献选集》第1册，北京：中共中央党校出版社1989年版，第3页。

③ 中央档案馆编：《中共中央文献选集》第1册，北京：中共中央党校出版社1989年版，第8页。

阀"的声音传向全中国的同时，专门就"民主的联合战线"做出决议案，指出共产党应该联合革新党派，组织民主的联合战线，以"建设真正民主政治的独立国家为职志"①。中共通过对当时中国社会各政党的分析，认为"只有国民党比较是革命的民主派，比较是真的民主派"②，因而在党所要建立的"民主的联合战线"中，国民党自然是首要的争取对象。二大设想的两党合作方式，是共产党和国民党各自单独存在，实行平等的"党外合作"，但孙中山并不认可这种模式，孙中山只允许中共党员和青年团成员加入并服从国民党，"而不承认党外联合"③。根据共产国际驻华代表马林的倡议，最后采取共产党员、青年团员以个人身份加入国民党的所谓"党内合作"方式解决问题，把国民党改造成为各革命阶级的联盟。中共三大确立了这一在当时唯一可行的两党合作形式，强调共产党加入国民党后仍保存自己的组织，并努力从各种革命力量和革命分子中渐渐扩大组织、增强纪律，"以立强大的群众共产党之基础"④。中共四大进一步提出了与其他小资产阶级党派合作的问题，指出只要小资产阶级的党派有民族运动的政纲与行动，中共就应该和他们合作，同时在合作中对他们的反动或改良的行动给予披露，"并吸收他们中间的急进分子"⑤。

（三）对领导权的认识不足导致第一次国共合作失败

建党初期，中共对掌握民主革命领导权的认识不足，尽管二大意识到无产阶级对民主派只是联合、援助而非投降、附属、合并，因而它应该集合在共产

---

① 中央档案馆编：《中共中央文献选集》第1册，北京：中共中央党校出版社1989年版，第66页。1926年7月，中共中央第二次扩大会议首次使用"统一战线"的概念，此后这一概念得到广泛运用。

② 中央档案馆编：《中共中央文献选集》第1册，北京：中共中央党校出版社1989年版，第37页。

③ 陈独秀：《陈独秀著作选》第3卷，上海：上海人民出版社1993年版，第87页。

④ 中央档案馆编：《中共中央文献选集》第1册，北京：中共中央党校出版社1989年版，第147页。

⑤ 中央档案馆编：《中共中央文献选集》第1册，北京：中共中央党校出版社1989年版，第340—341页。

党的旗帜之下,"独立做自己阶级的运动"①,但当时主流的观点认为国民党理应是国民革命的中心势力并处于"领袖地位"②。四大提出了无产阶级在民主革命中的领导权问题,但对如何实现领导权没有作出具体的回答,这都为大革命的失败埋下了伏笔。事实上,在孙中山改组国民党前后,国民党内部不论是老右派还是新右派,都反对孙中山的新三民主义,反对共产党员"跨党",以致孙中山不得不出面批驳,指出中国出现共产党并非勉强造作或人为移植,所以国民党对于加入本党组织的共产党员、青年团员,只能以他们的行动是否符合国民党的主义、政纲为准,"而不问其他"③,同时强调如果共产党在与国民党实行党内合作时,有纷乱国民党的阴谋,"则只有断然绝其提携,而一扫之于民国以外而已"④。在大革命迅速发展的同时,国民党右派加紧了限共、反共活动,但共产国际和以陈独秀为首的中共中央却为了维系国共关系、拉拢在立场上已经转到大地主大资产阶级方面的蒋介石而主张用妥协退让的办法化解国民革命阵营内的矛盾,犯了右倾投降主义的错误,成为第一次国共合作失败的重要主观原因。

二、土地革命战争时期:从将中间派别视为"最危险的敌人"到转变策略

大革命失败后,党内由于对国情、革命的把握依然不足,在短时间内连续出现了"左"倾盲动主义、"左"倾冒险主义尤其是"左"倾教条主义的错误,使中国革命遭到严重挫折。表现在处理政党关系上,就是将中间派别看做"最危险的敌人",直到遵义会议后这种情形才得到扭转。

(一)中间派的出现及中共在对待中间派上的失策

中间派别作为一个历史概念、一种政治力量,时间在1930年代,基础为

---

① 中央档案馆编:《中共中央文献选集》第1册,北京:中共中央党校出版社1989年版,第65页。
② 中央档案馆编:《中共中央文献选集》第1册,北京:中共中央党校出版社1989年版,第165页。
③ 孟庆鹏:《孙中山文集》上,北京:团结出版社1997年版,第412页。
④ 《孙中山全集》第9卷,北京:中华书局1986年版,第536页。

民族资产阶级、上层小资产阶级及其知识分子。他们既反对国民党搞独裁的一党专政，也反对共产党搞激进的土地革命和武装夺取政权的斗争，因而便组织起来，抛出政纲，开展活动，其中比较有影响的，有中华革命党、"改组派"、"人权派"、"乡村建设派"、中国国家社会党、中国青年党等。中间派别并非铁板一块，其左翼势力如第三党，周恩来曾评价该党领袖邓演达是"三分反共七分反蒋"；其右翼势力如改组派、人权派、乡村建设派、国家社会党、青年党等，则是反共多于反蒋，毛泽东就认为以反苏反共为职业的青年党"是极端的反动派"①，但也要看到，这些人反蒋更多的是出于取而代之或者分享政权的目的，与直接屠杀共产党人和革命群众的国民党反动派相比，他们的反共更多的是一种政治上的宣传，因而不能完全与蒋介石集团画等号。

大革命失败后，中共受斯大林关于中国革命"三阶段"论的影响，对中国社会的阶级关系缺乏正确的认识，将民族资产阶级置于敌对力量的一方，认为他们是中国革命的"最危险的敌人之一"②，由此又影响了党对中间派别的判断：第一，对中间派别作了否定性的评价，将它们一概斥为"反革命的在野派别""反革命的改良主义派别"等，认为它们都是与蒋介石有勾结的国民党的工具，属于反动势力的营垒，这就将打击面扩大了。第二，忽视中间派别内部的左右翼差别，认为改组派与第三党之间"根本没有什么不同"③，差别只在于对蒋介石而言，前者是"忠实的走狗"，而后者"尚在门外狂吠哀号而已"。第三，把对中间派别的斗争提到不适当的地位，强调"改良主义是我们最危险的敌人，反改组派斗争是我党中心任务之一。特别在每一次的群众斗争中都提出坚决反改良主义反改组派反第三党的口号"，"坚决的反对改组派的斗争，揭破改组派在群众中的一切欺骗以至第三党反工人阶级的活动是目前决

---

① 《毛泽东选集》第1卷，北京：人民出版社1991年版，第4页。
② 中央档案馆编：《中共中央文献选集》第4册，北京：中共中央党校出版社1989年版，第300页。
③ 中央档案馆编：《中共中央文献选集》第4册，北京：中共中央党校出版社1989年版，第277页。

定革命胜负的必要前提"①。由于这样，中共不善于利用中间党派内部的矛盾，像对1930年邓演达的合作反蒋建议不予理睬，"这是不对的"②；"九一八事变"后，依然否认以民族资产阶级为主体的中间势力的抗日要求，试图建立排斥一切上层分子、排斥一切中间势力、只要"兵"不要"官"的所谓下层群众的统一战线，并粗暴地指责党内注意到和承认中间势力的抗日倾向并表示愿意与之合作的同志是做了国民党各派及其他各派的俘虏，像对"福建事变"这一标志"国民党营垒的破裂"③的态度就是显例。这样的冒险主义、关门主义，给党的工作带来了极大的危害。

总之，当时党在阶级关系的分析上所犯的错误，"一是公式化，二是定型化"④，前者在于教条地搬用俄国和西欧的阶级分析套路，后者在于把蒋介石的叛变看成整个民族资产阶级的叛变，对并非国民党政权的统治基础的民族资产阶级采取了过火的行为，"中间阶级之所以反叛，受到革命的过重打击是主因"⑤，由此也就加深了中间党派对中共领导的中国革命的误解和反感。

（二）中共策略的转变与联合中间派抗日

遵义会议形成了以毛泽东为核心的中共第一代中央领导集体。1935年12月，毛泽东在瓦窑堡会议上比较了统一战线和关门主义这两种不同的策略，指出前者是广招人马去包围和消灭敌人，后者是单兵独马去同强敌打仗。毛泽东说，关门主义者推行孤家寡人策略，他们把本能团结的力量都赶到敌人那一边去了，敌人怎能不喝彩？因此"只有统一战线的策略才是马克思列宁主义的策略"⑥。当然，中共驻共产国际代表团根据共产国际七大将建立最广泛的世

---

① 中央档案馆编：《中共中央文献选集》第6册，北京：中共中央党校出版社1989年版，第5、33页。
② 《周恩来选集》上卷，北京：人民出版社1980年版，第167页。
③ 《毛泽东选集》第1卷，北京：人民出版社1991年版，第146页。
④ 《周恩来选集》上卷，北京：人民出版社1980年版，第167页。
⑤ 《毛泽东选集》第1卷，北京：人民出版社1991年版，第70页。
⑥ 《毛泽东选集》第1卷，北京：人民出版社1991年版，第155页。

界反法西斯统一战线作为各国共产党的基本策略而发布的《八一宣言》，呼吁包括全国"各党派"在内的力量团结起来抗日救国，也对中共在制定抗日民族统一战线策略中调整政党关系起了积极的推动作用。"西安事变"和平解决后，在国共关系即将发生重大变化的转折关头，中共于1937年7月在延安召开苏区党代表会议，毛泽东指出，中日矛盾变动了国内的阶级关系，在中国共产党和中国人民面前提出了建立抗日民族统一战线的任务，他要求将国民党一党专制"改变为各党派各阶级合作的民主政体"①，这对中间党派产生了重要影响，为二者结束相互敌视、建立新的合作关系奠定了重要基础；同时，毛泽东强调抗日民族统一战线离不开无产阶级及其政党的领导，"抗日救国的总参谋部的职务，共产党是责无旁贷和义不容辞的"②，从而将革命领导权问题明确纳入党的策略转变的题中之义。

三、抗日战争时期和解放战争时期：通过有力举措正确处理政党关系

抗日战争时期和解放战争时期，中共通过正确处理政党关系，使民主党派逐步认识到"没有共产党，就没有新中国"的真理，从与中共的一般合作、相互支持，到认可中共的领导地位。

（一）各民主党派建立的背景及党派特点

"民主党派"的称谓，是毛泽东在中共七大的政治报告——《论联合政府》中首次提出来的。毛泽东在回顾抗日战争的曲折道路时指出，抗战初期，国民党政府的对日作战比较努力，"当时全国人民，我们共产党人，其他民主党派，都对国民党政府给予极大的希望……可是，这个希望落空了。……最主要的是国民党政府仍旧保持其自一九二七年发动内战以来的寡头专政制度，未能建立举国一致的民主联合政府"③。尽管"华北事变"后，中共改变了土地

---

① 《毛泽东选集》第1卷，北京：人民出版社1991年版，第256—257页。
② 《毛泽东选集》第1卷，北京：人民出版社1991年版，第262页。
③ 《毛泽东选集》第3卷，北京：人民出版社1991年版，第1037—1038页。

革命前期和中期对中间党派的攻讦态度，但在名称上仍有"各党派""各党各派""反蒋党派""抗日党派""在野党派""各党派各联盟"等叫法，而"民主党派"的提出并以全民族抗战作为其时间起点，表明中共对民主党派的地位和作用的肯定，也表明中共在处理与民主党派的关系时，不论是在理论上还是在实践上，都进入了一个新的阶段。因而，"民主党派"很快被国共之外的其他政党所接受，1947年之后，它们开始广泛使用这一称谓。

中国的民主党派多数于抗日战争后期和解放战争时期成立。

民革，全称中国国民党革命委员会。抗战胜利后，国民党民主派人士成立"三民主义同志联合会"和"中国国民党民主促进会"，分别简称民联、民促。1948年1月1日，国民党民主派在香港成立中国国民党革命委员会，在民革成立后，民联、民促继续独立开展活动。1949年11月，民革、民联、民促合三为一——统一为民革，民联、民促宣告结束。大革命时期中共与国民党的合作，"主要是与国民党内的左派合作。而这种合作正是中国共产党后来与三民主义同志联合会、国民党民主促进会和中国国民党革命委员会进行合作的思想基础和历史基础"①。

民盟，全称中国民主同盟。1941年3月在重庆成立时称"中国民主政团同盟"，先后参加的有三党三派。1944年9月，民主宪政运动逐渐高涨，为便于更多的民主人士以个人身份加入，遂改名中国民主同盟。

民建，全称中国民主建国会。1945年12月，中华职教社和迁川工厂联合会在重庆召开会议，宣布成立中国民主建国会。

民进，全称中国民主促进会。抗战胜利后，上海的文化教育界知识分子面对国民党当局的倒行逆施，纷纷起来揭露其内战阴谋，并于1945年12月30日成立中国民主促进会。

农工党，全称中国农工民主党。前身为中国国民党临时行动委员会，由国民党左派人士邓演达在1930年8月创建。邓演达被害后，于1935年11月在第二次全国干部会议上改为中华民族解放行动委员会，中国民主政团同盟成立时它是重要参与者，1947年2月在第四次全国干部会议上更名为中国农工民

---

① 李燕奇：《当代中国多党合作关系形成史研究》，北京：人民出版社2012年版，第19页。

主党。

致公党，全称中国致公党。前身是民间秘密帮会组织——洪门致公堂（海外洪门中最大的组织）。1925年10月，美洲致公总堂在旧金山成立了中国致公党，到1931年，中国致公党在香港设立总部，1946年在中共和海外的帮助、支持下，重新恢复抗战时期被破坏的组织并恢复活动。

九三学社。1944年底，重庆出现了一个"民主科学座谈会"。1945年9月，毛泽东在参加重庆谈判期间，鼓励座谈会将自身搞成永久性的政治组织。由于得到毛泽东的鼓舞，民主科学座谈会在1945年9月3日（抗战胜利纪念日）改称"九三座谈会"，而后于1946年5月4日召开九三学社成立大会，旨在弘扬"五四"精神，为在中国实现民主与科学而努力奋斗。

台盟，全称台湾民主自治同盟。台湾"二二八"起义失败后，领导人陆续赴港继续开展反对国民党暴政的斗争。在中国共产党的帮助下，他们根据当时台湾人民对民主政治和地方自治的要求，于1947年11月12日成立台湾民主自治同盟，以此团结台湾各界人士致力于台湾人民的解放和幸福。

中国人民救国会（简称救国会）。前身是1936年5月在抗日救亡运动中建立的全国各界救国联合会，1942年加入中国民主政团同盟，1945年冬改称中国人民救国会。新中国成立后，于1949年12月18日以历史任务已经完成为由宣告结束。

至于"无党派民主人士"，这是中国革命的具体历史条件的产物。在相当长一段时间内，他们被称为"社会贤达"，1946年就有9位无党无派的代表以这种身份出席旧政协会议。1948年，郭沫若等人在响应"五一口号"的时候，最先使用了"无党派民主人士"的称谓，目的就是与以往的"社会贤达"相区别。无党派民主人士在形式上没有结成党派，但长期参加反对"三座大山"的民主运动，周恩来认为这就是一种党派性的活动，因而称这些人为"没有党派组织的有党派性的民主人士"①。

中国共产党统一战线中所讲的党外人士，既包括各民主党派成员，也包括无党派民主人士。

---

① 《周恩来统一战线文选》，北京：人民出版社1984年版，第127页。

中国的民主党派具有如下特点：

就社会基础而言，同前述中间派基本一样，来自民族资产阶级、城市小资产阶级及同他们相联系的知识分子，因而民主党派是阶级联盟性质的政党；

就内部构成而言，力量不大，人数不多，但成员却包含了进步分子、广大中间分子和一部分右翼分子，政治倾向从君主立宪到新民主主义革命都有，因而有进步、中间、落后的政治分野；

就政纲而言，具有两面性，以反帝爱国、要求民主为主导，但又试图走"第三条道路"，像民盟标榜自己是一个民主大集团，声称自己"不但一向有其超然独立的主张，也将永远有其超然独立的主张"①，"所谓独立性是说它有它独立的政纲，有它独立的政策，更有它独立自主的行动。所谓中立性是说它介在中国两大政党对峙的局面中，是两大对峙力量组织中间的一种。要求它保持不偏不倚的谨严态度，不苟同亦不立异，以期达到国家的和平、统一、团结、民主"②。民盟之外的其他民主党派也大致如此，总之就是希望在中国建立一个资产阶级民主共和国；

就影响而言，各民主党派均是以知识分子为主体的干部型政党，他们书生办党，依靠核心成员的声望、魅力来维系和产生影响，言论多于行动，也不可能深入社会底层，因而"在工农群众中或武装力量中没有什么联系和影响"③，然而在半殖民地半封建社会的中国，"须知政权是由枪杆子中取得的"④，民主党派试图摆脱军事而造成影响，无异于缘木求鱼。

（二）中共为团结、教育、争取民主党派的努力

事实上，民主党派一开始并不看重共产党，而是承认国民党的优势地位，

---

① 中国民主同盟中央文史资料委员会编：《中国民主同盟历史文献（1941—1949）》，北京：文史资料出版社1983年版，第53页。
② 中国民主同盟中央文史资料委员会编：《中国民主同盟历史文献（1941—1949）》，北京：文史资料出版社1983年版，第87页。
③ 师哲：《在历史巨人身边——师哲回忆录》，北京：中央文献出版社1991年版，第376页。
④ "从五四运动到中华人民共和国成立"课题组：《胡绳论"从五四运动到中华人民共和国成立"》，北京：社会科学文献出版社2001年版，第13页。

并公开承认国民党、蒋介石为领袖。即便在政治协商会议召开后,依据其相关决议,尽管中共和民盟等不再被排斥在政治体系之外,但国民党在改组后的最高国务机关——国民政府委员会中仍将占据一半的席位,蒋介石仍将出任主席一职,国民党的第一大党地位仍将得到保持,中共"即使加上第三势力,也只有相当的地位,主要的还是国民党"①。因而在当时民主党派有那样的认识并不为奇。为团结、教育、争取民主党派,中共耐心细致地做了许多工作。

第一,确立了"发展进步势力,争取中间势力,孤立顽固势力"的方针。1937年11月,毛泽东就将抗日民族统一战线内的各阶级和各阶层划分为左翼集团、中间集团、右翼集团三种势力,把中间势力作为推动时局好转的重要因素,到了1940年3月,毛泽东在分析抗日民族统一战线中的策略问题时,确立了"发展进步势力,争取中间势力,孤立顽固势力"的方针。关于如何争取中间势力,毛泽东列出的条件包括共产党有充足的力量、尊重中间势力的利益、同顽固派做坚决的斗争等,毛泽东强调中间势力在中国有很大的力量,顽固派也在拉拢,因而这部分人就成为进步势力同顽固派斗争时决定胜负的因素,"必须对他们采取十分慎重的态度"②。政党是一定阶级、阶层的利益代表者,上述论断同样适用于争取和对待民主党派。

第二,对处理局部执政条件下的党政关系、实现党的领导政权做了初步的探索。自井冈山革命根据地建立后,中共就开始了局部执政的经历,如何处理党组织与政权机关的关系随之提上日程。1928年6月,在莫斯科召开的六大就提出"党应预防以党代苏维埃或以苏维埃代党的种种危险"③。同年11月,毛泽东在《井冈山的斗争》中说,共产党在群众中的威权比政府大得多,这样,党组织把政权机关搁置一边,直接代替它们把事情做了,这样也图个省便,但这种做法并不合适,是错误的,因为它类似国民党直接向政府下命令的做法,共产党要执行的是领导政府的任务,"党的主张办法,除宣传外,执行

---

① 《毛泽东文集》第1卷,北京:人民出版社1993年版,第47页。
② 《毛泽东选集》第2卷,北京:人民出版社1991年版,第747、748页。
③ 中央档案馆编:《中共中央文件选集》第14册,北京:中共中央党校出版社1992年版,第334页。

的时候必须通过政府的组织"①。抗战时期根据地建立的"三三制"政权,参议会、政府机关和司法机关在人员组成上实行"三三制"原则,即共产党员、党外进步人士、中间派各占三分之一,毛泽东明确提出实现领导权不是高喊口号、不是强势要求别人服从自己,"而是以党的正确政策和自己的模范工作,说服和教育党外人士,使他们愿意接受我们的建议"②,坚决摈弃国民党那套以党治国的"恶劣传统"。邓小平指出,"三三制政权的实质是民主","我们要在民主政治斗争中,保证党对政权的领导,我们更要在民主政治斗争中,使党成为群众的党"③。

第三,重视发挥党外人士的作用。在"三三制"政权中,毛泽东要求共产党员遇事同党外人士商量,因为国事是国家的公事,不是一党一派的私事,所以对党外人士,共产党不能排斥他们、垄断权力,而是只有实行民主合作的义务,"共产党的这个同党外人士实行民主合作的原则,是固定不移的,是永远不变的"④。周恩来强调"三三制"政权不但主张容纳各方、反对大党以绝对多数去压倒人家,而且"要各方协商,一致协议,取得共同纲领,以作为施政的方针"⑤。党外人士李鼎铭出于减轻根据地民众负担而提出"精兵简政"的意见,很快被中共接受并付诸实施,正如毛泽东所说,"他提得好,对人民有好处,我们就采用了"⑥。在毛泽东看来,共产党不怕说出和清除自己的毛病,只有通过党内教育和同党外人士的民主合作的内外夹攻,"才能把我们的毛病治好,才能把国事真正办好起来"⑦。中共以博大胸襟,逐步赢得党外人士的认可。

第四,在民主运动中与民主党派通力合作,支持民主党派的建党和斗争。毛泽东指出:"不论是对于过去历史上说,对于当前任务上说,对于中国社会

---

① 《毛泽东选集》第1卷,北京:人民出版社1991年版,第73页。
② 《毛泽东选集》第2卷,北京:人民出版社1991年版,第742页。
③ 《邓小平文选》第1卷,北京:人民出版社1994年版,第8、21页。
④ 《毛泽东选集》第3卷,北京:人民出版社1991年版,第809页。
⑤ 《周恩来选集》上卷,北京:人民出版社1980年版,第253页。
⑥ 《毛泽东选集》第3卷,北京:人民出版社1991年版,第1004页。
⑦ 《毛泽东选集》第3卷,北京:人民出版社1991年版,第810页。

性质上说，所谓一党主义都是没有根据的，都是做不到的，行不通的，违背一致团结抗日建国的大目标，有百害而无一利的。"① 中共反对国民党搞一党主义，自己就必须以身作则。抗战爆发后，国民党设立国民参政会，邀请各党派的成员以"文化团体代表"的名义参加（国民党占大多数），它既不是各党派统一战线的组织形式，也不是真正的民意机关，而是一个建议、咨询性质的机构。受片面抗战路线和一党专政思维的影响，国民党始终不能以平等的态度对待共产党和其他抗日党派，没能解决政党合作中的共同纲领、组织形式等重大问题。1939年9月，国民参政会通过"实行宪政"的决议，尽管这是一个骗局，像国民党的政客潘公展就说"宪政不是党政的结束，相反，正是党治之开始"②，但共产党和各民主党派却借此掀起了多次要求国民党结束党治的宪政运动热潮。中共积极支持包括各民主党派在内的全国人民的民主宪政要求，推动民主运动的发展。1941年3月中国民主政团同盟成立后，《解放日报》即发表了"中国民主运动的生力军"的社论，希望参加民主政团同盟的各党派携起手来，结束国民党党治对政权的独揽，促进民主政治之真正实施。③ 民主政团同盟因国民党当局的压制而只好派人到香港开展活动，周恩来等指示中共驻香港办事处，在政治上、经济上大力支持民主政团同盟，包括支持其创办机关报——《光明报》。后来，民主政团同盟改名中国民主同盟，民盟在被蒋介石取缔后重新恢复总部，其他民主党派的创立和活动，也都得到了中共的大力支持。

第五，提出建立联合政府的主张。从1944年8月开始，中共将民主宪政运动引向声势浩大的联合政府运动。这年9月，林伯渠在参政会上提出希望国民党立即结束一党统治，"组织各抗日党派联合政府"④，这一主张在国内外引

---

① 中央档案馆编：《中共中央文件选集》第11册，北京：中共中央党校出版社1991年版，第628页。

② 载《时代精神》（重庆）第1卷第5期，1939年12月。

③ 参见中国民主同盟中央文史资料委员会编：《中国民主同盟历史文献（1941—1949）》，北京：文史资料出版社1983年版，第12—15页。

④ 中央档案馆编：《中共中央文件选集》第12册，北京：中共中央党校出版社1989年版，第408页。在国民党发动内战之前，"联合政府"包括国民党、共产党、民主党派和无党派民主人士，而且以国民党为主；内战爆发后，随着形势的发展变化，"联合政府"就变成以共产党为主，而且排斥"反动分子"参加。

起热烈反响，各民主党派、各界民主人士纷纷表示赞同和支持，并且在"联合政府"的口号下聚集起来。毛泽东指出，只要成立了联合政府，一切要由国民党、共产党、民主同盟商决，国民党的文章就不好做了，"这个口号一经提出，重庆的同志如获至宝，人民如此广泛拥护，我是没有料到的"①。毛泽东在中共七大所做的政治报告的名称，就是《论联合政府》，他强调，结束国民党一党专政需要经历从成立"临时的联合政府"到成立"正式的联合政府"两个步骤，不管各个党派、集团和个人是怎么考虑的，这对中国来说却是历史法则、必由之路，"任何力量，都是扭转不过来的"②。蒋介石惧怕联合政府，并企图以国民党一手包办的国民大会来对其进行抵制，在他看来，"召开党派会议，等于分赃会议；组织联合政府，无异推翻政府"③，从而表露出了顽固坚持一党专政的心态。两相对比，国共两党政治境界的高低便清晰地呈现在国人和世人面前。

1944年，毛泽东在会见参观西北的中外记者时说，民主必须体现在政治上的、军事上的、经济上的、文化上的、党务上的以及国际关系上的等各方面，而所谓党务民主，"就是在政党的内部关系上与各党的相互关系上，都应该是一种民主的关系"④。总之，在抗日战争时期和解放战争时期，中共就是通过建立民主的政党关系，逐步争取并赢得民主党派的信任。

第三节　多党合作制度是中共和各民主党派的共同选择

中共在民主革命时期积累的处理政党关系所形成的理论与实践，奠定了多党合作的坚实基础。当然，多党合作是中共和各民主党派的共同选择，因而它

---

① 《毛泽东文集》第3卷，北京：人民出版社1996年版，第276页。
② 《毛泽东选集》第3卷，北京：人民出版社1991年版，第1069页。
③ 中国社科院近代史研究所中华民国史研究室编：《中华民国史资料丛刊》增刊第5辑，北京：中华书局1980年版，第61页。
④ 《毛泽东文集》第3卷，北京：人民出版社1996年版，第170页。

在中国具有内生性，是土生土长起来的、很难被外部力量摧毁的。

一、民主党派的"中间路线"主张及其根本转变

尽管辛亥革命的失败已经宣告了资产阶级共和国方案在中国的破产，但民族资产阶级、上层小资产阶级及其代表人物还是"痴心不改"，抗战胜利后再度希望在国民党坚持的地主阶级与买办性的大资产阶级专政和共产党主张的无产阶级领导的各革命阶级联合专政的政权之外，另找一条"中间路线"或"第三条道路"，实际上就是资产阶级共和国的道路，以实现自己多年的政治抱负。在这方面，中国民主同盟的政治主张最具有代表性。当然，最后的结局只能是"一朵不结果实的花"。

（一）以民盟为代表的民主党派的"中间路线"主张

抗战胜利后，民盟临时全国代表大会通过的《政治报告》提出了解决国事的基本主张。民盟认为，当时中国要解决的三大问题：一是政治会议，强调"召集全国各党派以及无党派的代表人士，共同举行圆桌会议，用和平协商的方式，对当前国家的一切问题逐步地积极地求得全盘彻底的解决"；二是联合政府，强调它"是中国和平、团结、统一的唯一途径"，"是实现军队国家化，彻底消弭内战，平息党争的唯一枢纽"；三是国民大会，强调国民大会"既然是结束党治制定宪法的机关，那末，第一个、同时最重要的一个原则是国民大会必须名符其实"[1]。民盟高度颂扬"民主的意义"，认为民主不仅是一种政治制度，而且是人类做人的一种道理，这种道理"认定人是目的，社会一切政治经济的组织，只是人类达到做人目的的工具，人是一切组织一切制度的主人"[2]。关于中国民主制度，民盟在理论上、形式上也反对全盘抄袭英美或苏联模式，反对搞资本主义或社会主义民主这些成见，"对别人已经试验过的制

---

[1] 中国民主同盟中央文史资料委员会编：《中国民主同盟历史文献（1941—1949）》，北京：文史资料出版社1983年版，第78—81页。

[2] 中国民主同盟中央文史资料委员会编：《中国民主同盟历史文献（1941—1949）》，北京：文史资料出版社1983年版，第75页。

度，都愿平心静气的取其所长，弃其所短，以创造一种中国的民主"①。关于民主制度的运用，民盟一方面肯定英美的议会制度有助于人民行使主人的权力、真正做国家政府的主人，另一方面也看到其存在的贫富差别、人民享受权利不均的缺点，为此，民盟主张创造一种中国型的民主，这种中国型民主以苏联的经济民主去充实英美的政治民主，汲取了各种民主的优良传统及其发展趋势，"这就是中国目前需要的一种民主制度"②。民盟认为，中国过去之所以不能成为一个民主的国家，是因为有外来的压迫与内在的阻力，"二战"的结束标志着世界民主主义的胜利，世界潮流迫使中国必定成为一个民主的国家，外来压迫被推翻，成为中国建立民主国家的千载一时的机会，民盟的责任就是要把握住这样的机会，把中国造成十足地道的民主国家。

民盟的政治主张和建国方案中最引人注目的地方，就是试图集英、美、苏各国政治制度之所长，来创造一种适合中国国情的民主制度。民盟认为，中国"必须有一个强大的中间派在政治上起着积极的甚至决定的作用"③，这样"国家目前许多困难问题才有解决的希望"④；同时，手无寸铁的民盟之所以能够突然间在全国造成第三党地位，就在于抗战特别是政协的机缘，使民盟的想法成为中产阶级的想法的代表，也就是试图在国共的对峙之外"寻找出第三条道路"⑤。

民盟在当时历史条件下的方案无疑是对大地主大资产阶级的一党专政和个人独裁的否定，尽管它与新民主主义的政治制度的主张有很大的区别，但毕竟反映了那个时期广大民众的意愿，因而得到了包括中共、其他民主党派、无党派民主人士在内的民主力量的赞同。不过，尽管民盟强调自己提出的民主方案不是调和的、折中的、抄袭模仿的民主，而是在考察民主发展历史"演变而

---

① 中国民主同盟中央文史资料委员会编：《中国民主同盟历史文献（1941—1949）》，北京：文史资料出版社1983年版，第75—76页。
② 中国民主同盟中央文史资料委员会编：《中国民主同盟历史文献（1941—1949）》，北京：文史资料出版社1983年版，第77页。
③ 施复亮：《何谓中间派?》，载《文汇报》（上海）1946年7月14日。
④ 载《民主周刊》（昆明）第1卷第16期，1945年4月9日。
⑤ 《周恩来选集》上卷，北京：人民出版社1980年版，第283—284页。

来的一种进化的进步的民主"①，但从本质上讲，民盟的方案仍然没有跳出资产阶级共和国的窠臼，也是一种不懂得社会结构特点与社会发展规律的主观幻想，罗隆基（《政治报告》执笔人）后来坦言，当时他企图在国共之外将民盟造成中国第三大政党，也就是要在国共之外寻找建设新中国的第三条道路，这也成了民盟提出"英美的政治民主，苏联的经济民主"的由来，罗隆基在反思中意识到，如果运用阶级观点分析问题，那么不消灭私有制和阶级，"当然是十足的资本主义道路"②。

（二）民主党派在残酷的事实面前放弃"中间路线"主张

"蒋家天下陈家党"，是当时人们对国民党一党专政和蒋介石独裁统治的贬称。政治协商会议期间，国民党CC系负责人陈果夫致函蒋介石，说"政治协商会议必无好结果。且无论如何，共党已得好处，本党已受害。……中国如实行多党政治，照现在党、政、军均未健全之际，颇有陷覆辙之可能"，力劝蒋介石"临崖勒马，另行途径"③，这颇能反映国民党内相当一部分人在这个问题上的"共识"。国民党为维护一党专政，一是否定重庆谈判签订的《会谈纪要》、撕毁政协协议和停战协定、悍然召开蒋记国民大会；二是在1947年5月伪造《中共地下斗争路线纲领》，诬蔑民盟、民进、民联等"受中共之命，而准备甘为中共之新的暴乱工具"；三是在10月宣布取缔民盟这个"非法团体"，民盟被迫发布通告，要求盟员停止活动，"本盟总部同人即日起总辞职，总部亦即日解散"④。国民党采取殴打、监视甚至逮捕、杀害的手段对付"非我族类"，如在"校场口事件"中打伤郭沫若、李公朴、施复亮、章乃器等多名民主人士，后又杀害民盟的李公朴、闻一多、杜斌丞等，在血淋淋的惨案面

---

① 中国民主同盟中央文史资料委员会编：《中国民主同盟历史文献（1941—1949）》，北京：文史资料出版社1983年版，第77页。

② 《政治协商会议资料选编》，成都：四川大学马列主义教研室中共党史科研组，1979年版，第345—346页。

③ 徐永平：《陈果夫传》，台北：正中书局1980年版，第935页。

④ 中国民主同盟中央文史资料委员会编：《中国民主同盟历史文献（1941—1949）》，北京：文史资料出版社1983年版，第356页。

前，尤其是在连组织都被取缔的事实面前，民盟幡然醒悟，郑重声明："民盟对国事，自然应该明是非，辨曲直；是非曲直之间，就绝对没有中立的余地。"①民盟终于认清了要在中国实现真民主，是绝对没有中立的余地的。其他民主党派除了青年党、民社党（1946年8月，国家社会党与民主宪政党合并为民主社会党）投靠国民党外，也因民盟被迫解散而纷纷转入地下，并在这一时期表示了参加新民主主义革命的立场，从而使自己与中共的合作建立在新民主主义的基础上，这一历史性转变，是中国革命即将胜利的一个重要标志。

中共对民主党派的帮助是真诚的，对民主党派的提醒、批评也是真诚的。民盟被解散时，新华社在时评中说，民盟从来不打算拥有武器，它只是一个赤手空拳的组织，凭借的是言论出版，但蒋介石连这样的武器也没收了，这就"使在蒋介石统治下进行任何和平运动、合法运动、改良运动的最后幻想归于破灭"②。毛泽东希望民盟从中得到教训，清除任何对于美国侵略者及蒋介石集团的幻想，这样民盟就能变坏事为好事，蒋介石宣布民盟为非法不但不会损害民盟，"反而给了民盟以走向较之过去更为光明的道路的可能性"③。根据陈毅的记录，毛泽东在"十二月会议"上还说过，民盟和中国共产党曾经相互帮助过，民盟被蒋介石解散，既有被迫解散的原因，也有自己屈服失掉威信的原因，所以共产党不但要批评民盟，也还要继续扶助民盟，"民主同盟一类，在国民党区不能说没有作用。这类团体对我们有很大作用和帮助，将来还准备帮助他"④。中共的长期帮助、教育和启迪，使看惯了国民党制造反共摩擦、导演民主骗局的各民主党派，从爱国主义和民族主义的立场出发，在与中共的合作中逐步转变了认识。这个过程绝非一蹴而就，而是通过斗争、比较、反思换来的。

---

① 中国民主同盟中央文史资料委员会编：《中国民主同盟历史文献（1941—1949）》，北京：文史资料出版社1983年版，第395页。
② 中国民主同盟中央文史资料委员会编：《中国民主同盟历史文献（1941—1949）》，北京：文史资料出版社1983年版，第357页。
③ 《毛泽东文集》第4卷，北京：人民出版社1996年版，第314页。
④ 转引自龚育之：《党史札记》，杭州：浙江人民出版社2002年版，第59页。

二、民主党派接受中共的领导及其政党地位的根本变化

解放战争时期，毛泽东也有过革命胜利后是否保留民主党派的思考，但最终选择了保留民主党派和实行多党合作。① 1948 年，民主党派响应"五一号召"，尽管此时他们"对'共产党领导'尚未肯定，还有人提倡共同领导"②，但承认中共的领导地位已是大势所趋，随着无党派民主人士、致公党、民进等的纷纷表态，党外人士在指导思想、领导力量、最高领袖等问题上不断增进认同，达成了创建多党合作制度的最重要的政治共识。

1949 年 1 月，党外人士发表《我们对于时局的意见》，表示"愿在中共领导下，献其绵薄，贯彻始终，以冀中国人民民主革命之迅速成功，独立、自由、和平、幸福的新中国之早日实现"③，公开、自觉申明接受中共的领导。中共方面，毛泽东在 1949 年 2 月召开的七届二中全会上告诫全党，共产党"必须把党外大多数民主人士看成和自己的干部一样，同他们诚恳地坦白地商量和解决那些必须商量和解决的问题，给他们工作做，使他们在工作岗位上有职有权，使他们在工作上做出成绩来"④。对民主党派，毛泽东要求他们"积极参政，共同建设新中国"⑤，这句话具有重要的政治意义，它标志着民主党

---

① 俄罗斯《远东问题》杂志 1995 年第 2、3 期发表的《米高扬的赴华秘密使命（1949 年 1—2 月）》，将中共改变对资产阶级政党的政策、保留民主党派归结为斯大林的建议。这篇文章引起了中国学者的关注和争鸣。由于这两份电报在我国的档案中没有查找到，列多夫斯基应中国学者的要求，于 2000 年在俄罗斯联邦总统档案馆中查找到了电报全文，《远东问题》随即发表，《中共党史研究》亦及时译载。国内有的学者认为这两封电报的真实性值得怀疑，有的则认为不能否定俄方档案的真实性。秦之海认为，毛泽东发出这个电报时，民盟解散了，国民党很快就会被打倒，另外按照苏联和南斯拉夫的经验，也可以不要民主党派，因而国内外、主客观各种因素综合起来，使毛泽东产生了那样的想法（尚不成熟的初步设想），但在收到斯大林的复电之前，毛泽东在 1948 年 4 月 15 日给斯大林的另一封电报，已经根据国内形势的发展变化而改变了此前的看法，因而斯大林的复电有值得肯定的地方，但对其影响需要公正客观地予以评价。
② 《董必武选集》，北京：人民出版社 1985 年版，第 262 页。
③ 中央党校党史教研室编：《中国民主党派史文献选编（新民主主义革命时期）》，北京：中共中央党校科研办公室，1985 年版，第 89 页。
④ 《毛泽东选集》第 4 卷，北京：人民出版社 1991 年版，第 1437 页。
⑤ 中共中央文献研究室编：《毛泽东传（1893—1949）》，北京：中央文献出版社 1996 年版，第 932 页。

派从国民党反动政权下的在野党，变成人民民主专政政权的参加者，这是一种地位的根本变化，表明各民主党派将在中共的领导下，同共产党一起担负起建设新中国的历史重任，"各民主党派走上了新的历史道路"①。

在中国多党合作确立的关键时刻，美国国务院发表了《美国与中国关系》白皮书，将美国对中国的侵略政策说成是对中国的"关切""友谊"，同时声称要鼓励"中国的民主个人主义者再显身手"。在中共和毛泽东痛斥美国对华政策的侵略本性、发出"丢掉幻想，准备战斗"的号令、从理论上阐明中国革命的发生和胜利的同时，各民主党派也以极大的热情投入这场讨论和批判，其中最有代表性的是民建。1949年8月，民建发表了《加强内部团结和警惕，答告美帝好梦做不成》的声明，明确指出，白皮书希望在中国人民民主统一战线中"找个把知心的人"去充当美国走卒的好梦是做不成的，因为民族资产阶级在反帝、反封建、反官僚资本的斗争中，提高了品质，懂得只有跟着中国共产党走新民主主义道路，才是唯一的光明幸福的道路，民建强调，根据过去的经验和今后的观察，中国民族资产阶级不会被美帝牵着鼻子走，成为它配置所谓的"民主个人主义"的傀儡，中国民族资产阶级对于整个世界和新中国的方向，"是不应该也不会认错的"。② 对这份从历史与理论的结合阐明民建走历史必由之路的声明，毛泽东评价很高，认为"写得极好"，对民族资产阶级的教育作用是极大的，毛泽东指出，民建的声明表明它建立了理论，说清了民族资产阶级存在发展的道理，这样民建就建立了作为一个政党所必不可少的主动性，不但回应了美帝的白皮书，而且"极有利于今后的合作"③。中国各民主党派的理论建设历程，如同它们和中国共产党的合作关系一样，由此翻开了新的一页。

三、多党合作制度的确立

1947年10月，《中国人民解放军宣言》提出的"成立民主联合政府"④

---

① 李维汉：《回忆与研究》下，北京：中共党史资料出版社1986年版，第693页。
② 中共中央党校中共党史教研室编：《中国民主党派史文献选编（新民主主义革命时期）》，北京：中共中央党校科研办公室，1985年版，第288页。
③ 《毛泽东书信选集》，北京：人民出版社1983年版，第333、334页。
④ 《毛泽东选集》第3卷，北京：人民出版社1991年版，第1256页。

的主张,事实上是1948年"五一"号召第五条的前身。1948年4月下旬,时任新华社社长的廖承志关于"五一节快到了,中央有什么屁要放?"①的引子,促成中共中央在4月30日发出纪念"五一"劳动节口号。"五一"号召共23条,其中的第五条,有关部门起草的原稿被毛泽东修改为"各民主党派、各人民团体、各社会贤达迅速召开政治协商会议,讨论并实现召集人民代表大会,成立民主联合政府"②。与《中国人民解放军宣言》相比,"五一"号召第五条主要是增加了"迅速召开政治协商会议,讨论并实现召集人民代表大会"的崭新内容。"五一"号召得到了积极响应,各民主党派、无党派民主人士发表宣言、通电和谈话,并从1948年8月起陆续奔赴解放区,与中共协商建国。为区别于1946年国民党主导召开的旧政治协商会议,这个会议一度被称为新政治协商会议,后来在1949年9月17日新政协筹备会第二次全体会议上改称为中国人民政治协商会议。筹备会议期间,共收到要求参加新政协的党派团体的申请28件,经认真调查、甄别、协商,最终确定参加新政协的党派共有14个,除去现有的中国共产党、八个民主党派和无党派人士,还有救国会、民联、民促、中国新民主主义青年团(后不再列入党派类别)。这也反映了当时中国进步政党的基本情况,奠定了日后多党合作的基本格局。

新民主主义革命总路线的一个重要内容,就是新民主主义政治纲领,解决"建设一个什么样的国家,怎样建设这样的国家"的问题。毛泽东指出,这样的国家在国体上实行各革命阶级联合专政(而非无产阶级专政),在政体上实行民主集中制(而非三权分立),"这就是新民主主义的政治,这就是新民主主义的共和国"③。新民主主义共和国的基本势力包括无产阶级、农民、知识分子和其他小资产阶级,"无产阶级则是领导的力量"④。1949年6月30日,为纪念中共建党28周年,毛泽东发表《论人民民主专政》,在这篇雄文中毛

---

① 郝在今:《协商建国——1948—1949中国党派政治日志》,北京:人民文学出版社2000年版,第4页。
② 中央档案馆编:《中共中央文件选集》第17册,北京:中共中央党校出版社1993年版,第146页。
③ 《毛泽东选集》第2卷,北京:人民出版社1991年版,第677页。
④ 《毛泽东选集》第2卷,北京:人民出版社1991年版,第674页。

泽东强调:"总结我们的经验,集中到一点,就是工人阶级(经过共产党)领导的以工农联盟为基础的人民民主专政。"① 这就明确了即将诞生的新中国的国体——人民民主专政,它是百年来中国人民争取民族独立的民主革命的结果,同时,它又为中国从新民主主义转变为社会主义创造了政治前提和政权保障。

1949年9月21—30日,中国人民政治协商会议第一届全体会议召开,会议通过的《共同纲领》指出,中华人民共和国"实行工人阶级领导的、以工农联盟为基础的、团结各民主阶级和国内各民族的人民民主专政",这个政权是"中国工人阶级、农民阶级、小资产阶级、民族资产阶级及其他爱国民主分子的人民民主统一战线的政权"②,反映了社会各阶级在国家政权中的地位,表明了我国政权的真正人民性和广泛代表性。《共同纲领》规定,在普选的全国人民代表大会召开以前,作为人民民主统一战线的组织形式的中国人民政治协商会议,执行人民代表大会的职权,以体现国家政权属于人民的本质。总之,共同纲领在当时成为全国人民的大宪章,起着临时宪法的作用,也是多党合作必须遵循的基本纲领性文件。

据薄一波回忆,中共中央和毛泽东在1949年初考虑联合政府的组成时,就安排了中共与进步分子合为2/3、中间与右翼占1/3的比例,"在进北平的途中,毛主席又交代周恩来同志:对做过贡献的各民主党派领导人,应该在政府里安排职务",毛泽东说,共产党如果不想再长征而要巩固执政地位,就不能没有党外人士进入政府,"安置他们要各得其所,要用大位置才能安置"③。1949年6月15日,毛泽东在新政协筹备会第一次全体会议的讲话中又讲到要成立民主联合政府,"全国人民希望我们这样做,我们就应当这样做"④。中共言行一致。人民政协会议通过"协商+选举",产生了由180人组成的中国人

---

① 《毛泽东选集》第4卷,北京:人民出版社1991年版,第1480页。
② 中共中央文献研究室编:《建国以来重要文献选编》第1册,北京:中央文献出版社1992年版,第2、1页。
③ 薄一波:《若干重大决策与事件的回顾》上卷,北京:中共中央党校出版社1991年版,第32、34页。
④ 《毛泽东选集》第4卷,北京:人民出版社1991年版,第1463页。

民政治协商会议全国委员会,其中民主党派成员60多人,5名副主席(周恩来、李济深、沈钧儒、郭沫若、陈叔通)中,党外人士4名,比例80%;中央人民政府①6名副主席中,党外人士3名,比例50%;中央人民政府委员会56名委员中,党外人士27名,比例48.2%;政务院4名副总理(董必武、陈云、郭沫若、黄炎培)中,党外人士2名,比例50%;政务院15名委员中,党外人士9名,比例60%;政务院34名部(会、院、署、行)正职领导中,党外人士14名,比例41.2%;最高人民法院院长也由党外人士(沈钧儒)担任。从这个意义上看,正如1949年10月20日《人民日报》在社论中所说的那样,中央和地方人民政府是"统一战线的联合政府的性质"②。民建代表黄炎培在大会发言中把即将诞生的新中国比作一座新建的大厦,这一所大厦"是钢骨水泥的许多柱子撑起来的"③,在黄炎培看来,这些一根一根的柱子首先是中国共产党,此外还包括各民主党派等各界别单位,这些"钢骨水泥"是参加新民主主义革命的各阶级和其他爱国分子组成的人民民主统一战线,可以说,中共和各民主党派共同缔造了多党合作制度,它们在新中国的合法性,就源自这里。

四、中共自身建设对民主革命时期多党合作制度选择的影响

政党自身建设与政党制度建设,都是政党政治建设本身的要求。上述对民主革命时期中共处理政党关系、探索多党合作制度的分析,在很多方面都是同中共自身建设密切联系在一起的。1935年,中国共产党在长征途中召开的遵义会议,确立了毛泽东在中共中央和红军的领导地位,在极端危急的历史关头挽救了党,挽救了红军,挽救了中国革命,此后,党在以毛泽东为代表的马克思主义正确路线领导下,一步步地引导中国革命走向胜利,因此"遵义会议是党的历史上一个生死攸关的转折点,它标志着中国共产党在政治上开始走向

---

① 指新中国成立到第一届全国人民代表大会召开前的最高国家政权机关,包括中央人民政府委员会和由它任命并受它领导的政务院、人民革命军事委员会、最高人民法院、最高人民检察署等机构。1952年11月增设中央人民政府计划委员会。

② 《人民民主专政的机构》,载《人民日报》1949年10月20日。

③ 《五星红旗从这里升起》,北京:文史资料出版社1984年版,第329页。

成熟"①。以遵义会议为界,中共自身建设对民主革命时期处理政党关系、选择多党合作制度的影响,从正反两个方面的对比中,可以清晰地展现出来。

(一) 遵义会议之前党的建设中存在的问题对中共处理政党关系的影响

中共建党后,在"八七"会议之前,陈独秀在党内搞家长制,用蔡和森在1927年9月的说法,"我们本是民主集中制。然八年以来,只有从上而下的集中,而没有从下而上的民主","这样的组织状况,形式上是很整齐严肃的,真是铁的组织,铁的纪律一般,可是伏在里面的危机是很大的"②。以陈独秀为代表的右倾机会主义在处理同国民党的关系时,企图以对国民党右派的妥协让步来笼络即将叛变的同盟者,自愿放弃对农民、城市小资产阶级、民族资产阶级特别是武装力量的领导权,就与他本人的刚愎自用、听不得不同的意见、批评有关。

"八七"会议后,"左"倾错误先后三次在党中央的领导机关取得了统治地位:第一次,1927年11月至1928年4月,为"左"倾盲动主义,虽然共产国际代表罗米那兹对此负有重要责任,因为他是政治上的盲动主义、组织上的惩办主义以及其他"左"倾政策的主要提出者和推行者,但以瞿秋白为首的中央临时政治局对此也负有直接的责任;第二次,1930年6月至9月以李立三为代表的"左"倾盲动主义,要求党的整个组织实现"军事化",将党、团、工会的领导机关合并起来领导军事行动,使党和革命事业遭到严重的损失;第三次,1931年1月至1935年1月以王明为代表的"左"倾教条主义,在党内斗争和组织问题上,推行宗派主义,搞"残酷斗争,无情打击",使中国革命受到严重挫折。这些"左"的错误特别是以王明为代表的"左"倾教条主义错误,在处理政党关系上,同样充满"火药味",像"九一八事变"后全国规模的群众抗日救亡运动风起云涌,党本应根据国内阶级关系剧烈变动的新情况,团结一切可以团结的力量,推动以抗战为中心的中国革命事业的发

---

① 中共中央党史研究室:《中国共产党历史》第一卷(1921—1949)上册,北京:中共党史出版社2002年版,第388页。

② 《蔡和森的十二篇文章》,北京:人民出版社1980年版,第106页。

展，但由于推行冒险主义、关门主义的错误，因而他们否认以民族资产阶级为主体的中间势力的抗日要求，如前所述，对中间势力的政治代表——中间派，做了否定性的评价，拒绝与他们进行合作。新中国成立后，毛泽东在1954年底回顾说："瑞金时代是最纯洁、最清一色的了，但那时我们的事特别困难，结果是失败了。所以真理不在乎是不是清一色。"①

（二）遵义会议之后党的建设的成就对多党合作制度选择的影响

遵义会议后，毛泽东在古田会议等的建党建军经验的基础上，围绕新民主主义革命的总路线，开启了党的建设"伟大工程"的新篇章。

一是扩大党的群众基础而又坚持党员标准。中共从诞生之日起就是中国工人阶级的先锋队，但确定一个党是不是真正工人的政党，关键要看"它是由什么人领导以及它的行动和政治策略的内容如何"②。大革命失败后，党内在组织发展问题上出现了"唯成分论"的倾向，过度强调党员和干部的工人出身，给党带来巨大的损害，加上在革命根据地，农民和小资产阶级成分的党员始终占绝大多数，特别是抗战爆发后，党面临的形势和任务发生了不同于以往的变化，这些都要求破除"唯成分论"，以避免党的群众基础遭到削弱。为此，1935年的瓦窑堡会议提出中国共产党既是无产阶级的先锋队同时又是全民族的先锋队，党在大量吸收先进的工人雇农入党以造成党内的工人骨干的同时，又规定那些愿意为党的主张而奋斗的人都可以申请加入，而不问其阶级出身，由此得出的必然结论是"能否为党提出的主张而坚决奋斗，是党吸收新党员的主要标准"③。此后，中共坚决打破组织发展中的关门主义，向着真诚革命、信仰党的主义、拥护党的政策、服从党的纪律、努力工作的积极分子敞开党的大门，从而扩大了党的群众基础，实现了党的阶级性和群众性、党所肩负的阶级使命和民族使命的统一。与此同时，毛泽东强调必须坚持党员标准，

---

① 中共中央文献研究室编：《建国以来毛泽东文稿》第4册，北京：中央文献出版社1990年版，第635页。
② 《列宁全集》第39卷，北京：人民出版社1986年版，第246页。
③ 中央档案馆编：《中共中央文献选集》第10册，北京：中共中央党校出版社1991年版，第620、620—621页。

纠正追求数目和采用突击方式的错误,既积极又慎重地发展党员,保证党组织的纯洁性。

二是着重从思想上建党,解决无产阶级思想在党员成分多样化的情况下的领导与各种非无产阶级思想特别是小资产阶级思想的侵袭的矛盾。为帮助党员不仅在组织上入党而且在思想上入党,就要加强马克思列宁主义的理论教育和学习,加强党员的党性修养,还要运用"团结—批评—团结"的公式,本着"惩前毖后""治病救人"的方针,通过整风运动整顿学风、党风、文风,促进全党的思想解放,确立正确的思想路线,使全党的马克思主义水平得到提高。当然,中国共产党所需要的马克思主义是"使之在其每一表现中都带着中国的特性,即是说,按照中国的特点去应用它"① 的马克思主义,而不是教条化的马克思主义,毛泽东在1938年的六届六中全会上称之为"马克思主义的中国化"。民主革命时期,马克思主义中国化的最大的也是第一个成果,就是毛泽东思想,刘少奇说这一思想"就是马克思列宁主义的理论与中国革命的实践之统一的思想,就是中国的共产主义,中国的马克思主义"②。

三是实行民主集中制。一方面要扩大党内民主,改变个人包办和个人解决重要问题的做法,毛泽东强调"扩大党内民主,应看作是巩固党和发展党的必要的步骤,是使党在伟大斗争中生动活跃,胜任愉快,生长新的力量,突破战争难关的一个重要的武器"③;另一方面要通过"四个服从"即个人服从组织、少数服从多数、下级服从上级、全党服从中央,维护党的统一。除此之外,还要健全党委制、制定详细的党内法规等。

四是以宗旨、根本工作方法、优良作风区别于其他任何政党。中国共产党以全心全意为人民服务为宗旨,决心彻底地为解放人民、谋求人民的利益工作,在对待群众的问题上,形成了马克思主义群众观点及党的根本领导方法、工作方法——群众路线,形成了理论联系实际、密切联系群众、批评和自我批评三大优良作风,成为区别于其他任何政党的显著标志。

---

① 中央档案馆编:《中共中央文件选集》第11册,北京:中共中央党校出版社1991年版,第658—659页。

② 《刘少奇选集》上卷,北京:人民出版社1981年版,第333页。

③ 《毛泽东选集》第2卷,北京:人民出版社1991年版,第529页。

五是实行正确的政策和策略。策略经常与战略并提，也经常与政策并提，政党的政策作为一种行动准则，是政党为完成一定历史时期的任务，给予自己的纲领和路线而规定的，策略则是为实现战略任务而采取的方法与手段，"政策和策略是党的生命"①，中国革命要取得胜利，需要党的政策和策略全部走上正轨。为了制定正确的政策和策略，中国共产党注重调查研究，反对本本主义，强调正确的政策和策略既不能靠少数人，也不能靠坐在班房中抽象制定，而是"要在群众的斗争过程中才能产生的，这就是说要在实际经验中才能产生"②。

毛泽东丰富和发展了马克思主义政党学说，他"对于建立一个什么样的党，党的指导思想是什么，党的作风是什么，都有完整的一套"③，从而使中共在全国范围内，成长为一个具有广泛群众基础的、各个方面完全巩固的马克思主义革命政党。那么，这同多党合作制度的选择又是什么关系呢？

毛泽东指出："统一战线，武装斗争，党的建设，是中国共产党在中国革命中战胜敌人的三个法宝，三个主要法宝。"④ 就统一战线而言，半殖民地半封建社会的中国"两头小（无产阶级和大地主、大资产阶级都占人口少数）中间大（农民、城市小资产阶级以及其他中间阶级占全国人口绝大多数）"的阶级结构，决定了无产阶级及其政党面对异常强大的敌人，必须建立和发展广泛的革命统一战线，改变敌我力量对比，争取革命的彻底胜利。民主革命时期的革命统一战线，经历了从国民革命联合战线、工农民主统一战线、抗日民族统一战线到人民民主统一战线的变化，它包括两个性质不同的联盟，一个是以工农联盟为核心的劳动者之间的联盟，即工人阶级同农民、城市小资产阶级和其他劳动人民的联盟，它是统一战线的基础；另一个是劳动者同非劳动者的联盟，即工人阶级和劳动人民同一切可以合作的非劳动者（主要是民族资产阶级）的联盟，这个联盟发生在被剥削者与剥削者之间，尽管较之第一个联盟更为广泛，但与建立在根本利益一致基础上的第一个联盟相比，它也更加复

---

① 《毛泽东选集》第4卷，北京：人民出版社1991年版，第1298页。
② 《毛泽东选集》第2卷，北京：人民出版社1991年版，第115页。
③ 《邓小平文选》第2卷，北京：人民出版社1994年版，第44页。
④ 《毛泽东选集》第2卷，北京：人民出版社1991年版，第606页。

杂。从政党政治的角度讲，中国无产阶级及其政党如何争取民族资产阶级及其政党的支持、合作，或者至少使他们保持中立，对于中国革命的兴衰成败，有着举足轻重的意义。因而毛泽东指出，正确地理解了统一战线问题、武装斗争问题、党的建设问题，"就等于正确地领导了全部中国革命"，"统一战线和武装斗争，是战胜敌人的两个基本武器。统一战线，是实行武装斗争的统一战线。而党的组织，则是掌握统一战线和武装斗争这两个武器以实行对敌冲锋陷阵的英勇战士"①。

如果说党的政治路线正确与否决定党的建设的方向，那么党的建设搞好了，"党就能、党也才能更正确地处理党的政治路线"②。在民主革命时期，党的政治路线始终是与统一战线和武装斗争密切相连的，多党合作是统一战线中的至关重要内容，正是因为有了党的建设"伟大工程"的支撑，全党的马克思主义理论水平得到了提高，才能充分认识建立广泛的统一战线、正确处理政党关系、实行多党合作的必要性，并在这个过程中始终坚持自己的独立性和领导权；广大干部和党员在统一战线、多党合作中才能发挥先锋模范作用，从而使党外人士逐步认识到中国共产党伟大、光荣、正确，并最终自觉接受中共的领导；党的组织才能坚强有力，在科学总结统一战线、多党合作的经验教训中，丰富和发展马克思主义统一战线理论和政党学说。从这个意义上讲，中国多党合作制度的最终选择，是同中共自身建设的伟大成就不可分割的。

1945年4月，毛泽东在七大指出："中国一切政党的政策及其实践在中国人民中所表现的好坏、大小，归根到底，看它对于中国人民的生产力的发展是否有帮助及帮助之大小，看它是束缚生产力的，还是解放生产力的。"③ 七大之后不久，毛泽东在"窑洞对"中回答民主人士黄炎培关于共产党如何跳出"历史周期率"的支配时说："我们已经找到新路，我们能跳出这周期率。这条新路，就是民主。只有让人民来监督政府，政府才不敢松懈。只有人人起来负责，才不会人亡政息。"④ 强调政党的先进性、进步性必须同解放和发展社

---

① 《毛泽东选集》第2卷，北京：人民出版社1991年版，第613页。
② 《毛泽东选集》第2卷，北京：人民出版社1991年版，第605页。
③ 《毛泽东选集》第3卷，北京：人民出版社1991年版，第1079页。
④ 黄炎培：《八十年来》，北京：文史资料出版社1982年版，第149页。

会生产力、实现和发展人民民主相结合,抓住了政党政治建设的根本。国民党的失败,关键就败在这一点上;中共的自身建设及其与各民主党派携手共创多党合作制度的成功,归根到底,也在于它们顺应了变革"两半社会"的要求,为完成基于近代中国社会主要矛盾的历史任务做出了自己的贡献。

第四章 新中国成立以来多党合作的社会生态

20世纪中叶后,由德国生物学家海克尔提出的"生态学"(1866年)、英国生态学家坦斯利提出的"生态系统"(1935年)等概念,逐步被运用于对人类社会的关联性的研究,从而获得社会学意义,并形成"社会生态""社会生态学""社会生态分析"等概念。在政治领域,"社会"主要是指"政治社会","政治社会"的"生态学"的特点,用《布莱克维尔政治学百科全书》的说法,就在于"试图测定不同环境对于这些环境周围的、一种或多种被看成是特征相似的个人或团体所产生的影响"①,强调政治人物、政治组织等的活动受制于一定的社会生态。政党制度同其他政治制度一样,也是在一定的社会生态下运行的,像西方国家的两党制、多党制就同资本主义私有制、议会民主、自由主义(个人主义)等社会生态密不可分,否则即便被移植,它们也很难得到良好的运转。

中华人民共和国成立以来的历史,包括改革开放前(1949年10月—1978年12月)和改革开放后(1978年12月以来)两个时期,其中1976年10月"文革"结束后至1978年12月十一届三中全会召开之前可视为两个时期的过渡阶段,其局面就是"在徘徊中前进"。改革开放后的时期又可以分为新时期(1978年12月十一届三中全会召开后至2012年11月十八大召开前)和新时代(2012年11月十八大召开以来)两个阶段:新时期,是从区别于以往的最

---

① [英]戴维·米勒、维农·波格丹诺(英文版),邓正来(中译本):《布莱克维尔政治学百科全书》,北京:中国政法大学出版社1992年版,第599页。

鲜明的特点（改革开放）、最显著的成就（快速发展）、最突出的标志（与时俱进）的角度来讲的；新时代，则是从经过长期努力，中国的发展站在了新的历史方位上、呈现出前所未有的阶段性特征的角度来讲的。

与赫鲁晓夫在对待斯大林问题上所采取的鲁莽态度不同，邓小平在指导起草《关于建国以来党的若干历史问题的决议》的过程中指出，中国在改革开放新时期的所作所为，在许多方面是把毛泽东已经提出而没有做的事情做起来，把毛泽东反对错了的改正过来，把毛泽东没有做好的事情做好，"当然，我们也有发展，而且还要继续发展"①。正是在这种科学态度的指引下，中共强调改革开放前后的历史"本质上都是我们党领导人民进行社会主义建设的实践探索"②，绝对不能彼此割裂，搞根本对立、相互否定。从而不但为国际共运探索社会主义发展道路的多样性做出了杰出的贡献，也为国际共运科学评价无产阶级领袖提供了光辉的典范。

本章所考察的"社会生态"，就是力图揭示中华人民共和国成立以来的如下因素：社会主义、中国特色社会主义、国情、主要矛盾、工作重心、现代化建设、时代主题、对外工作、中共自身建设等，对于中国多党合作的影响。

第一节　社会主义、中国特色社会主义与中国多党合作

确立社会主义制度，是由中国共产党的性质、宗旨和奋斗目标决定的；探索中国社会主义道路，目的是突破建设社会主义的苏联模式，只是这种探索在改革开放前没有取得实质性的突破，在改革开放后，则以"坚持和发展中国特色社会主义"而载入史册。对中国而言，沿着什么样的方向前进，可以说是国家的最大政治，这个带根本方向的问题，不能不对中国多党合作产生决

---

① 《邓小平文选》第2卷，北京：人民出版社1994年版，第300页。
② 中共中央文献研究室编：《十八大以来重要文献选编》上，北京：中央文献出版社2014年版，第112页。

性的影响。

一、社会主义革命和建设与中国多党合作

改革开放前,中国的社会主义革命和建设主要是在以毛泽东为核心的中共第一代中央领导集体的领导下进行的。同旧中国相比,它取得的历史性进步在中华民族伟大复兴进程中的意义是巨大的;同社会主义的价值追求、本质要求和制度优势相比,它的失误和缺点也是客观存在的。与社会主义同呼吸、共命运的中国多党合作制度,经历着同中国的社会主义革命和建设相同的曲折发展历程。

(一)由新民主主义过渡到社会主义指明了中国多党合作的方向

中国人民政治协商会议召开前夕,《共同纲领》是否应该明确把社会主义前途规定出来,对此,周恩来进行了说明:"大家认为这个前途是肯定的,毫无疑问的,但应该经过解释、宣传特别是实践来证明给全国人民看。只有全国人民在自己的实践中认识到这是唯一的最好的前途,才会真正承认它,并愿意全心全意为它而奋斗。"[①] 当时,中共强调以新民主主义即人民民主主义为建国的政治基础,对何时采取社会主义革命的举措,还是持非常慎重的态度的。

新中国成立后,在着重完成民主革命遗留任务、医治战争创伤、恢复国民经济的同时,社会主义革命的任务实际上也开始实行了,如没收官僚资本(具有民主革命和社会主义革命双重意义)、开始将私人资本主义纳入国家资本主义的轨道、引导个体农民在土地改革后逐步走上互助合作的道路等都是如此。中共从新中国成立后头三年社会主义因素一直在不断增长的现实出发,改变了原来关于10年到15年的新民主主义建设时期、再采取实际的社会主义步骤、从容地进入社会主义的设想,决定将新民主主义建设时期和从新民主主义转变到社会主义的过渡时期统一起来,并于1953年形成了以"一化三改""一体两翼"为主要内容的党在过渡时期的总路线。这条总路线与"一五计

---

① 《周恩来选集》上卷,北京:人民出版社1980年版,第368页。

划"相映衬，成为社会主义建设的直接的推动力量；这条总路线开辟了一条适合中国特点的社会主义改造道路，尤其是实现了马克思、恩格斯、列宁设想过的而在苏东国家没有实现的对资产阶级的和平赎买；这条总路线使一个几亿人口的大国在生产关系和社会关系的急剧变革中，国民经济基本上稳定发展，人民群众基本上普遍拥护，的确是伟大的历史性胜利。尽管这条总路线在执行中也存在要求过急、工作过粗、改变过快、形式过于简单划一等缺点和偏差，但它引导中国基本完成社会主义改造，使社会主义公有制成为我国的经济基础，由此建立的社会主义基本经济制度同人民代表大会制度这一新中国的根本政治制度一道，成为中国进入社会主义社会最主要的标志；此后，社会主义建设在古老的中国大地上全面展开。在短暂的时间里，中共领导人民通过完成新民主主义革命、社会主义革命，实现了两个伟大飞跃：一是，在第一个革命的基础上，实现了从封建专制政治向人民民主的伟大飞跃，二是，在第二个革命的基础上，奠定了日后中国一切发展进步的根本政治前提和制度基础，"实现了中华民族由近代不断衰弱到根本扭转命运、持续走向繁荣富强的伟大飞跃"[①]。

中国由新民主主义过渡到社会主义，意味着各民主党派由新民主主义政党转变为社会主义政党，中国多党合作制度由新民主主义政党制度转变为社会主义政党制度，在各民主党派和多党合作的历史上，这一转变是伟大而深刻的，因为它决定着各民主党派和多党合作在此后的政治生命及政治活动的走向。坚持社会主义道路，坚持中国共产党的领导，始终是中国多党合作必须遵循的，牢牢把握住这个政治方向，多党合作才不会变质、不会走样，即便在前进、发展的过程中出现问题，也比较容易得到解决。

（二）苏联模式制约了中国多党合作作用的发挥

毛泽东说："只有社会主义能够救中国。"[②] 但是，在中国如何建设社会主义，并不是一个随着社会主义基本制度确立就能自动解决的问题。中国的

[①] 中共中央党史和文献研究院编：《十九大以来重要文献选编》上，北京：中央文献出版社2019年版，第10页。

[②] 《毛泽东文集》第7卷，北京：人民出版社1999年版，第214页。

"一五计划"特别是重工业建设基本照搬苏联经验,"这在当时是完全必要的,同时又是一个缺点,缺乏创造性,缺乏独立自主的能力。这当然不应当是长久之计"①。为此,毛泽东继1938年首次提出"马克思主义的中国化"的命题之后,又于1956年再次提出在社会主义革命和建设时期,"我们要进行第二次结合"②,目的是探索社会主义革命和建设在中国的正确道路,要求借鉴苏联建设的经验教训,探索中国自己的社会主义建设道路,达到调动一切力量来把我国建设成为一个强大的社会主义国家的目的。

但是,这一时期中国对社会主义建设道路的探索没有从根本上摆脱苏联模式。苏联模式对社会主义的认识,非常强调其结构特征,这种认识固然有"理论依据",就是经典作家的相关论述。马克思恩格斯基于"通过批判旧世界发现新世界"③的方法论,而主张未来社会消灭私有制、对社会生产进行有计划的指导和调节,但是,公有制的实现程度和实现形式,以及社会生产有计划和按比例的经营,不能不受各国生产力发展水平等具体条件的影响,不可机械照搬。从中国的情况看,苏联模式所采用的以高度集中的经济政治体制来推进社会主义建设和发展的做法,在中国也是存在的。中国经过社会主义改造,公有制(并且越来越强调"一大二公")和指令性计划经济模式在特定条件下对经济的恢复、发展尤其是开展重大工业项目建设起了重要作用,但是,这些做法的要害不在"公有""计划"而在"管控",按照它们隐含的逻辑,民众既不了解什么利益也缺乏正当地谋取自身利益的能力,民众谋取利益的行为甚至是不正当的、不道德的、自私自利的,由此,不依赖于国家的东西基本应被排除,官方之外的经济行为和谋利空间基本应被禁止,民众的衣食住行、生老病死等基本应掌握在政府和单位手里,"这样,计划经济就在事实上剥夺了广大民众在经济发展过程中广泛的自主参与权利,也就阻隔了广大人民群众在自主参与市场活动中培育民主政治意识的途径和渠道。这一点正是计划经济这类经济基础与社会主义民主政治这类上层建筑间难以协调的深

---

① 《毛泽东文集》第8卷,北京:人民出版社1999年版,第305页。
② 吴冷西:《忆毛主席——我亲身经历的若干重大历史事件片段》,北京:新华出版社1995年版,第9页。
③ 《马克思恩格斯文集》第10卷,北京:人民出版社2009年版,第7页。

刻矛盾所在"①。

政党是与"利益"问题密切相关的一定社会阶级、阶层的政治组织。当政党卷入国家政治生活的时候，一定是围绕着执政或参与国家政权，并以利益的生产和分配为杠杆开展活动的。社会主义国家共产党代表最广大人民的根本利益、长远利益，但这决不是说具体利益、眼前利益就不重要，关键是如何协调，在这方面，各民主党派本来可以有所作为，与执政党一起处理好利益整合问题，让不同群体既服从国家的根本利益、长远利益，又适当地、不断地满足具体利益、眼前利益，从而使这二者得到兼顾。既然在计划经济条件下讲具体利益、眼前利益常常会被扣上"不光彩""觉悟低"的帽子，那么各民主党派在参政中一旦涉及到利益表达、利益诉求，就显得被动而尴尬了，难以达到"知无不言，言无不尽；言者无罪，闻者足戒；有则改之，无则加勉"的境界，甚至一不小心就可能说错话、办错事、站错立场。各民主党派和多党合作的地位、作用沉浮不定，像"文革"时期不但谈不上发展，甚至出现萎缩态势。

二、中国特色社会主义与中国多党合作

改革开放以来，中国共产党的全部理论和实践的主题，就是"中国特色社会主义"。由此，中国特色社会主义也成为改革开放以来中国多党合作的全部理论和实践的主题。

（一）中国特色社会主义所坚持的科学社会主义基本原则成为改革开放时期中国多党合作的"定盘星"

科学社会主义是马克思主义的三个基本组成部分之一，用恩格斯的说法，它是"我所主张的观点的一个核心问题的表述"②。科学社会主义基本原则，则是科学社会主义的思想精髓和本质特征的体现，根据经典作家的相关论述并

---

① 张志明：《从民主新路到依法治国——为人民民主奋斗八十年的中国共产党》，南昌：江西高校出版社2000年版，第332页。

② 《马克思恩格斯文集》第9卷，北京：人民出版社2009年版，第12页。

经过历史的检验、锤炼、丰富,它大致包括如下内容:(1)社会主义是一门科学,"必须首先把它置于现实的基础之上"①,坚持在实践中检验真理和发展真理;(2)无产阶级及其政党夺取政权、建立自己的政治统治,"是实行一切共产主义措施的首要前提"②;(3)社会主义社会经过全面发展、全面进步,必将达到共产主义社会,在那样一个自由人联合体中,阶级对立和阶级压迫不复存在,不但物质财富极大丰富,人民精神境界极大提高,而且"每个人的自由发展是一切人的自由发展的条件"③;(4)在社会化大生产和公有制、按劳分配为主体的基础上,尽可能快地增加生产力的总量,保证一切社会成员的富足生活;(5)坚持人民群众创造历史的主体地位,不断实现和发展人民民主;(6)以马克思主义为指导发展教育科学文化事业,丰富人们的精神生活,培养新型的人际关系;(7)协调人与自然的关系,"能够认识和正确运用自然规律"④;(8)社会主义社会不是一成不变的,而是"经常变化和改革的社会"⑤;(9)顺应历史潮流,为人类进步事业而奋斗,"新社会的国际原则将是和平"⑥;(10)善于吸收人类社会创造的一切文明成果,而不能离开世界文明大道。在改革开放时期,当有人将所谓的"中国特色资本主义""普世价值""民主社会主义""打左灯,向右转"等错误思潮强加到中国的时候,中国共产党人的态度十分鲜明,那就是中国特色社会主义属于科学社会主义,"科学社会主义基本原则不能丢,丢了就不是社会主义"⑦。

　　政党制度是科学社会主义的理论与实践中的一个重要问题。从苏联模式到建设中国特色社会主义,变的是旧的、不合时宜的思想观念、体制机制,不变的是社会主义的价值追求、本质规定以及制度安排中那些长期性的、根本性的东西,因而中国多党合作必须始终遵循科学社会主义基本原则,一旦背离了这

---

① 《马克思恩格斯文集》第3卷,北京:人民出版社2009年版,第537页。
② 《马克思恩格斯文集》第1卷,北京:人民出版社2009年版,第666页。
③ 《马克思恩格斯文集》第2卷,北京:人民出版社2009年版,第53页。
④ 《马克思恩格斯文集》第9卷,北京:人民出版社2009年版,第560页。
⑤ 《马克思恩格斯文集》第10卷,北京:人民出版社2009年版,第588页。
⑥ 《马克思恩格斯文集》第3卷,北京:人民出版社2009年版,第117页。
⑦ 中共中央文献研究室编:《十八大以来重要文献选编》上,北京:中央文献出版社2014年版,第109页。

一"定盘星",它的性质就变了,就不再姓"社"了,那么中共和各民主党派历经千辛万苦做出的正确历史选择、历经长期探索形成的政治共识,也就不复存在了,而这是中共和各民主党派所决不能答应的。

(二) 中国特色社会主义最鲜明的特色增进了中国多党合作自信

科学社会主义基本原则是宏观而抽象的,要使它们对一国发挥作用、产生影响,就必须使它们在这个国家扎下根来,形成特色。中国特色社会主义作为科学社会主义理论逻辑和中国社会发展历史逻辑的辩证统一,它的最鲜明的特色,集中体现在实践基础上道路、理论、制度、文化的统一。

中国特色社会主义道路是实现途径。这种探索同民主革命时期开辟有别于俄国的"农村包围城市,武装夺取政权"的道路有异曲同工之妙。1982年,邓小平在十二大开幕词中强调:"走自己的路,建设有中国特色的社会主义,这就是我们总结长期历史经验得出的基本结论。"[①] 中国特色社会主义道路是相对于"封闭僵化的老路"和"改旗易帜的邪路"而言的,其中,前者是指改革开放前以苏联模式为代表的传统社会主义路子,后者是指效仿苏东国家改行资本主义道路,而不论"老路"还是"邪路",都是断送社会主义前途命运的"死路"。如果说不能走"老路"人们容易形成共识,那么面对一些西方国家固守的"制度性傲慢与偏见",顶住"邪路"的压力则是需要政治勇气的。中国特色社会主义道路正是因为突破了"死路"的种种磕绊,才成为改革开放以来中国的人间正道。

中国特色社会主义理论体系是行动指南。这个理论体系所统辖的各个具体理论——邓小平理论、"三个代表"重要思想、科学发展观和习近平新时代中国特色社会主义思想,不断深化了对在中国这样人口多底子薄的东方大国搞社会主义的目标任务、总体布局、战略布局、发展方向、发展方式、发展动力、战略步骤、外部条件、政治保证等的认识,形成了改革开放以来中国共产党人的重大理论创新。这些新的理论概括,包含着对马克思主义中国化时代化大众化的探索和回答,因为"真正的马克思列宁主义者必须根据现在的情况,认

---

① 《邓小平文选》第3卷,北京:人民出版社1993年版,第3页。

识、继承和发展马克思列宁主义"①。由此，习近平新时代中国特色社会主义思想成为当代中国马克思主义、21世纪马克思主义，是党和国家必须长期坚持的指导思想。

中国特色社会主义制度是根本保障。中国特色社会主义制度是党和人民在长期实践探索中形成的科学制度体系，十九届四中全会从13项、55个方面，全面概述了支撑中国特色社会主义制度的根本制度、基本制度、重要制度，揭示了"中国之治"的"制度密码"，强调"我国国家治理一切工作和活动都依照中国特色社会主义制度展开，我国国家治理体系和治理能力是中国特色社会主义制度及其执行能力的集中体现"②。我国国家制度和国家治理体系在处理改革、发展与稳定、民主与集中、权利与义务、自由与秩序等关系中具有显著优势，其中最重要的一点就是政党与制度同构，也就是坚持党的集中统一领导，从而确保国家始终沿着社会主义方向前进。中国共产党深刻认识到"社会主义制度并不等于建设社会主义的具体做法"③，因而在国家制度和国家治理体系上将"坚持和巩固什么、完善和发展什么"统一起来，尤其是社会主义基本经济制度，以新的所有制结构、分配格局和资源配置方式，写出了共产党人关于社会主义政治经济学的新版本。十九届四中全会科学规划了坚持和完善中国特色社会主义制度、推进国家治理体系和治理能力现代化的总体目标，而"巩固和发展社会主义制度，还需要一个很长的历史阶段，需要我们几代人、十几代人，甚至几十代人坚持不懈地努力奋斗，决不能掉以轻心"④。

中国特色社会主义文化是精神力量。改革开放后，中国共产党人先是倡导精神文明——相对于物质文明的角度，而后强调文化——相对于经济、政治、社会、生态等角度，当然这二者在本质上是一致的。当今世界，各种思想文化相互激荡，文化作为"软实力"对一国综合国力的影响越来越大，贫穷不是社会主义，这个贫穷包含文化和精神文明的规定，因而我们必须以发展中国特色社会

---

① 《邓小平文选》第3卷，北京：人民出版社1993年版，第291页。
② 《中共中央关于坚持和完善中国特色社会主义制度 推进国家治理体系和治理能力现代化若干重大问题的决定》，北京：人民出版社2019年版，第2页。
③ 《邓小平文选》第2卷，北京：人民出版社1994年版，第250页。
④ 《邓小平文选》第3卷，北京：人民出版社1993年版，第379—380页。

主义文化为核心，坚持社会主义核心价值体系，培育和践行社会主义核心价值观，坚守中华文化立场，发展"三个面向"的民族的科学的大众的社会主义文化，推动物质文明和精神文明协调发展，实现文化的繁荣兴盛，建设文化强国。

与苏联模式相比，中国特色社会主义比较好地解决了20世纪社会主义的历史性难题——经济文化相对落后的国家如何建设、巩固和发展社会主义，它不仅是改革开放以来中国取得一切成绩和进步的原因，意味着科学社会主义在中国焕发出强大生机活力，而且"只要中国社会主义不倒，社会主义在世界将始终站得住"①。中国特色社会主义最鲜明的特色，决定了我们具有来源于实践、来源于人民、来源于真理的道路自信、理论自信、制度自信、文化自信，坚定"四个自信"，也包含着增进中国多党合作自信的题中之义。特别是在市场取向改革的条件下，我国社会的阶层结构发生了新的变化，在原来"两个阶级一个阶层"之外，出现了民营科技企业的创业人员和技术人员、受聘于外资企业的管理技术人员、个体户、私营企业主、中介组织从业人员、自由职业人员等社会阶层。如前所述，民主政治是市场经济的内在要求，在发挥市场对配置资源的决定性作用中，新的社会阶层中的不少人员作为具有独立经济利益的市场主体，也是具有自主意识的社会成员，他们希望通过各种形式和渠道参与政治生活，行使民主权利，维护自身权益，这样，他们中的一部分人就会通过参加中国共产党或各民主党派，来实现自己的政治参与、政治抱负，从而增强了多党合作的社会基础，也使多党合作的价值更加彰显；至于政府职责，各民主党派也可以通过发挥界别优势，充分调动所联系群体的聪明才智，对执政党和政府提出意见、建议，在多党合作的平台上促进问题的解决，也使多党合作、协商民主更加活跃地开展起来。

第二节　认清国情与中国多党合作

民主革命时期，认清国情"乃是认清一切革命问题的基本的依据"②；新

---

① 《邓小平文选》第3卷，北京：人民出版社1993年版，第346页。
② 《毛泽东选集》第2卷，北京：人民出版社1991年版，第633页。

中国成立后，认清国情同样是进行建设和改革的基本的依据。一旦在这个问题上出现折腾，后果将十分严重，包括对中国多党合作的影响也是如此。

一、国情误判与中国多党合作

对于1957年反右派斗争扩大化后党的工作中的失误，邓小平指出："总的来说，就是对外封闭，对内以阶级斗争为纲，忽视发展生产力，制定的政策超越了社会主义初级阶段。"[①] 由于这样的原因，中国多党合作在二十多年的时间里，同样因"左"的错误而走过不少弯路。

（一）"赶超战略"打乱中国多党合作的正常发展进程

毛泽东多次用"一穷二白"来比喻中国的国情，希望中国人穷则思变，他说："社会主义和资本主义比较，有许多优越性。可是，中国的人口多、底子薄，经济落后，要使生产力很大地发展起来，要赶上和超过世界上最先进的资本主义国家，没有一百多年的时间，我看是不行的。"[②] 1959年，毛泽东提出社会主义可能分为不发达的和比较发达的两个阶段，"后一阶段可能比前一阶段需要更长的时间"[③]，在他看来，中国还处于前一个阶段。但在实际工作中，"性急"的错误还是经常出现，正如邓小平在总结教训时所说："我们都是搞革命的，搞革命的人最容易犯急性病。我们的用心是好的，想早一点进入共产主义。这往往使我们不能冷静地分析主客观方面的情况，从而违反客观世界发展的规律。"[④] 我们曾经天真地希望在"不是什么遥远将来"在我国实现共产主义，因而提出了一些超越历史发展阶段的目标和方针、政策，违背了经济和社会发展的客观规律，并为此付出了巨大的代价。

在这种情况下，各民主党派也难免做出用心良好但却违背客观规律的"急性病"事情，以此向共产党"看齐""保持一致"。例如，中共中央在

---

① 《邓小平文选》第3卷，北京：人民出版社1993年版，第269页。
② 《毛泽东文集》第8卷，北京：人民出版社1999年版，第302页。
③ 《毛泽东文集》第8卷，北京：人民出版社1999年版，第116页。
④ 《邓小平文选》第3卷，北京：人民出版社1993年版，第139—140页。

1957年冬提出了15年赶超英国钢产量的发展目标,在1958年制定了以"鼓足干劲、力争上游、多快好省地建设社会主义"为内容的总路线,并发动了"大跃进"和人民公社化运动。可以说,以"三面红旗"为代表的"赶超战略"虽然反映了党和人民尽快改变中国贫穷落后的面貌、在中国开创一个跨越式发展局面的迫切愿望,但它们是在批评"反冒进"的过程中形成的,是在急躁冒进、急于求成的思想指导下制订的,夸大了主观意志的作用。对此,各民主党派中从中央领导人到普通成员,不是没有人表示怀疑的,但在一系列不切实际的口号和理论观点不断提出面前,他们都号召各自的组织和成员在总路线的光辉照耀下,提高自觉,鼓足干劲,更好地投入增产节约运动,更好地进行政治思想改造,为祖国的社会主义建设做出更多的贡献。在当时,各民主党派同中共一样,往往强调不断革命而忽略发展阶段、强调主观能动性而忽略尊重客观规律、强调生产关系的变革和上层建筑的决定作用而忽略生产力的决定作用、强调思想改造而忽视物质利益等,如果不是这样,就可能会遭到批判甚至招来其他不幸,导致中国多党合作的正常发展进程一度被打乱了,但结果却往往事与愿违。

(二)对社会主要矛盾判断的迷失使中国多党合作难有大的作为

唯物史观指出,社会基本矛盾是社会历史发展的根本动力,而社会主要矛盾作为社会基本矛盾在一定阶段的具体体现,是处于支配地位、对事物发展起决定性作用的矛盾,"捉住了这个主要矛盾,一切问题就迎刃而解了"①。主要矛盾找的是不是对头,又关系到主要任务定的是不是准确,这些对一个国家的影响非同小可。

民主革命时期,毛泽东运用社会基本矛盾分析那时中国社会矛盾的全局,视角无疑是阶级斗争,突出的是社会基本矛盾在阶级关系上的反映。新中国成立后特别是社会主义基本制度在全国建立起来后,毛泽东分析中国社会矛盾的全局,依然遵循社会基本矛盾的观点,包括认为这个基本矛盾"仍然是生产

---

① 《毛泽东选集》第1卷,北京:人民出版社1991年版,第322页。

关系和生产力之间的矛盾、上层建筑和经济基础之间的矛盾"①，只是同旧社会相比具有根本不同的性质和情况，由此视角就必须发生转向，对主要矛盾的判断也必须发生转变，才能适应历史条件和历史任务所发生的变化。

毛泽东指出，在地主和官僚资产阶级被消灭以后，中国内部的主要矛盾转变为工人阶级与民族资产阶级的矛盾，他不再用"中间阶级""中间阶层"称呼民族资产阶级，而是改为"资产阶级、城市上层小资产阶级（即雇有少数几个工人或店员的小资本家）、一部分从地主阶级分化出来带有资本主义色彩的分子以及和这些阶级、阶层相联系的知识分子"②。同民主革命时期民族资产阶级具有两面性（革命性、妥协性）一样，在社会主义革命时期，民族资产阶级同样具有两面性，因而工人阶级同民族资产阶级的矛盾属于人民内部矛盾。这个矛盾随着社会主义改造基本完成而解决了。

社会主义基本制度确立后，八大对中国社会的主要矛盾和主要任务进行了比较正确的分析，指出矛盾的实质是"先进的社会主义制度同落后的社会生产力之间的矛盾"，"党和全国人民当前的主要任务，就是要集中力量来解决这个矛盾，把我国尽快地从落后的农业国变为先进的工业国"③。尽管关于"实质"的提法在理论上有不完全准确的地方，忽略了新的生产关系在总体上基本上适合生产力发展的同时，它的某些环节或方面也会因不完善而阻碍生产力发展，但这个提法的着眼点毕竟在于把我国生产力发展还很落后这一基本国情突出出来，并以此确定党和国家的主要任务，因而历史证明是正确的。

毛泽东的判断在反右派斗争扩大化后开始发生变化，改为强调无产阶级和资产阶级、社会主义道路和资本主义道路的矛盾，是国内的主要矛盾，并沿着这个逻辑一直发展为发动"文化大革命"。

由于判断失误，因而尽管毛泽东也说过"社会主义经济法则是发展生

---

① 《毛泽东文集》第7卷，北京：人民出版社1999年版，第214页。
② 《毛泽东文集》第6卷，北京：人民出版社1999年版，第231页。
③ 中共中央文献研究室编：《建国以来重要文献选编》第9册，北京：中央文献出版社1994年版，第341—342页。

产"①,"社会主义革命的目的是为了解放生产力"②,但党和国家的工作重心始终未能真正放在解放和发展生产力上,阶级斗争常常打破、干扰其他方面的正常工作。工作重心体现了党在一定时期的工作主攻方向,相当于一个圆的"圆心"。1951年,刘少奇在分析党在宣传战线上的任务时指出:"我们的宣传工作是不能离开当前的中心工作的,并且是为了保证各项中心工作的完成的。宣传工作必须与各级党委所定下来的中心工作密切配合,离开了党的中心工作,宣传工作就会失败。"③宣传工作是这样的,多党合作也是这样的。如果说在新中国成立之前,党的工作重心是夺取政权,那么在夺取政权之后,党的工作重心就应该是经济建设,多党合作也应该自觉服务经济建设。但是,在阶级斗争的高压态势下,多党合作是围绕"斗批改"来开展的,各民主党派及其成员因"定性""成分"问题而成为"革命"的对象,政治声誉低,多党合作很难有什么作为。

二、当代中国最大的实际与中国多党合作

对社会发展阶段定位不清楚,对主要矛盾和根本任务判断失策,是改革开放前我国社会主义建设频频出现失误的根本原因之一。在这些问题上拨乱反正、正本清源,中国多党合作才能随之走上正轨、健康发展。

(一)当代中国最大的实际及其"生命线"确保中国多党合作走在正轨

中共在总结正反两方面经验教训的基础上,从十一届六中全会开始、中经十二大、最后到十三大系统地阐述社会主义初级阶段理论,强调中国最大的实际就是"现在处于并将长时期处于社会主义初级阶段"④。当时的社会主义国家如苏联、东欧国家基本认为它们处在"发达的社会主义社会"的阶段,越南认为自己仍处于向社会主义过渡时期,中国的定位同它们相比,既较好地克

---

① 《毛泽东文集》第6卷,北京:人民出版社1999年版,第289页。
② 《毛泽东文集》第7卷,北京:人民出版社1999年版,第1页。
③ 《刘少奇选集》上卷,北京:人民出版社1981年版,第86页。
④ 《江泽民文选》第2卷,北京:人民出版社2006年版,第13页。

服了超越现实的缺陷,又克服了与新民主主义社会在社会性质上相混淆的不足,可以说是更为准确的、清醒的。

邓小平指出,社会主义初级阶段意味着中国处于社会主义发展的"不发达的阶段",意味着中国社会主义"事实上不够格"①。社会主义初级阶段把坚持社会主义问题上的性质与方向、程度与水平、趋势与前景有机统一起来,构成一个科学概念,从而深刻把握我国的基本国情,一是它同我国在经济文化落后的条件下建设社会主义相关,二是它至少需要100年的时间,三是它与中国特色社会主义进程有着内在联系,四是它在发展进程的不同时期具有不同的阶段性特征,这个动态的发展过程,是由量变积累引起部分质变,在新的基础上再由新的量变积累引起新的部分质变的过程,五是将来条件具备时,我国社会主义建设会"进入更高的发展阶段"②。

中国是经过新民主主义而非发达资本主义走上社会主义道路的,这种"先天不足"决定了其他国家在资本主义条件下完成的任务,在中国只能通过社会主义初级阶段去弥补,这具有不可逾越性。因此,社会主义初级阶段是事关全局的基本国情,是党制定基本理论、基本路线、基本方略的出发点和根本依据。在此基础上逐步形成、丰富的党在社会主义初级阶段的基本路线,是党和国家的生命线、人民群众的幸福线,坚持改革开放以来党的理论和实践,"关键是坚持'一个中心、两个基本点'"③,为把我国建设成为富强民主文明和谐美丽的社会主义现代化国家而奋斗。

马克思指出:"权利决不能超出社会的经济结构以及由经济结构制约的社会的文化发展。"④ 中国正处于并将长期处于社会主义初级阶段,中国多党合作同样无法超越基本国情,一方面,它是社会主义性质的政党制度,必须坚持社会主义的性质而不能偏离这个性质;另一方面,它的运作,它的完善和发展,都必须考虑到社会主义初级阶段的实际,牢牢把握"一个中心、两个基本点"的基本路线,牢牢把握建设"五位一体"的社会主义现代化国家的目

---

① 《邓小平文选》第3卷,北京:人民出版社1993年版,第252、225页。
② 《江泽民文选》第3卷,北京:人民出版社2006年版,第293页。
③ 《邓小平文选》第3卷,北京:人民出版社1993年版,第370页。
④ 《马克思恩格斯文集》第2卷,北京:人民出版社2009年版,第435页。

标，以此出发形成自己的理论、政策和实践。做到了这一些，中国多党合作也就走上了正轨，也就能够不动摇、不懈怠、不折腾，求真务实向前推进。

（二）对初级阶段社会主要矛盾的科学判断使中国多党合作大有可为

明确社会主义初级阶段定位的一个重要目的，是对初级阶段社会的主要矛盾和根本任务做出正确规定，以反映基本矛盾运动规律的要求。在社会主义初级阶段，我国各方面依然存在种种社会矛盾，但抓住主要矛盾对于把握社会矛盾的全局并促成各种具体的社会矛盾的解决依然具有十分重要的意义。

十一届三中全会后，邓小平对社会主要矛盾做了新的思考，指出"我们的生产力发展水平很低，远远不能满足人民和国家的需要……解决这个主要矛盾就是我们的中心任务"[①]。十一届六中全会进而指出我国的主要矛盾是"人民日益增长的物质文化需要同落后的社会生产之间的矛盾"[②]。这一论断在整个新时期不断得到确认、强调，十五大甚至说它将"贯穿我国社会主义初级阶段的整个过程和社会生活的各个方面"[③]。

中国特色社会主义进入新时代，习近平审时度势，在十九大报告中将沿用了三十多年的关于我国社会主要矛盾的表述改为"人民日益增长的美好生活需要和不平衡不充分的发展之间的矛盾"[④]。新的提法一是将"物质文化需要"变为"美好生活需要"，表明人民的需要是全方位的，二是将"落后的社会生产"变为"不平衡不充分的发展"，表明当前更加突出的问题是发展不平衡不充分。我国社会主要矛盾的转变事关全局，表明我国的发展进入了一个全新的阶段，对党和国家工作提出了许多新要求。当然，"变"与"不变"是辩证统一的，社会主要矛盾的转变没有改变我国的基本国情，也没有改变我国在世界上的地位，这仍然是一个唯物辩证法所讲的总的量变过程中的阶段性和局部性

---

① 《邓小平文选》第2卷，北京：人民出版社1994年版，第182页。

② 中共中央文献研究室编：《三中全会以来重要文献选编》下，北京：人民出版社1982年版，第839页。

③ 《江泽民文选》第2卷，北京：人民出版社2006年版，第15页。

④ 中共中央党史和文献研究院编：《十九大以来重要文献选编》上，北京：中央文献出版社2019年版，第8页。

的部分质变。

根据初级阶段的主要矛盾,中国共产党确立了社会主义的根本任务——解放和发展生产力,强调解决中国的问题,不能等靠要,不能依赖外部力量,"关键是要靠自己的发展"[1]。中共中央主要领导人在不同时期提出的"硬道理"[2]、"第一要务"[3]、"主题"[4]、"以新的发展理念引领发展"[5],都清楚地表明了这一点。中共将发展问题上升到关系人心向背、事业兴衰的高度看待,并且通过执行"三步走"发展战略,逐步而又稳扎稳打地推进"中国式的现代化",不断赋予源自《诗经》的"小康"概念以新的时代内容。十九大报告进而对新时代中国特色社会主义发展进行了战略安排,勾勒了在全面建成小康社会基础上,2020—2035年、2035—2050年"两步走"的新征程。

在解决发展问题的过程中,中共始终坚持以经济建设为中心,将其作为兴国之要,从而实现了党在新时期的最根本的拨乱反正。在邓小平看来,现代化建设不能单打一,但"还是要把经济建设当作中心"[6],否则就有丧失物质基础的危险。邓小平吸取建国后很长时间内因工作重点的失误而导致社会生产力的发展不快、不稳、不协调,人民的生活没有得到多大改善的情形,要求要横下心来,除了爆发大规模战争外,就要始终如一地抓紧抓好经济建设,"扭着不放,'顽固'一点,毫不动摇"[7]。这个斩钉截铁的宣示,在改革开放后不论是出现什么样的来自国内的或国外的困难、风险和考验,都未曾发生过转移。当今中国的经济总量已经跃居世界第二位,人民的生活水平也有了很大的提高,都得益于以经济建设为中心、不断推进国家的现代化进程。

改革开放以来对主要矛盾和根本任务的科学判断,为各民主党派及其成员发挥聪明才智、实现自身价值提供了宽广的舞台。各民主党派摆脱了"两个

---

[1] 《邓小平文选》第3卷,北京:人民出版社1993年版,第265页。
[2] 《邓小平文选》第3卷,北京:人民出版社1993年版,第377页。
[3] 《江泽民文选》第3卷,北京:人民出版社2006年版,第538页。
[4] 《胡锦涛文选》第2卷,北京:人民出版社2016年版,第167页。
[5] 中共中央文献研究室编:《十八大以来重要文献选编》中,北京:中央文献出版社2016年版,第824页。新的发展理念指创新、协调、开放、绿色、共享这五大发展理念。
[6] 《邓小平文选》第2卷,北京:人民出版社1994年版,第250页。
[7] 《邓小平文选》第2卷,北京:人民出版社1994年版,第249页。

阶级""两条道路""以阶级斗争为纲"的精神枷锁，根据初级阶段社会主要矛盾和主要任务，投身经济建设主战场，同时也为其他方面的发展、进步建言献策，从中央到地方、从组织到成员，精神面貌都焕然一新。"人逢喜事精神爽"，中国多党合作因而生机勃勃，在国家政治生活中扮演着重要的角色。

第三节　现代化建设与中国多党合作

现代化，是指从不发达社会走向发达社会的过程和目标，现代化建设需要一种宏观上的、整体性的规划安排，形成科学合理的布局，并且有持续的动力作为支撑。把我国建设成为社会主义现代化强国，赶上和超过世界先进水平，寄托着中国共产党和各民主党派的共同梦想。现代化建设的布局怎么样、动力来自哪里，同样是影响中国多党合作能够走到哪里、有没有力量走下去的重要因素。

一、僵化半僵化、封闭半封闭条件下的现代化建设与中国多党合作

"中国的现代化是被延误了的现代化"[①]，鸦片战争后，从"御夷图强"到"中体西用""中西互补"，从"中国本位""全盘西化"到"现代化"，从"以工立国"到"以农立国"，不同理念、方案等的争论从来没有停止过，但在内忧外患中，中国走向现代化的过程非常艰难。新中国的成立使社会主义基础上的现代化成为可能，大规模的现代化建设随即展开。现代化建设是在什么样的条件下进行的、布局怎么样、动力来自哪里，同样是影响中国多党合作的重要因素。

旧中国是个积贫积弱的"东亚病夫"。新中国成立后，毛泽东、周恩来发

---

① 罗荣渠：《现代化新论——世界与中国的现代化进程》，北京：北京大学出版社1993年版，第235页。

出了把我国建设成为一个"社会主义强国"①的号召,激发着亿万人民为改变中国贫穷落后而建设社会主义的热情。在中国共产党领导下,我国人民自力更生、艰苦创业,逐步建立了独立的比较完整的工业体系和国民经济体系,独立研制出"两弹一星",成为世界上有重要影响的大国,取得了旧中国所不可想象的成就,驳斥了帝国主义关于共产党会打仗而不会搞建设的谬论。

在开展经济建设的同时,新中国的政治建设和文化建设也取得了相应的历史性成就:就政治建设而言,在政治制度上巩固了人民民主专政的国体,确立了人民代表大会制度的根本政治制度、多党合作制度、民族区域自治制度等基本政治制度;在政治权利上,给予公民言论、出版、集会、结社、游行、示威、宗教信仰自由;在处理人民内部矛盾的方法上,强调凡属于思想性质、人民内部争论的问题,"只能用民主的方法去解决"②,等等,都表明了"人民共和国"的本质属性。就文化建设而言,新中国刚成立前,中国不仅积贫积弱而且积愚,人民的文化水平非常低下,文盲的比例非常的高,毛泽东相信经济建设高潮和文化建设高潮是相辅相成的,中国人一定会告别不文明的时代,"以一个具有高度文化的民族出现于世界"③。为此,党和政府大力加强教育科学文化建设,毛泽东提出的"百花齐放,百家争鸣"和"古为今用,洋为中用",成为社会主义文化建设的基本方针。毛泽东很重视政治和经济、业务、技术的结合,要求"又红又专","一定要批判不问政治的倾向"④。党非常重视对知识分子的改造和培养,周恩来提出知识分子中间的绝大部分"已经成为国家工作人员,已经成为社会主义服务的力量,已经是工人阶级的一部分"⑤,毛泽东则强调建成社会主义需要知识分子和技术干部的队伍,"这是一个宏大的队伍,人少了是不成的"⑥。这些思想发展了马克思恩格斯的"总体

---

① 《周恩来选集》下卷,北京:人民出版社1984年版,第439页。
② 《毛泽东文集》第7卷,北京:人民出版社1999年版,第209页。
③ 《毛泽东文集》第5卷,北京:人民出版社1996年版,第345页。
④ 《毛泽东文集》第7卷,北京:人民出版社1999年版,第351页。
⑤ 《周恩来选集》下卷,北京:人民出版社1984年版,第162页。
⑥ 中共中央文献研究室:《建国以来毛泽东文稿》第6册,北京:中央文献出版社1992年版,第550页。

工人"理论,强调了脑力劳动者和体力劳动者的结合。

社会主义现代化建设的开展,使中国共产党和各民主党派的合作,主题从"革命"转向了"建设"。当着各民主党派和共产党一起为夺取政权而奋斗的时候,现代化建设在他们的头脑中更多的是一种愿景、一张蓝图;当新中国成立后,各民主党派和共产党一起为着把祖国建设成为社会主义强国,不仅对"四个现代化"倾注了满腔热情,而且付诸实践,多党合作带着新的任务踏上了为国家和人民效力的征程。即便处在僵化半僵化、封闭半封闭的条件下,即便时常受到国内外形势变化的影响,各民主党派还是同全国人民一道,尽心尽力在各行各业为社会主义现代化建设做出自己的贡献。

二、改革开放条件下的现代化建设与中国多党合作

改革开放以来的现代化建设总体布局,经历了从二位一体到五位一体的变迁;现代化建设动力,则来自"改革开放只有进行时,没有完成时"的毅力。在这样的背景下,各民主党派和中国多党合作迎来了发展、壮大的良好机遇。

(一)改革开放以来现代化建设总体布局的完善不断提高中国多党合作水平

首先,"二位一体"布局——强调一手抓物质文明建设,一手抓精神文明建设。改革开放后,邓小平多次从不同的角度提出"两手抓,两手都要硬"的思想,最主要的是强调一手抓物质文明建设、一手抓精神文明建设。精神文明建设的相关内容在"中国特色社会主义文化"中已涉及,这里不再赘述。在物质文明建设方面,改革开放以来,我国的经济社会发展取得了举世瞩目的成就,目前成为仅次于美国的世界第二大经济体,人均国民总收入按照世界银行的划分标准,已经由低收入国家跃升至上中等收入国家。

其次,在"二位一体"布局的基础上增加政治文明建设的内容,形成"三位一体"布局。1986年,十二届六中全会在研究改革开放条件下的精神文明建设时,就提出经济体制改革、政治体制改革和精神文明建设的相互配合、

相互促进是"我国社会主义现代化建设的总体布局"①，但直到2001年江泽民明确使用"政治文明"的概念，并在十六大报告中强调要不断促进物质文明、政治文明、精神文明的协调发展，"三位一体"布局才正式确立下来。

社会主义政治文明的成果表现为社会主义民主政治的发展。为此，必须坚持党的领导、人民当家做主和依法治国有机统一。党的领导是中国特色社会主义最本质的特征，是中国特色社会主义制度的最大优势，因而它也是人民当家做主和依法治国的根本保证。改革开放后，党的领导一般被表述为政治领导、思想领导、组织领导，十八大以后强调坚持党对一切工作的领导，"党政军民学，东西南北中，党是领导一切的"②，明确了党的领导所覆盖的领域、地域，以此宣示坚持和加强党的全面领导、不断增强党的政治领导力、思想引领力、群众组织力和社会号召力的决心。人民当家做主是社会主义民主政治的本质特征，尽管西方国家也鼓吹这样的理念，但它惯用抽象肯定、实际上搞"金钱挂帅"的办法对付选民，与此不同，我国将选举民主和协商民主统一起来，通过积极稳妥推进政治体制改革，有步骤、有秩序地扩大人民的有序政治参与，因而形成了维护人民根本利益的最广泛、最真实、最管用的民主。依法治国是党领导人民治理国家的基本方式，根据邓小平强调的"必须使民主制度化、法律化，使这种制度和法律不因领导人的改变而改变，不因领导人的看法和注意力的改变而改变"③，中共对民主、法制、法治、德治的认识不断深化，不仅做出"依法治国，建设社会主义法治国家"和"坚持法治国家、法治政府、法治社会一体建设"的决策，而且强调德治与法治都是维护社会秩序、规范人们思想和行为的重要手段，因而依法治国与以德治国应该相互结合，统一发挥作用。总之，党的领导、人民当家做主和依法治国统一于社会主义民主政治伟大实践，也是坚定不移走中国特色社会主义政治发展道路的根本遵循。

再次，在"三位一体"布局的基础上增加社会建设的内容，形成"四位

---

① 中共中央文献研究室编：《十二大以来重要文献选编》下，北京：人民出版社1988年版，第1173页。

② 中共中央党史和文献研究院编：《十九大以来重要文献选编》上，北京：中央文献出版社2019年版，第14页。

③ 《邓小平文选》第2卷，北京：人民出版社1994年版，第146页。

第四章 新中国成立以来多党合作的社会生态

一体"布局。在计划经济时期，我国的社会自主空间狭小、社团组织匮乏、社会建设滞后、社会缺乏活力。改革开放后，胡锦涛向全党提出要关注社会建设和社会和谐问题，将总体布局从三位一体发展为"经济建设、政治建设、文化建设、社会建设四位一体"①。社会建设以保障和改善民生为重点，致力于增进人民的获得感、幸福感、安全感，其成果体现在十九大报告所讲的社会文明程度的提高上。

最后，在"四位一体"布局的基础上增加生态文明建设的内容，形成"五位一体"总体布局。20世纪70年代，我国开始关注环境问题。改革开放后，一方面西方关于"寂静的春天""增长的极限""低熵社会"等有关人地关系恶化的警示不断传入中国人的耳朵，另一方面随着我国经济社会的发展，粗放型的经济增长方式的弊端越来越明显地暴露出来，面对资源、环境、生态的严峻形势，环境保护和合理开发资源的问题越来越摆上党和国家的议事日程。1995年，中国共产党将联合国环境规划署理事会在1989年提出的"可持续发展"确定为国家发展的重大战略提出，而后的科学发展观、和谐社会、美丽中国等理念，也都包含可持续发展、人与自然和谐相处的内涵。十八大报告正式将生态文明建设纳入总体布局之中，提出要全面落实"五位一体总体布局"②，从而使现代化建设新布局鲜明地呈现在世人的面前。

改革开放以来现代化建设的成就对于亲自参与其中的各民主党派是个巨大的鼓舞，也凝结着多党合作的重大贡献。现代化建设总体布局从"二位一体"到"五位一体"的变迁，体现了社会主义社会全面发展、全面进步的特点，这就启示各民主党派，现代化建设是一个动态的与时俱进的过程，多党合作对什么是中国社会主义现代化、如何实现中国社会主义现代化的思考和行动也必须不断深化，而一刻不能停止开拓进取的精神。从系统论的角度讲，"五位一体"是一种愿景，这个总体布局中各个方面也存在密切关系，只有以经济建设为物质基础，以政治建设为制度依托和方向保证，以文化建设为精神动力

---

① 中共中央文献研究室编：《十六大以来重要文献选编》中，北京：中央文献出版社2006年版，第696页。
② 《胡锦涛文选》第3卷，北京：人民出版社2016年版，第619、644页。

和智力支持,以社会建设为民生、民心的"晴雨表",以生态文明建设实现绿水青山、美丽中国,才能全面提升我国物质文明、政治文明、精神文明、社会文明、生态文明,使生产关系与生产力、上层建筑与经济基础相协调,这就为各民主党派和中国多党合作指明了在全面建成小康新社会和全面建设社会主义现代化国家新征程中"干什么""怎么干"的问题,使他们在新时代更加"有所指向,知所趋附"。在中国特色社会主义政治发展道路的领航下,只要多党合作顺应现代化建设总体布局的要求,在满足人民对美好生活的需要中有作为、有担当,就一定能够取信于时代和人民,拥有更加广阔的发展前景。

(二)现代化建设的动力——改革,也是发展和完善中国多党合作制度的必由之路

十一届三中全会召开之前,邓小平在一次讲话中指出,新中国成立后,我们国家的体制基本来自苏联,是落后的,好多问题要重新考虑。这种"重新考虑"的结果,就是实行改革开放,使之成为"决定中国命运的一招"①。其特点有:

第一,坚持改革中"变""改"与"不变""不改"的统一。之所以有"变""改",是因为"改革是中国的第二次革命"②。邓小平的社会主义本质论之所以强调"解放生产力,发展生产力",是因为过去只讲在社会主义条件下发展生产力,但对社会发展的动力没有提及,只有建立起市场取向的经济体制,使供需双方充满生机和活力,才能促进生产力的发展,这种并非细枝末节的修补表明,改革如同过去的革命,是为了扫除发展生产力的障碍,所以"改革也可以叫革命性的变革"③。不仅如此,改革在促进生产力发展的同时,引起了全社会的"一系列深刻变化"④,就这种变化的广度和深度而言,它确

---

① 《邓小平文选》第3卷,北京:人民出版社1993年版,第368页。
② 《邓小平文选》第3卷,北京:人民出版社1993年版,第113页。
③ 《邓小平文选》第3卷,北京:人民出版社1993年版,第135页。
④ 《邓小平文选》第3卷,北京:人民出版社1993年版,第142页。

第四章 新中国成立以来多党合作的社会生态

实不亚于一次社会革命,是决定当代中国命运的关键一招。习近平将中国共产党领导人民奋斗的全部历程统称为"一场伟大的社会革命"①,这里的"社会革命"是包括夺取政权、改造社会、开展建设、力行改革在内的诸多方面的复合词,"改革"是其中的重要内容和题中之义。

之所以有"不变""不改",是因为"改革是社会主义制度的自我完善"②。作为"第二次革命"的改革是相对新民主主义革命、社会主义革命而言的,但改革与后者在对象上有本质的区别,改革针对的是旧体制、旧观念,而非社会基本制度。为了确保改革开放的正确方向,中国共产党历来强调四项基本原则和改革开放"这两个基本点是相互依存的"③,四项基本原则是立国之本,是改革开放的政策基础,离开了这"四个坚持",中国社会就会失去定海神针,陷入政局动荡、分崩离析的状态,"什么建设改革、振兴中华,都将成为空话"④;改革开放是强国之路,"四个坚持"就是在改革开放和现代化建设中不断获得新的内容的,因而没有变成空洞的口号或僵化的教条。

第二,强调改革与开放相联系。中国的改革是同对外开放联系在一起的。既然在开放的世界中"中国的发展离不开世界"⑤,因而关起门来搞建设、把自己孤立于世界之外是不行的,开放伤害不了我们,中国需要通过对外开放来使自己发达起来。中国在坚持把独立自主、自力更生作为立足点的同时,逐步形成了全方位、多层次、宽领域的对外开放格局,从建立经济特区到开放沿海、沿江、沿边、内陆地区再到参与一系列区域性、国际性经济(合作)组织特别是加入世界贸易组织,从大规模"引进来"到大踏步"走出去",在参与经济全球化中推动其朝着均衡、普惠、共赢的方向发展的贡献越来越大。改革促进开放,开放中对标国际、寻找差距,又会成为深化改革的新的动力。

第三,明确判断改革开放是非成败的标准。改革是以经济体制改革为重点

---

① 《习近平在学习宣传贯彻党的十九大精神研讨班开班式上发表重要讲话》,载《人民日报》2018年1月6日。
② 《邓小平文选》第3卷,北京:人民出版社1993年版,第142页。
③ 《邓小平文选》第3卷,北京:人民出版社1993年版,第248页。
④ 《邓小平文选》第3卷,北京:人民出版社1993年版,第146页。
⑤ 《邓小平文选》第3卷,北京:人民出版社1993年版,第78页。

的全面的、综合性的改革,"要贯穿中国整个发展过程"①,这样的改革不仅在中国,而且在国际范围内也是很大的试验,要冒很大的风险,因此没有一点闯的、冒的精神,"就走不出一条好路,就干不出新的事业"②。针对一些人对改革开放的非议,邓小平指出判断改革开放的标准,"应该主要看是否有利于发展社会主义社会的生产力、是否有利于增强社会主义国家的综合国力、是否有利于提高人民的生活水平"③,从而发展了毛泽东在七大对政党的先进性的论述,对于促进人们解放思想加快改革开放具有重要的现实指导意义。

第四,提出全面深化改革的总目标。这就是十八届三中全会明确的"完善和发展中国特色社会主义制度,推进国家治理体系和治理能力现代化",这两句话将全面深化改革的根本方向和鲜明指向统一为一个整体,成为改什么、怎么改的根本尺度,正如习近平所说,"该改的、能改的我们坚决改,不该改的、不能改的坚决不改"④。根据这个总目标,全面深化改革在方法论上应更加注重改革的系统性、整体性、协调性,在顶层设计上应把制度建设摆到更加突出的位置,在具体目标上应坚持"五位一体"协调发展,在价值取向上应致力于共建共享、满足人民日益增长的美好生活需要,从而更好把握全面深化改革的内在规律,在新时代形成锐意进取、攻坚克难的改革合力。

当然,改革开放也得益于中国共产党人的世界眼光。"文革"结束后,当时苏联东欧国家的改革开放进入中国的视野,至20世纪80年代中期,中共派出大批代表团赴苏东国家调研、考察,对其改革开放的经验教训进行了借鉴、反思和超越,"刚具有改革开放意愿的中国共产党最开始对苏联东欧的改革是比较欣赏的,以借鉴居多,但随着对双方改革情况了解的加深,便开始反思彼此改革的异同,以扬弃为主,最终走上一条富有中国特色的改革之路"⑤。改

---

① 《邓小平文选》第3卷,北京:人民出版社1993年版,第265页。
② 《邓小平文选》第3卷,北京:人民出版社1993年版,第372页。
③ 《邓小平文选》第3卷,北京:人民出版社1993年版,第372页。
④ 中共中央党史和文献研究院编:《十九大以来重要文献选编》上,北京:中央文献出版社2019年版,第732页。
⑤ 刘艳、王涛:《苏联东欧改革对中国改革开放初期的影响》,载《当代世界与社会主义》2015年第3期。

革开放的过程也是正确认识并理性处理社会主义与资本主义的关系的过程，正如邓小平所说，社会主义要赢得优势，就必须"吸收和借鉴当今世界各国包括资本主义发达国家的一切反映社会化生产规律的先进经营方式、管理方法"①。

改革开放为实现中华民族伟大复兴注入了生机活力，而且"可以对世界上的社会主义事业和不发达国家的发展提供某些经验"②。多党合作制度是我国的一项基本政治制度，也是我国政治体制改革的一项重要内容。正是在改革开放中，各民主党派得到了发展、壮大，社会基础得到了增强，以往影响多党合作的一些旧的体制机制，有的从顶层设计上得到了解决，有的在摸着石头过河中得到了解决，还有的通过基层组织的实践检验或者专家学者的意见建议得到了解决，多党合作的制度化、规范化、程序化得到了很大的提高。未来岁月，依然只有通过全面深化改革，才能促进这项制度进一步革旧鼎新，进一步释放优越性。

第四节　时代主题、对外交往与中国多党合作

社会主义国家革命、建设、改革的舞台，首先是一国范围内的，但是，社会主义事业的国际性和战后世界愈加开放、经济全球化汹涌澎湃的特点，又决定了它"如果不就形式而就内容来说"，是与外部世界紧密联系在一起的。时代主题、国际政局、党和国家的对外交往，都会对中国多党合作产生各种各样的或者直接或者间接的影响。

一、特殊时代主题下的中国多党合作

在时代主题和对外交往中突出"战争""革命""备战""意识形态"等

---

① 《邓小平文选》第3卷，北京：人民出版社1993年版，第373页。
② 《邓小平文选》第3卷，北京：人民出版社1993年版，第135页。

因素，既有"敢于斗争敢于胜利""不怕鬼不信邪"的气魄，也有不适当的"火药味"，这些都给中国多党合作打上了深深的时代烙印。

（一）"战争与革命"的时代主题及其对中国多党合作的影响

"时代"是一个内涵和外延众说纷纭且被广为使用的术语，但是，"正如线不是空间的点一样，时代不是时间上的时刻"①，时代总是标示一定的发展阶段，在马克思主义发展史上，这样的发展阶段的划分标准主要有：一是社会形态、社会制度，如马克思恩格斯在《共产党宣言》中说的"资产阶级时代"；二是生产力和科学技术标准，如恩格斯在《家庭、私有制和国家的起源》中说的"蒙昧时代""野蛮时代""文明时代"；三是主题、主要内容，如斯大林认为列宁主义是"帝国主义和无产阶级革命时代的马克思主义"②，以及1957年《莫斯科宣言》说的"我们时代的主要内容是由俄国伟大十月社会主义革命所开始的由资本主义向社会主义的过渡"③。

时代主题是在一定历史条件下世界历史发展进程中需要解决的主要问题。如何认识时代主题，对一个国家的内政外交国防政策有着重大的影响。抗战时期，毛泽东指出："……现在世界是处在战争与革命的新时代，是社会主义革命势力向上高涨与资本主义反动势力向下衰落的时代"。④战后，毛泽东的判断发生了变化，解放战争爆发前夕，他在关于国际形势的估计中指出，尽管战争危险依然存在，但由于从整个世界看，民主力量较之反动力量占了上风，因而"必须和必能克服战争危险"⑤。新中国成立前夕，毛泽东向世界宣告新中国"将联合一切爱好和平自由的国家、民族和人民……争取世界的持久和平"⑥，表达了中国人民热爱和平、珍惜和平的强烈愿望。

但是，进入20世纪60年代，面对西方国家的封锁、包围和中苏关系恶化

---

① 《马克思恩格斯全集》第34卷，北京：人民出版社1972年版，第256页。
② 《斯大林选集》上卷，北京：人民出版社1979年版，第185页。
③ 《莫斯科宣言——莫斯科声明》，北京：人民出版社1964年版，第4页。
④ 《毛泽东文集》第2卷，北京：人民出版社1993年版，第170页。
⑤ 《毛泽东选集》第4卷，北京：人民出版社1991年版，第1184页。
⑥ 《毛泽东文集》第5卷，北京：人民出版社1996年版，第348页。

等现实情况，连同国内强化阶级斗争的氛围，多党合作被打上了深刻的"革命"烙印，体现在当时各民主党派的文献（党派自身文献或者党派的联合宣言、声明等）中，就是字里行间无不流露出同仇敌忾、义愤填膺、斗争到底等情绪。

（二）"另起炉灶"的时代主题及其对中国多党合作的影响

新中国成立后，党和国家在"另起炉灶"的基础上，开启了独立自主的和平外交的新进程。新中国倡导的以和平共处五项原则作为处理对外关系的基本准则，得到许多国家的认可；毛泽东提出的两个中间地带的判断和划分三个世界的战略，特别是中国站在第三世界的一边，对于我国团结世界人民反对霸权主义、改善我国的国际环境、提高我国的国际威望，起了重要的作用；根据实际情况，先是联合苏联和东欧社会主义国家，而后改善中美关系、同日本等发达国家建交、实现中华人民共和国在联合国的一切合法权利的恢复等，不仅对中国的经济、政治，而且对战后的国际政治格局，都产生了重大的影响。毛泽东还一再强调，我们必须认真学习国外一切真正好的、对本民族有用的东西，当然这种学习是有分析有批判地学，因为"照抄别国的经验是要吃亏的，照抄是一定会上当的"①，这一思想同"以苏为鉴"在本质上是一致的。

革命的中心自西向东转移。与鸦片战争后中国"弱国无外交"、任列强欺凌的惨状相比，新中国在对外工作中取得的历史性成就，令各民主党派备受鼓舞，深刻认识到中共是引领中国人民"站起来"、引领中华民族从被人侮辱的民族走向在创造自己的文明和幸福中促进世界的和平和自由的民族的中流砥柱，这就从对外工作的角度，增进了各民主党派对中共的敬重并坚定了他们接受中共领导的决心。

二、和平发展道路与中国多党合作

改革开放后，中国不再关起门来搞"左"的那一套，中国与世界的联系

---

① 《毛泽东文集》第7卷，北京：人民出版社1999年版，第64页。

和交往越来越频繁。中共一方面保持清醒的头脑，认为我们所处的时代同马克思所处的时代相比发生了巨大而深刻的变化，但"我们依然处在马克思主义所指明的历史时代"①，因而始终没有泯灭自己的理想信念；同时，面对各国在对外工作中考虑本国切身利益的因素上升、内向性成分增多、经济安全比重加大、国家战略更加突出地为全球性综合国力竞争服务的情形，中共通过对时代主题的全新判断，坚持走以"科学发展、自主发展、开放发展、和平发展、合作发展、共同发展"为特征的和平发展道路，倡导人类命运共同体，不断扩大中国外交的回旋余地，结出了丰硕的外交成果，展现了作为负责任的大国和负责任的大党的良好国际形象。由此，中国多党合作亦被打上了不同于改革开放之前的另一种时代烙印。

（一）"和平与发展"的时代主题使中国多党合作与推进人类和平与发展的崇高事业相联系

进入新时期，邓小平对世界形势的发展变化进行了深入的研究和分析，认为在世界各种矛盾发展变化和世界抑制战争因素不断增长的合力作用下，我们有可能争取较长时间的和平环境用于搞建设和改革。1985年，邓小平指出和平和发展是世界上的大问题、战略问题，并且发展问题是"核心问题"②。十三大之后，和平与发展是时代主题的论断为历次党的全国代表大会所重申。

和平、发展、合作，成为时代主题下国际社会不可阻挡的潮流，但由于"世界和平与发展这两大问题，至今一个也没有解决"③，因而世界多极化和经济全球化的趋势是在曲折中发展的。从世界多极化的角度看，苏东剧变后，两极格局终结，包括中国在内的多个力量中心逐渐形成，多极化的趋势不可逆转，但霸权主义和强权政治的意愿和行动也不会自动退出历史舞台，推动国际关系民主化的斗争非常艰巨，各种力量的较量有时候达到剑拔弩张的地步；从经济全球化的角度看，它带来了世界贸易、世界市场、世界文学、世界历史，

---

① 《习近平谈治国理政》第2卷，北京：外文出版社2017年版，第66页。
② 《邓小平文选》第3卷，北京：人民出版社1993年版，第105页。
③ 《邓小平文选》第3卷，北京：人民出版社1993年版，第383页。

促进了各种生产要素在国际社会的流动和优化配置,形成了巨大的分工利益,为世界经济增长和科技进步提供了强劲动力,但由于它是发达国家主导的,因而一些西方学者也看到全球化"根植于社会权力特有的资本主义形式中"①,"对某些人而言,'全球化'是幸福的源泉;对另一些人来说,'全球化'是悲惨的祸根"②,经济全球化进程中的受益不均、规则不平等、资源掠夺、环境恶化、经济风险加剧等问题,也使"反全球化运动"从不缺乏托词。近年来,反全球化运动风起云涌,说明世人尤其是落后国家和地区的民众对发达国家主导的全球化多有不满,希望变革。

2008年金融危机以来,世界面临的不稳定性不确定性非常突出:一是经济增长动能不足,虚拟经济与实体经济发展失衡,一些国家福利风险不断增加,债务负担沉重;二是地区热点问题此起彼伏,局部战争、冲突时有发生;三是治理体系失灵,治理危机频发,异化的选举体制容易与恶性的政党竞争、自私的分权体制相耦合,使民主政治体制的实际运行过程日益退化为"否决政体",民粹主义思潮的泛起使得在很多国家权力结构中发挥主导作用的精英政治陷入困境;三是社会融合机制失效,不仅表现在社会极端思想抬头、一些国家右翼政党得势,而且表现在社会流动性退化、贫富分化日益严重且出现代际化,还表现在社会矛盾激化,暴力、枪击、骚乱等群体性事件增多;四是气候变化、粮食安全、资源能源安全、网络安全等全球性问题进一步显现,恐怖主义、跨国有组织犯罪、重大传染性疾病等非传统安全威胁大量涌现,与传统安全威胁相互交织。且不说发达国家与发展中国家的矛盾,即便在发达国家内部,英国脱欧、美国总统特朗普的"美国优先政策"、美日欧之间的贸易摩擦等,都足以擦亮世人的眼睛。

在开放的世界,任何一个希望有所作为的国家、民族、政党,都不会自外于国际形势的变化,而是对此予以深刻关注并与时俱进调整自己的对策。各民主党派同中国共产党一样,从诞生之日起就深受外部世界的影响,并且在与这

---

① See Gregory Albo, "The World Economy", in *Market Imperative and Alternative* (Monthly Review), Vol. 12, 1996.

② [英]齐格蒙特·鲍曼:《全球化》,郭国良等译,北京:商务印书馆2001年版,第1页。

种影响的互动中不断提高自身的世界眼光。和平与发展成为时代主题，为中共和各民主党派携手建设社会主义现代化强国赢得了良好的契机，因而多党合作积极表达了中国人民维护人类和平、促进全球共同发展的良好愿望。但是，在大发展大变革大调整时期，和平与发展不时"乍暖还寒"，这也要求中共和各民主党派对我国现代化建设面临的来自外部的风险和挑战有清醒的估计，做到防患于未然。总之，多党合作不仅意味着顺境中的阳光明媚，更意味着逆境中的风雨同舟，它应该同推进人类和平与发展的崇高事业结合起来，矢志不渝地推进和平、发展、合作、共赢在全球的实现。

（二）中国特色大国外交使中国多党合作获得了更大的活动空间

作为一个负责任的大国和负责任的大党，中国和中国共产党在改革开放后坚持走和平发展道路，强调国与国之间"和平共处五项原则是最好的方式"，"最具有强大生命力的就是和平共处五项原则"[1]；中国主张在处理国家关系的时候，超越意识形态和社会制度的差别，既从国家自身的利益出发，又尊重对方的利益，还要顺应历史潮流，维护全人类的共同利益；中国提倡国际关系民主化和发展模式多样化，强调世界上不同的文明、社会制度、发展道路应"在求同存异中共同发展"[2]，中国不干涉别国的内部事务，也始终把国家的主权和安全放在第一位，要求外部世界理解和支持自己在内政外交上的选择，在维护独立自主的问题上不信邪、不怕鬼，绝不示弱；中国坚持大国是关键、周边是首要、发展中国家是基础、多边是舞台的外交工作布局，顺应战后外交"表现为参与者、事务和场合的激增"[3]的情形，积极开展包括国家外交、政党外交、公共外交、民间外交等在内的总体外交，支持以联合国为中心的国际组织在全球治理中发挥作用，促进全球治理体系变革；中国打破了"国强必霸"的"修昔底德陷阱"，推动构建人类命运共同体，希望生活在同一个地球村里的各国人民同舟共济、共同发展，"一带一路"倡议，就是实践人类命运

---

[1]《邓小平文选》第3卷，北京：人民出版社1993年版，第96页。

[2]《江泽民文选》第3卷，北京：人民出版社2006年版，第567页。

[3] [美]埃尔默·普利科斯：《首脑外交》，周启朋等译，北京：世界知识出版社1990年版，第14页。

共同体理念的典范。总之，中国和平发展道路秉持正确义利观，把建设相互尊重、公平正义、合作共赢的新型国际关系与持久和平、普遍安全、共同繁荣、开放包容、清洁美丽的世界作为中国特色大国外交的总体方向和目标，体现了中国特色社会主义是"主张和平的社会主义"①的本质要求，体现了"中国永远属于第三世界，永远不能称霸"②的国际定位。

对外党际交往是新时期国家对外工作的重要组成部分。改革开放伊始，中共逐步恢复同外国共产党的联系，邓小平作为国际共运的一名"老战士"，亲历其中的许多重大事件，对处理党际关系的经验教训有深刻的体会，因而他适时提出"党与党之间要建立新型的关系"③，强调"各国的事情，一定要尊重各国的党、各国的人民，由他们自己去寻找道路，去探索，去解决问题"④，坚决反对老子党、发号施令的那套做法，此后，逐步形成了党际关系四项原则，十二大报告提出了处理党际关系四项原则，由于这"四项原则"有着广泛的"群众基础"，因而后来中共将它们从处理与各国共产党的关系的准则，引申到处理同各种类型的政党、政治组织发展新型的党际交流和合作关系的准则。在"四项原则"的指导下，改革开放以来的对外党际交往迅速发展，成为国家总体外交的重要组成部分，在建立、巩固和发展国家关系中起着积累、促进的独特作用。中国共产党成为当今世界上开展政党外交取得的成效最丰硕的政党。

在国际事务中，我国主动承担与自己的国力和地位相适应的国际责任和义务，促进联合国"千年发展目标"的实现，彰显的仍然是国际主义精神，尤其是中国在提供对外援助和促进"一带一路"国际合作时，表现得更为清楚。

中国和平发展道路为解决时代主题贡献了中国智慧和中国方案，正愈来愈引起世人的关注，也为各民主党派参与国家的对外工作、开展对外党际交往开辟了广阔的前景。我国的总体外交包括政党外交，从多党合作的要求看，政党外交的主体不仅有中国共产党（这是最主要的），也包括各民主党派（这是重

---

① 《邓小平文选》第3卷，北京：人民出版社1993年版，第328页。
② 《邓小平文选》第2卷，北京：人民出版社1994年版，第112页。
③ 《邓小平文选》第3卷，北京：人民出版社1993年版，第237页。
④ 《邓小平文选》第2卷，北京：人民出版社1994年版，第319页。

要的补充)。随着中国特色社会主义进入新时代和我国日益走近世界舞台中央,在新时代"走出去"的过程中,各民主党派通过讲好中国故事、传播好中国声音、展示好中国成就,让国际社会更多的人了解中国多党合作,理解为什么在当代中国只能实行这样的政党制度而不能实行别样的政党制度,不但是多党合作本身的要求,也是加强话语体系这一"软实力"建设的要求。

第五节 中国共产党自身建设与中国多党合作

新中国成立后,中国共产党成为"整个社会的表率"[①],中国共产党"建设什么样的党,怎样建设党"的问题,不仅关系自身的先进性和纯洁性,而且对国家、社会各个方面的影响也是深远的。在这方面,中国多党合作也不例外。

一、"伟大工程"的延续与中国多党合作

在革命战争年代,共产党为夺取政权而斗争,但中共在根据地、解放区也有局部执政的经历;夺取政权后,共产党成为执政党,但以毛泽东为代表的中国共产党人清醒地意识到,中国革命胜利以后的路程更长,工作更伟大、更艰苦,因而毛泽东在新中国成立后仍希望中国共产党继续"保持过去革命战争时期的那么一股劲,那么一股革命热情,那么一种拼命精神,把革命工作做到底"[②],并为此加强了党的自身建设。

(一)"伟大工程"的延续及其对各民主党派建设适应多党合作要求的参政党的引领作用

一是翻译出版马恩列斯的著作,出版毛泽东等领导人的著作,在全党全社

---

① 《邓小平文选》第2卷,北京:人民出版社1994年版,第177页。
② 《毛泽东文集》第7卷,北京:人民出版社1999年版,第285页。

会掀起了学习马克思列宁主义、毛泽东思想的热潮。尽管毛泽东本人曾为避免在国际共运中产生误解,多次提出不要在马克思列宁主义之外,再单独提毛泽东思想,但这并不影响问题的精神实质。通过理论学习、理论建设,广大党员的马克思主义理论水平得到了提高,增强了对中国革命规律的认识和用无产阶级世界观武装头脑、指导工作的自觉性。

二是践行全心全意为人民服务的宗旨。共产党执掌政权,有了更好的为人民服务的条件,毛泽东要求党员干部"要全心全意为人民服务"[①],邓小平指出共产党"自觉地认定自己是人民群众在特定的历史时期为完成特定的历史任务的一种工具"[②]。在"激情燃烧的岁月",共产党人正是通过深入群众、践行宗旨,使广大人民即便在困难的情况下也紧紧团结在党的周围,坚信中国共产党是同剥削阶级政党完全不同的政党,党的所作所为不是在向人民群众搞恩赐,而是在为人民群众谋利益,并形成一种弥足珍贵的奋发图强的社会风貌。

三是加强作风和纪律建设。毛泽东在七届二中全会上向全党提出在革命胜利后保持"两个务必"、警惕"糖衣炮弹"的攻击的严峻任务。新中国成立后,党员干部违法违纪的事件增多,面对现实,中共加强了党的纪律检查工作,通过开展整风运动和整党运动,反对官僚主义、主观主义和宗派主义,对党员提出更高的标准,并将混入党内的各种坏分子和蜕化变质分子清除出党,处决刘青山、张子善的举动就是很好的例证。中共还强调党员和干部要接受党内和党外的双重监督,党外人士的"民主监督"就是由此而来的。

四是维护党的团结、巩固党的统一。针对高岗、饶漱石的反党分裂活动,七届四中全会向全党特别是中央委员和高级干部强调增强和维护党的团结的极端重要性,指出"党的团结是党的生命"[③],党中央是党的团结的唯一中心,必须同妨碍中央统一领导、损害中央的团结和威信的言行做坚决的斗争。

五是坚持民主集中制。新中国成立后,党进而把民主集中制运用于政权建设,在国家机构中实行这一原则。1962年,毛泽东在"七千人大会"上指出,

---

① 《毛泽东文集》第7卷,北京:人民出版社1999年版,第285页。
② 《邓小平文选》第1卷,北京:人民出版社1994年版,第218页。
③ 中共中央文献研究室编:《建国以来重要文献选编》第5册,北京:中央文献出版社1993年版,第70页。

"先民主，后集中，从群众中来，到群众中去，领导同群众相结合"①，强调民主集中制的方法同时也是群众路线的方法；邓小平指出民主集中制是党和国家的最根本的制度，如果执行得不好，"党是可以变质的，国家也是可以变质的，社会主义也是可以变质的。干部可以变质，个人也可以变质"②，将民主集中制的重要性提到了一个新的高度。

六是培养和造就千百万无产阶级革命事业接班人。毛泽东告诫全党，为了使帝国主义将"和平演变"的希望寄托在党的后继者身上的预言破产，我们一定要从上到下地、普遍地、经常不断地注意这个问题，"这是关系我们党和国家命运的生死存亡的极其重大的课题。这是无产阶级革命事业的百年大计、千年大计、万年大计"③。

党的建设有力地巩固了党的领导地位，推动了中国社会主义革命和建设向前发展，在各民主党派中树立了不同于旧式执政党的崭新形象。一方面，各民主党派从共产党人即便在掌权后也始终保持清醒头脑、决不当"李自成"的正气和勇气中，坚定了在中共领导下走社会主义道路的信心。另一方面，中共的建党模式开始被各民主党派所效仿。民主革命时期，各民主党派诞生于救亡图存的斗争中，主要以少数有重大社会影响力的精英骨干为核心来维系自身的存在和运作，几乎完全依靠一个或者若干个创始人魅力作为集结的凝聚力，不少党派在很长时间里甚至主要以社团形态存在，几乎没有党建，离现代政党的要求还有很大差距。受中共党建的启发和影响，各民主党派开始重视自身建设，通过理论学习、组织整顿、增进自身社会基础和群众性、开放性等，提升了自身实力，从而使自身成为更加适应社会主义革命和建设、适应多党合作需要的参政党。

（二）党的建设的失误弱化了党对多党合作的领导

1957年下半年后，由于反右派斗争等政治运动接踵而来，党的建设随着

---

① 《毛泽东文集》第8卷，北京：人民出版社1999年版，第290页。
② 《邓小平文选》第1卷，北京：人民出版社1994年版，第303页。
③ 中共中央文献研究室编：《建国以来重要文献选编》第19册，北京：中央文献出版社1998年版，第70页。

党的政治路线的失误而一直存在"左"的错误,并且未能彻底纠正。在这种情况下,党和国家领导制度出现了许多弊端,究其原因,最主要的是受十月革命后共产国际推行的高度集权的领导体制的影响,党内民主时好时坏,民主集中制遭到破坏,党内政治生活中生动活泼的局面不复存在。而党的政治路线同党的建设存在着互动关系,前者正确与否决定后者的方向,后者成效如何又影响前者的制定和执行。党的建设中存在的偏差和失误,使党对统一战线和多党合作不是重视了而是忽视了,这就弱化了党对统一战线和多党合作的领导。不论各民主党派如何不再发出不同的声音,如何强调抓自身的"改造",都改变不了问题的实质。

二、"新的伟大工程"与中国多党合作

改革开放后,邓小平要求全党认真思考"执政党应该是一个什么样的党……党怎样才叫善于领导"[①]的问题,开启了执政党建设新的"伟大工程"。"建设什么样的党,怎样建设党"的问题因而成为改革开放以来党创造性地探索和回答的重大理论和实践课题之一。

(一)"新的伟大工程"的重要举措

一是将政治建设摆在党的建设的首位。在十九大之前,党的建设的布局很少提及政治建设,十四届四中全会在回顾十一届三中全会后党的建设取得的成绩时,提到了"政治建设"方面的成绩,就是制定和执行基本路线并"增强了在这条路线基础上的全党团结"[②],但并没有将其摆在党的建设的首位。十八大后,习近平针对党内存在的突出矛盾和问题,强调"旗帜鲜明讲政治是我们党作为马克思主义政党的根本要求"[③],将政治建设摆在首位,强调政治建设在党的建设中带有根本性,是决定方向和效果的东西。政治建设的首要任

[①] 《邓小平文选》第2卷,北京:人民出版社1994年版,第276页。

[②] 中共中央文献研究室编:《十四大以来重要文献选编》中,北京:人民出版社1997年版,第954页。

[③] 中共中央党史和文献研究院编:《十九大以来重要文献选编》上,北京:中央文献出版社2019年版,第44页。

务是保证全党服从中央,"任何一个领导集体都要有一个核心,没有核心的领导是靠不住的"①,习近平总书记成为全党拥护、人民爱戴、当之无愧的党的核心、军队统帅、人民领袖,除了十八大以来党和国家事业所发生的历史性变革之外,还在于"对于领袖的爱护——本质上是表现对于党的利益、阶级的利益、人民的利益的爱护"②,广大党员、干部、群众正是基于对中国共产党的拥护,而以实际行动维护习近平总书记在党中央、全党的核心地位。

二是通过思想建设和理论建设确保全党思想统一。实事求是思想路线在改革开放伊始即得到重新确立,它与解放思想同频共振,二者具有一致性。解放思想、实事求是必然要求与时俱进——这是马克思主义最重要的理论品质和始终保持蓬勃生命力的关键所在,改革开放以来党的理论创新成果既一脉相承又与时俱进,中国马克思主义在新的历史条件下不断得到丰富发展。中国共产党强调理想、信念、信仰是共产党人的精神之"钙",必须以思想建设作为党的基础性建设,以坚定理想信念作为思想建设的首要任务,在马克思主义学习型政党建设中推进思想建党、理论强党,用科学理论武装头脑,培植共产党人的精神家园,从而练就"金刚不坏之身",使全党始终保持强大的战斗力。

三是坚持和健全民主集中制。既强调"民主集中制的中心是民主"③、"党内民主是党的生命"④,也强调加强民主基础上的集中,使集中起来的正确意见成为多数人的共识,形成正确的决策,并坚决付诸实施。根据民主集中制的要求,各级党委(党组)坚持集体领导制度,注重发挥代表大会、全委会、常委会的作用,同时强调实行集体领导和个人分工负责相结合,注意克服个人独断专行或各自为政的情形,确保从中央到地方再到基层的各级组织形成一个严密的有坚强战斗力的结构体系。在提升党的组织力的过程中,特别强调"基础不牢,地动山摇",因而要求将基层组织建设成为坚强战斗堡垒。

四是改善党员队伍结构,建设高素质专业化干部队伍。对于改革开放之后

---

① 《邓小平文选》第3卷,北京:人民出版社1993年版,第310页。
② 《邓小平文选》第1卷,北京:人民出版社1994年版,第235页。
③ 中共中央文献研究室编:《邓小平年谱(一九七五——一九九七)》上,北京:中央文献出版社2004年版,第445页。
④ 《江泽民文选》第3卷,北京:人民出版社2006年版,第570页。

出现的新的社会阶层尤其是私营企业主能不能入党,中国共产党在认识上经历了一个变化。从十六大开始,党章在关于"党员"的规定中,明确"其他社会阶层的先进分子"可以申请入党,使党成为"两个先锋队",从而增强了党的阶级基础,扩大了党的群众基础。针对一些人提出的吸收私营企业主入党会不会改变党的性质、会不会使党变成"全民党"的疑问,江泽民指出,判断一个政党是否为工人阶级先锋队的标准,主要不是看它的党员结构,而是看它的理论和纲领"是不是马克思主义的,是不是代表社会发展的正确方向,是不是代表最广大人民的根本利益"①。中国共产党是马克思主义政党,不可能蜕化变质为剥削阶级政党,也不可能搞成政治上模糊不清、摇摆不定的所谓"全民党"。在党员队伍结构得到改善和党的组织不断壮大的同时,中国共产党大力推进干部队伍和各级领导班子建设,十九大在干部队伍"四化"方针的基础上,进而提出建设高素质专业化干部队伍的新要求。中国共产党还废除了干部领导职务终身制,解决了国际共运史上长期没有得到很好解决的一个老大难题。

五是以好的作风彰显党的形象、密切党群关系。改革开放使党的精神面貌焕然一新,但脱离实际、脱离群众的痼疾经常在党的作风建设中以这样或那样、显性或隐形的形式表现出来。早在1980年,陈云就强调:"执政党的党风是攸关党的生死存亡的问题。因此,党风问题必须抓紧搞,永远搞。"② 民心是最大的政治,因而党的作风建设的核心是保持党同人民群众的血肉联系,十五届六中全会提出了以"八个坚持,八个反对"为主要任务的作风建设要求;十八大以来,以习近平同志为核心的党中央强调作风建设永远在路上,将作风建设聚焦到解决形式主义、官僚主义、享乐主义和奢靡之风这"四风"问题上,提出并严格执行关于改进工作作风、密切联系群众的"八项规定",同时对党的思想作风、学风、工作作风、领导作风、干部生活作风等做出相应的规定,极大地恢复和发扬了党的优良传统和作风,使党不但拥有强大的真理力量,而且拥有强大的人格力量。

---

① 《江泽民文选》第3卷,北京:人民出版社2006年版,第285页。
② 《陈云文选》第3卷,北京:人民出版社1986年版,第273页。

六是严明党的纪律。"一靠理想二靠纪律才能团结起来"①，共产党历来强调用铁的纪律管党治党，但自觉将纪律建设纳入党的建设总体布局，则是十八大以来的事情。习近平强调："党要管党、从严治党，靠什么管，凭什么治？就要靠严明纪律。"②在权利和义务的规定上，面向公民的宪法和面向党员的党章不同，一个是权利本位，一个是义务本位，由此也决定了在党内，纪严于法、纪在法前，以达到用铁的纪律管党治党的目的。习近平特别强调严明政治纪律和组织纪律，这二者的共同点，就是要求各级党组织和广大党员、干部在思想上政治上行动上同党中央保持高度一致，自觉维护中央权威。党内监督和国家监察具有高度内在一致性和互补性，采取二元结构很容易在抓纪律、反腐败中造成力量分散、覆盖不到位，纪法、法法衔接不畅等问题。根据十九大对深化国家监察体制改革的部署，十三届全国人大一次会议通过修宪，表决通过了《监察法》，组建了国家监察委员会，同党的纪律检查机关合署办公，希冀解决长期执政条件下自我监督这个国家治理的"哥德巴赫猜想"。

七是坚持不懈地开展反腐败。廉洁政治是巴黎公社的一条基本经验。尽管在改革开放的条件下，党的主流是好的，大多数党员、干部是廉洁奉公的，但贪赃枉法、行贿受贿、敲诈勒索、权钱交易、挥霍公款、腐化堕落等腐败现象在党内和国家机关中确实存在，有些方面还滋生蔓延，如果我们掉以轻心，任其泛滥，那么就可能出现"塔西佗陷阱"，因而"我们党作为执政党，面临的最大威胁就是腐败"③。中共将反对、惩治腐败贯穿整个改革开放过程，坚持标本兼治、综合治理、持之以恒，但正如邓小平所说，"还是要靠法制，搞法制靠得住些"④，上述国家监察体制改革既把党纪与国法分开，又推进纪法贯通、法法衔接，体现了运用法治思维和法治方式惩治腐败的努力。十八大以来，中共以零容忍的态度重拳反腐，"打虎""拍蝇""猎狐""打黑"多管齐

---

① 《邓小平文选》第3卷，北京：人民出版社1993年版，第110页。
② 中共中央文献研究室编：《十八大以来重要文献选编》上，北京：中央文献出版社2014年版，第764页。
③ 中共中央文献研究室编：《十八大以来重要文献选编》下，北京：中央文献出版社2018年版，第356页。
④ 《邓小平文选》第3卷，北京：人民出版社1993年版，第379页。

下，发挥巡视震慑作用，雷厉风行构建不敢腐、不能腐、不想腐的体制机制，使反腐败斗争的压倒性态势开始形成并巩固发展，以此保证干部清正、政府清廉、政治清明。

八是将制度建设贯穿于党的建设之中。"国要有国法，党要有党规党法。党章是最根本的党规党法"①，以党章为核心的党内法规体系在党的制度建设中不断彰显威力，并在十八届四中全会上被纳入全面依法治国的总目标之中，强调"依法执政，既要求党依据宪法法律治国理政，也要求党依据党内法规管党治党"②。十八大后，中共中央先后印发了2013—2017年、2018—2022年两个"党内法规制定工作五年规划纲要"，对党内法规制度建设进行顶层设计。为此，中央一方面加强党内法规制度体系，制定和修订了140多部党内法规，使党的领导和党的建设各方面有遵循，另一方面还完成了党的历史上第一次中央层面党内法规和规范性文件的集中清理工作，共废止376件，宣布失效425件，解决了党内法规中存在的不适应、不协调、不衔接、不一致等问题。目前，以党章为根本，以民主集中制为核心，以准则、条例等党内法规为主干的党内法规制度体系已初步形成，它们前后衔接、左右联动、上下配套、系统集成，使党内生活主要领域实现了有章可循、有规可依。在抓制度建设的同时，习近平针对一些人轻视思想政治工作，以为有了制度、规章就万事大吉的简单化、片面性理解，强调要把思想建党和制度治党这一柔一刚"同向发力、同时发力"③，只有两个过程相辅相成、相得益彰，才能真正达到从严治党的目的。

中共是当今世界最大的执政党，对大党、老党、执政党来说，长期执政是美好愿望，但党的执政地位不是与生俱来的，也不是一劳永逸的，因而保持先进性和纯洁性这一马克思主义政党的本质属性就尤为重要。不"先"不"纯"意味着党的蜕化变质，保"先"保"纯"才能将党组织和党员的称号、作用

---

① 《邓小平文选》第2卷，北京：人民出版社1994年版，第147页。
② 中共中央文献研究室编：《十八大以来重要文献选编》上，北京：中央文献出版社2014年版，第158页。
③ 中共中央文献研究室编：《十八大以来重要文献选编》中，北京：中央文献出版社2016年版，第94页。

提高到与党的领导核心和执政地位相匹配的水平，确保党具有长期执掌好政权的能力。先进性和纯洁性不但相辅相成，而且本身也是发展的，这种与时俱进的品质，事实上对党的建设的各个方面都提出了"永远在路上"的要求，也倒逼党经常反思阶段性的领导水平、执政能力建设是否合格，是否能衔接过去、现在、未来的整个历史阶段。从邓小平在1989年春夏政治风波后提出"要聚精会神地抓党的建设"①的要求，到中国特色社会主义进入新时代习近平将勇于自我革命、从严管党治党作为党的最鲜明品格，都表明改革开放以来，中共抓党的建设是从来没有松懈过的。十八大以来中国共产党更是以党的自我革命来推动党领导人民进行的伟大社会革命，谱写了坚持和完善党的领导、把党建设得更加坚强有力的新篇章。

（二）"新的伟大工程"在中国多党合作中的反响

中共在十一届三中全会后领导中国人民所进行的改革开放，取得了举世瞩目的成就，国家逐步地但却非常坚定地从站起来、富起来向强起来飞跃，也引发了国际社会对"中国道路""中国模式""中国奇迹""北京共识"等的经久不息的关注和探讨。各民主党派发现，面对成就、政绩，中共从来没有沾沾自喜、止步不前，从来没有忘记"打铁必须自身硬"的党建任务；面对困难、问题，中共从来没有怨天尤人、自暴自弃，从来都是从克服本领恐慌入手，勇于自我革命，通过学习、教育、纠错、创新，破解"四个考验"和"四个危险"，在自我净化、完善、革新、提高中，"把党建设成为始终走在时代前列、人民衷心拥护、勇于自我革命、经得起各种风浪考验、朝气蓬勃的马克思主义执政党"②。因而，多党合作对中共在改革开放时期"新的伟大工程"的反响非常积极，认为党的建设的成效保障了中国共产党作为大党有大的样子，作为老党有永葆青春的活力，作为执政党有对人民的永恒担当，不愧为一个不忘初心的使命型政党。

---

① 《邓小平文选》第3卷，北京：人民出版社1993年版，第314页。
② 中共中央党史和文献研究院编：《十九大以来重要文献选编》上，北京：中央文献出版社2019年版，第44页。

如前所述，新中国成立后，中共的建党理念和模式对各民主党派的影响很大。改革开放以来中共推进"新的伟大工程"的重要举措，不论是在理念上还是在制度上，很多被各民主党派所吸收，并在加强参政党的建设中取得良好的效果。各民主党派由此更加深信，只有在中共的领导下，走中国特色社会主义道路，中华民族伟大复兴的中国梦才能实现；由此更加深信，中共围绕党的政治路线加强自身建设，全面从严治党，不是做做样子给别人看的，而是真心实意希望把党建设好、把中国的事情办好；由此更加坚信，中共为全面从严治党而采取的种种举措，不但是马克思主义政党学说在当代中国的运用和发展，也吸收了世界其他政党的有益经验和做法，对于参政党在改革开放条件下围绕执政党和国家中心工作加强自身建设，同样具有重要的意义。

第五章 中国社会主义革命和建设时期的多党合作

中国共产党领导的多党合作和政治协商制度取代西式多党制和国民党一党专制，是合乎历史前进方向、具有远大前途的新型政党制度对丧失历史必然性、走向灭亡的旧式政党制度的超越。但是，新事物取代旧事物的过程是非常复杂而艰难的，如同事物的发展不是直线式前进而是螺旋式上升那样，从新中国成立到改革开放前，多党合作伴随着中国的社会主义革命和建设，也在曲折中发展，并经受住了困难和挫折的考验，"不经一番寒彻骨，哪得梅花扑鼻香"。

第一节 明智选择与多党合作方针的确定

新中国成立前夕，中国人民政治协商会议的召开和《共同纲领》的制定，使人民民主统一战线有了最好的组织形式和共同的政治基础，中国共产党领导的人民民主统一战线进入了新的历史发展阶段，中国共产党领导的多党合作和政治协商制度作为新中国的政党制度，作为人民民主统一战线的重要组成部分，开始在国家政治生活中发挥重要作用，并且伴随着社会主义革命和建设事业的开展，而在新中国成立初期得到了较好的发展。

早在人民政协讨论《共同纲领》的时候，在人民民主统一战线问题上，关于人民政协和民主党派今后是否需要、是否有存在必要的问题，便被提出来了。新中国成立后，中共成为执政党，党内在统一战线问题上依然不时冒出"左"的关门主义、宗派主义的论调，好在中共中央和毛泽东以高超的政治魄力和政治智慧，在统一战线、多党合作的存废、去留问题上，以十分鲜明的态度表达了继续同各民主党派实行多党合作的决心。在国际共运史上，这是独一无二的创举。

一、继续坚持和发展人民民主统一战线

在1950年召开的第一次全国统战工作会议期间，毛泽东对统战工作做出了一系列指示，特别针对党内存在的"左"倾关门主义倾向，讲了统一战线的重要性，强调要在党内广泛开展统一战线政策的宣传教育。他指出，《共产党宣言》1883年德文版序言中说"被剥削被压迫的阶级（无产阶级），如果不同时使整个社会永远摆脱剥削、压迫和阶级斗争，就不再能使自己从剥削它压迫它的那个阶级（资产阶级）下解放出来，就是说无产阶级必须解放全人类，才能最后解放自己。中国的工人阶级单求得自己的解放不行，必须求得四个阶级的共同解放"。李维汉认为："毛泽东同志这段话，把统一战线的重要性提高到无产阶级解放全人类的战略高度，这就给统战理论政策的宣传教育指出了明确的方向。"[①] 不但如此，这段话还指明了无产阶级实行统一战线的基本指导思想，表明了无产阶级实行统一战线的伟大胸怀和坚定立场。

在社会主义改造时期，中国共产党继续坚持和巩固人民民主统一战线，刘少奇在分析统一战线内两个范围的联盟时指出，"目前我们所说的统一战线工作，主要的是指后一种和一部分剥削者结成联盟的那种工作"[②]，毛泽东则在关于中华人民共和国宪法草案的讲话中说，宪法序言中"要有这么一个'各民主阶级、各民主党派、各人民团体的广泛的人民民主统一战线'，可以安定各阶层，安定民族资产阶级和各民主党派，安定农民和城市小资产阶级"[③]。根据宪法精神，国家政权将吸收一定数量的党外人士参加对国家事务的管理，而这必定要由全国人民代表大会通过的国家机构的组成来得到体现。毛泽东说

---

① 中共中央统战部研究室编：《历次全国统战会议概况和文献》，北京：档案出版社1988年版，第7—8页。
② 《刘少奇选集》下卷，北京：人民出版社1985年版，第118页。
③ 《毛泽东文集》第6卷，北京：人民出版社1999年版，第327页。

人民代表大会制的政府仍将是"统一战线的政府"①，此后"联合政府"虽然不再被提及，但国家政权的统一战线性质却是始终存在的。在新中国的根本政治制度建立后，其国家政权不论是国家权力机关还是国家行政机关，都仍然是人民民主专政政权，都仍然具有着广泛的人民民主统一战线性质。人民的团结是新中国的事业不断获得胜利的重要保障，国家政权的统一战线性质有力地维护着这种团结，从而有力地维护着国家各项事业的发展。统一战线内涵中的大团结大联合的本质，同人民共和国内涵中的发扬人民民主而又重视尊重少数人的意见、保护少数人的合法权益，在本质上是相通的。

社会主义改造基本完成后，我国开始进入全面建设社会主义的历史时期。毛泽东在《论十大关系》《关于正确处理人民内部矛盾的问题》等著作中，对中国这样一个经济文化落后的东方大国如何进行符合本国国情的社会主义建设进行了多方探索，其中也包括了对如何正确处理党与非党关系及统一战线内部矛盾的思考，成为中国共产党在社会主义条件下继续坚持和发展人民民主统一战线的重要行动指南。

二、关键时刻的明智选择

新中国成立后，人民欢欣鼓舞投入各项破旧立新的事业之中，局面向好，到处一片欣欣向荣的情景。但在1949年底，民主党派在组织上却出现了"做减法"的动向：一是原先由国民党左派创建的三个政党——民革、民联、民促，联合国民党其他爱国民主分子，合并为统一的民革组织；二是救国会在毛泽东访苏期间，自认政治主张已经实现，历史任务已经完成，因而没有必要继续作为政治组织存在，决定"宣告它自己的光荣的结束"②；三是不少民主党派同救国会一样，也在酝酿解散。其实，1949年春，毛泽东在北平广泛同各界代表人物共商建国大计时，北平师范大学文学院院长黎锦熙就对他透露了九三学社准备宣布解散的信息，毛泽东听后制止了这一行为，即便如此，九三学

---

① 中共中央文献研究室编：《建国以来毛泽东文稿》第4册，北京：中央文献出版社1990年版，第20页。

② 周天度编：《救国会》，北京：中国社会科学出版社1981年版，第418页。

社在政协会议结束以后还是着手酝酿解散事宜,曾经为这件事开过几次会议,并且着手草拟解散宣言。民进创立时即规定国民代表最高机构成立后,它就"由大会决议宣告结束"①,按此规定,新中国成立也就意味着民进"宣告结束"的时间到了。另外,民盟有"不想再搞了"的声音,农工党也想"光荣结束"。如果说在当时的社会主义阵营,苏联、罗马尼亚、匈牙利、南斯拉夫等本来存在多党的国家,共产党之外的其他政党大都千方百计想要存留下来,但最后却被人为合并、取缔、解散、流放等,这些国家因此确立了共产党单独执政制,那么与此相反,中国的不少民主党派则是千方百计想要离开政治舞台,甚至连组织都不想保留。

此时,中共党内出现的"左"的关门主义、宗派主义倾向,也不断质疑民主党派和多党合作的价值。在参加第一次全国统战工作会议的人员中,就有一种意见认为民主党派"只不过是一根头发的功劳"②,这样的言论有认识不到位的原因,更主要的是由于骄傲和以功臣自居的思想情绪滋长。在这种党内党外"不约而同"的情况下,稍有不慎,新中国的政党制度完全可能在平静中变成苏联东欧一些国家那样的共产党单独执政制。

面对这种情况,毛泽东对去汇报会议情况的中央统战部负责同志说,不重视民主党派及非党人物的现象,在党内党外都存在,但从长远和整体看,不能没有民主党派,在毛泽东看来,政权中之所以要有民主党派,就在于他们是小资产阶级和资产阶级的代表,毛泽东形象地用"头发"做比喻来说明问题,他说有人认为民主党派的功劳是一根头发,拔去不拔去都一样,但这个观点是片面的,因为从民主党派背后联系的对象看,"就不是一根头发,而是一把头发,不可藐视"。③ 周恩来说,民主党派对中国革命有贡献,在新中国都应该继续存在下去,民主党派纷纷合并,不但人民不能理解,而且帝国主义者会趁

---

① 《中国民主党派史文献选编(新民主主义革命时期)》,北京:中共中央党校科研办公室,1985年版,第304页。
② 中共中央统战部研究室编:《历次全国统战会议概况和文献》,北京:档案出版社1988年版,第5—6页。
③ 中共中央统战部研究室编:《历次全国统战会议概况和文献》,北京:档案出版社1988年版,第6页。

机挑拨离间，说共产党把各党派都搞光了，"所以今天不能取消党派"①。

基于这样的深邃思考，毛泽东为救国会的解散深表惋惜，更不同意九三学社解散，"不但不能解散，而且还要继续发展"②。在当时领袖的威望如日中天的时候，毛泽东的指示起到了非常重要的"叫停"作用。周恩来根据毛泽东的指示，对相关民主党派及其领导人做了耐心细致的思想工作，对民盟，敦劝它的领导人沈钧儒"硬是要顶住才行"③；对农工党，强调不能无疾而终，农工党还不到谈论消亡的时候，"不应该消极"④。各民主党派通过开展内部讨论，达成共识，认同中共中央及其领导人的建议，并通过召开全国的或中央层面的重要会议，结束了存废、去留之争，民进还检讨了过去对于人民民主统一战线认识的不足，宣告不但不应该结束，而且还要不断充实，"加强自己的工作"⑤。多党合作经过新中国成立之初的这一波插曲，更加坚定了存在和发展的信心，虽说后来还有一些时刻可能再提出民主党派存废问题，如：中共中央在1953年提出过渡时期总路线，决心将中国引向社会主义，作为新民主主义政党的民主党派，现在向社会主义过渡了，还有没有存在的必要？又如：1954年召开第一次全国人民代表大会，人民代表大会成为国家权力机关，政协不再代行人大职权，民主党派还需要存在吗？再一个时刻是1956年宣布进入社会主义社会，这时候更容易提出这个问题。但是，因为有了新中国成立之初短暂的争论和明确的结论，"这个问题在这几个时刻都没有再提出来"⑥。如果说布尔什维克在十月革命后是采取各种办法限制直至取消其他政党，那么中国共产党在新中国成立后，面对多个民主党派自动要求解散的情形，坚持多党合作不动摇，这是很不容易的。

---

① 《周恩来统一战线文选》，北京：人民出版社1984年版，第155页。
② 许德珩：《难忘的回忆》，北京：中国青年出版社1985年版，第92页。
③ 《周恩来统一战线文选》，北京：人民出版社1984年版，第155页。
④ 中国农工民主党中央党史研究委员会编：《中国农工民主党的奋斗历程》，北京：中央文史出版社1990年版，第133—134页。
⑤ 俞云波等：《中国民主党派史述略》，上海：上海人民出版社1989年版，第181页。
⑥ 龚育之：《党史札记》，杭州：浙江人民出版社2002年版，第75页。

三、"长期共存,互相监督"的方针的确立

在社会主义改造基本完成的情况下,中共中央审时度势,于1956年初首次提出了"长期共存"的观点。中共中央对各民主党派在工作中所取得的进步和成绩给予充分肯定,指出它们在新民主主义革命时期和共产党结成反抗"三座大山"的统一战线,在新中国成立后又积极参加社会主义革命和建设,因此民主党派应当继续存在下去并发挥作用,这不仅有助于人民民主专政的实现,"而且对于人民民主专政的巩固和社会主义建设的成功很有益处"[①]。1956年4月,毛泽东在谈到"党与非党"的问题时,强调要调动民主党派的积极性,毛泽东提出了共产党和民主党派"两个万岁"的思想,强调中国共产党有意识地留下民主党派,国内是民主党派林立,这对党、对人民、对社会主义是很好的,如果只剩下共产党,把一切党派搞得光光的,那么在党内外很少不同意见,就会导致共产党无所顾忌,"这样做很不好"[②]。毛泽东指出几个党比一个党好,过去、现在和将来都是这样,"就是长期共存,互相监督"[③]。这一方针被写入八大报告决议,成为中共加强同民主党派和无党派民主人士合作的基本方针。众所周知,八大是中共成为执政党后召开的第一次代表大会,中共在八大召开前夕用前所未有的"八字方针"来明确处理与民主党派关系的基本遵循,不但肯定了民主党派在新中国存在的价值,而且对民主党派的继续发展、发挥作用充满期待,因而党外人士对这一方针普遍表示欢迎,认为它迎来了民主党派的新生命。

1957年4月,周恩来在中共浙江省委扩大会议上的讲话中,又批评了那种以为社会主义只应该有一个党才对的教条主义态度,他说:"大家都是'王麻子',都是'张小泉',那就不行了。还是多几个牌号好一点。"周恩来提出共产党和民主党派的政治寿命将是相同的,"一直要共存到将来社会的发展不

[①] 中共中央统战部研究室编:《历次全国统战会议概况和文献》,北京:档案出版社1988年版,第210—211页。

[②] 李维汉:《回忆与研究》下,北京:中共党史资料出版社1986年版,第813—814页。

[③] 《毛泽东文集》第7卷,北京:人民出版社1999年版,第34—35页。

需要政党的时候为止"①。政党作为一种政治现象最后必然走向消亡，这是历史唯物主义的观点，共产党和各民主党派"虽不共生，也可共亡"，这从"终点论"上为长期共存做了很好的注释。

通过回顾新中国成立之初多党合作的历程，可以看出"长期共存"虽然是中共在社会主义制度基本建立的时候才明确提出来的，但正如毛泽东所说，这一思想"已经经过了好几年的酝酿"，"已经存在很久了"②，决不是什么一时心血来潮的口号。人们常说中国实行多党合作制度是"历史的必然"，但通过回顾这段历史可以看出，实行这样的政党制度是同中共中央和毛泽东在多党合作面临存废考验的关键时刻做出明智选择密切相关的。

第二节 民主党派和多党合作的中国特点

从政党的社会基础看，西方政党往往比较单一，在这方面由于各民主党派的特殊性，因而它们具有自己的特点。中国多党合作制度也有自己的特点。

一、过渡时期：民主党派作为新民主主义政党具有阶级联盟性质

新中国成立后进入新民主主义社会，为什么会有党派存在？周恩来从马克思主义政党观的角度，指出其原因就在于"有各阶级的存在"③。李维汉指出，各民主党派对应的阶级或阶层，主要是民族资产阶级、城市小资产阶级和它们的知识分子，民主党派就是它们在政治上的代表并同它们保持联系；李维汉同时指出，民主党派并非单一阶级的政党，而是具有阶级联盟的性质（这也是中国使用"民主党派"而非"民主政党"的一个重要原因），在民主革命中民主党派不同程度参加民族民主运动，同中共就有合作的历史，新中国成立前

---

① 《周恩来统一战线文选》，北京：人民出版社1984年版，第349—350页。
② 《毛泽东文集》第7卷，北京：人民出版社1999年版，第234—235页。
③ 《周恩来选集》上卷，北京：人民出版社1980年版，第368页。

夕，它们参加政治协商会议，参加民主联合政府，接受共同纲领和中国共产党领导，"这就说明了它们基本上都是新民主主义性质的政党"①。可见，在对民主党派的定性中主要有两点，一是"阶级联盟性质"，一是"新民主主义性质"。

阶级联盟性质，一方面表明中国民主党派有政党的共性——以一定的阶级、阶层和集团为社会基础，另一方面表明中国民主党派有中国的特点。中国民主党派在名称上未必都以"党"结尾，而是有"党""会""盟""社"等称呼，但正如周恩来所说，它们不论名称叫什么都是政党，是一定政治力量的代表，只是不能用西方政党的标准来衡量，因为"他们是从中国的土壤中生长出来的"②。民主党派成立时之所以称"会""盟""社"居多，在很大程度上与中国传统文化对"结党营私"的反感有关，也与当时它们还带有社团色彩、尚不明确政党地位有关，但从它们的实际言行看，它们不是一般的社团组织，而是政党；同时，民主党派又不同于西式政党，政党具有阶级性，但认为政党与阶级只能是单一的对应关系、认为政党的阶级成分只能是单一来源，"这在中国是不够的"③。周恩来分析了民族资产阶级为什么无法形成单一阶级的政党的历史和现实原因：从历史看，旧中国内忧外患，民族资产阶级有一个与生俱来的"肺病"（这在旧社会基本上是不治之症）——软弱性和动摇性，没有力量，无法形成强大的政党，就是说，在西方做得到的事情，在中国却无法办到；从现实看，在新中国成立后，搞单一阶级的资产阶级政党就意味着走欧美老路：垄断市场，向外侵略，反对共产党，"但是这条路在中国是行不通的，是不被许可的"④，因为新中国的发展方向和领导力量都是十分明确的。民盟成立时有"三党三派"参加，周恩来以此为例指出，民盟天生就是联合性的，"民盟容纳各党派进来，包罗各方，取得进步，正

---

① 中共中央统战部研究室编：《历次全国统战会议概况和文献》，北京：档案出版社1988年版，第14页。

② 《周恩来统一战线文选》，北京：人民出版社1984年版，第171页。

③ 《周恩来统一战线文选》，北京：人民出版社1984年版，第153页。

④ 《周恩来统一战线文选》，北京：人民出版社1984年版，第179页。

是伟大之处,过分强调党派问题是不应该的"①。其他民主党派也大致具有这种联合的情形,内部的成员从来不是单一的而是复合的,因而政党必然具有阶级联盟的性质。

二、社会主义时期:民主党派逐步转变成为劳动者的政党

民主党派原来的社会基础随着三大改造的基本完成而不复存在。1956年9月,刘少奇在八大报告中指出了这个变化,认为在社会主义改造完成以后,作为民主党派原先社会基础的成员,将变成社会主义劳动者的一部分,在这种情况下,"毛"随"皮"变,"各民主党派就将变成这部分劳动者的政党"②。各民主党派的成员从社会分工和社会职业来讲,主体是知识分子,而在社会主义条件下知识分子是工人阶级、劳动人民的一部分(掌握较多科学文化知识和技能的部分),在社会主义建设中"已经形成了工人、农民、知识分子的联盟"③,因而作为"劳动者的政党"的民主党派,是具有政治联盟性质的政党,只是当时没有这样明确的提法。

李维汉主张对大多数资产阶级分子、民主人士和各民主党派在政治上的进步有足够的估计,因而他在1955年11月提出要使民主党派"成为社会主义政党"。由于周恩来指出与此相联系的"社会主义统一战线"的提法有缺点,李维汉随即也删去"社会主义政党"的提法。周恩来肯定我国统一战线从新中国成立起就带有社会主义性质,但不赞成把人民民主统一战线改成社会主义统一战线,以期像毛泽东说的那样,把一切可以团结的认识都包括进去,使统一战线一天天更广泛更巩固,"一改名,就把统战范围弄窄了,弄混了"④。可见,当时中共对于社会主义条件下民主党派的定性,还是非常慎重的,这也是从中国的实际和特点出发做出的考虑。

---

① 《周恩来统一战线文选》,北京:人民出版社1984年版,第154、155页。
② 《刘少奇选集》下卷,北京:人民出版社1985年版,第246页。
③ 中共中央文献研究室编:《建国以来重要文献选编》第8册,北京:中央文献出版社1994年版,第133—134页。
④ 李维汉:《回忆与研究》下,北京:中共党史资料出版社1986年版,第878—881页。

三、实行多党合作制度亦体现了中国的特殊规律

1956年8月21日,毛泽东在对八大政治报告稿的批语和修改中,指出各国的革命和建设既有共同性,又有差别性,他从特殊规律的角度指出,社会主义国家在诸多方面,包括"一党制或者是在工人阶级革命政党领导下的多党制"①,都会因为各国的不同条件而有所差别,不可能只有一个千篇一律的格式;毛泽东特别指出,我国是一个东方大国,不仅民主革命、社会主义改造、社会主义建设都带有自己的特点,而且将来还会继续存在自己的许多特点。毛泽东所讲的"工人阶级革命政党领导下的多党制",就是我国和当时东欧、东亚一些社会主义国家实行的共产党领导的多党合作制,毛泽东强调这一政党制度具有中国的特点,体现了中国的特殊的规律。毛泽东运用矛盾学说,在20世纪50年代中期对社会主义在各国的实行形式的精彩分析,被社会主义发展的历史进程所证实,社会主义发展道路具有多样性,政党制度也具有多种选择,任何唯我独尊的模式构建都是不得要领的,最终也是会碰壁甚至失败的。

第三节 民主党派加强自身建设并发挥作用

新中国成立后,民主党派在自身建设中面临一系列问题,这些问题有的是旧社会带来的,有的则是在新的历史条件下产生的,可以说是问题重重、新旧叠加。中共真诚帮助民主党派进步,发挥它们在国家政治生活中的作用。

一、民主党派的思想改造学习运动

新中国成立前,民主党派是在地下分散地同敌人做斗争的,新中国成立后,它们的地位变了,组织公开了,因而"有机会参加集体学习和政治活动了"②。

---

① 《建国以来毛泽东文稿》第6册,北京:中央文献出版社1992年版,第635页。
② 《周恩来统一战线文选》,北京:人民出版社1984年版,第154页。

民主党派进行思想改造学习运动，首先是明确思想准则。当时民主党派中的一部分进步分子倾向于将各党派的基层组织生活搞得很严格，按照这样的做法，就会造成混乱，混淆民主党派和共产党的界限，中共提出，各民主党派不是接受工人阶级和共产党的立场、思想，而是"接受工人阶级和共产党领导"的思想，只是这并不妨碍他们中一部分人自觉地接受马列主义理论，更不妨碍他们之中的任何人自愿地学习马列主义理论。当时，党外人士的政治学习和理论学习形式，主要有政协各级委员会组织的学习座谈会（学习会）、政治学校（业余的或者短期的）、社会主义学院、自修等。他们通过接触、了解辩证唯物主义和历史唯物主义原理、政治经济学原理、新民主主义革命理论、时事政策等，增加了对中国革命、中国共产党的理论与实践的了解，提高了思想觉悟，奠定了多党合作的重要思想基础。

在此基础上，中共强调民主党派的思想改造学习运动必须同参加各种实际斗争相结合。周恩来"站在友党的地位"，殷切告诫民主党派"理论要同实践相结合才能真正解决问题"①，如果没有实践，仅仅多读几本马列主义的书，还是空话，于事无补。为了帮助民主党派过好战争关、土改关和社会主义关，做"一个完全的革命派"②，在毛泽东的倡导下，民主党派成员积极投身到政治运动之中，批判了内部存在的封建思想、敌我不分思想和崇美、恐美、亲美思想。朝鲜战争爆发后，民主党派中的一些人又主张隔岸观火、忍耐退让，不赞成援助朝鲜，但在中国共产党抗美援朝决心的激励下，这些未能成为主流，各民主党派发表联合宣言声明，"拥护全国人民在志愿基础上为着抗美援朝保家卫国的神圣任务而奋斗"③，并通过实际行动如宣传声援、捐款捐物、派遣访问团等将对抗美援朝的道义声援落到实处。

不仅如此，中共还强调民主党派在思想改造学习运动中要采用正确的方法，就是从团结和进步的愿望出发，采取热情帮助、诚恳协商、适当批评，

---

① 《周恩来统一战线文选》，北京：人民出版社1984年版，第157页。
② 《毛泽东文集》第6卷，北京：人民出版社1999年版，第80页。
③ 罗广武：《民主党派基本知识》，北京：学苑出版社1995年版，第75页。

"而不是从组织上去控制他们"①。周恩来从小资产阶级知识分子在民主党派成员中占有较大比重的实际出发,指出不能简单反对个人主义,而是要经过耐心的指导、教育,"把小资产阶级个人主义者锻炼成为集体主义者"②。周恩来勉励民主党派成员要为共同的目标奋斗,不要天天叽叽咕咕为个人的工作、地位等小事纠缠在那里,强调思想改造"需要经过长期的教育和斗争","应该先从自身检讨做起,这样就能够说服别人。不要天天攻击别人,打击别人,混战一场"③。

总的看,民主党派成员在新中国成立之初既进行思想改造学习运动,又在实际政治运动中经受锻炼考验,因而思想水平普遍得到了提高。

二、民主党派的组织整顿、发展和分工

新中国成立之初,中共及时将帮助民主党派整顿与提高组织的问题提了出来。各民主党派的举措,一是清洗,对象是混进党派组织的反革命分子和政治面目不清者;二是健全,对象是领导机构,确保左派加中间偏左的分子在领导机关中占优势。经过清理整顿,民主党派的领导班子大为健全,在组织上为其他工作的开展创造了重要的条件。接着,民主党派又在中共的协助下发展成员,周恩来认为对中国这样一个大国和共产党这样一个大党而言,党派成员太少了"就很不相称"④。经过努力,民主党派的成员增长较快,1951年初增至2万,1953年初又增至3.2万,1955年底达到3.9万,1957年反右派斗争前则扩大到10万,达到了一定的规模。在民主党派发展成员的问题上,中共还强调:一是巩固与发展相结合,不仅要巩固,而且要发展;二是根据需要、可能和自愿发展;三是在工作中间发展,发展为了工作;四是面向社会,不搞成纯粹进步分子的组织,党派组织里面包括"广大中间分子及一部分右翼

---

① 中共中央统战部研究室编:《历次全国统战会议概况和文献》,北京:档案出版社1988年版,第16页。
② 《周恩来统一战线文选》,北京:人民出版社1984年版,第154页。
③ 《周恩来统一战线文选》,北京:人民出版社1984年版,第157页。
④ 《周恩来统一战线文选》,北京:人民出版社1984年版,第203页。

分子"①；五是发展不等于完全放开，"这是由他们的历史和中国的社会条件所决定的"②，"它们不可能发展成为群众性政党，而只能成为干部性集团"③；六是在发展中遇到交叉碰头的情况，应当由有关党派协商解决，尊重发展对象的自愿；七是由民主党派自己去决定发展组织的方针和步骤，以尊重它们独立平等的地位。

民主党派组织建设中的另一件重大事情，就是各民主党派经与中共协商，确定了各自联系、活动和发展的重点对象。民主党派组织发展的对象，以其所联系的阶级、阶层的中上层为主要对象，下层虽是对象之一，但不是主要对象；民主党派组织发展的地区，着重大中城市，但如果在小城市有可能、有对象，也不禁止和限制。中共中央统战部还与各民主党派协商确定，民主党派组织不在军队、公安、情报、外交部门和少数民族地区发展成员，原在国外、港澳等地的分支组织停止活动。各民主党派在工作和发展对象上的重点分工、发展对象的级别和区域指向，主要是基于它们的历史特点和现实需要。当然这种划分不能被理解为一种机械划分。

中共在帮助民主党派加强自身建设的同时，对当时各民主党派在机关干部编制、办公经费、交通工具、生活待遇等方面遇到的实际困难，也给予热心的帮助和解决。李维汉根据毛泽东提出的"手掌手背都是肉，不能有厚薄""不能莲花出水有高低"④等指示，要求各级党委及其统战部要认真帮助民主党派解决实际困难，强调这"是一个政治性、政策性的问题。我们对待这些问题，应当采取从宽的方针"⑤。

---

① 《周恩来统一战线文选》，北京：人民出版社1984年版，第172页。
② 《周恩来统一战线文选》，北京：人民出版社1984年版，第172页。
③ 中共中央统战部研究室编：《历次全国统战会议概况和文献》，北京：档案出版社1988年版，第15页。
④ 中共中央统战部研究室编：《历次全国统战会议概况和文献》，北京：档案出版社1988年版，第6页。
⑤ 中共中央统战部研究室编：《历次全国统战会议概况和文献》，北京：档案出版社1988年版，第292页。

三、民主党派在国家建设中作用的发挥

新中国是在一穷二白的基础上开始大规模的国家建设的,中共中央领导人对民主党派参加和配合国家各项建设工作寄予很大的希望,毛泽东认为"一个政治团体不谈工作,是无法维系成员的,也势必永远陷于人事纠纷中"[1],周恩来要求民主党派要推动成员增强责任,"积极地参加各自岗位上的建设工作"[2]。民主党派把自己的工作同国家的中心任务相结合,可以发挥很大的作用,这集中表现在两个方面。

一是发挥代表性和组织性的作用。党外人士固然可以无党派民主人士的身份参加政治生活,但事实证明,有组织比没有组织更好、更省麻烦,有了民主党派,就可以通过组织的途径去影响资产阶级、小资产阶级、知识分子、职员等,就可以通过党派的政治活动去"锻炼和考验这批人"[3],就可以通过党派的途径组织学习,便于汇集党外人士的意见,促进他们在政治上同共产党的合作和配合,就可以通过党派的工作去取得某些比共产党更好的成效,扩大国际影响,就可以引导民主党派成员同共产党一道进入社会主义,"我们多了一批帮手,这不是很好嘛"[4]!既然民主党派的存在有这么多好处,那么就应该充分发挥它们的组织的作用,以此凝聚人心、推动社会进步。

二是发挥孤立敌人、助力人民事业的作用。首先,同国内外各种敌对势力做斗争、开展各条战线上的革命,依然需要团结包括民主党派在内的浩浩荡荡的统一战线的力量,而不可树敌太多、四面出击。其次,各民主党派内部知识分子云集,有不少专家、学者、企业经营管理人才,这在新中国成立初期具有极为宝贵的人才优势。在社会主义革命时期,他们发挥了"参""代""监""改"的作用,这些重要的贡献连同它们在民主革命中的光荣历史"都是中国人民所不会忘记的"[5]。

---

[1] 《毛泽东文集》第6卷,北京:人民出版社1999年版,第243页。
[2] 《周恩来统一战线文选》,北京:人民出版社1984年版,第250页。
[3] 《周恩来统一战线文选》,北京:人民出版社1984年版,第204页。
[4] 《周恩来统一战线文选》,北京:人民出版社1984年版,第172页。
[5] 《邓小平文选》第2卷,北京:人民出版社1994年版,第186页。

第四节 对政党关系若干重大问题的探索

新中国成立后,如何处理共产党的领导和民主党派在宪法范围内保持独立、平等、自由的地位的关系,如何处理互相监督的关系,被摆上了多党合作的议事日程。这些问题没有现成的答案,也来不及进行理论与政策的准备,只能在多党合作的实践中边探索边回答。

一、坚持共产党的领导,保障民主党派在宪法范围内的地位

新中国成立后,"领导我们事业的核心力量是中国共产党"①,共产党对国家的任何组织(包括民主党派在内)都处于领导地位,这是无产阶级的最高原则。

在多党合作中,共产党和各民主党派存在着领导与被领导的关系,共产党对民主党派的领导不是严加管控,而是首先表现为政治上的领导,即"在政治上的方针路线上的领导"②,强调了把握政治方向的重要性。实现党的领导只能采用民主的而非专政的方法:一是宣传教育,宣传党的政治主张,报纸、电影、戏剧、演讲、学校的教科书等都是教育的方式;二是平等协商,采取正式的、非正式的、会议的、个别的等形式,党外人士不同意可以保留自己的意见,而且可以退出,不能像国务院那样下命令、发决定,要求人民服从;三是靠党组织正确地执行党的路线和政策,靠共产党员的模范作用。总之,"党的领导的实现要靠工作。是做群众工作,政治工作,有基础,有依靠。……越是采取民主的方法,工作就越多"③。

---

① 中共中央文献研究室编:《建国以来毛泽东文稿》第4册,北京:中央文献出版社1990年版,第554页。

② 中共中央统战部研究室编:《历次全国统战会议概况和文献》,北京:档案出版社1988年版,第231页。

③ 中共中央统战部研究室编:《历次全国统战会议概况和文献》,北京:档案出版社1988年版,第252页。

针对一些人将共产党对民主党派的政治领导与向它们发号施令、把持包办它们的内部事务、修改它们的文件、干涉它们的人事安排、特权思想等相混同，李维汉多次强调要纠正不尊重民主党派独立平等地位的错误。他指出共产党对民主党派的政治领导，决不意味着共产党在权力上可以超越民主党派、在地位上可以视它们为附属的团体，在手段上可以采取命令、干涉、控制的做法，既然民主党派在组织上是独立的，那么它们与共产党的关系是平等的友党关系，共产党"必须承认和尊重它们这种独立平等的地位"①。李维汉强调，为了贯彻"八字方针"，应当坚持各民主党派享有组织上独立、法律面前平等、政治上自由的原则，这是共产党的政策要求也是宪法赋予的权利，做到了这一点，共产党和各民主党派"才能发挥互相监督的作用"②。

二、坚持互相监督，但主要是民主党派监督共产党

这种互相监督不是单方面的，而是共产党和民主党派都可以向对方提意见、做批评。对民主党派来说，要不出一点毛病，那也不可能，因而"党外朋友如果听不到共产党的意见，也会想得不那么全面"③。但是，共产党是领导的党，所以这个方针必须由共产党提出，否则别的党派不好提，共产党提了，他们就心安了，因而"互相监督，首先应该由共产党请人家监督"④。

苏联模式在政治上的缺点，除了过度集权的党和国家领导体制、自上而下的干部任命制外，还有软弱而低效的监督机制，这种软弱而低效的监督机制同政党制度有关，正如周恩来所说，"它使民主少了，集中多了，不容易听到不同意见。这本身就包含着它的阴暗面。一个党，就是一个鼻孔出气，呼吸就不

---

① 中共中央统战部研究室编：《历次全国统战会议概况和文献》，北京：档案出版社1988年版，第286页。
② 中共中央统战部研究室编：《历次全国统战会议概况和文献》，北京：档案出版社1988年版，第331页。
③ 《周恩来统一战线文选》，北京：人民出版社1984年版，第350页。
④ 《周恩来统一战线文选》，北京：人民出版社1984年版，第350页。

舒适，会使思想僵化，社会停滞起来"①。实行长期共存、互相监督的方针，实际上是扩大民主。邓小平结合执政党的特点强调了共产党要受监督、党员要受监督的问题，他指出在执政条件下党外民主人士对共产党的监督，是单靠党员所不容易提供的，它能够帮共产党发现错误和缺点，因而能够对工作提出"有益的帮助"②，共产党员要自觉接受党的监督、群众的监督、民主党派和无党派民主人士的监督，"一怕党，二怕群众，三怕民主党派，总是好一些"③。邓小平指出，党内一些人对"长期共存，互相监督"想不通，不了解它对国家的深远影响、对共产党的极大的好处、对发展马克思列宁主义的极大的好处，而"有监督比没有监督好，一部分人出主意不如大家出主意。共产党总是从一个角度看问题，民主党派就可以从另一个角度看问题、出主意。这样，反映的问题更多，处理问题会更全面，对下决心会更有利，制定的方针政策会比较恰当，即使发生了错误也比较容易纠正"④。邓小平的这些思想后来成为改革开放新时期多党合作的重要思想来源。

毛泽东更是形象地将民主党派称为常常由反对走到不反对的"反对派"、将民主党派对共产党的监督比作"唱对台戏"，说过诸如"要唱对台戏，唱对台戏比单干好"⑤和"哪里有'唱对台戏'的，哪里有'反对派'，那里的工作就搞得好，否则，工作就搞不好"⑥之类的话。在毛泽东看来，之所以要让民主党派监督共产党，就是因为共产党的耳边很需要听到不同的声音，有了劳动人民和党员群众的声音，又有了民主党派的声音，"对我们更为有益"⑦。陈云借用毛泽东的比喻，主张在社会主义改造后使用好资方人员，"有民主人士监督我们，对工作有好处。如果革命胜利以后，长期没有'反对派'，只有一

---

① 转引自许全兴：《毛泽东晚年的理论与实践》，北京：中国大百科全书出版社1995年版，第34页。
② 《邓小平文选》第1卷，北京：人民出版社1994年版，第225页。
③ 《邓小平文选》第1卷，北京：人民出版社1994年版，第271页。
④ 《邓小平文选》第1卷，北京：人民出版社1994年版，第273页。
⑤ 转引自《邓小平文选》第1卷，北京：人民出版社1994年版，第270页。
⑥ 转引自《陈云文选》第2卷，北京：人民出版社1995年版，第329页。
⑦ 《毛泽东文集》第7卷，北京：人民出版社1999年版，第235页。

派人讲话，听不到不同的意见，那末，工作就会出毛病"①。周恩来则借用毛泽东的比喻，大胆地提出借鉴西方政治文明成果的问题，他说资本主义国家的制度在本质上是剥削阶级的制度，这个不能学，但是某些形式和方法可以学，"换句话说，就是允许唱'对台戏'，当然这是社会主义的戏"②。总之，与国民党排斥监督、害怕批评、刚愎自用不同，中共善于听取民主党派的意见、建议，敢于接受民主党派的批评、监督，就是骂共产党的人也要养起来，"骂得无理，我们反驳，骂得有理，我们接受"③，以此作为改进工作、修正错误的重要手段，这也是共产党先进性的一个体现。

第五节 通过人民政协等多种形式贯彻、落实多党合作

新中国成立后，中共除了在人民政协中体现多党合作的要求外，还采取"双周座谈会""最高国务会议""中国共产党同民主党派、无党派民主人士协商座谈会"等方式④，与民主党派进行沟通交流、共商国是。

一、通过人民政协贯彻、落实多党合作

在普选的全国人民代表大会召开之前，中国人民政治协商会议代行全国人大的职权，国家一切大政方针，都要先经过政协全国委员会协商，然后建议政府施行。作为政协成员的各民主党派，通过政协协商会议这个平台，参与国家大政方针的协商决定并监督其实施。1954年人民代表大会制度建立后，政协代行人大的这项职权自然就没有了，国务院不对政协负责而对人民代表大会负责，尽管国务院如认为有必要可将一些问题提到政协来协商。党外人士对实行

---

① 《陈云文选》第2卷，北京：人民出版社1995年版，第329页。
② 《周恩来选集》下卷，北京：人民出版社1984年版，第208页。
③ 《毛泽东文集》第7卷，北京：人民出版社1999年版，第35页。
④ 参考曹红冰、崔红星：《建国以来多党合作的几种形式》，见中共中央统战部研究室编：《社会主义国家多党合作问题研究》，北京：春秋出版社1988年版，第109—124页。

普选和召开全国人民代表大会，基本政治态度是拥护的，但他们当中也存在一些错误的倾向，概括来说：一是怀疑全国人大召开以后，政协是否还有存在的必要；二是留恋第一届全国政协的开会盛况，对政协性质的改变表示失落，认为政协从此大权旁落，退居"太上皇"的地位，甚至成为"清谈馆"；三是希望政协依然是"权力机关"或"半权力机关"；四是担心宪法没有规定人民政协的地位，政协以后如何工作没有法律依据；五是害怕普选的结果会使其政治地位得不到应有的保障。

针对党外人士的疑虑，毛泽东既强调人民代表大会召开后"通过政协容纳许多人来商量事情很需要"①，又强调绝对不能搞"一国二公"，所谓的"一国二公"，就是把政协也搞成国家机关，政协和人大权力并行，"一府两院"的产生、它们的报告，既要经过人大也要经过政协，毛泽东说那样是不行的，"要区别各有各的职权"②。"总之，国家各方面的关系都要协商。国民党的参议会才是投闲置散、虚应故事的，我们的政协是有事情做的。"③ 在人民政协事业发展的转折点上，以毛泽东为核心的中共第一代中央领导集体既增强了党外人士对实行人民代表大会制度的信心，又使人民政协作为统一战线组织继续存在，解决了全国人民代表大会召开后政协理论与实践中的重大问题，解决了政协与人大、政府之间相互配合的关系问题，为在中国长期坚持多党合作制度奠定了思想基础、政治基础和组织基础。

由中共中央建议并经各民主党派、人民团体研究协商，第二届政协不再制定共同纲领（因为它的大部分内容已经纳入宪法），而是另行起草人民政协章程，从此，人民政协有了自己的章程和行动准则。第二届政协的组织形式也发生了变化，压缩掉原来全体会议、全国委员会、常务委员会中的全体会议，三层变两层，减少了不必要的层次。政协第二届全国委员会共有委员559名，较上届全国委员会的名额增长了数倍，委员中共产党员有意识减少安排，仅150人，占26.8%；党外人士有407人，占73%。第二届全国委员会吸收了方方

---

① 《毛泽东文集》第6卷，北京：人民出版社1999年版，第385页。
② 《毛泽东文集》第6卷，北京：人民出版社1999年版，第384页。
③ 《毛泽东文集》第6卷，北京：人民出版社1999年版，第386页。

面面的代表人物，针对一些人的议论，周恩来说政协的好处就在这里，政协如果搞成一盆清水就失去价值了，"政协就是要团结各个方面的人，只要他拥护宪法，立场过来，我们就欢迎"①。中共通过人民政协把能够团结的人都争取过来，这是非常高明的政治智慧，这是国民党做不到的，也是很多国家的执政党做不到的。

二、通过其他形式贯彻、落实多党合作

第一，召开双周座谈会。这是新中国成立初期建立的中共和各民主党派、无党派民主人士及各人民团体进行政治协商的重要形式之一。1950年3月14日，全国政协做出"举行各民主党派座谈会，每两周一次"的决定，"双周座谈会"由此得名。从1950年4月20日召开第一次会议到1966年7月停止活动，在17年的时间里，它共召开116次会议，采取报告会和座谈会的形式。

双周座谈会为中共和党外人士进行务虚性的沟通提供了一个有益的平台，对于加强和巩固多党合作制度起到了重要的作用：第一，党外人士通过双周座谈会了解重大时事政策问题，通过座谈讨论激浊扬清，最后取得较为一致的意见；第二，党外人士通过双周座谈会对共产党和政府的一些重大措施和决策提出意见和建议，这不仅有利于共产党和政府改进工作，也有利于经常了解各界人士的思想状况和要求；第三，党外人士通过双周座谈会交换意见、互通信息，了解他人在推进统一战线、加强合作共事方面的经验和做法，达到了取长补短、相互促进、相互提高的目的。

在当时，双周座谈会也有计划性和组织性不足的缺点：一是报告会或者结合报告座谈讨论占了较大比重，真正的座谈会比重不高；二是参加人员中的自愿参加者尤其是临时邀请参加者，因不属于当然参加者，而对双周座谈会的意义认识不到位，重视程度不够；三是出席率偏低，仅以1951年11月6日至1953年6月26日这段时间的81周为例，除去其中21周因正值"三反"未开会，应举行座谈会40次，实际上仅举行16次。根据10次座谈会（包括扩大

---

① 《周恩来统一战线文选》，北京：人民出版社1984年版，第261—262页。

的）的统计，出席率最低的为27.9%，最高的为61.5%，平均为40.9%，这其实也表明双周座谈会在吸引、调动民主党派的积极性方面，仍是做得不够的；四是1954年6月之后改为不定期进行，制度化就更难有保障了。

第二，召开最高国务会议。最高国务会议源自1954年宪法第四十三条的规定，它由国家主席召开，与会者包括国家副主席、全国人大常委会委员长、国务院总理和其他有关人员，它对于国家重大事务的意见，由国家主席提交全国人大、全国人大常委会、国务院等讨论并做出决定。最高国务会议是新中国成立初期国家政治生活中的一种特殊安排，此后的宪法从来没有再做过这种规定。从1954年10月10日举行第一次会议到1964年12月停止活动，在十年的时间里，共举行20次会议，以1957年为界分为两个阶段，这里关注的也是第一个阶段。

这一阶段共召开13次会议，主要是围绕着国家重大事务和现行政策，听取报告和讨论会，参加会议的人员大都在20—40人之间，规模较小。参加会议的民主党派和无党派民主人士有：全国人民代表大会常务委员会副委员长宋庆龄等人；政协副主席何香凝、李四光、章伯钧、陈嘉庚；国防委员会副主席张治中、傅作义、龙云；政府各部部长马叙伦、张奚若、罗隆基、李德全、许德珩、章乃器等。虽然他们占了参加会议人员的相当一部分，但却不是以民主党派和无党派民主人士的身份参加的，而是作为国家和部门的领导人参加的。最高国务会议的特点，从它的名称上就可以看得出来，它是由国家主席召集的，协商讨论的是国家重大事务，虽然不具有决策权力，但可由国家主席提交相关部门做出决定，贯彻执行。

从当时的情况看，最高国务会议在国家政治生活中发挥了重要作用：一是中共和国家的许多重大决策（如关于延长发放资本家定息的决定）都是经过最高国务会议讨论协商以后才做出决定的；二是探讨了一些重大的理论问题，典型的像关于正确处理人民内部矛盾问题的讲话，就是毛泽东在第十一次最高国务会议上做的，具有重大的理论和实践意义，是指导社会主义建设的重要文献之一；三是最高国务会议也起到了加强中共与党外人士进行民主协商的作用，民主党派和无党派民主人士参加最高国务会议，尽管不是党派的身份，却也必然在某种程度上反映他们所在的党派和所代表的群体的利益，同时也使中共能够听到来自党外的各种意见和批评。

　　第三，召开中国共产党同民主党派、无党派民主人士协商座谈会。这种协商座谈会，是中共就自身重大决策及国家大事、国内外形势和党派关系等问题同民主党派、无党派民主人士进行协商和沟通思想的不定期会议。这种形式虽然没有政策和法律规定，但却作为一种惯例一直存在于多党合作之中。"文革"前，这类座谈会大致可以划分为三个阶段：第一阶段，从1950年到1952年，共召开6次，主要就"三大运动""三反""五反"等进行座谈、协商、征求意见；第二阶段，从1953年到1956年，共召开座谈会7次，主要就资本主义工商业的社会主义改造、人民代表大会召开后政协的性质任务等进行座谈、协商、征求意见；第三阶段，从1957年到"文革"前，共召开18次，主要内容是围绕整风反右和中苏关系问题进行的。

　　中国共产党通过第一、二阶段的座谈会，达到了引导党外人士了解政策、消除疑虑、统一思想、鼓舞士气等目的。同人民政协相比，中国共产党同民主党派、无党派民主人士协商座谈会是不定期召开的，共产党和国家遇到重大事情可以随时开会，参加人员也没有严格的身份限制，因而比较灵活；主要是政党之间的合作与协商，且具有面对面、直接对话的特点，能够很好地体现多党合作的本质要求，因此，它有助于共产党和国家的决策建立在更加科学的基础上，有助于提高党外人士的觉悟和知情出力的自觉性，有助于共产党听到不同的声音，了解党的方针政策在党外人士中的反应，以此改进工作，减少缺点和失误。

　　新中国成立初期，多党合作得到了比较顺利的发展，1957年反右派斗争后，由于中共对社会主要矛盾和主要任务的判断出现严重偏差，导致出现了接连不断的"左"的失误，这使中国的社会主义事业遭到很大破坏，多党合作亦未能幸免，也遭到重大挫折。但是，即便在"文革"那样全局性"左"倾错误的年代，中共和各民主党派也始终没有丧失多党合作的信心，始终注意保留多党合作的根基，这就为改革开放后多党合作重现生机提供了重要条件。

第六章 改革开放新时期的多党合作

美国学者派伊用"白天黑日"来形容毛泽东的"理想主义的中国"与邓小平的"现实主义的中国"的区别,认为这二者的差距是非常明显的,他说:"西方人常常提出这样一个问题,在一个社会、同一代人,为什么能够在如此短的时间内产生如此截然不同的社会政治生活形式?"① 西方学者囿于自己的立场和方法,固然无法看到改革开放前后中国共产党的理论与实践之间的内在关联,但他们所讲的"现实主义",如果理解为中国共产党一贯倡导的实事求是、一切从实际出发的思想路线,倒是未尝不可。新时期中国多党合作之所以能够展现出蓬勃的生机活力,就在于坚持了这样的思想路线。当然,也要看到新时期中国多党合作存在的不足和需要进一步解决的问题。

第一节 新时期中国多党合作的理论进展

"文革"结束后,从1977年12月开始,经过一段时间的酝酿和准备,中共中央决定各民主党派恢复活动,多党合作制度逐步复苏,十一届三中全会后则步入正轨,并在新时期不断得到坚持、完善和加强。十八大之前,指导新时期中国多党合作的重要政策性文件有:1986年7月,《关于新时期党对民主党

---

① [美]派伊:《官员与干部:中国的政治文化》,密执安大学中国研究中心1988年版,第36页。

派工作的方针任务的报告》（中发［1986］19号）；1989年12月，《关于坚持和完善中国共产党领导的多党合作和政治协商制度的意见》（中发［1989］14号）；2005年2月，《关于进一步加强中国共产党领导的多党合作和政治协商制度建设的意见》（中发［2005］5号）；2006年2月，《关于加强人民政协工作的意见》（中发［2006］5号）等。国务院新闻办公室发表的《中国的政党制度》白皮书（2007年11月），则首次以白皮书这一国际上公认的正式官方文书的形式，向世界全面详细地介绍了中国政党制度的发展历程、主要特征、基本内涵、地位作用、国际影响等重大问题。

一、新时期爱国统一战线及其首要工作对象

中国共产党在新时期面对三大历史任务——推进现代化建设、完成祖国统一、维护世界和平与促进共同发展，为此同以往一样，要坚持和壮大统一战线，坚持党与各民主党派和无党派人士的合作。

（一）爱国统一战线仍然是新时期的一个重要法宝

在中国革命和建设的历程中，统一战线的性质经历了一个发展变化，大革命时期叫作民主的联合战线，核心是国共第一次合作搞北伐；抗日战争时期叫作抗日民族统一战线，核心是国共第二次合作抗击日本帝国主义；解放战争时期叫作人民民主统一战线，核心是中共和各民主党派及其他民主力量联合起来反抗国民党的反动统治；新中国成立后很长时间内仍叫作人民民主统一战线，后改为革命统一战线，核心是中共和各民主党派及统一战线各界人士联合起来进行社会主义革命和建设。进入新时期，统一战线的性质是什么？邓小平在1979年9月将其改称为"革命的爱国的统一战线"，他根据国家工作重点的转移、国内阶级状况的根本变化，指出新时期的统一战线"已经成为工人阶级领导的、工农联盟为基础的社会主义劳动者和拥护社会主义的爱国者的广泛联盟"[1]，在1979年10月又进而增加"拥护祖国统一的爱国者"[2]的内容，是因

---

[1] 《邓小平文选》第2卷，北京：人民出版社1994年版，第187页。
[2] 《邓小平文选》第2卷，北京：人民出版社1994年版，第203页。

为当时邓小平提出"现在最大的统一战线问题,是台湾回归祖国、实现祖国统一问题"①,因而统一战线必须把开展对台湾同胞、港澳同胞和海外侨胞作为重要工作来抓,这也反映了中国共产党人推进祖国统一大业的强烈愿望。1981年6月,十一届六中全会进而将"革命的爱国的统一战线"改为"爱国统一战线"并沿用至今,尽管这两个提法没有实质性的区别,但后者更加强调只要是"爱国者"就可以参加到统一战线中来,由于"爱国者"的范围比"革命者"更宽,因而更有助于团结一切可以团结的力量。从"革命统一战线"到"革命的爱国的统一战线"再到"爱国统一战线"的变化,充分表明了中国共产党人在统一战线策略上的与时俱进,以及强烈的民族自尊心和自信心,爱国是统一战线永远的主旋律。

如前所述,对于改革开放以来出现的新的社会阶层,中共允许他们中的先进分子入党。新的社会阶层的广大人员为社会各方面事业做出了贡献,如果不正视他们的存在并给予他们准确的政治定位,就无法给他们吃下"定心丸"。"三个代表"的提出为解决问题提供了思路,江泽民指出他们"都是中国特色社会主义的建设者","对为祖国富强贡献力量的社会各阶层人们都要团结"②,这样,在2004年的宪法修正案中,宪法序言第十自然段第二句被修改为"在长期的革命和建设过程中,已经结成由中国共产党领导的,由各民主党派和人民团体参加的,包括全体社会主义劳动者、社会主义事业的建设者、拥护社会主义的爱国者和拥护祖国统一的广泛的爱国统一战线,这个统一战线将继续巩固和发展"③,比原来增加了"社会主义事业的建设者"的新内容。

这样,新时期的爱国统一战线就包括大陆范围内和大陆范围外两个层面。第一个层面构成主体和基础,人数最多,旨在形成全体社会主义劳动者、建设者和爱国者的联盟;第二个层面是重要组成部分,旨在形成团结台港澳同胞和海外侨胞的联盟。从政治基础来讲,两个层面都突出爱国,只是第一层面结合了社会主义,第二层面结合了祖国统一,显示了对象的差异性。需要看到,在

---

① 《邓小平论统一战线》,北京:中央文献出版社1991年版,第158页。
② 《江泽民文选》第3卷,北京:人民出版社2006年版,第539—540页。
③ 中共中央文献研究室编:《十六大以来重要文献选编》上,北京:中央文献出版社2005年版,第890页。

第一个层面中,爱国和爱社会主义具有本质上的统一性,民主革命时期,不论党内还是党外都有很多先辈就是从反帝反封建的爱国主义情感出发,通过对多种救国方案的比较,而坚定选择马克思主义和社会主义的;社会主义时期,中国人民最大光荣和最大耻辱①,分界线就在于前者是热爱祖国、贡献全部力量建设社会主义祖国的,后者是损害社会主义祖国的利益、尊严和荣誉的,不做这种区分,民族自尊心和自豪感就无从体现。在邓小平看来,那种将爱祖国和爱社会主义对立起来的观点是荒谬的,因为没有抽象的祖国,在当代中国讲爱国,"不爱共产党领导的社会主义的新中国,爱什么呢"②? 在第二个层面中,爱国与否是最大的政治分野,对港澳台同胞和海外侨胞求爱国和祖国统一之同,存社会制度、意识形态和生活方式之异,"他们热爱祖国,不等于热爱社会主义"③,"包括骂共产党的人,都要大团结"④。这两个方面相互结合、相互促进,不但体现了新时期统一战线空前的广泛性,也标志着统一战线不再是几个阶级的联盟和阶级斗争的特殊形式,不再服从和服务于阶级斗争,而是上述四个方面力量的政治联盟。

关于新时期统一战线的重要性,中共用的最多的词语依然是"法宝"。邓小平、习仲勋不约而同地在肯定统一战线的法宝地位的同时,用"不是……而是……"的句式来强调统一战线的重要性。邓小平说统一战线"不是可以削弱,而是应该加强,不是可以缩小,而是应该扩大"⑤,习仲勋说"统一战线的作用不是不重要,而是更重要了;统一战线的范围不是缩小,而是更扩大了;统一战线工作的对象不是少了,而是更多了"⑥,一正一反一对比,新时期统一战线要不要、好不好、做不做就清楚地呈现在人们面前,应该怎么做也清楚地呈现在人们面前。邓颖超在担任六届政协主席时,有人向她建议"最好将'统战'二字去掉、改变一个名称",她明确表示"不能改",说提这样

---

① 《邓小平文选》第3卷,北京:人民出版社1993年版,第3页。
② 《邓小平文选》第2卷,北京:人民出版社1994年版,第392页。
③ 《邓小平论统一战线》,北京:中央文献出版社1991年版,第158页。
④ 《邓小平文选》第3卷,北京:人民出版社1993年版,第76页。
⑤ 《邓小平文选》第2卷,北京:人民出版社1993年版,第203页。
⑥ 《习仲勋论统一战线》,北京:中央文献出版社2013年版,第337页。

意见的人，有的出于好心，但对我们并不理解，应当使他们了解统一战线历来是中国共产党的一大法宝，"这是经过历史证明了的，我们是一定要坚持的"①。进入21世纪，江泽民和胡锦涛又用三个"绝不能"（绝不能丢掉、绝不能削弱、绝不能动摇）②和三个"重要法宝"（夺取革命建设改革事业胜利的重要法宝、执政兴国的重要法宝、实现祖国完全统一和中华民族伟大复兴的重要法宝）③来重申这个问题。这些论述充分表明，新时期统一战线"前程远大，大有可为"④，因而必须非常珍惜，必须从战略的高度去认识它的性质、任务、地位、作用等。

（二）民主党派、多党合作是新时期统一战线工作的首要对象

由于在很长时间内人们把"统战对象"理解为"资产阶级政党""资产阶级知识分子""改造对象"，也由于担心这个概念是中共以从"以我为中心"出发的，不利于反映统一战线各界人士的平等地位，因而一开始有人不愿意接受"统战对象"的称呼，但经过讨论，比较一致的观点认为，统一战线的根本问题是同盟军的团结问题，在统一战线队伍中，参与者的地位是平等的，不能说"统战对象"就低人一等，比如领导者与被领导者，他们之间没有不平等的问题。这个思路理顺了，概念之争的心结就打开了。

在邓小平看来，统一战线的对象就是要联合一切能够联合的力量，因而"范围以宽为宜，宽有利，不是窄有利"⑤。尽管经历了多次调整，但新时期爱国统一战线的范围是朝着邓小平所说的工作范围更宽和工作对象更多的方向发展的，每次都变多了、变宽了、变大了、变壮了，绝没有朝着相反的方向走，而民主党派成员和无党派人士，每次都"名列前茅"。

---

① 中共中央文献研究室编：《十二大以来重要文献选编》下，北京：人民出版社1988年版，第1048页。

② 《江泽民文选》第3卷，北京：人民出版社2006年版，第143页。

③ 中共中央文献研究室编：《十六大以来重要文献选编》下，北京：中央文献出版社2008年版，第566页。

④ 《邓小平论统一战线》，北京：中央文献出版社1991年版，第250页。

⑤ 《邓小平论统一战线》，北京：中央文献出版社1991年版，第158—159页。

新时期的民主党派，依然保持八个的格局，从来没有因为某些杂音的干扰而出现改变。另外，在共产党和各民主党派之外，无党派人士这支重要的力量不可忽视，它的社会基础比民主党派更加宽泛，因为它还包括港澳台地区和华侨中拥护祖国统一的爱国者，民主党派工作难以涵盖的对象，通过无党派人士工作可以得到弥补，面对这个客观事实，就要使做好无党派人士工作尤其是做好无党派代表人士的工作，同做好民主党派工作一样受到重视。所以，中国多党合作，不仅包含中共同各民主党派的合作，也包含中共同无党派人士的合作，在人民政协的界别中，无党派人士就是被分在"党派"这个界别的。

新时期统一战线工作的对象具有广泛性的显著特点，但不论怎样调整和扩大，各民主党派成员和无党派人士始终是其中的首要对象。主体"在场"，就为新时期多党合作的开展创造了最基础的条件，提供了最重要的组织资源。

二、新时期对参政党的新认识

改革开放前，中共在多党合作中没有形成明确的参政党理论。新时期通过对民主党派的政党性质、存在理由、基本职能、政党权利、自身建设等的回答，揭示了民主党派是什么、做什么、怎么做等重大问题，对参政党的认识有了重大的突破。

（一）民主党派是致力于中国特色社会主义事业的参政党

首先，需要回答民主党派是不是政党。一种观点认为，我国的民主党派在社会主义改造完成以后"由政党逐渐演变成为社会团体"[①]。虽说在"左"的错误占上风的时候，民主党派的活动和发展受到干扰，刚恢复活动的时候，民主党派举办的一些书展画展等也被人误以为它们是文化团体，但总的看这种观点不论是在学界还是在政界都不占上风。多数观点认为，从民主党派的活动指向（政权）、政治纲领、组织系统、地位作用等看，民主党派毫无疑问具有政党的属性。

---

① 梁昱庆：《我国民主党派性质的历史考察》，载《争鸣》1987年第2期。

其次，需要回答民主党派是什么性质的政党。中发［1986］19号文件提出民主党派"不是在野党，更不是反对党，而是同我党通力合作的共同致力于社会主义事业的亲密友党"①。这里用"不是……而是……"的否定—肯定句式来揭示民主党派的性质，在否定部分，划清了民主党派同西方在野党、反对党的界限，暗含在政党制度上对多党制的摒弃；在肯定部分，一是强调民主党派致力于社会主义事业，二是强调民主党派是共产党的友党。在现代汉语中，"友"具有朋友、相好、亲近、关系友好等含义，"亲密友党"是一种形象的描述，表明共产党同民主党派的关系不同于多党制下的政党关系，而是一种新型政党关系，并且这个提法一直沿用至今。但是，仍然没有完成回答民主党派的性质的任务。

当时，国内理论界在探讨这一问题时，一种观点认为，民主党派也是执政党，区别在于共产党是主要执政党，而民主党派是次要执政党；此外，还有合作党、参政党、议政党、资政党等说法②。中发［1989］14号文件明确指出，中共是"社会主义事业的领导核心，是执政党"，各民主党派是"接受中国共产党领导的，同中共通力合作、共同致力于社会主义事业的亲密友党，是参政党"③。中国多党合作语境下的"参政党"具有特定含义，它完全不同于西方多党制下执政联盟中多个政党共同"参与执政"的政党。随着中国特色社会主义事业和多党合作事业的发展，中发［2005］5号文件在中发［1989］14号文件的基础上进而指出，民主党派是"致力于中国特色社会主义事业的参政党"④，明确了中国多党合作中"参政党"与中国特色社会主义事业的关系。十八大之后，对民主党派的性质的回答，又在此基础上向前推进一步，更加清晰了，后文将做进一步分析。

---

① 中共中央文献研究室编：《十二大以来重要文献选编》中，北京：人民出版社1988年版，第1092页。
② 高放：《政治学与政治体制改革》，北京：中国书籍出版社2002年版，第498—509页。
③ 中共中央文献研究室编：《十三大以来重要文献选编》中，北京：人民出版社1991年版，第822页。
④ 中共中央文献研究室编：《十六大以来重要文献选编》中，北京：中央文献出版社2006年版，第674页。

（二）民主党派具有进步性和广泛性相统一的特点

1979年6月，邓小平指出新时期各民主党派"都已经成为各自所联系的一部分社会主义劳动者和一部分拥护社会主义的爱国者的政治联盟，都是在中国共产党领导下为社会主义服务的政治力量"[①]。这一判断强调民主党派在组织方式上已经如同统一战线那样，实现了从阶级联盟向政治联盟的转化，阶级联盟是致力于解决夺取政权、改造旧社会的问题的，政治联盟则是致力于治国理政、建设新社会的问题的；同时，民主党派作为一种政治力量，是为社会主义服务的，是坚持而不背离社会主义的道路、方向的。

各民主党派所联系的对象，随着新时期统一战线内涵的变化而不断得到拓展，上述邓小平的表述后来在"一部分社会主义劳动者"后面增加了"社会主义事业建设者"[②] 的内容，以体现改革开放后出现的新的社会阶层在国家政治生活中的地位，并及时将其反映到统一战线和各民主党派中来。政治联盟性质决定了各民主党派的双重特点，一是进步性，也就是与中共同心同德，致力于国家的现代化建设，二是广泛性，这是与其社会基础联系在一起的，忽视了这种广泛性，势必把本来应该团结和争取的人拒于民主党派的门外，使民主党派失掉应有的重要作用。江泽民强调民主党派的这两个特点，既是它们长期存在的理由，也是共产党实行"多党合作的基础"[③]。

（三）民主党派的三项基本职能

各民主党派在"文革"结束后从闭门学习、自我改造的状态中走出来，那么，它们应该做什么、怎么做？只有搞清楚它们的职能，才能发挥它们的作用并彰显多党合作、人民政协的价值。

1979年6月，中共中央恢复了同各民主党派和无党派人士的民主协商，决定今后凡属重大的问题，都要同党外人士商量。紧接着，1979年10月，中

[①]《邓小平文选》第2卷，北京：人民出版社1994年版，第186页。
[②] 中共中央文献研究室编：《十六大以来重要文献选编》中，北京：中央文献出版社2006年版，第674页。
[③]《江泽民文选》第3卷，北京：人民出版社2006年版，第145页。

共中央在批转的一份文件中提出要"发挥民主党派的监督作用"①，重新肯定了民主党派通过议论、批评、建议等对共产党的方针政策和国家事务的监督作用，但并没有指明这种监督是什么样的监督。1982年2月，全国政协五届五次会议通过的人民政协章程规定，人民政协的职能是"政治协商、民主监督"，并在工作总则中对这两种职能做出具体规定，由于人民政协是多党合作的重要机构，因而可以说这里已确定了民主党派监督的实质——民主监督，这个提法自此广为使用，至今没有改变。中发［1986］19号文件称"今后要积极支持民主党派行使其民主监督权利"②，正式将民主党派的监督称为"民主监督"③。从民主监督的内涵看，它是一种"权利"而非"权力"，是一种"软约束"（主要是提出意见、批评、建议）而非"硬约束"（不具有法律效力），旨在鼓励民主党派做共产党的诤友，积极反映来自各方面的批评和建议。中发［1989］14号文件后，民主党派的职能被概括为"参政议政，民主监督"并成为很长时间内的"规范表述"。

问题是，如果民主党派的职能不包括政治协商，那么不仅在理论上、政策上说不通，而且同多党合作的实践也是不相符的。十八大后，2015年中共中央印发的统战工作的第一个党内文件——《中国共产党统一战线工作条例（试行）》指出"民主党派的基本职能是参政议政、民主监督，参加中国共产党领导的政治协商"④，明确将民主党派的基本职能从两项拓展为三项。至于人民政协的主要职能，也是到了1994年3月章程修正案才把参政议政列入其中，拓展为三项。

上述三个职能在本质上是一致的。民主党派作为参政党，参政议政反映的是参政党与国家政权的关系，"一个参加，三个参与"集中概括了民主党派参

---

① 中共中央统战部研究室编：《历次全国统战工作会议概况和文献》，北京：档案出版社1988年版，第457页。
② 中共中央文献研究室编：《十二大以来重要文献选编》下，北京：人民出版社1988年版，第1096页。
③ "民主监督""民主协商"等概念有广义和狭义之分。从广义上讲，它们是人民群众的民主权利；从狭义上讲，它们则特指人民政协和民主党派的职能。
④ 中共中央文献研究室编：《十八大以来重要文献选编》中，北京：中央文献出版社2016年版，第544页。

政的基本点,这在西方多党制下是不可思议的,议政在本质上是公民的言论、表达、出版等权利在多党合作中的体现,强调在调查研究的基础上广开言路,参政必然要议政,没有议政的参政是不可思议的,当然没有参政的议政也比较容易因"人微言轻"而被忽视,所以参政、议政是一体中的"左膀右臂";民主监督反映的是民主党派与共产党关系的一个方面;政治协商反映的是民主党派参与执政党和国家重大决策的途径和方式。从主要内容和基本特征看,民主党派参政议政就体现为政治协商、民主监督,但参政议政的对象更加广泛,内容更加丰富,形式更加多样,方法更加灵活。总之,明确民主党派的三项基本职能,可以更加全面地体现我国参政党的地位和作用,但必须看到,它们侧重的都是政治职能,除此之外,民主党派还有其他方面的职能,因而它们在国家的现代化建设中发挥着积极的作用①。

(四) 民主党派的政党权利

如同明确共产党对民主党派的领导是政治上的领导而非组织上的把控是重申过去的正确认识那样,明确民主党派作为参政党所具有的不可剥夺的权利,也是重申过去的正确认识。

1980年9月,全国政协五届三次会议通过的《政治决议》指出:"参加政协的各党派、各团体都有权利和义务范围内的政治自由、组织独立和法律上平等的权利。"②强调各民主党派在政治上组织上是独立自主的,绝对不是什么共产党的"附庸""外围组织"。政治自由,是指各民主党派及其成员在四项基本原则的基础上,享有人身、信仰、言论、出版、通讯、集会、结社、游行、示威等政治上的自由权利,并且这些自由权利在不损害国家的、社会的、集体的利益和其他组织、公民的合法权利的前提下,是得到法律保护的,是可以按照自己的意志付诸政治行动的;组织独立,是指各民主党派可以制定带有自己特点的章程,可以建立自己的中央、地方和基层组织并在全国范围内发展成

---

① 参政议政的相关内容,在本节的第六个问题中结合对党外人士的安排和培养进一步论述。
② 《中国人民政治协商会议第五届全国委员会第三次会议政治决议》,载《人民日报》1980年9月13日。

员,可以开展党派的各项活动并对自己的事务做出决定,可以拥有自己的舆论宣传工具等;法律地位平等,就是民主党派同共产党一样,依法活动,谁也不能凌驾在宪法、法律之上,因而这种平等不仅是形式上的更是实质上的平等。针对一些人的疑虑,李维汉指出,"如果这在1956年是可行的,那么在新时期就更是可行的了"①。

习仲勋是这方面的典范。1987年,他在中央统战部一期内部刊物上的批示中指出,有关民主党派内部事务,与其共产党出面干预,不如由他们自主调解,"无数事例都说明了这个道理。这就是改善党的作风和工作方法,也就是真正加强党的领导。这个本领一定要学,而且必须学会学好"②。将尊重民主党派自主调解自己的内部事务上升到改进党的领导方式方法的高度,体现了高超的领导艺术。1988年,中国民主同盟与波兰民主党实现了互访,习仲勋在会见波兰民主党访华代表团时说:"中国民主同盟的问题我不能决定,不能干涉,但有一条,你们的问候,我可以转达。"③ 利用政党外交的场合传递尊重民主党派独立负责地开展工作的观点,同样体现了高超的领导艺术。

中发〔1989〕14号文件对民主党派权利再一次做出了明确的规定④,此后,各民主党派的合法权利不再成为一个"问题",而是得到了比较好的保障。当然,参政党的权利和义务是统一的,享受这些权利并不意味着民主党派可以游离于宪法和法律之外,而是同样必须践行对于执政党和国家的承诺。

(五) 民主党派的自身建设

中共始终支持民主党派加强自身建设。在中发〔1986〕19号文件、中发〔1989〕14号文件的基础上,中发〔2005〕5号文件进而强调中共党委的重要政治责任之一,就是支持民主党派根据各自章程规定的参政党建设目标加强自

---

① 中共中央统战部研究室编:《历次全国统战工作会议概况和文献》,北京:档案出版社1988年版,第469页。
② 《习仲勋论统一战线》,北京:中央文献出版社2013年版,第512页。
③ 《习仲勋论统一战线》,北京:中央文献出版社2013年版,第527页。
④ 中共中央文献研究室编:《十三大以来重要文献选编》中,北京:人民出版社1991年版,第823页。

第六章 改革开放新时期的多党合作

身建设。

各民主党派也意识到加强自身建设的重要性并付诸行动。在新时期，各民主党派中央应中共中央统战部邀请举行座谈会，或者联合起来举行座谈会，先后形成了《民主党派组织发展问题座谈会纪要》等若干份会议纪要，就民主党派组织发展和自身建设问题进行研讨、商议，形成了加强参政党建设的基本思路，努力提高参政党自身建设的水平。

以政治交接为主线。"政治交接"是由时任民盟中央名誉主席费孝通提出来的。1996年底，各民主党派中央在酝酿1997年民主党派换届时，费孝通指出，政治交接是以变实现不变，人的变带动信念的不变①。"政治交接"的提出，得到了中共中央的赞赏，江泽民在1997年2月初中共中央举行的党外人士迎春座谈会就做好各民主党派、工商联的人事交替和政治交接发表了重要讲话，强调要做好"三个延续与发展"②。"政治交接"的主线使新时期民主党派自身建设有了主心骨，明确了政治纲领、政党关系、政治信念等的全面交接，也使中共对党外人士的安排和培养有了明确的目标。

以思想建设为核心。民主党派积极组织成员学习改革开放新时期中国共产党的创新理论——邓小平理论、"三个代表"重要思想和科学发展观，深化对参政党的地位、性质和历史使命的认识，为坚持和完善多党合作夯实思想基础。民主党派和无党派人士的联合党校——社会主义学院，自复办后也在提升统一战线代表人士的思想理论水平中做出了重要贡献。

以组织建设为基础。新时期民主党派的组织发展坚持以协商确定的范围和对象、以大中城市、以有代表性人士为主。为保证多党合作后继有人，各民主党派把组织发展作为经常性工作，由党派中央把握年增长5%的发展速度，并把组织发展同后备队伍建设相结合，同时注意发展成员中存在的趋同现象和向下延伸、标准降低、年龄偏低等问题。经过不间断的组织发展，民主党派的成员总数有了较大的增长，总数到1989年底达32万余人，到2002年底达60万人，到2011年6月达84万人。这样的吐故纳新为多党合作奠定了重要的组织

---

① 《费孝通文集》第14卷，北京：群言出版社1999年版，第70—72页。
② 《江泽民在党外人士迎春座谈会上发表讲话》，载《人民日报》1997年2月6日。

基础。

以制度建设为保障。各民主党派顺应多党合作制度化、规范化、程序化建设的要求，建立健全参政党的工作机制，逐步形成了一套有利于工作规范化和科学化运行的制度，多党合作"做什么""怎么做"在探索中不断积累经验。以反腐倡廉为例，长期执政的党会面临腐败的侵蚀，长期参政的党同样存在这种风险，在被查处的腐败分子中，有的就来自民主党派成员，为此，各民主党派加强了内部监督，在中央和省级设立监督委员会，并鼓励有条件的地市级组织试点设立内部监督机构，以此加强对党派组织、成员特别是领导班子及其成员在遵守章程、履职情况方面的自我监督。

值得一提的是，胡锦涛还在2005年2月的党外人士迎春座谈会上提出了执政党建设和参政党建设互相促进的思想[①]。中国共产党为履行执政使命就需要加强执政能力建设和先进性建设，各民主党派为发挥参政党作用就需要提高政治把握能力、参政议政能力、合作共事能力和组织协调能力，这二者都搞好了，多党合作制度才能坚如磐石，顺利发展。在中国，不但共产党需要党建，各民主党派也离不开党建，那种认为只有共产党需要党建，民主党派不需要党建，民主党派搞党建就会束缚它们发展的观点，是糊涂而有害的。"基础不牢，地动山摇"，这对共产党和各民主党派都是适用的。

三、新时期对政党制度的新论断

新时期对政党制度的新论断，是在中共和各民主党派、无党派人士的共同努力下取得的，其成果为人类政党政治文明的宝库增添了崭新的内容。

（一）确立多党合作的政治基础

多党合作的政治基础，管的是多党合作的大局和方向，这就是四项基本原则。而四项基本原则的核心——中国共产党的领导，也是多党合作的核心。

鸦片战争后，中国沦落为任人宰割的"东亚病夫"，长期一盘散沙，政

---

① 《胡锦涛在党外人士迎春座谈会上发表讲话》，载《人民日报》2005年2月5日。

权、政令从来没有真正统一过，中共执政后，迅速实现了东西南北中的大统一，以强大的核心力量团结全国各族人民，结束旧中国四分五裂的状态。全国人民看到，领导核心不是自封的，历史的选择作为"昨天"固然重要，而现实的选择作为"今天"更加重要，只有中共而没有别的任何党派能够集合全国人民的力量。从政党制度看，资本主义国家搞多党制，表面的竞选十分热闹，你上我下，但在"金钱挂帅"下，参与互相倾轧的政党谁也不代表广大劳动人民的利益，在这种情况下，很多个人没有理想，很大一部分力量在互相牵制中被抵消，与其说这是它的优势，不如说这是它的劣势。中国不搞苏联那样的政党制度，中国存在多党并实行多党合作，但这样的政党制度同资本主义国家的多党制是有原则区别的，那就是各民主党派承认并接受共产党领导，离开了这个前提，就没有人民的共同的根本利益和为社会主义、共产主义而奋斗的崇高理想，也没有民主党派和多党合作，"中国由共产党领导，中国的社会主义现代化建设事业由共产党领导，这个原则是不能动摇的；动摇了中国就要倒退到分裂和混乱，就不可能实现现代化"①。这就从历史的、现实的因素和中西对比的角度，强调了共产党的领导在中国多党合作中的不可或缺性，也是各民主党派作为致力于中国特色社会主义事业的参政党所必须毫不动摇、一以贯之遵循的准则。

当然，中共对民主党派的领导不是对它们内部事务的包办，而是一种政治领导，"即政治原则、政治方向和重大方针政策的领导"②，目的是确保各民主党派沿着中国特色社会主义基本理论、基本路线、基本纲领、基本经验、基本要求前进，使自身成为服务社会主义的政治力量。

（二）强化多党合作的制度、政策、法律保障

在中国多党合作的创立和发展过程中，中共和各民主党派都做出了贡献，因而在新时期，二者都赞同从制度上、政策上、法律上对其予以保障。

---

① 《邓小平文选》第2卷，北京：人民出版社1994年版，第267—268页。
② 中共中央文献研究室编：《十三大以来重要文献选编》中，北京：人民出版社1991年版，第822页。

十一届三中全会后，中共开始把多党合作从党的统一战线政策提升到国家政治制度层面。1987年的十三大报告将"完善共产党领导下的多党合作和政治协商制度"列入"完善社会主义民主政治的若干制度"①，协同考虑多党合作制度与其他政治制度的完善。1989年1月，根据邓小平的建议②组织的专门小组在起草中发〔1989〕14号文件的过程中，经过多次研讨，去掉了"共产党领导下"的"下"字，强调共产党对民主党派的领导是政治领导，共产党与民主党派在组织上都是独立的，没有上下之分，决不会从组织上去"控制"民主党派。中发〔1989〕14号文件是一个制度化文件，指出多党合作制度是"我国一项基本政治制度"③，并从政治体制改革的角度，对这项社会主义政党制度的相关重要问题做出了比较具体的规定，成为新时期坚持和完善多党合作制度的理论、政策依据和实施准则。此后，中发〔2005〕5号文件进一步突出和强调了制度化、规范化、程序化的要求，为多党合作的长远发展奠定了坚实基础。社会主义国家实行共产党单独执政制的居多，实行多党合作的效果往往不好，没有共产党单独执政制转为多党合作制的一个例子，倒是有多党合作制转为共产党单独执政制的不少例子，因而中国通过加强制度建设推动多党合作，尽管很低调，但很引人注目。

1993年3月，民建中央致信中共中央，希望其在向全国人大提出宪法修正案时，能明确把多党合作制度将长期存在和发展的内容写入进去④，这个建议被中共中央所采纳，在国内外产生了良好的影响。1997年，十五大报告又将多党合作制度写入初级阶段的基本纲领，按照当时的解读，基本纲领是初级阶段基本路线在各个方面的展开，是对执政党的最主要经验的总结，这样，多党合作制度就不仅是作为执政党意志的政策、纲领的组成部分，而且是作为国家意志的宪法的明文规定，形象地说，这就是一种"双重保险"。各民主党派

---

① 中共中央文献研究室编：《十三大以来重要文献选编》上，北京：人民出版社1991年版，第44—45页。
② 《邓小平论统一战线》，北京：中央文献出版社1991年版，第294页。
③ 中共中央文献研究室编：《十三大以来重要文献选编》中，北京：人民出版社1991年版，第821页。
④ 罗广武：《民主党派基本知识》，北京：学苑出版社1998年版，第99页。

成员和无党派人士从中看到了中共实行多党合作的决心和诚意，也增强了在多党合作的框架下办好中国事情、推进中国进步的信心。

与多党合作关系最为密切的一个机构，就是人民政协。毛泽东已经用不可"一国二公"否定了将政权与人大同时作为国家权力机关的主张，十一届三中全会后，党内外一些人重提将政协改造成为国家权力机关，但邓小平坚持政协不向国家权力机关发展、不搞两院制的原则。1980年8月27日，邓小平批示，政协不同于人大，"不要把政协搞成一个权力机构"；11月12日，又在一封信上批示，多党合作讲的"互相监督"是就政党关系而言的，对政府的"监督"权有固定含义，"政协不应拥有这种权限"①；1987年，邓小平在会见香港特别行政区基本法起草委员会委员时又指出，中国大陆所实行的人民代表大会一院制"最符合中国实际"②。虽然一院制、两院制并非社会主义政体与资本主义政体的本质区别，像实行共产党单独执政制的苏联、南斯拉夫在政体上搞的就是两院制，但中国依据国情既没有采用共产党单独执政制，也坚决摈弃多党轮流执政的多党制，而是实行多党合作制，体现了在政治制度设计上的高超智慧。人民政协具有党派性的特点，在它的基本单元和组织形式——界别中，党派类共包括中共、八个民主党派、无党派人士10个界别，占人民政协34个界别的近三分之一。

（三）提出多党合作的"十六字方针"与构建和谐政党关系

十一届三中全会后，中共重申了在1956年就确立的党同民主党派合作的"长期共存，互相监督"的方针。但是，由于"左"的影响根深蒂固，因而不少地方对于落实统战政策特别是党与民主党派的合作共事，依然存在着"清一色"思想、"不在话下"态度、一曝十寒、流于形式等问题，针对这些情况，1981年11月，当时的民建中央负责人胡厥文和全国工商联负责人胡子昂致信中共中央，提出加强统战理论和政策的再教育以肃清"左"的流毒、让各民主党派和人民团体独立自主去开展工作、发挥党外人士在各种岗位上的作

---

① 《邓小平思想年谱（一九七五—一九九七）》，北京：中央文献出版社1998年版，第169页。
② 《邓小平文选》第3卷，北京：人民出版社1993年版，第220页。

用等建议。中共中央对这封信非常重视,认为它表现了各民主党派同共产党肝胆相照、荣辱与共的关系,1982年1月,胡耀邦在全国统战工作会议上说共产党在新时期"一定要同党外朋友真正建立起肝胆相照、荣辱与共的关系"①,紧接着,邓小平在十二大开幕词中充分肯定了民主党派同共产党一起所走过的追求光明、进步的道路,也充分表达了中共在新时期继续推进多党合作事业的真诚愿望②。十二大报告将两个"八字方针"结合起来,此后"十六字方针"成为中共同民主党派合作、共同开创多党合作新局面的基本方针。在国际共运史上,曾经实行过多党合作的东欧国家从来没有就多党合作概括出如此鲜明的指导性方针,所以在马克思主义统一战线发展史上,这是具有重大理论价值和现实意义的创新之处。

"十六字方针"在本质上是如何处理政党关系。中国政党关系"实质上是工人阶级先锋队同一部分社会主义劳动者政党的关系"③。政党关系不论是在外国还是在我国,都是一个国家需要认真处理好的重大政治关系,并且是需要通过政党制度安排才能解决好的问题。我国政党关系是社会主义性质的,它的巩固和发展以及长期和谐,靠的就是多党合作制度,靠的就是将"十六字方针"落到实处。正是有了多党合作制度和"十六字方针",中共尊重并积极发挥民主党派的参政党作用,引导其代表各界人士有序参与政治生活、协调利益关系、化解矛盾、开展党(盟、会、社)内部的思想政治工作等,从而使体现在多党合作领域中的新时期人民内部矛盾问题得到比较好的处理,为促进政党关系和谐、构建社会主义和谐社会做出了贡献。当然,多党合作的实践无止境,"十六字方针"也应当随着多党合作事业的发展,不断做出新的符合历史条件的解读,使之带着新意在处理中国执政党与参政党的关系中放射光芒。

(四) 明确多党合作的特点、特征、特质及衡量标准

特,意味着特有、人无我有。邓小平、江泽民、胡锦涛分别从历史与现

---

① 《胡耀邦文选》,北京:人民出版社2015年版,第341页。
② 《邓小平文选》第3卷,北京:人民出版社1993年版,第4页。
③ 中共中央文献研究室编:《十二大以来重要文献选编》下,北京:人民出版社1988年版,第1173—1174页。

实、政党格局、"同心"的角度，揭示了多党合作制度"特"在哪里的问题。邓小平指出，实行多党合作"是我国具体历史条件和现实条件所决定的，也是我国政治制度中一个特点和优点"①，随着多党合作事业的发展，中共在多党合作的特点、优点的基础上，又深化了对这一制度的特色的认识。江泽民用"共产党领导、多党派合作，共产党执政、多党派参政"②这二十个字来概括我国政党制度的显著特征，强调"中国的政局要稳定，就必须稳定这个格局"③。就特质而言，胡锦涛强调"三同"即"思想上同心同德、目标上同心同向、行动上同心同行"④，是中国多党合作的最鲜明的特质，从而用最朴素而又最深刻的比喻阐释了中共与民主党派风雨同舟的奋斗历程，揭示了坚持和发展多党合作的核心价值所在。总之，中国多党合作的特点、特征、特质，集中反映了这一制度的巨大优势及其与国外一党制和多党制的根本区别，我们增强对中国多党合作的自信，就在于它能够从"供给侧"方面满足中国政治生活的需要，如果不能满足这种需要，哪怕它被说得天花乱坠、被捧上了天，也无济于事。

二十世纪八九十年代，既发生了个别社会主义国家取消多党合作、改行共产党单独执政制的事件，也发生了不少社会主义国家、第三世界国家在所谓的"第三波民主化浪潮"中全盘接受西方多党制的事件。在那些改行多党制的国家中，不少因为"水土不服"而导致政局动荡、族群撕裂、经济社会发展停滞、民不聊生的情形，因而在咄咄逼人的西化、分化面前，准确把握衡量我国政治制度、政党制度的标准，就显得极为重要。1987年，邓小平提出关键看"国家的政局是否稳定""能不能增进人民的团结""生产力能否得到持续发展"⑤三条，多党合作制度是我国的一项基本政治制度，对它的评价同样必须遵循这些关键原则。2000年，江泽民又系统阐述了衡量中国政治制度和政党制度的标准，强调"一是看能否促进社会生产力的持续发展和社会全面进步；

---

① 《邓小平文选》第2卷，北京：人民出版社1994年版，第205页。
② 《江泽民文选》第3卷，北京：人民出版社2006年版，第144页。
③ 《江泽民文选》第1卷，北京：人民出版社2006年版，第93页。
④ 《人民日报》2011年1月31日。
⑤ 《邓小平文选》第3卷，北京：人民出版社1993年版，第196页。

二是看能否实现和发展人民民主,增强党和国家的活力,保持和发挥社会主义制度的特点与优势;三是看能否保持国家政局的稳定和社会安定团结;四是看能否实现和维护最广大人民的根本利益"[1]。这些标准立足国情,着眼实践效果,把经济政治和社会、当前和长远、活力和稳定、制度优势和人民利益等要素融合为一个有机的整体,为正确认识我国为什么必须实行这样的政党制度,而不能实行那样的政党制度,提供了理论上和实践上的一把钥匙。当今世界,找不到一把普世的尺子来衡量各国政党制度的优劣,适合国情的就是最好的。

上述原则、标准为坚持和完善新时期的中国多党合作提供了根本的指南,因而中共和各民主党派坚定不移走自己的路,认为多党合作是符合中国国情的社会主义政党制度,因而任何人都没有任何理由要求中国改变这一制度。

(五) 强调以宽松稳定、团结和谐的政治环境为多党合作提供支持

邓小平在十一届三中全会前夕召开的中共中央工作会议上提出,对于思想问题,无论如何不能用压服的办法,因为这实际上是毛泽东说的软弱的表现、神经衰弱的表现,"这种恶劣作风,必须坚决制止"[2],并重申"三不主义""双百"方针、民主手段。正是因为有了这种清醒认识,新时期的多党合作才没有重蹈"管、卡、压"的覆辙,而是迎来了一个比较良好的政治环境。

在多党合作中,民主党派同共产党既有共识,也有分歧;它们所提的意见和建议,既有正确的,也有片面的甚至错误的,唯其如此,才是对社会的真实的准确的反映,要求民主党派组织及其成员不论在何时何地,每一句话都准确得体,既不可能,也不现实,因为这是连共产党都无法做到的。正是基于这样的思考,江泽民指出多党合作需要保持宽松稳定、团结和谐的政治环境。现实中的社会和人都是复杂的,中共和各民主党派有共同政治基础,但要求二者在认识上和行动上达到完全一致,这是不可能的,如果真的这样,也就没有必要搞多党合作了,对民主党派不同于共产党的那些差别,反右派斗争后的"左"

---

[1] 《江泽民文选》第3卷,北京:人民出版社2006年版,第213页。
[2] 《邓小平文选》第2卷,北京:人民出版社1994年版,第145页。

的年代曾经试图用强制性手段去消除,结果证明是不可取的,唯一正确的是采取求同存异、体谅包容的态度。看民主党派的批评、意见、建议,首先看它的出发点,只要这个是好的、是致力于和共产党一起办好中国的事情的,那么即便讲错了话也不要紧,它可以通过谈心、沟通、交流、实践等途径求得解决,从而回到正确的认识上,就是对一些不恰当、不正确的思想观点,也应该主要采取说理的办法,不能简单生硬,更不能靠强势,当然,"对那些事关政治方向、根本原则的错误观点必须进行批评,及时地、有针对性地加强教育和引导"①,也就是说求同存异不等于放任自由,如果放任自由,"互相监督"就变成单向度监督了,这不符合多党合作的本义,也不利于民主党派成员的前进。总之,只有保持宽松稳定、团结和谐的政治环境,才能使各民主党派敢于当共产党的诤友说心里话,对共产党发出来自党外的监督和批评声音,从而形成亲密团结、合作共事、共同奋斗的政治局面。

中共在新时期汲取以往教训,在历次党内整风、教育中都不波及民主党派。1983年10月,当全党范围内开始开展全面整党的时候,中共中央一方面希望党外朋友帮助中国共产党把党整顿好,另一方面为了彻底消除反右派斗争扩大化和"文革"遗留的历史阴影,使党外人士解除顾虑、畅所欲言,做到知无不言、言无不尽,郑重承诺整党只解决共产党的问题,不要求民主党派同时整顿作风和组织。1987年1月,中共中央主要负责人变动,同时开展了反对资产阶级自由化的斗争,针对一些党外人士的疑虑,中共中央亦明确指示斗争严格限于党内,不涉及民主党派和党外知识分子。这样的明智做法,使党外人士免除了"是不是又要借机整人"的思想压力,心情愉快地投入工作、生活,同时真心实意帮助共产党加强自身建设,展现良好形象。

第二节 新时期中国多党合作的实践成效

在正本清源中,新时期多党合作的基本制度得到坚持和完善,体制机制得

---

① 《江泽民文选》第3卷,北京:人民出版社2006年版,第147页。

到改革创新,多党合作在实践中成效显著,成为展示中国式民主的一个重要窗口。

一、政治协商生动活泼开展起来

如果说资本主义民主在本质上是假的,但它们善于通过形式的包装,假戏真做,具有很大的诱惑性、欺骗性;如果说社会主义民主在本质上是真的,但它们在很长时间内缺乏表现形式,真戏拙演,具有很大的片面性、薄弱性。克服民主内容和形式、现象和本质的脱节,是新时期社会主义民主摈弃苏联模式所无法回避的问题。在西方传统的多元主义政治学中,民主基本上就是等同于选举,选举基本上就是等同于多党轮替,谁不这么整就是离经背典,甚至可以由"人权卫道士"动用包括军事手段在内的力量去轰炸一个主权国家。中国经过长期的探索和观察,在不否定选举民主的意义的前提下,对民主的实行形式有了更加深刻的领会,强调我国社会主义民主有两种重要形式,一种是选举、投票,另一种是在这之前进行充分协商,"两种形式比一种形式好,更能真实地体现社会主义社会里人民当家做主的权利"[①],突出了以协商达成共识在我国民主形式中应有的地位和前景。《中国的政党制度》白皮书明确指出选举民主与协商民主相结合"拓展了社会主义民主的深度和广度"[②]。如果说政治协商在新中国成立后一直存在(尽管遭到过挫折),那么随着中共对协商民主的理论与实践的认识的深化,政协活动的开展更加有理论的清醒和自觉,为新时期协商民主的实现提供了最为重要的组织、制度平台。

在中国多党合作中,政治协商有两种基本方式:一种是中共同各民主党派的协商,这事实上就是后来所讲的"政党协商";还有一种是中共在人民政协同各民主党派和各界代表人士的协商。

中共同各民主党派在中央层面的协商具有以下特点:

一是协商的议题广泛。包括:中共党内重要文件;宪法法律修改和国家领导人选建议;事关经济社会发展的重大问题等。在很多时候,中共党内普通党

---

① 《江泽民论有中国特色社会主义(专题摘编)》,北京:中央文献出版社2002年版,第347页。
② 国务院新闻办公室:《中国的政党制度》白皮书,载《人民日报》2007年11月15日。

员尚未知情的重要信息,各民主党派中央领导人已经通过政党协商获悉,这也体现了中共对各民主党派的高度信任。

二是形式多样。会议协商当然是最正式、最庄重的形式,除此之外,民主党派中央还可以书面形式向中共中央提出建议。

三是程序规范。体现了现代管理学对"计划、组织、指挥、协调、控制"的要求。程序规范不仅表现在有年度政治协商规划,而且确保民主党派和有关无党派人士的知情权;不仅协商过程中充分发扬民主,而且注重反馈情况。总的看,政党协商在事前、事中、事后的连贯程序基本建立,运作基本上能够按照程序要求进行,以此减少主观随意性。

四是常态开展。人们经常可以从新闻联播、主流报纸看到各民主党派中央、无党派代表人士应邀参加中共中央、国务院及有关部门召开的协商会、座谈会、情况通报会,党外人士的书面意见建议也经常被中共中央、国务院及有关部门所采纳。

由于中共中央带头做表率,因而中共同各民主党派的政治协商在地方层面也得到了重视和开展。特别是2010年中共中央办公厅下发了《关于进一步规范省、自治区、直辖市党委同民主党派、无党派人士政治协商的意见》之后,这项工作在地方层面的开展就更有了制度上的保证。

根据人民政协的特点,中共在人民政协同各民主党派和各界代表人士的协商,往往是以界别的形式进行的。人民政协各界别中的委员,有党内的也有党外的,因而这个政治讲坛为多党合作特别是党外人士纵论国是提供了一个平台,在推进中国民主政治建设中发挥着"眼观六路,耳听八方"的作用。

二、民主监督成为国家监督体系的重要组成部分

新时期我国的监督体系,包括共产党和各民主党派的党内监督、人大监督、行政监督、司法监督、民主监督、舆论监督等。民主监督就是十六字方针中强调的"互相监督",包括执政党对参政党的监督、参政党对执政党的监督以及参政党之间的相互监督,但执政党的地位决定了共产党更加需要耳听八方,包括接受来自民主党派的意见、批评和监督,从而达到"集思广益,取

长补短，克服缺点，减少错误"① 的目的。党外人士的民主监督属于政治监督，关注的是涉及国家和社会发展的大局和权威的问题，而不是拘泥于、纠缠于具体的事务性的问题，以防止至少是减少执政党出现大的决策、政策失误，正如李瑞环所坦言的那样，"在中国，人民的最大利益，莫过于执政党少犯大的错误"②。民主监督虽然属于"柔性"监督，但它在国家监督体系中却有自己的独特优势，是亲密友党、挚友、诤友才可能做出的选择与举动。西方多党制下没有也不可能出现民主监督，它们的"监督"在本质上都是围绕执政党——在野党地位的轮替展开的，因而也容易造成政治"硬伤"，导致无休止的政治纠纷，议而不决，决而不行，因而民主监督这个"人无我有"的东西，是中国多党合作的一个亮点。

新时期民主党派和无党派人士的民主监督，形式和渠道也不断拓展，除了在政治协商中以政协大会发言、提案的形式提出批评和意见外，还增加了其他形式。例如调查研究，本来是中共在民主革命时期为了克服本本主义而在党内倡导的，新中国成立后为了克服"左"带来的损害、使党的工作重新走上正轨，也多次强调调查研究的重要性，改革开放后，民主党派意识到要履行好民主监督职能，没有进行深入的调查研究是不可能的，因而在中共的支持下，民主党派也大兴调查研究之风，在调查研究中认识国情，发现问题，寻求解决问题的方案，将民主监督融入到政治协商和参政议政之中。民主党派的调查研究有的是党派自行组织的，也有相当大的一部分是应中共党委、人大、政府及有关方面的邀请参与的，改革开放的火热实践，使民主党派比较好地找到了民主监督的切入点，使这项工作能够更有针对性和实效性。

《中国的政党制度》白皮书所提供的有关政治协商的情况，在很大程度上是同民主监督融为一体的。改革开放条件下的多党合作还出现了一个新名词，叫作"特约人员"，是从中央到地方的党政各部门聘请党外人士担任的，目的就是发挥他们在民主监督中的作用。

---

① 《邓小平文选》第2卷，北京：人民出版社1994年版，第205页。
② 李瑞环：《辩证法随谈》，北京：中国人民大学出版社2007年版，第91页。

三、根据参政议政需要安排、培养党外人士

参政议政,要求党外人士进入国家政治体系。通过人事安排搞好共产党同党外人士的合作共事,是统一战线从中央到地方再到基层中的最普遍最经常的一种关系。对党外人士的安排主要包括政治安排和实职安排,前者指党外人士经过提名、选举,当选为人大代表,或经过各方面协商,担任政协委员,还有的安排在参事室、文史馆①和各种群团组织担任领导职务;后者指举荐党外人士担任各级政府及司法机关的领导职务。

邓小平深谙人才资源在全局工作中的极端重要性,"文革"结束后,他求贤若渴,强调"政治路线确立了,要由人来具体地贯彻执行。由什么样的人来执行,……结果不一样","选拔干部,选拔人才,只要选得好,选得准,我们的事业就大有希望"②。邓小平解放思想,肯定资本主义国家在发现人才、使用人才方面的可取之处,强调"造就比这些国家更多更优秀的人才"③是我们进行社会主义现代化建设的一个重要目标,并且"不管是党员非党员,凡是能干的人就要使他们充分发挥作用"④。据此,中共结合参政议政需要,重视对党外人士的安排、使用和培养,努力建设党内外两支干部队伍。

(一) 做好党外人士的政治安排和实职安排

在政治安排方面。我国的民主共和政体,是通过人民代表大会制度得到体现和安排的,党外人士属于人民的范畴,因而他们在人民代表大会这一国家权力机关中自然不应当缺位。新时期不论是全国的还是地方的人民代表大会,党

---

① 参事室是政府中唯一以民主党派和无党派人士为主体的,具有统战性、咨询性的工作部门,参事由国务院总理和地方最高行政首长任命(聘任),年龄一般在 60 岁左右,大多是有影响、有代表性、有参政议政能力的党外人士,他们在政府内以个人身份,通过"直通车"的方式反映社情民意,直接参政议政,建言献策,咨询国是,开展统战联谊工作。文史馆是政府领导下的具有荣誉性的文史研究机构。

② 《邓小平文选》第 2 卷,北京:人民出版社 1994 年版,第 191、225 页。

③ 《邓小平文选》第 2 卷,北京:人民出版社 1994 年版,第 322 页。

④ 《邓小平文选》第 2 卷,北京:人民出版社 1994 年版,第 271 页。

外人士在人大代表、人大常委会委员、副委员长中均占有适当比例，还安排党外人士担任副秘书长。党外人士中的人大代表在人民代表大会中以人民代表的身份，依照宪法、人民代表大会组织法、人民代表大会议事规则等法律，履行人民代表的职责。在每年的人民代表大会上，党外人士都积极提出议案和质询案，反映社情民意，推动问题的解决。不少来自地方、基层和民间的声音，就是这样由他们传递到党和国家的最高决策层面的。他们回到地方和基层后，又将"北京的声音"传达给原选举单位的选民，增进选民对国家大政方针的理解。

与人民代表大会不同，人民政协的一个显著特点就是党派性，这个特点决定了党外人士在各级政协中的比例，要远远高于在各级人大代表中的比例。各级人大代表中具有中共党员身份者，往往可以达到80%以上，这也体现了中共党员在各行各业人大代表中所发挥的先锋模范作用；党外人士在政协委员中的比例往往高于60%，政协常委更是要求不少于65%，可以设想，如果在各级政协中具有中共党员身份的政协委员的比例达到像人大那么高，那么所谓的"政治协商"也就失去意义了，也很容易被外界所诟病。党外人士在人民政协的各种会议上依照政协章程的规定，可以以本党的名义进行各项活动。按照惯例，政协委员在"两会"期间列席人大会议，可以对"一府两院"的工作报告提出意见。

在实职安排方面。在国家政治生活中，作为"两会"的人大和政协开会时间是有限的，而行政事务、司法事务等则是经常性的，因而党外人士担任政府和司法机关领导职务非常被人们所看重。与改革开放前相比，新时期对党外人士的实职安排有三个特点：一是大面积安排，县级以上地方政府都选配党外人士担任领导职务，各级政府机构领导班子注意选派党外人士，法院、检察院则以省级领导职务的选配工作带动市、县两级的选配工作，因而党外人士在政府和司法机关担任领导职务的总数大大超过改革开放之前；二是专业技术性强，往往是在紧密联系知识分子、知识经济的部门选配党外领导人士；三是有职有权，党外人士能独当一面开展工作，决不是一些人道听途说、无中生有的摆设，符合条件的还可以担任正职；四是拓宽选配领域，高等院校等的领导班子中也注意配备党外人士担任领导职务。这种情况西方人很难理解，那是他们始终囿于"打橄榄球"的思维,对素有和合思维的中国多党合作在政权建设中对党外人士的安排,他们自然表示不可思议。

新时期党外代表人士的选拔任用工作取得很大的进展和成效。2008年换届后,十一届全国人大常委会有非中共副委员长6人、常委会委员49人,专门委员会有非中共副主任15人、委员34人,非中共全国人大代表807人,广泛分布于各个领域。十一届全国政协有非中共副主席13人、非中共常委195人,各专门委员会有非中共副主任33人,非中共全国政协委员1345人。截至2010年底,担任县处级以上职务的党外干部有3.1万人,31个省、区、市政府有30个配备了非中共副职,381个地厅级人民政府配备非中共副职348名;全国2799个县(市、区、旗)人民政府配备非中共副职2443名。中央国家机关和最高法、最高检配备非中共干部20名,国务院组成部门配备非中共正职2名,各省(区、市)政府工作部门配备非中共正厅(局)长35名。31个省级法院、检察院中分别有18个、16个配备了非中共领导干部;396个市级法院、检察院中分别有114个、99个配备了非中共领导干部;2790个县级法院、检察院中分别有555个、486个配备了非中共领导干部。各级政府参事共有976人。全国各类高等学校共配备非中共正副校(院)长509名[①]。

值得一提的是,1993年3月,爱国民主人士、曾被誉为"红色资本家"的荣毅仁在八届全国人大一次会议上当选为国家副主席。党外人士在国家副主席这一崇高的岗位上任职,引起了海内外的强烈震撼,因为在"左"的年代,原先出身民族资本家的人,绝大多数都是被批斗改造的对象,盼望平静的生活已经不容易,更遑论参加国家政治生活、担任如此重要职务!2007年,万钢(致公党中央副主席)、陈竺(无党派代表人士)出任国家科技部部长、国家卫生部部长,党外人士再度担任国务院部委正职,同样引人关注。人们可以从不同角度去解读这些现象,但这并没有什么值得大惊小怪的,因为做好对党外人士的政治安排和实职安排工作,是中国多党合作制度的题中之义;合适的就安排,暂时没有合适的就不硬性安排,这也是多党合作走上正轨的一种表现。

---

① 中共中央统战部编著:《中国共产党统一战线史》,北京:中共党史出版社、华文出版社2017年版,第547页。

（二）加强党外代表人士队伍建设

建设一支符合"四化"要求的干部队伍是新时期中共党的建设的重要内容。这支干部队伍的主体来自中共党内、主要是中共党员，但在多党合作的条件下，也包括来自党外的干部。中共把培养选拔党外干部提上议事日程，按照"党管干部"的原则加大工作，党外人士深切地体会到"共产党是把我们当作自己的干部使用"。2012 年 2 月，中共中央出台了《关于加强新形势下党外代表人士队伍建设的意见》，根据文件确立了"政治坚定、业绩突出、群众认同"[1] 的基本标准，为进一步推进工作提供了政策依据。中共中央强调，要如同重视建设一支高素质的党员领导干部队伍那样，努力建设一支高素质的党外代表人士队伍。

四、民主党派积极投身国家的现代化建设

十一届三中全会后，邓小平提出"社会主义现代化建设是我们当前最大的政治"[2]，要求全国人民为现代化建设贡献出一切力量，各民主党派积极响应这一号召，努力为新时期"最大的政治"献计献策、添砖加瓦。

一是把发展作为参政议政的第一要务。为经济社会发展服务，是中国多党合作的一大特色。典型的像贵州毕节试验区的开发扶贫，就是多党合作的成功范例，这项始于 1988 年、由时任中共贵州省委书记的胡锦涛亲自倡导和推动的工作，从一开始就有统一战线各界人士的深度嵌入，从 1989 年民盟中央定点帮扶毕节县（现七星关区），到 2005 年台盟中央主动加入毕节试验区开发扶贫的行列，各民主党派的智力支持、对口帮扶、同心攻坚始终没有停止过，为毕节试验区的改革发展做了大量的实事、好事，使毕节地区实现了从全国极度贫困地区向基本小康跨越的历史性进步。

二是维护稳定。在《中国的政党制度白皮书》中，维护稳定是中国多党

---

[1] 中共中央文献研究室编：《十七大以来重要文献选编》下，北京：中央文献出版社 2013 年版，第 811 页。

[2] 《邓小平文选》第 2 卷，北京：人民出版社 1994 年版，第 163 页。

合作制度的价值和功能的一个重要方面。稳定是改革和发展的前提，对中国这样一个发展中大国来说，"压倒一切的是需要稳定。没有稳定的环境，什么都搞不成，已经取得的成果也会失掉"①，而各民主党派和多党合作是维护政治和社会稳定的一支重要力量，只要看看东欧政局动荡中民主政党的拆台行为对共产党垮台的催化作用，就知道这个问题的重要性。在20世纪80年代中后期的学潮和政治风波中，国内外都有居心叵测的人试图挑拨民主党派与共产党的关系，提出民主党派应该脱离共产党的领导、应该成为"独立"的"反对党"等奇谈怪论，可喜的是，民主党派的绝大多数成员在大是大非面前旗帜鲜明、立场坚定，在反映社情民意、减少内耗、化解矛盾、缓和冲突、维护安定团结中发挥了应有的作用。1986年岁末，一些高校的少数学生受资产阶级自由化思潮泛滥的影响上街闹事，民主党派及其领导人的表现得到邓小平的肯定，说他们"态度是好的"②。1989年春夏政治风波平息后，江泽民说，在这次斗争中"各民主党派、工商联等人民团体和各界无党派人士经受了考验，尽管出现了一些问题，但从总体上说表现是好的，为稳定全国局势做出了贡献"③。比较东欧国家政局动荡的时候民主政党在最后关头的所作所为，中国各民主党派确实是自觉与中共同呼吸、共命运的。

三是参与政党外交。1992年，中共中央决定邀请民主党派负责人参加重要外事、内事活动，从此，在中国的外交舞台上，民主党派以适当的身份参加进来，丰富了中国特色人民外交、总体外交的内涵。在港澳回归祖国的时候，中国政府代表团成员就包括各民主党派中央主要负责人和无党派人士代表，他们同中共中央主要领导人一起，见证了中国政府对港澳恢复行使主权，深刻感受到了中华民族洗雪百年耻辱的自豪，增进了对"一国两制"的信心，坚信在中共领导下，饱经风霜的中华民族一定能够团结起来，致力于民族复兴大业。民主党派在开展对外联系和交流交往中崭露头角，充分彰显了多党合作制度的独特优势和魅力。

---

① 《邓小平文选》第3卷，北京：人民出版社1993年版，第284页。
② 《邓小平文选》第3卷，北京：人民出版社1993年版，第196页。
③ 中共中央文献研究室编：《十三大以来重要文献选编》中，北京：人民出版社1991年版，第1126页。

第三节　新时期中国多党合作存在的问题

尽管多党合作在新时期得到了应有重视，在理论上、实践上都取得了一系列成果，但问题依然不容忽视，只有正视问题，对症下药，才能在新时代坚持好、发展好、完善好多党合作制度，推动多党合作事业再上新台阶。

一、轻视或忽视统一战线、多党合作的问题

在统一战线、多党合作的实际运作中，"说起来重要，做起来次要，忙起来不要"的现象，比较经常出现。这集中表现在，一些中共党委负责人以"工作忙碌""经济建设是主战场"等为由，对统一战线、多党合作的工作不那么投入，甚至在思想上行动上还存在一些似是而非的观点。

第一，认为多党合作的地位下降了，没有什么了不起。与新中国成立之初党内人才严重匮乏不同，经过新中国成立后特别是改革开放后教育事业的发展，中共发展的党员中，具有大专及以上学历的党员的比例不断增加，中华民族的先进分子、优秀分子中的相当一部分聚集在中共党内，呈现出人才济济的景象。在这种情况下，党内一些人认为，过去共产党力量薄弱、人才匮乏，因而需要通过统一战线赢得民主党派和无党派人士的支持，现在情况变了，统一战线、多党合作的地位自然就下降了。他们忘记了，在知识分子中，加入共产党的比例毕竟是有限的，党外知识分子的数量十分庞大，特别是各民主党派拥有一大批人才；他们忘记了，如果各民主党派不是与执政党通力合作而是处处与执政党唱反调、争斗，那么，改革、发展、稳定还能够有保障吗？他们忘记了，对一些很重要的东西，拥有时不懂得珍惜，失去了方觉可贵，想弥补已经为时过晚。越南在革新开放之后，取消民主政党，结果一些在多党合作制下比较容易解决的问题，在一党制下解决起来就比较困难。可以说，已经有了的且能够发挥作用的东西，用简单的办法使它"无疾而终"，不见得是妥当的做法，这个教训，我们必须汲取。

第二，认为多党合作是自找麻烦，增加了工作的难度。在一些人看来，搞多党合作就得按程序找党外人士协商，并在人大代表、政协委员和实职岗位中为他们留足位子，真是自找麻烦，而且行动时还不像党内，一声令下大家都行动起来，否则还会受到党内纪律的制约，因而他们觉得多一事不如少一事！他们忘记了，包办代替、"清一色"，表面看起来多么严整，实际上潜伏着多大的危机；他们忘记了，各式各样的人、不断变化的利益诉求、七嘴八舌的话，恰恰是一个常态社会的标志，党外人士的意见、建议、批评未必都那么正确、准确、精确，有时候听着还让人很不舒服，但只要出发点是好的，共产党人怎么能够连这样的胸襟和气量都没有呢？他们忘记了，天底下没有不麻烦的政治，不怕麻烦才能有良政，搞好多党合作，找来的是小麻烦，省去的是大麻烦。

第三，认为民主党派是一支消极甚至异己的力量。一旦民主党派提出参政党权利，一些人就认为民主党派是在同执政党"过不去"，个别人甚至流露出民主党派是一个累赘、不太愿意它们在自己的"地盘"上发展成员和建立组织的情绪，认为落后分子才加入民主党派，要求组织部门和统战部门把优秀人才留在党内，"肥水不流外人田"。他们忘记了，民主党派是共产党的友党，中国执政党和参政党追求的是和谐的政党关系；他们忘记了，没有民主党派就没有多党合作，多党合作的舞台是不能没有民主党派参与的；他们忘记了，事物的作用是相互的，你不真正尊重党外人士，又怎么能够赢得党外人士的真正尊重呢？

第四，认为多党合作是"上层"的事情。在一些人看来，多党合作是"阳春白雪"，主要"舞台"在中央，到了地方、基层，即便要做这件事情，也是"化繁为简"，面子上过得去就可以了。他们忘记了，多党合作尽管不纳入地方和基层的考核指标，也不存在"一票否决"的问题，但还是有许多工作要做的，世界上的事情，最怕的就是"认真"二字；他们忘记了，地方和基层同样可以为多党合作创造新鲜的经验，只有上下互动、相互促进，多党合作的理论和实践才能不断向前推进；他们忘记了，多党合作如果"上冷下热"，只有中央在"表率"，地方和基层"静悄悄"，那么"中央要有权威"又怎能得到体现呢？

二、缺乏开展多党合作工作本领的问题

抗战时期,毛泽东指出:"我们队伍里边有一种恐慌,不是经济恐慌,也不是政治恐慌,而是本领恐慌。"① 本领恐慌从来都是存在的,并不一定是坏事,关键要有危机感,善于通过学习、实践化"危"为"机"。多党合作是跟民主党派和无党派人士打交道的,有自己的特点,做好工作本身就不容易,如果再加上不熟悉、不学习、不研究,那么出现"本领恐慌",拿着"法宝"不会用或者用不好,弄得双方肚子里都有"气",也就不难理解了。

首先,不善于领导党外人士。"掌握思想领导是掌握一切领导的第一位"②,多党合作具有很强的政治性,这种政治性体现在观念上,就是要求做好党外人士的思想政治工作,巩固共同的思想政治基础。由于认识不到位,就出现了以下两种倾向:一是缺乏底线思维,对党外人士的言论"开绿灯",将这同发扬民主、政治清明画等号,甚至出于"政党关系和谐"的考虑而对党外人士中的错误思想观点不敢批评,听之任之。列宁在《哲学笔记》中摘录了黑格尔《逻辑学》一书中的一段话——"通常对事物抱温情态度,只关心如何使事物不自相矛盾,在这里,也同在其他场合一样,却忘记了这种办法是解决不了矛盾的",然后批语写道:"说得好!!""这种讽刺真妙!"③ 政党关系和谐是在不断解决多党合作的矛盾的过程中实现的,如果试图抱"温情态度",将执政党和参政党的矛盾绝对同一化,那是违背唯物辩证法关于矛盾的同一性和斗争性的原理的,和谐不是不需要斗争,恰恰是在必要的斗争中达到的。二是缺乏体谅包容,要求党外人士无条件服从自己。这两种倾向都不利于加强和改进共产党对民主党派的政治领导。

其次,政策观念不强。宪法规定多党合作制度将长期存在和发展,但多党合作中涉及的各种关系、各种问题,很多都要靠政策来调节,而这些政策在很大程度上体现在新中国成立以来特别是改革开放以来关于多党合作的党内法规

---

① 《毛泽东文集》第2卷,北京:人民出版社1993年版,第178页。
② 《毛泽东文集》第2卷,北京:人民出版社1993年版,第435页。
③ 《列宁全集》第55卷,北京:人民出版社1990年版,第113页。

之中。如果不主动学习多党合作政策、不认真领会政策的精神实质，并结合本地区、本部门的实际加以贯彻落实，那么遇到问题荒腔走板、动作变形就必然会发生。在现实中，一些中共党组织负责人把多党合作排除在党建格局之外，很少研究这一方面的工作，一张嘴就错误百出，有的甚至是常识性错误；有的中共党组织负责人不太愿意让民主党派在自己的"地盘"上发展成员和建立组织，认为优秀人才应该参加共产党，参加民主党派是"动机不纯"；一些党外人大代表、政协委员涉腐涉案，一个重要原因是不按政策规定推荐人选，源头上就有隐患，等等，都表明在全党进行经常性的统一战线和多党合作的理论、政策再教育的重要性。

再次，不注意工作的艺术和方法。"政治是一门科学，是一种艺术"[1]，可是，面对多党合作这项特殊的群众工作，缺乏工作艺术、不注重工作方法的情况时有所见。比如，将谈心交心变成一般的谈话，程序化多，人情味少，令党外人士感觉到自己像个外人，是来陪"领导"完成"规定动作"的，尤其是那种居高临下、官腔十足、照本宣科、味同嚼蜡者，更是令人反感。必须看到，对党外人士尤其是其中有代表性的、社会影响力大的人士，西方敌对势力一直希冀他们扮演所谓的"公共知识分子"的角色来与共产党对抗，因而千方百计加紧拉拢他们，如果不改进工作，牵不上线、对不上话、做不进工作，这些人确实存在着同共产党渐行渐远的问题，不能掉以轻心。

三、多党合作中的形式主义问题

管理学中的封闭原理认为，为了确保系统的职能得到比较好的发挥，系统中的各个环节必须构成一个连续封闭的回路，如果其中有一个或若干个环节出现短板，那么其他方面的努力就会受到影响甚至功亏一篑。在多党合作的现实中，民主党派发挥职能作用的一些环节存在漏洞，重形式而轻内容，有虚名而少实效，"形式主义也是官僚主义"[2]，这是很容易引起人们反感的。

第一，参政议政中存在的问题。不但表现在对党外人士的政治安排和实职

---

[1] 《列宁选集》第 4 卷，北京：人民出版社 2012 年版，第 189 页。
[2] 《邓小平文选》第 3 卷，北京：人民出版社 1993 年版，第 381 页。

安排，人数不是多了而是少了，而且表现在一些地方和基层对民主党派的"全面参政"存在认识上的误区。从总体上讲，民主党派全面参政是多党合作的要求，也是多党合作事业发展的表现，但具体到各民主党派，如果也提出"全面参政"的要求，那是不切实际的。各民主党派的发展对象有界别分工，希望每个民主党派对各个领域、各种问题都样样精通，具有"全面参政"的能力，那么就会给各民主党派造成很大的压力，尤其是那些成员少的民主党派。为了应对"全面参政"，各民主党派一方面只能争相跨界别发展成员，以弥补本党派参政人才的不足，从而加剧了组织发展的趋同；另一方面，时间、精力投入的不足也使它们面对自己"隔行如隔山"的问题，除了在会议上照着报纸和文件的精神说话、表态之外，难以再有大的作为，而这样的参政议政的质量又怎么能有保证？

第二，政治协商中存在的问题。典型的是，一些地方党委、基层党委常常在对重要问题进行决策之后，才想起没有在决策前把政治协商纳入程序之中，因而只好想方设法采取所谓的"补救措施"，并请党外人士"见谅"，尽管党外人士对此也往往表示"理解"，但总归给人造成搞形式、走过场的印象。另外，在一些部门、一些人看来，民主党派和人民政协不是共产党，没有领导权和执政权；不是人大，没有立法权；不是政府，没有行政权；不是法院检察院，没有司法权，因而认为民主党派和政协委员的提案没有多大参考价值，往往采取敷衍了事的态度，或者在采纳后又打了很多折扣，对此民主党派和人民政协也往往"爱莫能助"，"说了也白说"就是对这种现象的无奈讽刺。

第三，民主监督中存在的问题。

一看层次。中共"历来以实现和发展人民民主为己任"[1]、各民主党派"以发扬民主精神，推进中国民主政治之实践为宗旨"[2]，可见，从初衷、初心看，各民主党派、多党合作在很大程度上是同对"民主"的追求联系在一起的，正是出于这个共同的追求，民主党派和共产党曾经风雨同舟、患难与共，

---

① 《江泽民文选》第3卷，北京：人民出版社2006年版，第553页。
② 中央党校党史教研室编：《中国民主党派史文献选编（新民主主义革命时期）》，北京：中共中央党校科研办公室，1985年版，第304页。

但从新时期民主监督的内容看，主要集中在经济、民生方面，偏重于事务性的"工作建议"，而涉及社会主义民主方面的内容比较欠缺。

二看参与面。基本上集中在少数骨干成员那里，一般成员很少参与甚至基本不参与。不少党外人士反映，党派成员本职工作忙而兼职工作过多，没有精力监督，也缺乏对监督部门的了解，加上个人能力有限、缺乏必要经费等，都造成他们对民主监督心有余而力不足，而且越是基层情况就越严重。

三看积极性。一些党外人士认为民主监督属于非权力监督，用处不大，与其去做"吃力不讨好""得罪人"的"苦差事"，不如"难得糊涂""你好我好"，干脆做些助力经济社会发展、扶危济困的"好事善事"，这样见效快、易出成果且"安全"，因而在民主监督时避重就轻，提意见、建议多而批评少。

四看保障机制。一些地方和基层的民主监督之所以开展得比较好，主要是得益于中共党委书记的支持和政协主席的威力，实际上靠的还是"人"的因素而非日常的规范的健全的监督制度，如果碰到表面"开明"、实则刚愎自用、听不得任何逆耳之言的领导人，就更加重党外人士怕被说成"越位"、怕得罪实权人物和部门、怕遭打击报复、怕承担风险等情绪。从民主党派的内设机构看，普遍设立的调研处、参政议政委员会等都以开展参政议政课题调研为主，但普遍没有设立专门的民主监督机构，"组织短板"也在一定程度上造成了工作缺乏推手。

在浙江省的一次问卷调查中，当被要求评价纪委监督、司法监督、行政监督、新闻舆论监督、人大监督、社团监督、党派监督、公民监督的监督效果时，党外人士的回答由高到低分别为75%、61%、53%、49%、41%、32%、29%、17%，民主监督仅高于公民监督，这从一个侧面反映了民主监督处于比较软弱无力的地位的状况①。

四、民主党派自身建设比较薄弱的问题

在新时期，民主党派以共产党的党建为榜样，加强自身建设，但同共产党

---

① 陆聂海：《民主党派民主监督作用的发挥——基于调研和问卷的分析思考》，载《理论探索》2018年第1期。

的党建相比，民主党派的自身建设仍比较薄弱，仍是一个需要大力加强的领域。

第一，政治生活不规范。有的党派负责人认为，民主党派是参政党，党内政治生活不必像中共搞得那么严格、规范，党派成员聚在一起就是相互交流、增进感情，是否出席会议、是否完成组织交代的工作、是否交纳党费等取决于个人，不做强制性要求，参政党意识很淡薄，政治生活松散、乏力。在很长时间内，有的民主党派的地方和基层组织负责人，几乎是连选连任，甚至搞成终身制，个别党派负责人甚至为了保住自己的利益，还设法阻止那些能力、素质比自己强的青壮年加入，担心打破自己的"铁饭碗"。这样的政治生态，是同民主党派建党时追求、向往民主的初心背道而驰的。

第二，党风中的庸俗化倾向。一些人带着强烈的功利性参加民主党派，他们希望以此为"跳板"，获得进入群团、政协、人大甚至政府、司法机关等的机会，以网罗社会关系和积累"政治资本"，这样的人并不真正热爱民主党派和热心多党合作事业，但却特别讲"实惠"，要名要利，唯独不懂得、不理解"参政为民"的宗旨，因而胆大妄为，违法乱纪，甚至堕落为腐败分子。此外，有些人鉴于以往多党合作的曲折经历，在政治协商、民主监督、参政议政时善于察言观色，回避矛盾和问题，只讲"正确"的话，明哲保身求无过，等等，"这些不良作风如不切实改正，那么地位愈高也就愈加危险，不但不能协助共产党掌好舵、把好关，把国家与社会治理得更好，反而会帮倒忙"[1]。上述情形表明，参政党也有党风问题，参政党的党风问题也是关系参政党形象乃至多党合作形象的大问题。

第三，组织发展中的不平衡和趋同问题。从八个民主党派的成员数量看，民盟最多，民革、民建、民进、农工党、九三学社居后，致公党次之，台盟最少，彼此之间差别也很悬殊，各民主党派在人事安排方面之所以未受组织规模的过大影响，"民盟组织部有关人士表示，这主要是考虑到各个民主党派的不同特点，按实际情况安排的结果"[2]，如果不是这样，有的民主党派可能面临

---

[1] 转引自高放：《政治学与政治体制改革》，北京：中国书籍出版社2002年版，第581页。
[2] 王海明：《民主党派参政通道》，载《宣传半月刊》2003年第4期。

被边缘化的境地。趋同现象也是民主党派组织发展中出现的较为严重的问题。改革开放后，随着老一辈民主党派成员因自然规律逐步退出，民主党派以"新人政党"的面貌出现，绝大多数成员是在新时期加入党派组织的。20世纪90年代以来，各民主党派出于扩大规模、"全面参政"等考虑，开始跨界别发展成员，不但突破了"七三开"的比例（甚至形成"倒七三"），而且争相在高等院校、非公经济、"海归"等领域发展新成员，特别是热衷于发展非公经济人士，认为中共都可以发展了，民主党派就更可以大量发展，而没有认真考虑组织发展方针、成员标准等问题，"这方面已有深刻教训"[①]。经过多年的人士代谢，不少民主党派组织保持界别特色的成员比例不断下降，有的只占其总数的一半左右，而且这一半左右中的大部分又属即将或已经离、退休人员，这种情况如果不加以妥善解决，各民主党派的界别特色就可能越变越模糊。

第四，后备干部队伍青黄不接。为搞好政治交接，新时期各民主党派对选拔培养后备干部特别是德才兼备的核心人物倾注了大量心血，但不足之处一是数量有限，有的甚至跟不上退休和自然减员的速度；二是素质缺陷，典型的是精通专业但却缺乏多党合作的理论与实践；三是选拔培养比较速成，年龄梯次没有适当拉开，后备干部衔续不紧，且普遍由组织推举产生。由于这样，一些民主党派在换届时只好拿着"帽子"找人，特别是碰到没有合适的主委人选，就只好临时到无党派人士中去动员和发展，这种做法不但有违干部成长规律，而且难以为党派成员所认可。显然，民主党派领导班子成员在"政治家"和"能孚众望"方面，与多党合作事业的发展有着较大的差距。

---

① 刘延东：《认真学习"七一"讲话和六中全会精神 建设适应新世纪要求的参政党》，载《中国统一战线》2002年第4期。

第七章　中国特色社会主义进入新时代的多党合作

党的十八大以来，以习近平同志为核心的中共中央在以往长期努力的基础上，在进行伟大斗争、建设伟大工程、推进伟大事业、实现伟大梦想的过程中，创立了习近平新时代中国特色社会主义思想，推动党和国家事业取得全方位的、开创性的成就，发生深层次的、根本性的变化，为中国特色社会主义进入新时代作出了开创性贡献。习近平总书记关于多党合作的重要论述是习近平新时代中国特色社会主义思想的重要组成部分。党的十八大以来，在习近平总书记关于多党合作的重要论述的指导下，中国多党合作事业继续向前发展，中国特色社会主义政党制度建设取得新的历史性成就。展望未来，顺应"中国之制""中国之治"要求的多党合作，必将展示出更加光明的前景。

第一节　新时代中国多党合作的创新发展

新时代中国多党合作的创新发展，贯穿着习近平一再强调的一条重要思路，那就是中国共产党人的活动"从来都是为了解决中国的现实问题"[①]。其实，"问题意识"并不是什么新的东西，马克思、爱因斯坦、希尔伯特、海森堡、波普尔、库恩、劳丹等人对此都有过论述，马克思说，"主要的困难

[①] 中共中央文献研究室编：《十八大以来重要文献选编》上，北京：中央文献出版社2014年版，第497页。

不是答案,而是问题。……问题就是时代的口号,是它表现自己精神状态的最实际的呼声"①。新时代中国多党合作面对的问题,既有新问题又有老问题:就新问题而言,十八大以来多党合作实践达到了一个新的广度和深度,事业越发展新情况新问题就越多,就越需要在实践的基础上大胆创新;就老问题而言,习近平对老问题不回避、不掩盖,而是大刀阔斧地"解决了许多长期想解决而没有解决的问题,办成了许多过去想办而没有办成的事情"②,习近平总书记关于多党合作的重要论述的不少内容,就是针对以往中国多党合作中存在的问题,而从改革、创新的角度提出来的。如果说不回避问题难能可贵,体现了一种敢于"揭短"的精神状态,那么下决心解决问题更加难能可贵,体现了一种敢于"碰硬"的精神状态,这本身也是中共自我革命精神的一个表现。

一、以中国梦为统领巩固发展新时代爱国统一战线

改革开放前,中共从1950—1963年共召开十三次全国统战工作会议;改革开放新时期,中共从1979—2006年共召开七次全国统战工作会议;2015年召开的中央统战工作会议,是新时代召开的第一次统战工作会议,并且从"全国"到"中央",体现了以习近平同志为核心的中共中央决心在新时代把统一战线发展好、把统战工作开展好的坚定决心。同年,有关统一战线、协商民主、政协协商、政党协商等文件密集出台,包括中共中央颁布的《关于加强社会主义协商民主建设的意见》(2015年1月)、《中国共产党统一战线工作条例(试行)》(2015年9月),中办颁布的《关于加强人民政协协商民主建设的实施意见》(2015年6月)、《关于加强政党协商的实施意见》(2015年10月)。特别是《条例》作为统战工作的第一部党内法规,是统战工作制度化、规范化、科学化的重要标志,在中共统战史上同样具有里程碑意义。而所有的这些工作,都是致力于"实现中华民族伟大复兴的中国梦",并以此为统

---

① 《马克思恩格斯全集》第40卷,北京:人民出版社1982年版,第289—290页。
② 中共中央党史和文献研究院编:《十九大以来重要文献选编》上,北京:中央文献出版社2019年版,第6页。

领而展开的。

（一）中国梦是中华民族近代以来最伟大的梦想

在《辞海》中，"梦"除了用来表示人在睡眠中出现的一种有序列的感觉、影响、思想或思维等活动外，主要就是用来"比喻虚幻、幻想"①，但这样的解释难以满足在现实生活中，人们也经常用"梦"来表达对美好愿景的追求。1931年，美国历史学家詹姆斯·特拉斯洛·亚当斯在《美国史诗》中提出了著名的"美国梦"，他说，"美国梦就是梦想这样一个国度，在那里，每个人依据自己的能力或成就提供的机遇，能够过上更美好、更富裕和更幸福的生活"②，"美国梦"成为凝聚美利坚力量的历久弥新的一大精神支撑。世界上还有不少国家和民族有类似的表述。在中国，中国民主革命的先行者孙中山喊出"振兴中华""光复我民族的国家"③的口号，中共的主要创始人之一李大钊则使用"中华再造""中华再生""青春中国之再生""青春中国之投胎复活""中华民族之复活""民族复活更生"④等话语，成为"'中华民族复兴'理念最早自觉的导引人之一"⑤。抗战时期，面对穷凶极恶的日本帝国主义，毛泽东表达了中华民族同敌人血战到底，"在自力更生的基础上光复旧物的决心"⑥。果不其然，抗日战争就是以中华民族的14年浴血奋战并最终取得胜利而载入史册的。新中国的成立开辟了民族复兴的人间正道，进入改革开放新时期，十三大报告正式提出社会主义初级阶段是实现中华民族伟大复兴的阶段，十六大报告提出中国共产党肩负着实现中华民族伟大复兴的庄严使命。十八大后，习近平在参观《复兴之路》展览时明确将中华民族的雄心壮志用言简意赅的语言概括为"中国梦"，他说"实现中华民族伟大复兴，就是中华民

---

① 《辞海》，上海：上海辞书出版社2010年版，第1294页。
② James Truslow Adams, *The Epic of America*, Boston: Little, Brown, and Company, 1931, pp. 404.
③ 《孙中山全集》第1卷，北京：中华书局1981年版，第19、297页。
④ 《李大钊全集》第1卷，北京：人民出版社2006年版，第145—286页。
⑤ 黄兴涛等：《民国时期"中华民族复兴"概念之历史考察》，载《中国人民大学学报》2006年第3期。
⑥ 《毛泽东选集》第1卷，北京：人民出版社1991年版，第161页。

族近代以来最伟大的梦想"①。根据习近平的相关论述:

第一,中国梦承载着中国共产党的初心和使命。在中国历史上,许多政治力量都提出为人民、为民族谋幸福、谋复兴的承诺,但最后要么根本没有做到,要么虎头蛇尾,只有中共真正将其作为前进动力付诸实施。实现共产主义是党的最高理想和最终目标,但面对鸦片战争后中华民族面对的两大历史任务,中国共产党义无反顾肩负起历史使命,特别是十一届三中全会后通过改革开放这场新的伟大革命,建设中国特色社会主义,使中国大踏步赶上时代,中华民族伟大复兴目标清晰展现在人们面前,所以现在"比历史上任何时期都更有信心、有能力实现这个目标"②。尽管中国梦凝聚着鸦片战争以来170多年几代中国人的夙愿,但只有中国共产党义无反顾肩负起实现中华民族伟大复兴的历史使命,决心"将革命进行到底"。

第二,中国梦的本质是国家富强、民族振兴、人民幸福。这个梦想的最大特点,就是把国家的追求、民族的向往、人民的期盼融为一体,从而彰显了中华民族的"家国天下"情怀。在中国共产党人看来,"宏大叙事"的国家梦,也是"具体而微"的个人梦,这一点也被美国研究中国问题的专家罗伯特·劳伦斯·库恩所赞赏,他说"个人的中国梦"与"国家的中国梦"是统一的,实现"个人的中国梦"在很大程度上促进了"国家的中国梦"的实现,而实现"国家的中国梦"则意味着"个人的中国梦"顺利实现③。中国梦为新时代"梦之队"中的每一个中国人都提供了人生出彩的机会,提供了增进幸福感和获得感的机会,因而它的深厚源泉在于人民,根本归宿也在于人民,可以说它是马克思主义关于促进人的自由而全面的发展的思想在新时代的生动展现。

第三,中国梦是一个凝聚中国力量、争取世界力量的最大公约数。恩格斯说,"言简意赅的句子,一经理解,就能牢牢记住,变成口号;这是冗长的论

---

① 中共中央文献研究室编:《十八大以来重要文献选编》上,北京:中央文献出版社2014年版,第84页。
② 中共中央文献研究室编:《十八大以来重要文献选编》上,北京:中央文献出版社2014年版,第83页。
③ 郑国玉:《美国学者库恩眼中的"中国梦"》,载《中国社会科学报》2019年12月27日。

述绝对做不到的"①。在新的历史条件下经济社会发展中出现的多元化使得思想上工作上如果没有处理好，就很容易搞散。这时候，寻找一种形象的表达、一种为群众易于接受的表述，并且借助这个具有广泛包容性的"最大公约数"来将中国人民和中华民族的价值认同、价值追求阐释出来，就显得极为迫切，中国梦圆满地解决了这个问题，得到了海内外同胞的强烈共鸣。不仅如此，由于它与世界各国人民的美好梦想相通，不仅造福中国人民也造福世界人民，因而有助于打破一些人关于中国崛起必将带来"威胁""扩张""霸权"等曲解、误读、疑虑、猜忌，展示已经醒来的东方之狮作为一只"和平的、可亲的、文明的狮子"的形象，所以它也赢得了越来越多的国家的理解和支持，并通过搭乘中国发展的"便车""快车""顺风车"，实现共同发展。

第四，伟大梦想与其他三个"伟大"紧密联系、相互贯通、相互作用。伟大梦想是在伟大斗争中实现的，所以我们要永葆爱国奋斗精神，在前进的道路上勇于攻坚克难；伟大梦想离不开伟大工程这个"火车头"，需要伟大工程不断为它提供精神的、智力的、组织的动力支持；伟大梦想是在伟大事业中实现的，伟大事业每向前推进一步，就意味着离伟大梦想的目标又向前推进了一步。在"四个伟大"中伟大工程是起决定作用的，只要中国共产党在坚持和发展中国特色社会主义的历史进程中始终成为坚强领导核心，那么中国梦就一定能够化为现实中的美好蓝图。

（二）中国梦"最大公约数"下统一战线性质和重要性的新表述

由于有了中国梦这一"最大公约数"，《中国共产党统一战线工作条例（试行）》在统一战线关于"联盟"的内涵中增加了"致力于中华民族伟大复兴爱国者"的内容，在统一战线关于"重要法宝"的价值中增加了"实现中华民族伟大复兴中国梦"②的内容，从而使民族复兴的伟大梦想这一"最大公约数"全面嵌入统一战线之中，极大地壮大了统一战线的力量。统一战线是

---

① 《马克思恩格斯文集》第4卷，人民出版社2009年版，第407页。
② 中共中央文献研究室编：《十八大以来重要文献选编》中，北京：中央文献出版社2016年版，第539页。

做人的工作,党外的力量达数亿之多,把这些力量凝聚起来共同奋斗,"我们就能为实现'两个一百年'奋斗目标、实现中华民族伟大复兴的中国梦增添强大力量"①。可见新时代统一战线和以往一样,仍旧是为了团结一切可以团结的人。《条例》列出十二个方面的统一战线工作范围,同以往一样,作为党外人士的民主党派成员和无党派人士依然稳坐第一、二把交椅。实现中华民族伟大复兴的中国梦,要求巩固和发展包括民主党派和无党派人士在内的最广泛的爱国统一战线,最大限度把包括不同党派在内的全体中华儿女团结起来并调动一切积极因素,构建中华民族命运共同体,用十三亿多人的智慧和力量汇集起不可战胜的磅礴力量。

(三) 坚持和改善共产党对统一战线工作的领导

习近平强调,做好新形势下统战工作"最根本的是要坚持党的领导"②。新时代坚持和改善共产党对统一战线工作的领导,必须明确如下几点:

一是统一战线是共产党领导的统一战线,统一战线越拓展、统一战线成员人数越扩大,共产党的领导地位应该越巩固,这在本质上是一个党的领导和人民民主的关系,共产党支持人民民主,反过来,人民民主为共产党的领导提供最深厚的政治合法性基础。

二是共产党领导统一战线,主要是政治领导,主要体现为党委领导、集体领导。将共产党对各民主党派的领导是政治领导拓展为共产党对统一战线的领导是政治领导,明确了共产党领导统一战线的关键所在;突出了这种政治领导的集体领导性质,体现了邓小平一贯倡导的工作方法,那就是"属于政策、方针的重大问题,国务院也好,全国人大也好,其他方面也好,都要由党员负责干部提到党中央常委会讨论,讨论决定之后再去多方商量,贯彻执行"③。当然,在坚持和改善共产党对统一战线领导的过程中,也要尊重、维护、照顾

---

① 中共中央文献研究室编:《十八大以来重要文献选编》中,北京:中央文献出版社2016年版,第562页。

② 中共中央文献研究室编:《十八大以来重要文献选编》中,北京:中央文献出版社2016年版,第561页。

③ 《邓小平文选》第3卷,北京:人民出版社1993年版,第319页。

同盟者的利益,帮助党外人士排忧解难,这是共产党的职责,也是实现共产党领导的重要条件。

三是善于联谊交友。在统一战线的长期实践中,中共非常重视运用联谊交友的方法,发挥其在党外代表人士培养中的引导、沟通、纽带作用。画出最大的同心圆,更是要求新时代统战工作必须善于联谊交友,"要看交到的朋友多不多、合格不合格、够不够铁"①。总之,联谊交友不能做快餐,而是要做佛跳墙这样的功夫菜,只有这样才能既广交党外朋友,又有重点地深交一批挚友诤友,不断巩固执政党与党外人士的联盟。针对一段时间内社会上存在的庸俗风气,习近平强调领导干部交友固然会有私谊,但私谊要服从公谊,统一战线各界的朋友不是领导干部的私人财产,不能把那样的关系庸俗化成为私人牟利的工具。

二、提出评价一个国家政治制度是否民主有效的标准和"新型政党制度"

在中国的寓言故事中,不论是《韩非子》里的"郑人买履",还是《淮南子·说林训》里的"削足适履",都表明凡事不可生搬硬套,实事求是才是正道、王道。2013 年 3 月,习近平在莫斯科国际关系学院发表演讲时指出,"'鞋子合不合脚,自己穿了才知道',一个国家的发展道路合不合适,只有这个国家的人民才最有发言权"②,强调从本国的实际出发选择适合自己国情的发展道路。习近平提出的评价一个国家政治制度是否民主有效的标准和"新型政党制度",深化了党内外对中国特色社会主义政治发展道路和多党合作制度的认识。

(一)评价一个国家政治制度是否民主有效的标准

2014 年 9 月,习近平在庆祝全国人民代表大会成立六十周年大会上的讲

---

① 中共中央文献研究室编:《十八大以来重要文献选编》中,北京:中央文献出版社 2016 年版,第 562 页。

② 中共中央文献研究室编:《十八大以来重要文献选编》上,北京:中央文献出版社 2014 年版,第 260 页。

话中,从八个方面剖析了评价一个国家政治制度是不是民主的、有效的标准,这就是"国家领导层能否依法有序更替,全体人民能否依法管理国家事务和社会事务、管理经济和文化事业,人民群众能否畅通表达利益要求,社会各方面能否有效参与国家政治生活,国家决策能否实现科学化、民主化,各方面人才能否通过公平竞争进入国家领导和管理体系,执政党能否依照宪法法律规定实现对国家事务的领导,权力运用能否得到有效制约和监督"[①]。习近平强调,我国实行的人民民主专政的国体、人民代表大会制度的政体、多党合作制度、民族区域自治制度、基层群众自治制度,具有鲜明的中国特色,"这样一套制度安排,能够有效保证人民享有更加广泛、更加充实的权利和自由,保证人民广泛参加国家治理和社会治理;能够有效调节国家政治关系,发展充满活力的政党关系、民族关系、宗教关系、阶层关系、海内外同胞关系,增强民族凝聚力,形成安定团结的政治局面;能够集中力量办大事,有效促进生产力解放和发展,促进现代化建设各项事业,促进人民生活质量和水平不断提高;能够有效维护国家独立自主,有力维护国家主权、安全、发展利益,维护中国人民和中华民族的福祉"[②]。习近平将标准和成效统一起来,为人们客观公正评价我国政治制度提供了一个根本的遵循,发展了改革开放以来中国共产党人对这一问题的认识。与一些国家不顾国情移植、照搬西方民主模式,结果搞得民不聊生不同,中国正是因为坚持了自己的尺度和标准,才确保了政治建设中改革、发展、稳定的统一。

如果说政治制度在一个国家的各种制度中处于关键环节,那么多党合作制度历来是中国政治制度的重要组成部分,因而上述标准对于中国多党合作制度同样是适用的。中国多党合作制度之所以具有巨大优越性,之所以成为"良政"和"善治"的一种制度安排,追根溯源,就在于中共始终从中国的实际出发,"不唯书,不唯洋,只唯实",始终以最广大人民根本利益为依归。

[①] 中共中央文献研究室编:《十八大以来重要文献选编》中,北京:中央文献出版社2016年版,第60页。

[②] 中共中央文献研究室编:《十八大以来重要文献选编》中,北京:中央文献出版社2016年版,第61页。

(二) 新型政党制度之"新"

在费尔巴哈看来:"一种新的原则,经常是带着一个新的名称出现的。"①一个新的名称,常常意味着一件新生事物的诞生,或者意味着一件事物经过长期实践,越来越走向成熟和自信。"新型政党制度"也是这样。1999 年,江泽民在庆祝人民政协成立 50 周年大会上即指出,"中国共产党领导的多党合作,是适合中国国情、具有中国特色的社会主义新型政党制度"②;2018 年,习近平在看望参加政协会议的民盟、致公党、无党派人士、侨联界委员时再次强调,中国共产党领导的多党合作和政治协商制度"是中国共产党、中国人民和各民主党派、无党派人士的伟大政治创造,是从中国土壤中生长出来的新型政党制度"③,明确了在新时代建设什么样的政党制度、怎样建设这样的政党制度等重大问题,成为习近平总书记关于多党合作的重要论述中具有原创性的成果。

习近平深刻阐明了新型政党制度新在哪里、优势在哪里的问题,赋予了它新的时代内涵:就内生性而言,新型政党制度之新,就在于它的形成和发展是一个"自然历史过程",有效避免了"飞来峰"式的照搬照抄导致的水土不服、治理危机乱象;就代表性而言,新型政党制度之新,就在于它能够真实、广泛、持久代表和实现最广大人民、全国各族各界根本利益,有效避免了旧式政党制度为少数人谋利益的弊端;就向心力而言,新型政党制度之新,就在于它把各个政党和无党派人士紧密团结起来,心往一处想,劲往一处使,有效避免了一党缺乏监督或者多党恶性竞争的弊端;就整合度而言,新型政党制度之新,就在于它通过制度化的安排集中各种意见和建议、推动决策科学化民主化,有效避免了旧式政党制度囿于小团体利益而导致社会撕裂的弊端;就主线

---

① 北京大学哲学系外国哲学史教研室编译:《十八世纪末——十九世纪初德国古典哲学》,北京:商务印书馆 1975 年版,第 540 页。

② 中共中央文献研究室编:《十五大以来重要文献选编》中,北京:人民出版社 2001 年版,第 1030 页。

③ 《习近平新时代中国特色社会主义思想学习纲要》,北京:学习出版社、人民出版社 2019 年版,第 218 页。

而言，新型政党制度之新，就在于它把共产党的领导和发扬民主内在地统一起来，坚持共产党的领导就是要形成更广泛、更有效的民主，政治协商、民主监督、参政议政，就是这种民主最基本的体现，有效避免了将共产党领导和发扬社会主义民主对立起来的非此即彼的思维；就国情适应性而言，新型政党制度之新，就在于它不仅符合当代中国实际，而且符合中华民族和合的优秀传统文化，有效避免了在政治制度设计中因割裂民族特色、历史传承而迷失自我的情形。新型政党制度与旧式政党制度相比有这么多特点和优势，所以任何希望用政党制度上的"舶来品"来取代这项制度的企图，都是不会也不可能结出果实的。所以，在坚持好、发展好、完善好新型政党制度的问题上，我们同样应该理直气壮，没有任何输理的地方。

（三）新型政党制度的哲学底蕴

新型政党制度在中国不是虚幻的，也不是用来作秀的，而是一种活生生的政治现实，具有深厚的哲学底蕴。

第一，从内在逻辑的角度看，新型政党制度是理论逻辑、历史逻辑和实践逻辑的统一。就理论逻辑而言，中共在领导中国革命、建设、改革的历史进程中，始终重视将经典作家提出的统一战线学说和处理政党关系策略应用于中国的具体实际，毛泽东思想和中国特色社会主义理论体系都包含着丰富的多党合作思想；中共十八大以来，习近平总书记关于多党合作的重要论述，是中国化马克思主义多党合作思想的最新理论成果。由于这样，新型政党制度有科学理论的指导，而理论上清醒，政治上才能坚定；理论上成熟，政治上成熟才有深厚基础。就历史逻辑而言，民主革命时期，中共和各民主党派在争取民族独立和人民解放的斗争中，逐步相知相识、互信互助，联手打败了日本帝国主义、推翻了国民党反动派，完成了新民主主义革命，通过政治协商建立了人民当家做主的新中国，从而使多党合作建立在坚实的基础上；新中国成立以来特别是十一届三中全会以来，中共和各民主党派共同致力于国家的现代化建设，走出了符合国情的中国特色社会主义道路，从而使多党合作的政治基础更加牢固。就实践逻辑而言，新型政党制度同社会主义事业的其他方面一样，是"干出来"的，是在中国人民和中华民族追求"站起来""富起来""强起来"的过程中，一步一步走出来的，具有鲜明的实践特征。哲学中的逻辑主要用于强调思维的规律性或客观规律性，上述三个逻辑统一于中共和各民主党派、无党派人士的风雨同舟、患难与共的合作之中，因而可以说它们也是既尊重客观规律又发挥主观能动性的成功典范。

　　第二，从联系和发展的角度看，新型政党制度是一种"一体两翼"结构，中共和各民主党派、无党派人士在其中地位不同，但都不可或缺，并且都要继续发展。民主党派是从旧社会"移植"到新社会中来的，尽管性质发生了变化，但它们的存在"是历史的延续，是旧社会遗留给新社会的宝贵财富"①。没有共产党的领导就没有多党合作，同样，没有民主党派的参与也没有多党合作，民主党派发展得不好、作用发挥得不好，多党合作也不能说是成功的。特别是在国家遭遇重大危机时，执政党往往成为各种矛盾对准的靶子，这个时候它就非常需要一种中介力量的存在并发挥协调作用，如果没有这种中介力量，时时、处处都要跑在前头，"就可能失去政治上的缓冲余地"②。在新型政党制度中，民主党派能够比较好地扮演这样的角色，与执政党一起共渡难关。可见，搞好多党合作，对于增强中共的执政合法性和执政安全，具有重要意义，正如李瑞环所说，"我们共产党和民主党派要'长期共存'，就要以对方的存在、发展为前提和条件。'肝胆相照'，要有'肝'有'胆'，光有'肝'没有'胆'，怎么'相照'"③? 当然，"世界不是既成事物的集合体，而是过程的集合体"④，在多党合作的实践中，共产党和各民主党派都是变化的、发展的，二者已经从诞生于旧中国并为人民民主而奋斗的政党，成为在新中国处于长期执政、长期参政地位的政党；已经从受到外部封锁和实行计划经济条件下为"建设一个新世界"而奋斗的政党，成为对外开放和发展社会主义市场经济条件下为建设社会主义现代化强国而奋斗的政党。这种变化、发展，使多党

---

① 胡安：《社会主义国家民主党派是一种特殊类型的政党》，中共中央统战部研究室编：《社会主义国家多党合作问题研究》，北京：春秋出版社1988年版，第8页。
② 范晓军：《中国多党合作政治制度中的国际因素》，载《中央社会主义学院学报》2000年第8期。
③ 李瑞环：《辩证法随谈》，北京：中国人民大学出版社2007年版，第98页。
④ 《马克思恩格斯文集》第4卷，北京：人民出版社2009年版，第298页。

合作不论是在内容上还是在形式上，都不断与时俱进，从而也会促成新型政党制度的不断发展、完善。

第三，从对立统一的角度看，新型政党制度强调政党关系和谐，强调政党制度的选择必须符合各国的国情。在矛盾的同一性和斗争性方面，新型政党制度中共产党和各民主党派、无党派人士既相互依存，同时在领导和被领导、执政和参政、互相监督等问题上，又存在差别。社会主义政党制度的属性决定了二者能够通过协商，正确处理、不断解决合作中的各种矛盾，从而达到政党关系和谐。在矛盾的普遍性和特殊性方面，由于各国的历史传统、文化基因、经济社会发展水平、社会制度等不同，因而世界上不存在"普世性"的政治制度，这是人类文明发展的多样性的体现。西方国家把民主政治与多党竞选、三权分立等画等号，"我们并不反对西方国家这样搞"①，在世界共产党的队伍中，一些社会主义国家的共产党实行单独执政制，一些非执政的共产党则接受、认可多党制，我们也理解并尊重它们的选择，认为那是它们的权利；但是，多党合作制度"是由我们的国情决定的，不是哪一个人、哪一个党派主观意志的产物"②，我们珍惜自己土生土长的新型政党制度，也要求别人理解并尊重中国的选择权利。开放的中国早已走出夜郎自大的心态，也走出崇洋媚外的心态，在政党制度建设中，如同中国不输入外国政党制度模式那样，中国也不会输出自己的政党制度模式，"不会要求别国'复制'中国的做法"③。总之，多党合作好不好，中国人民最有发言权，中国人民完全有理由打造出具有中国特色、风格、气派的新型政党制度。

第四，从利益代表的角度看，新型政党制度强调妥善处理人民内部矛盾和利益关系，维护政局稳定。始于改革开放以来的社会阶级、阶层结构变化，尤其是新的社会阶层不断出现的情形，今后在全面深化改革中还将继续下去。从政治文明的角度讲，开明的执政者总是会将新的社会集团和各种社会力量纳入自己的政治体系或政党体系之中，而不是采取"为渊驱鱼，为丛驱雀"的逆

---

① 《邓小平文选》第3卷，北京：人民出版社1993年版，第220页。
② 《江泽民论有中国特色社会主义（专题摘编）》，北京：中央文献出版社2002年版，第310页。
③ 中共中央党史和文献研究院编：《十九大以来重要文献选编》上，北京：中央文献出版社2019年版，第113页。

向做法。亨廷顿指出："把一个新群体引入政治，并被政治领导人用以充当其权力的可靠基础，需要采取的行动包括通过功能性社团、政党或其他形式把该群体组织起来"[1]，可见他也肯定政党是吸收新的社会政治力量进入政治体系的重要结构。在我国多党合作框架下，中共在摈弃"全民党"方案的同时，注意增强党的阶级基础和扩大党的群众基础，以更好地代表最广大人民的根本利益；各民主党派在改进组织发展"三个为主"中，民革近年来吸收了一大批社会法制人士，农工党吸收了一大批人口资源和生态环境领域人士，并且这些新生力量的任职数量和层次不断提高，实际上也是考虑到了扩大参政党的社会基础的问题，以更好地反映新出现的社会阶层的利益诉求。从比重看，中共党员占全国人口的6.5%，在这之外的非中共党员，有的有比较强烈的政治参与抱负，一部分人可能选择参加民主党派，还有为数不多的人可能被培养成为无党派人士，这样看来，有了民主党派，中共在政治建设中就多了妥善处理人民内部矛盾和利益关系、引导新时代公民有序政治参与、遏制所谓的"反对党"、抵制西方多党制、维护政局稳定的有力帮手。

第五，从价值观的角度看，新型政党制度强调"民主""和谐""为民""务实""清廉"。这是社会主义核心价值观对新型政党制度的要求。纵观人类政党政治的历程，"进步的政党天然是同民主相联系的"[2]，从这个意义上看，新型政党制度首先必须有助于大力推进社会主义民主政治建设尤其是协商民主发展，在共产党长期执政、民主党派长期参政的条件下，双方都要警惕权力的腐蚀、官僚主义的滋长和犬儒哲学的盛行，牢记"没有共产党就没有新中国"的重要原因之一——"他实行了民主好处多"。此外，构建和谐政党关系，坚持立党为公、执政为民、参政为民，从中国的实际出发一步一个脚印实现"中国梦""强国梦"，并且建设清正廉洁的执政党、参政党，也是新型政党制度的本质要求，做到了这一些，才能体现共产党的先进性、纯洁性，体现民主党派的进步性、广泛性，从而使双方都能以良好的政党形象展示在中国和世界

---

[1] [美]塞缪尔·亨廷顿，琼·纳尔逊：《难以抉择——发展中国家的政治参与》，汪晓寿等译，北京：华夏出版社1989年版，第36页。

[2] 荣敬本，高新军：《政党比较研究资料》，北京：中央编译出版社2002年版，第7页。

面前,增进人们对世界政党制度的"另外一种选择"的信心。

第六,从方法论的角度看,新型政党制度强调求同存异,"画出最大的同心圆"。和统一战线一样,多党合作是一致性和多样性的统一,并且这种一致性和多样性是历史的、具体的、发展的,如果只有一致性而没有多样性,那么"水至清则无鱼",或者只有多样性而没有一致性,那么缺乏主心骨,多党合作都转不起来,现实中不论是过于追求一致性还是过于放任多样性的情形,都是对二者辩证关系的割裂,结果必然动摇多党合作的基础。在处理二者关系上,关键还是坚持求同存异:就求同而言,要不断巩固共同思想政治基础,首先要巩固中国特色社会主义共识,其次要推动形成新的共识,特别是习近平新时代中国特色社会主义思想中那些原创性贡献,这些是基础和前提;就存异而言,要充分发扬民主,允许不同声音和利益诉求存在,尊重包容差异。在求同中有一条不可动摇的政治底线,那就是对"四害"即危害中国共产党领导、危害我国社会主义政权、危害国家制度和法治、损害最广大人民根本利益的问题,必须旗帜鲜明反对,不能让其以多样性的名义大行其道。至于各种多样性,其实是各种具体的利益关系和内部矛盾的表现,应该在全国人民根本利益一致的基础上,通过耐心细致的工作寻求妥善解决的方案,政党协商、政治协商,就是要让各民主党派、无党派人士更多地反映和代表它们所联系的各部分群众的具体利益与要求,彰显新型政党制度的共建共享本色。习近平指出:"只要我们把政治底线这个圆心固守住,包容的多样性半径越长,画出的同心圆就越大。"①

三、进一步阐释民主党派性质和发挥中国多党合作制度效能的着力点

在对民主党派的政党性质做出新的判断的基础上,习近平进而提出了发挥中国多党合作制度效能的着力点,指引新时代多党合作的发展走向。

---

① 中共中央文献研究室编:《十八大以来重要文献选编》中,北京:中央文献出版社2016年版,第539页。

(一) 民主党派是中国特色社会主义参政党

进入 20 世纪 90 年代，国内理论界在探讨民主党派性质时提出，只讲民主党派是"为社会主义服务的政治力量""致力于社会主义事业""致力于中国社会主义事业"是不够的，因为"致力于"传达的是一种努力（参政党的目标和任务），但本身不一定"就是"（社会主义性质的政党、中国特色社会主义政党）。如果说根据中共的建党学说，判断一个政党是否先进、是不是工人阶级先锋队，主要应看它的理论和纲领是不是马克思主义的、是不是代表社会发展的正确方向、是不是代表最广大人民的根本利益，那么判断民主党派的政党性质，在考察民主党派的社会基础的同时，也必须高度重视把握民主党派的意识形态，因为政党的意识形态作为政党所持的主义，凝结着政党的思想体系和价值体系，并且以政党的政治立场和价值观为其核心内容，一些学者据此认为，民主党派应定性为"社会主义政党""社会主义参政党"或"中国特色社会主义参政党"。但也有学者指出，如果过度强调民主党派的社会主义性质，会不会混淆民主党派与共产党的区别？会不会不利于民主党派在壮大新时期统一战线中的作用？因而如前所述，在中发〔2005〕5 号文件中，对民主党派的性质定位仍然是"致力于中国特色社会主义事业的参政党"，尽管文件在研讨、制定过程中，要求将民主党派定性为"中国特色社会主义参政党"的观点已经提出了，但是没有被采纳。

十八大后，习近平基于对新时代中国多党合作制度的战略思考和科学谋划，对民主党派的性质进行了深入的思考。2013 年 2 月，习近平提出"各民主党派是与中国共产党通力合作的中国特色社会主义参政党"[1]，对各民主党派的政党性质和政治地位有了更加完整而清晰的判断。这个判断同以往相比，体现了一种逻辑递进的关系，不但在表述上更加简约，而且在内涵上更加贴近实际：首先，各民主党派的社会基础具有中国特色社会主义性质，特别是改革开放以来出现的新的社会阶层，是中国特色社会主义而不是别的什么主义的产物；其次，从各民主党派的政治实践和政治纲领看，各民主党派无论是围绕改

---

[1]《习近平在党外人士迎春座谈会上发表讲话》，载《人民日报》2013 年 2 月 8 日。

革开放和社会主义现代化建设开展工作,还是在各自的章程中公开宣布坚持中国特色社会主义道路、理论体系、制度、文化,也都体现了鲜明的中国特色社会主义性质。《中国共产党统一战线工作条例》指出民主党派是"中国特色社会主义参政党"①,进一步确认了对民主党派的性质的崭新判断,有利于充分调动民主党派的积极性,也让国际社会对中国多党合作中民主党派究竟是什么样的政党有了更加清晰的认识。

(二)发挥中国多党合作制度的效能

现代汉语中,效能指事物所蕴藏的有利的作用,比如说,深翻土地,才能充分发挥水利和肥料的效能。习近平指出,更好体现中国多党合作制度的效能,"着力点在发挥好民主党派和无党派人士的积极作用"②。这里涉及两个重要问题:

第一,进一步强调发挥无党派人士的作用。通过回顾中共统一战线的历史可以知道,从中共在抗战时期开始同无党派人士打交道开始,在中国多党合作制度的形成和发展过程中,无党派人士一直扮演着重要角色。在抗战时期的"三三制政权"中,根据地的党派成员并不多,"三分之二"的党外分子主要就是无党派人士,像提出"精兵简政"建议的李鼎铭也概莫能外;解放战争时期,无党派人士是"最早一批拥护、支持中共领导,摒弃'中间路线'的政治力量之一,其鲜明的政治主张深刻影响着一大批民主人士'"③;新中国成立后到改革开放新时期,无党派人士在国家政治生活中继续发挥着重要作用。习近平充分肯定以知识分子为主体的无党派人士是我国政治生活中的一支重要力量,殷切希望他们带头践行社会主义核心价值观,"积极向社会传递正能

---

① 中共中央文献研究室编:《十八大以来重要文献选编》中,北京:中央文献出版社2016年版,第544页。
② 《习近平在中央统战工作会议上的讲话》,载《人民日报》2015年5月21日。
③ 甄卢:《新时代无党派人士在新型政党制度中的重要作用》,载《中国统一战线》2018年第6期。

量"①，给了他们巨大的鼓舞。既然多党合作既包括中共与各民主党派的合作，也包括中共与无党派人士的合作，因而在新时代多党合作中就必须进一步充分发挥无党派人士的作用。当然，不能笼统地将无党派人士与一般的党外知识分子相提并论，因为从政治参与看，前者是在多党合作制度内的"一个参加，三个参与"，后者则是履行公民权利的一般政治活动；从影响的领域看，前者主要在政治领域，后者则主要在专业领域。总之，在新时代加强无党派人士工作，不但是发扬社会主义民主的要求，而且有利于抵制、分化瓦解那些以西化、分化为政治图谋的"民运分子"的所谓"组党活动"。中国多党合作不仅包括中共和各民主党派的合作，也包括中共和无党派人士的合作，这个在新时代多党合作的格局中，必须进一步明确下来，并且在多党合作的理论与实践中充分关注无党派人士这支重要力量。

第二，明确民主党派和无党派人士的基本职能——参政议政、民主监督、参加中国共产党领导的政治协商②。这就改变了以往在实践中是三项，但是在理论上和政策上仅仅强调前两项的不正常的状况。实事求是说，离开了政治协商，多党合作、人民政协的意义就大打折扣了，因而党的十八大之后对民主党派和无党派人士的基本职能的完善，是实事求是的，也是十分重要的，他们完全可以在履行职能中发挥更加积极的作用，使多党合作制度的效能得到更好的体现。

四、在加强社会主义协商民主建设中加强政党协商、政协协商

党的十八大以来，"协商民主"成为新时代中国政治生活中高频率出现的词汇，呈现出方兴未艾的发展势头，而政党协商、政协协商作为协商民主的形式和渠道，更是随之得到加强，显示出强大的生命力。

---

① 《习近平在看望参加政协会议的民盟、致公党、无党派人士、侨联界委员时的讲话》，载《人民日报》2018年3月5日。
② 中共中央文献研究室编：《十八大以来重要文献选编》中，北京：中央文献出版社2016年版，第544页。

（一）协商民主深深嵌入中国社会主义民主政治全过程

西方民主高调突出选举的价值，近年来之所以重视研究"协商民主"，目的是为了弥补选举民主的缺陷，使选民不再成为多党制下政党、政客几年一利用、利用完了就弃之若敝履。哈贝马斯说，"在协商决定公共决策的过程中，协商原则上没有任何人可以排除在外"①，西方学者正是希望通过协商民主，给予更多的人参与决策的讨论机会，"使民主更加民主"②。

西方协商民主的理论与实践对我国有一定的助推和启示价值，但从发生学的角度看，协商民主是从我国政治生活的逻辑中发展起来的。共产党的群众路线在政治领域中有诸多体现——不仅体现在党内政治生活中，而且也体现在国家的和社会的政治生活中，协商民主就是其中之一。对中国民主政治全过程来说，协商民主不是一种外在的东西，而是一种内在的、深深嵌入的因素，并成为中国民主政治特有形式和独特优势。

十八届三中全会进而提出"推进协商民主广泛多层制度化发展"③。广泛，强调涉及人民利益的事情，要在人民内部商量好怎么办，"找到全社会意愿和要求的最大公约数，是人民民主的真谛"④。多层，在纵向上是从中央到地方再到基层"一竿子捅到底"，在横向上是国家层面的政治协商、国家与社会之间的社会协商、社会层面的公民协商并存且相互促进。制度化，要求所有协商渠道不断健全体制机制。广泛多层制度化，能够确保协商民主体现在方方面面，助推群众路线落到实处，增进人民群众的主人翁意识。

---

① ［德］哈贝马斯：《在事实与规范之间：关于法律和民主法治国的商谈理论》，童世骏译，北京：生活·读书·新知三联书店2014年版，第378页。
② ［美］詹姆斯·博曼、威廉·雷吉：《协商民主：论理性与政治》，陈家刚译，北京：中央编译出版社2006年，中文版序言第3页。
③ 中共中央文献研究室编：《十八大以来重要文献选编》上，北京：中央文献出版社2014年版，第527页。
④ 中共中央文献研究室编：《十八大以来重要文献选编》中，北京：中央文献出版社2016年版，第73页。

(二) 政党协商与政协协商的比较

"每有大事，必相咨访。"如前所述，中国多党合作制度中的政治协商既包括政党协商，也包括政协协商。随着关于加强政协协商、政党协商的意见的出台，政党协商、政协协商更加有制可依、有规可守、有序可循。

从广义上讲，政协协商也包含政党协商，因为人民政协作为爱国统一战线组织，是多党合作制度的重要机构，并且从历史发展、实际内容看，政协协商最先的表现形式就是政党协商，只是随着多党合作制度的确立和发展，这一范围才被大大拓展。政协协商和政党协商都遵循一条重要原则，就是把协商纳入决策程序，在决策之前和决策实施之中进行协商。当然，二者之间仍存在如下差别（以中央层面为例）。

从协商主体看：政党协商的主体是执政党和参政党的最高层领导人，中共中央是总书记（主持会议）和其他政治局常委，各民主党派中央是主席、常务副主席及有关副主席，同时，无党派人士作为我国政治生活中的一支重要力量、工商联作为具有统战性的群团组织和商会组织，参加政党协商。在中国多党合作的实际运行中，各民主党派之间的协商，如前面提到的它们就参政党建设召开多次座谈会并形成相关纪要，也是一种政党协商。政协协商的主体是34个界别，涵盖中共、各民主党派、无党派人士、主要群团组织、56个民族、5大宗教及各界代表人士，他们以界别身份或政协委员身份参加协商。与协商主体相关的一个问题，是政党协商由中共党委统战部牵头和协调组织，而政协协商则由政协常委会牵头和组织协调。

从协商内容看：比较而言，政党协商议题由中共党委提出，内容往往事关执政党和国家重大方针政策和重要事务，事关国计民生重大问题，需要做出的重大决策部署；政协协商议题可由中共党委和政府交办、中共党委召开的秘书长联席会议研究提出、政协和中共党委和政府及有关部门沟通协商提出等，还可以由各组成界别和政协委员提出，内容往往围绕国家发展重大问题和群众切身利益问题展开，其提出者和内容都比较广泛。

从协商方式看：政党协商包括会议协商、约谈协商和书面协商三种形式，政协协商形式有政协全体会议、专题议政性常务委员会会议、专题协商会、双周协商座谈会等。

从协商特征看：政党协商具有政党性、直接性、权威性、高层次性，其结果以"直通道"的形式进入执政党和国家的决策。尽管在西方多党制下，执政联盟内部各政党之间、执政党和在野党之间，在某些情况下也需要进行政党协商，但那样的政党协商更多的是基于政党分赃和政治妥协的需要，其间夹杂着五花八门的互相利用和互相攻讦，同新型政党制度、新型政党关系下的政党协商有着本质区别。政协协商在参加人民政协的各界别之间展开，尽管人民政协既不是中共党委这样的领导机构，不是人大这样的权力机构，也不是政府这样的执行机构，但这种协商却是广纳群言、广谋良策、广聚共识的重要平台。

为确保政党协商、政协协商的质量，十八大以来更加注重规范协商的程序化，特别强调要加强和改善共产党对政党协商、政协协商的领导。

（三）政党协商与政协协商继续得到加强

在新时代政党协商中，民主党派"担负着重要责任"，中国共产党"担负着主要责任"[1]，这就要求执政党和参政党双方共同努力，一起做好这件事情，离开了双方中的任何一个方面，政党协商都做不起来。据统计，十八大以来，中共中央、国务院召开或委托有关部门召开民主协商会、座谈会、情况通报会共150次，其中习近平总书记主持召开31次，先后就中共全国代表大会、中央全会报告、国民经济和社会发展规划等战略性全局性问题听取并吸收民主党派和无党派人士的意见建议，力求科学决策、民主决策；各民主党派中央聚焦推进供给侧结构改革、创新驱动引领高质量发展、推进"一带一路"建设、优化营商环境激发微观主体活力等重大问题深入调研，向中共中央、国务院报送意见建议694件，其中571件得到中共中央领导同志重要批示，加快推进平潭综合试验区建设、科学设定"十三五"期间GDP增速、全面放开二孩政策等建议转化为党和国家重大决策[2]。纵观政党协商的发展历程，它始终高扬着

---

[1] 《习近平在党外人士迎春座谈会上发表讲话》，载《人民日报》2015年2月13日。

[2] 参见刘维涛：《坚持和完善中国特色社会主义政党制度——访中央统战部副部长邹晓东》，载《人民日报》2019年12月23日。

爱国奋斗精神，成为中华民族精神在新中国成立后多党合作中薪火相传的重要表现。

政协协商在继承中发展，在发展中创新。人民政协把习近平提出的"懂政协、会协商、善议政，守纪律、讲规矩、重品行"作为一个整体，对委员队伍建设提出明确要求，也推动政协工作有了新的起色。在拓展协商内容、丰富协商形式中，"双周协商座谈会"的创办就是一个亮点。如前所述，始于1950年、终于"文革"的"双周座谈会"，曾经是新中国成立后多党合作的重要形式。1979年12月，全国政协机关党组曾经向邓小平提出举行"双周座谈会"并得到邓小平的批准①，不过后来没有很好地做起来，新时期的座谈大多不再以此命名，而是根据会议内容命名。十八大后，全国政协在继承"双周座谈会"历史传统基础上，于2013年重启这项制度，并改名"双周协商座谈会"，其创新之处表现在：

第一，协商民主特色浓郁。从名称的变化（增加"协商"二字）即可清楚表明这一点。双周协商座谈会参会委员以民主党派成员和无党派人士为主，开会时，椭圆形的桌子不设主席台，与会者畅所欲言，平等交流，时有争论与交锋，"争到激烈处，主持会议的同志笑着维持秩序，'我们是只交锋，不争吵'"②，其气氛充分体现协商精神。

第二，议题针对性、专业性强。如2013年的当前宏观经济形势分析、汽车尾气治理，2014年的核电和清洁能源发展、建筑工人工伤维权，2015年的转基因农产品的机遇与风险、非物质文化遗产传承与保护，2016年的《快递条例》制定、食品安全监管体系建设，2017年的优化电子商务监管、水污染防治，2018年的解决中小学生课外负担过重、粤港澳大湾区建设等，不一而足，莫不如此，体现了"题目小一点，讨论的问题集中一点"的务实、精干作风，在协商民主中彰显了对专业素养、科学精神的崇尚。

第三，发挥政协委员主体作用。按一年召开20次左右会议、每次参会委员一般20人左右计算，每年就给近400位全国政协委员提供了协商平台，有

---

① 参见牛旭光：《邓小平与新时期人民政协》，载《人民政协报》2004年8月2日。
② 参见吴晶晶等：《寻求最大公约数 汇聚发展正能量》，载《人民日报》2016年2月4日。

助于改变"年委员,季常委,月主席"的"老黄历",激发政协委员主体作用。

第四,强调依章依规办事。双周协商座谈会重启后,全国政协先后在2013年、2018年通过《双周协商座谈会工作办法(试行)》《双周协商座谈会工作规则》,使这个"小支点,大舞台"不至于像它的前身那样因领导人看法和注意力的改变而出现折腾、变故。据统计,十二届全国政协共举办76次双周协商座谈会,共邀请委员和专家约1500人次、部门负责同志约300人次,成为政协协商民主的经常化平台和重要方式之一,也打造了一张极具新时代协商民主特色的、有着良好政治效应、社会效应的"品牌名片"。

第五,注重协商成效。有规划,表现在年度议题是在广泛征求各方面意见的基础上由主席会议确定的,重点议题纳入年度协商计划,报中共中央审定;速上报,表现在会上提出的意见建议,及时通过政协信息等方式报送中共中央、国务院有关领导及相关部门;抓后继,表现在全国政协办公厅和承办单位及时跟踪了解领导同志对会议意见建议做出批示和相关部门反馈采纳落实情况。以"建筑工人工伤维权"为例,这是个多部门十几年没有解决的老大难问题,双周协商座谈会以强烈的使命担当推动问题的解决,在会上与会人员聚焦工伤保险问题,围绕资金来源、体制机制障碍、部门利益等各方面进行详尽周全的研讨,然后形成供国务院决策的参考建议,从而促成了问题的解决。①

第六,"星火燎原"。全国政协开启双周协商座谈会后,一些地方政协也照着这样做,并初见成效。在这方面,全国政协发挥了开先河、定规章、求实效的作用,地方政协在探索中形成的好的经验和做法,反过来又可以促进全国政协的工作。

五、把握国家治理体系和治理能力现代化与多党合作的关联

治理(Governance)属于政治文明的范畴。从字面上看,治理的基本含义就是"治国理政",所以治理经常同国家、政府联系在一起,应该说,作为政

---

① 参见吴晶晶等:《寻求最大公约数 汇聚发展正能量》,载《人民日报》2016年2月4日。

治活动的国家治理并不玄奥，它存在于古今中外的一切国家和一切文明之中，只是作为一个崭新的政治概念，它被赋予了不同于国家统治和国家管理的内涵。习近平指出："国家治理体系和治理能力是一个国家的制度和制度执行能力的集中体现，两者相辅相成。"① 多党合作制度是支撑中国特色社会主义制度的一项基本制度，因而在当代中国，推进国家治理体系和治理能力现代化同坚持和完善多党合作制度存在着深刻互动。

（一）国家治理体系、治理能力

从学理上讲，国家治理是对国家统治、国家管理的扬弃。国家统治，强调统治阶级运用国家政权对国家和社会进行支配性控制，强调政治主客体之间的"关系—地位"，带有强制性甚至压迫性的特点。对资本主义国家来说，国家统治"不管它的形式如何，本质上都是资本主义的机器，资本家的国家，理想的总资本家"②；对社会主义国家来说，国家统治之所以需要，就在于无产阶级在"组织成为统治阶级"③之后捍卫新生政权、全面发展社会主义的需要。

国家职能一般包括两项，一是阶级的政治统治，一是公共的社会管理，特别是随着经济社会的发展，在政府由消极无为的"守夜人"变成积极的行动者之后，国家管理活动日趋丰富和复杂，公共事业、公共产品、公共服务、公共管理等由此产生、发展起来。国家管理的主体主要是执政党和政府，一般采用自上而下的纵向支配和管控，体现着一种"命令—服从关系"。对社会主义国家来说，政治统治职能的缩小和社会公共管理职能的扩大是必然趋势——这个思想早在《哥达纲领批判》中就可以找到源头。改革开放前，受苏联模式的影响，政府习惯于包办社会，改革开放以来，伴随着社会文明的进步，公共管理得到重视和发展，但受制于韦伯的官僚科层体制，仍强调管理者的中心地位和单向性。

---

① 《习近平谈治国理政》第1卷，北京：外文出版社2018年版，第105页。
② 《马克思恩格斯文集》第3卷，北京：人民出版社2009年版，第559页。
③ 《马克思恩格斯文集》第2卷，北京：人民出版社2009年版，第52页。

自世界银行在1989年首次使用"治理危机"后,西方学术界非常重视研究"治理"及其相关问题,他们提出并论证了无数的治理模式,全球治理委员认为"治理是各种公共的或私人的机构管理其共同事务的诸多方式的总和"①,彰显治理在各个方面的非单一性,得到了政界和学界的普遍认可。西方学者强调治理主体的多元性、治理方式的多样化,强调治理是以协调为基础的过程,强调治理致力于最大限度地增进公共利益,强调治理需要正式的和非正式的制度共同作用等,都有可取之处。但是,他们主张治理需要以所谓的"公民社会"为基础,认为在那样的社会中每个公民都是很有责任感、很有美德的共和主义者,则带有很大的片面性,亨廷顿指出,在一些政治缺乏自治性、复杂性、连贯性和适应性的发展中国家里,如果"各种各样的社会势力和团体皆直接插手全局政治",那么"普力夺社会"的后果只能导致"各种社会势力相互赤裸裸地对抗","权力是支离破碎的"②,在这种情况下,所谓的"治理"就将成为一句空话。

"治理"在汉语中最早出现在《荀子·君道》:"明分职,序事业,材技官能,莫不治理。"后来的文献沿袭这一含义,指统治和管理。在新中国成立后的文献中,"治理"首先是针对水患灾难提出的,后来又有经济环境、治安、法人、环境等方面的治理,都是侧重具体事务。事实上,在很长时间内,人们对治理与管理的区别并没有太多的考究,在很大程度上是将这二者等量齐观的。十八大后提出的"国家治理"固然没有否定国家统治和国家管理的合理性因素,但其特点还是非常鲜明的。

以主体而言,国家治理以执政党和政府为主心骨,但包含执政党、参政党、协商参议机关、民意代表机关、政府行政机关、司法机关、地方、基层、群团组织、企业、智库、媒体等在内的各类主体;以性质而言,国家治理可以是强制性的,但更强调各类主体各司其职、各负其责,通过平等的沟通、协调、合作、共事,共同寻求解决问题的方案;以权威来源而言,国家治理既有

---

① 参见俞可平:《治理与善治》,北京:社会科学文献出版社2000年版,第4页。
② [美]塞缪尔·P. 亨廷顿:《变化社会中的政治秩序》,北京:生活·读书·新知出版社1989年版,第177—179页。

法律和政策，还包括各种非国家强制的契约；以权力运作而言，国家治理可以是自上而下的，但更多的是平行的；以涵盖范围而言，国家治理以公共领域为边界，与国家统治和管理的边界——政府权力所及领域相比，要宽泛得多；以同社会治理的关系而言，针对国家治理中的社会问题，强调良好的国家治理需要以良好的社会治理为依托，所要打造的社会治理格局和社会治理体制，应该是共建共治共享的，应该助推社会文明的提高。社会治理同样是从社会管理发展而来的，它的趋势是"从单位本位走向社会本位，从社会管制走向社会服务，从政府统治走向社会共治"①，从而为国家治理涵养民间"水土"；以目标而言，国家治理力求善治（Good Governance）目标，这个目标，十八届四中全会提出的"良法是善治之前提"② 和十九大提出的"以良法促进发展、保障善治"③，都强调了善治离不开法治。此外，善治还包括合法性、透明性、责任性等要素④。善治成为当代各国执政党的一种共同价值追求，尽管其在不同国家有不同的实现方式。

（二）国家治理体系和治理能力现代化同多党合作的关联

国家治理体系，首先是指一整套紧密相连、相互协调的制度体系，是对各方面存量的和增量的治理体制机制的总概括、总称谓；其次，它还包括意识形态、德治等内涵，所以坚守社会主义核心价值体系、培育和践行社会主义核心价值观是它的题中应有之义；再次，在开放世界，国家治理体系还与全球治理体系存在着千丝万缕的互动，因而它也包含着积极参与全球治理体系变革的战略考量。据统计，"体系"一词在十九大报告中共出现了77次，既有涉及国家顶层设计的宏观体系，也有涉及"五位一体"具体领域的中观、微观体系，总之，"我们国家的治理已经进入了一个'体系'化的时代，体系化治理已是

---

① 周红云：《从社会管理走向社会治理：概念、逻辑、原则与路径》，载《团结》2014年第1期。
② 中共中央文献研究室编：《十八大以来重要文献选编》中，北京：中央文献出版社2016年版，第160页。
③ 中共中央党史和文献研究院编：《十九大以来重要文献选编》上，北京：中央文献出版社2019年版，第27页。
④ 俞可平：《论国家治理现代化》，北京：社会科学文献出版社2014年版，第27—30页。

常态，一张纵横交错的庞大的治国体系正在形成"①。国家治理能力，是运用制度体系和思想理论处理问题所达到的能力。"能力"在哲学社会科学中常被采用，既可以指个人达到的水平，也可以指组织、制度达到的水平，治理能力衡量一个国家的治理体系和治理能力是否现代化，可以从民主、法治、规范、效率、协调等方面来考察。以此来把握国家治理体系和治理能力现代化同多党合作的关联，就非常清楚了。

一方面，坚持和完善多党合作制度，是推进国家治理体系和治理能力现代化的必然要求。多党合作制度是国家治理体系中基本制度层面的一项重要内容，是统一战线、协商民主的重要依托。统战工作的本质要求是大团结大联合，解决的就是人心和力量问题，"这是我们党治国理政必须花大心思、下大力气解决好的重大战略问题"②。协商民主真正动起来，就是人民当家做主的过程，做好这件事情"国家治理和社会治理才能具有深厚基础"③。通过多党合作的平台实现有事多商量、有事好商量、有事会商量，通过政党协商、政协协商等凝聚共识、凝聚智慧、凝聚力量，与推进国家治理体系和治理能力现代化在参与主体、价值追求、手段方式、利益协调与分配、倡导理性平和的社会心态等方面，具有精神高度契合、宗旨内在一致的特点，从而在推进国家治理体系和治理能力现代化中嵌入了更多的民主因素，而"民主是现代国家治理体系的本质特征"④。在当代中国，越是发挥好多党合作的效能，越是让各民主党派和无党派人士在国家治理的舞台上一展身手，国家治理体系的民主性就越鲜明、越浓厚，所以在推进国家治理体系和治理能力现代化的进程中，应高度重视多党合作的因素，而不应放着这样好端端的东西不去用、不善用。

另一方面，助力国家治理体系和治理能力现代化，为在新时代坚持和完善

---

① 寇鹏程：《中国特色社会主义新时代是"体系"治理的科学时代》，载《中国统一战线》2018年第4期。

② 中共中央文献研究室编：《十八大以来重要文献选编》中，北京：中央文献出版社2016年版，第556页。

③ 中共中央文献研究室编：《十八大以来重要文献选编》中，北京：中央文献出版社2016年版，第74页。

④ 俞可平：《中国的治理改革（1978—2018）》，载《武汉大学学报（哲学社会科学版）》2018年第3期。

多党合作制度指明了前进方向。政党制度和国家立法、行政、司法等方面的制度一样，都要在中国共产党的领导下，同心协力，齐心发力，从而"把我国制度优势更好转化为国家治理效能"①，助力国家治理体系和治理能力现代化，并在这个过程中处理好相互关系，做到各司其职、各尽其责。新时代多党合作的走向和趋势十分清晰，凡是有助于推进治理现代化的，就要支持，就要大胆实践，并以此作为检验自身工作成败得失的根本标准。

第二节　新时代推进中国多党合作的若干抓手

说中共具有勇于自我革命的最鲜明品格，不仅在于它有强烈的问题意识和问题导向，着力推动解决我国发展面临的一系列突出矛盾和问题，并将答题交给人民、由人民去对答题进行评判，而且在于它具有一种"解放思想，实事求是，团结一致向前看"的自信和魄力，这种自信和魄力曾经使中共走出"文革"的阴影，开启新时期改革开放和社会主义现代化建设的新篇章，这种自信和魄力必将使中共在新的历史方位上再创辉煌，开启新时代夺取中国特色社会主义伟大胜利的壮美篇章。新时代坚持好、发展好、完善好中国多党合作制度，不仅需要认真解决层层叠加的新老问题、前后交织的新旧矛盾，而且需要"向前看"，以巨大的政治勇气和强烈的责任担当，准确判断新型政党制度发展趋势，使之绽放出更加丰硕的理论和实践之花。

一、在国家监察体制改革和脱贫攻坚中拓展民主监督职能

关于民主监督，习近平强调，"党外人士要敢于讲真话，敢于讲逆耳之言，真实反映群众心声，做到知无不言、言无不尽"②。十八大以来，民主党

---

① 《中共中央关于坚持和完善中国特色社会主义制度 推进国家治理体系和治理能力现代化若干重大问题的决定》，北京：人民出版社2019年版，第2页。

② 《习近平在党外人士迎春座谈会上发表讲话》，载《人民日报》2013年2月8日。

派民主监督有两大特点：一是顺应国家监察体制改革的要求做好民主监督工作；二是在脱贫攻坚民主监督工作中发力，为打赢扶贫攻坚战贡献党派智慧。

（一）在国家监察体制改革中做好民主监督工作

纵观中共成立后对权力监督机关的探索，民主革命时期，五大在中央及省设立监察委员会，六大设立各级审查委员会，七大设立各级监察委员会；新中国成立后，1949年11月设立各级纪律检查委员会，1955年3月全国代表会议后改设各级监察委员会，1949年9月一届政协一次会议设立人民监察委员会（1954年9月一届全国人大一次会议改设监察部）和人民检察院，虽有"三驾马车"，但从1952年2月开始，中共中央就指示各级纪委与各级人民监察委员会可酌情实行合署办公，此后，监察委员会和监察部基本采取合署或合并的模式，二届全国人大一次会议撤销了监察部，"文革"期间，各级监察委员会和人民检察院被撤销，业务实际上中断了；"文革"结束后，1978年3月五届全国人大一次会议恢复设立人民检察院，十一届三中全会决定恢复设立各级纪律检查委员会，1986年12月，全国人大常委会恢复设立监察部。按照当时"党政职能分开"的思路，我们曾经强调党的组织管党内纪律，法律范围的问题则由国家和政府负责，但是，执政党的特点使得它在权力监督和反腐败的行动中难以达到这样的理想化状态，因此1993年后各级纪委和监察部再度合署办公，履行党的纪律检查和行政监督两项职能。2014年，中央纪委监察部还将2007年成立的隶属于国务院的国家预防腐败局同自身的外事局整合为国际合作局。人民检察院则设立了反贪污贿赂、反渎职侵权、职务犯罪预防等机构，凸显在反腐败中的司法惩治职能。多年来，政界和学术界在研究中提出一个问题，那就是各级纪委是由同级代表大会选举产生的，将它和一个政府的职能部门合并，是不是降低了纪委的地位？中共纪律检查体制、国家监察体制、检察机关司法体制，能否进一步通过改革、整合，加大对权力的监督力度？

十八大后，在全面从严治党中，国家监察体制改革被提上日程。在北京市、山西省、浙江省试点的基础上，如前所述，十九大对深化国家监察体制改革进行了部署，十三届全国人大一次会议通过修宪，表决通过了《监察法》，组建了由本级人民代表大会产生的国家监察委员会，规定各级监察委员会负责全国的或本行政区域内的检查工作，依法履行相关监察措施。诞生于新时代的各级监察委员会虽然同纪委合署办公，但它也不是政府机构，原先"由人大产生，对人大负责，受人大监督"的"一府两院"，现在变成了"一府一委两院"，各级监察委员会跟政府是平行机构，目的是实现国家监察全面覆盖。

那么，民主党派在国家监察体制改革中应当如何做好民主监督工作呢？

一是围绕国家监察体制改革建言献策。在中共成立后特别是执政后对权力监督的探索中，执政党、政权机关、法检系统的权力监督逻辑，学理上说得通并且似乎非独自运行不可的尝试，最终被部分重合、交集合作所取代，这样的逻辑转变是"由于不存在多党竞争，不存在分权制衡，因此权力制约的实践只能从体制内部去寻找解决问题的方法"①。国家监察本质上属于执政党和国家的自我监督，在国家监察体制改革中，检察机关反贪污、反渎职和预防职务犯罪等部门的相关职能被整合至监察委员会，检察机关相应的侦查权被监察委员会调查权吸收，这种情况触及一系列深层次矛盾和问题。国家监察体制改革是事关全局的重大政治体制改革，这方面的议题应当纳入政党协商之中，向民主党派通报相关情况，并听取意见建议。民主党派可以通过委托调研、委托专项民主监督等方式，就各级监察委员会与检察机关如何互相配合以达到机构、职能和人员全面融合的问题进行调查研究和建言献策。

二是通过监察委员会平台坐实民主监督。以往民主党派成员担任特约人员基本上是由被监督部门聘任的，尽管也履行了民主监督职责，但总感觉"放不开"，"严"的分寸不好把握，结果影响了监督效果。2018年8月，中央纪委国家监委决定建立特约监察员制度，这可以说是以往特约员制度的2.0版。尽管特约监察员不再局限于各民主党派成员、无党派人士，但他们依然会占相当比重，加上权力授受关系得到了理顺，因而特约监察员开展工作将更有底气、更有权威。此外，还可以建立监察委员会与民主党派对口联系制度，建立监察委员会定期向民主党派通报情况、听取意见建议制度等，以新的制度安排

---

① 景跃进：《中国特色的权力制约之路——关于权力制约的两种研究策略之辨析》，载《经济社会体制比较》2017年第4期。

为民主党派发挥民主监督作用创造更好条件。

三是民主党派可以监督监察机关,反过来,民主党派公职人员也是监察机关监督的对象。监察委员会位高权重,但是"党内不允许有不受制约的权力,不允许有不受监督的特殊党员"①,监察委员会也不例外。《监察法》强调,各级监察委员会应当接受本级人大及其常务委员会的监督,监察机关应当接受包括民主监督在内的各种监督,民主监督是对监督机关和监察人员的监督的组成部分,于法有据,因而通过建立健全监督机制,完全可以放手监督,而不必瞻前顾后。当然,民主党派干部也必须自觉接受监察委员会的监督。根据2005年4月全国人大常委会通过的《公务员法》的规定,公务员是"由国家财政负担工资福利的工作人员"②,在范围上不仅包括政府、人大、政协、司法机关的工作人员,而且包括中共和各民主党派机关的工作人员。《监察法》规定监察机关监察的公职人员和有关人员,第一类就涉及中共机关、政协机关、民主党派机关的公务员③。同《行政监察法》相比,《监察法》将依法监督对象从"狭义政府"转向"广义政府",填补了监督对象的空白。民主党派机关工作人员属于国家公职人员,在人大、政府、政协、司法机关等部门担任职务的民主党派成员和无党派人士也属于国家公职人员,反腐败无禁区,全覆盖零容忍,在这个问题上没有什么党内党外之分,党外人士只要掌握和使用公共资源,就必须接受监督。试图以"党外人士"的身份逃避监督者,至少在新时代的监督体系中,是绝对没有可能的。

(二)在脱贫攻坚民主监督工作中发挥独特优势

共同富裕是社会主义的本质要求和最大优越性。十八大后,习近平弘扬在宁德工作时"摆脱贫困"的精神和毅力,把贫困人口脱贫作为全面建成小康

---

① 中共中央党史和文献研究院编:《十八大以来重要文献选编》下,北京:中央文献出版社2018年版,第436页。

② 中共中央文献研究室编:《十六大以来重要文献选编》中,北京:中央文献出版社2006年版,第854页。

③ 中共中央党史和文献研究院编:《十九大以来重要文献选编》上,北京:中央文献出版社2019年版,第372页。《监察法》实施后,《行政监察法》同时废止。

社会的底线任务和标志性指标,强调坚持精准扶贫、精准脱贫,坚决打赢脱贫攻坚战。2014年10月17日,我国在国际消除贫困日这天设立首个扶贫日,以具体行动响应联合国决议,也向国际国内表明了攻城拔寨的意志和决心。

打赢脱贫攻坚战是一个系统工程,其中的一环,就是要加强检查督查。这是因为,有的地方为了追求所谓的"政绩",随意提前脱贫时间,降低扶贫标准,搞数字脱贫、虚假脱贫;有的地方扶贫资金管理混乱,挪用乃至贪污扶贫款项的行为时有发生且影响恶劣;有的地方搞繁文缛节、形式主义,将大量时间和精力用在诸如填写大量表格上面,进村入户调研办实事反而少了甚至没有了;有的地方在扶贫工作、扶贫过程、扶贫结果中都掺杂水分,扶贫成效不为群众所认可,经不起实践和历史的检验,等等。只有实施最严格的考核评估,建立督查制度,加强督查问责,才能克服上述问题,确保扶贫攻坚工作实打实干。

民主党派首次对中共中央的重大决策部署进行专项民主监督,就是在脱贫攻坚领域,全面建成小康社会中的这项重要工作,也因而成为发挥民主党派民主监督作用的新领域。各民主党派中央在继续参与毕节试验区脱贫攻坚、精准扶贫的同时,从2016年6月开始,又采取如下措施,推动中共中央关于脱贫攻坚的一系列决策部署的贯彻落实:

一是明确对口。具体来说,民革中央对口贵州、民盟中央对口河南、民建中央对口广西、民进中央对口湖南、农工党中央对口云南、致公党中央对口四川、九三学社中央对口陕西、台盟中央对口甘肃,各民主党派中央所对口的这8个地方都处在中西部省区,不仅贫困人口多,而且贫困发生率、返贫率高,属于难啃的"骨头"。为开展脱贫攻坚民主监督,增强针对性,各民主党派中央纷纷成立专项领导小组,建立相关工作机制,形成了党派中央决策领导、党派中央社会服务部统筹协调、党派各级组织积极参与、党派内外专家提供智力支持的工作格局。

二是精准发力,突出工作重点。台盟中央打"台"的特色,将自己的社会服务品牌——台企引向甘肃,使之与甘肃的经济社会发展相结合;致公党中央探索建立"调研+督查+信息通报"的监督模式,实时动态掌握四川省脱贫攻坚情况,并将四川藏区、彝区的脱贫作为监督工作的重点,助力地方啃硬骨头。

三是重视调查研究，推动政策落实。这项工作开展后，各民主党派中央负责人纷纷带队搞调研，举办协商、座谈、培训等①，努力兑现协助经济文化落后地区打赢脱贫攻坚战的承诺。

四是增进了认识，积累了经验。在脱贫攻坚民主监督中，各民主党派中央深刻认识到要完成中共中央托付的光荣任务，就必须找准定位，做到在参与中支持，在支持中服务，在服务中监督；要聚焦精准，对扶贫政策落实、资金使用、脱贫效果、群众满意度、部门协调等提出有价值的意见建议；要完善机制，尤其是要完善和落实贫困群众精准识别机制、扶贫资源精准配置决策机制、贫困退出机制，为到2020年我国现行标准下农村贫困人口脱贫、贫困县全部摘帽，进而为我国与世界反贫困事业发展贡献理论、政策、思路、实践。

五是与民主党派履职相结合，体现了政党协商的精神实质。民主党派在行动中通过产业扶贫、就业扶贫、易地搬迁扶贫、生态扶贫、健康扶贫、组织扶贫、东西部协作扶贫、综合保障扶贫等，致力于破解致贫返贫难题，加大内生动力即扶贫与扶智、扶志相结合，从而进一步了解了国情国力和社情民意，为开展参政议政、政党协商并提出真知灼见打下了基础。各民主党派中央不仅向地方党委、政府提出了大量的意见建议，而且还以"直通车"的形式，将工作中发现的共性问题和突出问题报中共中央、国务院，赢得了中共中央和对口省区的充分肯定。

此外，从2016年开始，全国政协每年也以脱贫攻坚为议题召开专题议政性常委会议，全国政协多位副主席率队赴贫困地区开展监督性调研，剖析实施精准扶贫中存在的问题并提出建议，体现了各党派团体、各族各界人士对中共中央的重大决策部署的同频共振、同向发力，体现了人民政协协商民主的优势。

中国如期实现现行标准下农村贫困人口全部脱贫、贫困县全部摘帽的任务，书写了人类减贫史上最伟大的篇章。但正如邓小平所关切的那样，"过去

---

① 姜潇：《为脱贫攻坚注入民主监督之力——各民主党派中央脱贫攻坚民主监督工作综述》，载《人民日报》2017年9月28日。

我们讲先发展起来。现在看,发展起来以后的问题不比发展时少"①,如何真正巩固脱贫成果,如何在2020年之后的"两步走"中,向着共同富裕迈出坚实步伐并基本实现共同富裕,相信民主党派和无党派人士的民主监督将在全面建设社会主义现代化国家新征程中再立新功。

二、建设参政党新型智库

智库又被称为思想库或智囊库,本来是指军事人员和文职专家聚集在一起制定战争计划或军事战略的环境,后来演绎成为从事内政外交问题研究的组织。在中国古代,像门客、谋士、师爷、谏议大夫等,就带有"智库成员"的影子,当然他们是以服务帝王将相为己任的。现代意义上的智库产生于西方,是基于为一系列公共问题提供妥善的解决方案而兴盛起来的。建设参政党新型智库,可以为新时代中国特色新型智库建设增添力量,是大有可为的"智力投资"工程。

(一)建设参政党新型智库的意义

第一,顺应中国特色新型智库建设的发展。改革开放后,中共越来越重视决策咨询工作对党和政府科学民主依法决策的支撑,从20世纪90年代开始强调要充分发挥各类专家和研究咨询机构的作用,进入21世纪,鼓励哲学社会科学界为党和人民事业发挥思想库、智囊团作用。十八大后,习近平多次对智库建设做出重要批示,十八届三中全会正式提出"加强中国特色新型智库建设"②,此后,中国特色新型智库建设进入了快车道,不仅涌现出了一批国家高端智库,而且地方智库建设也呈现出方兴未艾的趋势。"春江水暖鸭先知",建设参政党新型智库,完善参政党决策咨询制度,可以为新时代中国特色新型智库建设增添力量,因而是大有可为的"智力投资"工程。

---

① 中共中央文献研究室编:《邓小平年谱(一九七五——一九九七)》下,北京:中央文献出版社2004年版,第1364页。

② 中共中央文献研究室编:《十八大以来重要文献选编》上,北京:中央文献出版社2014年版,第497页。

第二，发挥党外知识分子的优势。不论是西方还是中国，智库建设的关键都是智库人才，智库人才作为智库"思想"产品的生产者，是智库的核心竞争力所在。智库人才离不开知识分子，知识分子的规模和素质对智库建设、智库人才有着决定性的影响。改革开放后，"知识分子是工人阶级的一部分"的重新确立，使中国知识分子在阶级属性上扬眉吐气；而"科学技术是第一生产力，而且是先进生产力的集中体现和主要标志"①的提出，使知识分子承担着重大的社会责任。建设中国特色新型智库，不仅要发挥好中共党内知识分子的作用，而且要发挥好党外知识分子的作用。各民主党派和无党派人士的主体是知识分子，具有人才荟萃、智力密集、联系广泛的独特优势。建设参政党新型智库，是新时代坚持好、发展好、完善好中国多党合作制度的题中之义。

第三，弥补民主党派和无党派人士在履职中的薄弱环节。一是同执政党和政府相关部门、科研院所、高校、军队、企业、社会智库等相比，参政党智库在中国特色新型智库体系中的地位不突出甚至被边缘化。越是这种情况，越需要奋起直追，以跟上执政党的创造力；二是民主党派和无党派人士在开展决策咨询中，习惯于依靠党派组织和成员的"单枪匹马"作战，智库建设缺乏整体规划。只有抓住契机，把参政党新型智库建设好，拓展符合自身特点的决策咨询服务方式，才能改变"力不从心"的局面。三是民主党派成员和无党派人士大多为某一领域专家、学者，能够得到政治安排特别是实职安排的比例不大，难以及时了解有关经济社会发展、方针政策调整、民生诉求等相关信息，仅靠"红头"文件、统计数据和专题调研难以客观全面、及时准确掌握情况，更遑论提出有针对性的意见建议。通过建设参政党新型智库，大兴调查研究，掌握第一手数据、资料、案例等，有利于从"供给侧"方面为执政党和政府提出更多高质量研究成果和有用对策建议。

（二）建设参政党新型智库要体现新型政党制度的特点

西方国家智库不仅在数量上远超其他国家，而且在参与选举过程和影响政策制定方面也起着举足轻重的作用。表面上，西方国家智库强调政治中立，常

---

① 《江泽民文选》第3卷，北京：人民出版社2006年版，第275页。

将无党派、非营利性等话语挂在嘴边,但实际上,它们与政党之间在政治倾向、经费来源、人员流动等方面存在着天然联系,以全球智库数量最多的美国为例,《全球智库报告2015》显示,在2014年,39%的美国智库可以归为独立型,32%为民主党型,23%为共和党型[①]。新型政党制度不同于西方政党制度,因而参政党新型智库要体现新型政党制度的特点:

一是政治性,参政党新型智库就是要从民主党派和无党派人士的角度,加强对政党政治、多党合作制度、政治协商、政党协商等的深入研究,进一步明确在这些问题上中国为什么只能这么做而不能那么做,将思想和行动统一到中共中央的部署上来。

二是职能性,参政党新型智库要紧密围绕"三项基本职能"展开,以参政、监督、协商这些履职过程中面临的重大问题为导向,将政策性、学术性、时效性融合起来开展研究,为执政党优化决策提供来自"外脑"的智力支撑,这也有助于克服参政党新型智库建设与参政党履职中的"两张皮"现象,更好地融参政党履职于参政党新型智库建设之中。

三是界别性,各民主党派和无党派人士是构成人民政协的基本单位——界别的重要组成部分,界别的特点决定了它们的成员结构、履职领域有一定的差别,因而参政党新型智库不能追求面面俱到,不能搞低水平的重复建设,而是要充分发挥各民主党派和无党派人士的界别优势,形成特色鲜明的参政党新型智库。李瑞环曾说"掌握了各界别的情况就基本上掌握了整个社会的情况"[②],那么在新时代,参政党新型智库搞好了,产出能够用得上、用得好的研究成果,在实践中是极有助于把握社会各阶层尤其是新的社会阶层的意见建议的,也是极有助于把握新型政党制度的发展趋势的。

(三)建设参政党新型智库的对策

首先,中共各级党委在统筹推进中国特色新型智库建设时,要从发挥好民

[①] 陈曦、宋鹭:《美国智库与政党之间存在天然联系》,载《中国社会科学报》2017年8月10日。

[②] 中共中央文献研究室编:《十五大以来重要文献选编》下,北京:人民出版社2001年版,第1731页。

主党派和无党派人士的积极作用、支持民主党派加强自身建设、更好体现中国多党合作制度效能的角度，支持参政党新型智库建设。这种支持，包括政策支持、人才支持、财政支持等，也包括引导社会上各种要素的注入和参与。

其次，参政党要以"核心—外围"的形式整合新型智库资源，打开工作局面，扩大成果的社会影响力。核心，是指各民主党派在市级及以上组织中建立相关研究机构作为本党派的智库，明确其在出思想、出成果、出人才方面的职责。对这个"核心"，各民主党派要加强顶层设计，充分整合各专门委员会成员、骨干党员、机关干部、退休成员中的专家学者等人脉，形成智库人才队伍，决不能流于搭台子、请名人、办论坛等形式主义的做法。外围，是指各民主党派充分利用外部的智库体系并与其开展合作，特别是要盘活党派成员的资源，加大与骨干成员所在的科研机构的合作，共建参政党新型智库，将存量变成增量。这样既可以避免参政党新建智库建设中的人力财力制约，也可以为现有研究机构提供更多的咨政建言、理论创新、成果转化的通道，还可以增强党派成员的责任感、荣誉感，激发他们爱国奋进的履职动力。

再次，参政党要不断完善新型智库的运作机制。就交流与合作机制而言，参政党新型智库除了要与党派自身各级组织及成员建立常态化的沟通机制外，还要与政策制定部门、实际工作部门、其他智库建立密切的沟通机制，以此共享咨询，增进研究工作的针对性、可行性和时效性，也避免人才配置、研究方向和研究成果的同质化；就成果转化与发布机制而言，最重要的是通过政党协商、政治协商的场合，将其转化为促进执政党和政府科学民主依法决策的重要依据，当然，还可以通过学术会议、大众媒体等发布相关成果，传播主流思想价值，集聚社会正能量；就成果评价机制而言，应凸显参政党新型智库的特征，构建多方评价相结合的指标体系，完善以质量创新和实际贡献为导向的评价办法，引导参政党新型智库把党政部门政策研究同智库对策研究紧密结合起来，健康发展。

三、进一步加强民主党派自身建设

中国特色社会主义新时代对多党合作有什么新的要求？习近平强调要有

"新气象、新提高、新作为、新面貌"①,其中新面貌是针对参政党提出来的。中国共产党治国理政要有新面貌,民主党派参政议政自然也要有新面貌,这是执政党和参政党自身建设互动的必然选择。这就要求各民主党派进一步加强自身建设,建强建优党派组织。

(一) 开展坚持和发展中国特色社会主义学习实践活动

思想建设是民主党派自身建设的核心。习近平指出,今天中共同民主党派和无党派人士团结合作的共同思想政治基础"就是中国特色社会主义"②。中共十八大后,各民主党派和无党派人士进一步形成一个共识,那就是他们是中国特色社会主义的亲历者、实践者,也应该成为维护者、捍卫者,从而拉开了新时代主题教育活动的序幕。

各民主党派的学习实践活动,一抓普及,从中央到地方再到基层,各级组织都及时传达、学习中共十八大、十九大及其历次中央全会精神、中央统战工作会议精神;二抓提高,针对各级组织负责人、中青年骨干、机关干部等,举办各类各层次的培训,截至2018年初,"民主党派各级组织举办各类报告会、座谈会1.5万场,培训班7000余期,成员32万人参加"③;三抓讨论,普遍开展"加入民主党派为什么、我为民主党派做什么","民主党派从哪里来、向哪里去,怎么走来的,怎么走下去"等关键问题的大讨论,通过学习实践活动提高党派成员的政治理论水平,增强他们的"四个意识""四个自信",做到"两个维护"。对无党派人士,各地统战部门不仅举办无党派人士理论培训班,组织专题学习,中央统战部还首次举办全国无党派人士优良传统座谈会,将无党派人士的优良传统提炼为"爱国报国、追求进步、敬业为民、淡泊名利、团结合作、自我砥砺",无党派人士的思想政治工作也得到了加强。民主党派和无党派人士通过"大学习",提高了对十八大以来中共的重要理论和基本方略的认识,对为什么只有中国特色社会主义而没有别的什么主义能够发展

---

① 《习近平在党外人士迎春座谈会上发表讲话》,载《人民日报》2018年2月7日。
② 《习近平在党外人士迎春座谈会上发表讲话》,载《人民日报》2013年2月8日。
③ 饶海泉、刘海峰:《绘就多党合作的壮美画卷》,载《中国统一战线》2018年第4期。

中国，有了更加深刻的认识，坚定了对执政党及其新的中央领导集体、领导核心的信任。在迈向建设社会主义现代化强国的新征程中，各民主党派和无党派代表人士需要进一步增强"大学习"的自觉性、主动性，以此引导自己在多党合作中"不忘合作初心，继续携手前进"。

（二）提升"五种能力"

习近平在中央统战工作会议上指出，要支持民主党派"提高政治把握能力、参政议政能力、组织领导能力、合作共事能力、解决自身问题能力"[①]。同以往"提高政治把握能力、参政议政能力、合作共事能力和组织协调能力"的提法相比，不但增加了"解决自身问题能力"的内容，而且将"组织协调能力"改为"组织领导能力"，从而更全面、系统地指明了民主党派自身建设的目标。

就政治把握能力而言，关键是要坚持中国共产党的领导和新型政党制度，深刻认同以习近平同志为核心的中共中央的领导和习近平新时代中国特色社会主义思想的指导是中共十八大以来中国特色社会主义事业取得历史性成就的根本原因，把握了这些，也就把握了民主党派在新时代的最重要的政治定力；就参政议政能力而言，不论是参加政党协商还是政协协商，都要参政参到点子上，议政议到关键处；就组织领导能力而言，当前，民主党派成员已达110多万，改革开放后成长起来的新成员成为各民主党派的主体，一批新的社会阶层人士加入民主党派，队伍构成、思想观念更趋多元化，越是在"生意兴隆"的时候，越要把好组织发展入口关和质量关，同时使处于"关键少数"地位的领导班子成员当好"领头雁""排头兵"，确保党派干部和成员、上中下各级组织保持密切联系，具有强烈的归属感和自豪感；就合作共事能力而言，中共要为民主党派和无党派人士施展才华创造更有利的条件，确保党外干部有职有权有责有为，党外人士也要增强共建、共治、共享理念，对执政党和政府工作中存在的缺点和问题，不说"风凉话""过头话"，不摆出一副事不关己、高高挂起的姿态，而是努力做共产党的好参谋、好帮手、好同事，增强责任和

[①] 《习近平在中央统战工作会议上的讲话》，载《人民日报》2015年5月21日。

担当，共同把中国的事情办好；就解决自身问题能力而言，民主党派要依据各自章程管党治党，处理好党派的内部事务，以中国特色社会主义参政党的风姿，在民族复兴的大业中尽显风采。

如果说提高前四个能力是对民主党派各级领导班子成员而言的，那么解决自身问题能力则是对民主党派整个组织体系而言的。民主党派一旦缺少解决自身问题能力，参政党的形象和威信就难以树立，其他方面的能力也无从谈起，这就如同在中共的"四个伟大"中，党的建设新的伟大工程是起决定性作用的那样。

2019年，中共中央印发了《关于加强中国特色社会主义参政党建设的意见》，这个文件是中共中央在总结新中国成立以来特别是改革开放以来支持民主党派加强自身建设的基础上，将"建设什么样的党，怎样建设党"的理念，创造性运用于新时代参政党建设之中而做出的。《意见》不仅提出了"加强中国特色社会主义参政党建设"的命题，而且明确了新时代参政党建设的目标，强调要以思想政治建设为核心、组织建设为基础、履职能力建设为支撑、作风建设为抓手、制度建设为保障，建设政治坚定、组织坚实、履职有力、作风优良、制度健全的中国特色社会主义参政党。这个文件连同2018年中央办公厅印发的《民主党派代表人士队伍建设规划（2018—2027年）》和2019年《各民主党派中央关于新时代组织发展工作座谈会纪要》等，对于各民主党派进一步加强自身建设，做自觉接受中国共产党领导、同中国共产党通力合作的亲密友党和好参谋、好帮手、好同事，具有重要而深远的意义。

四、促进执政党和参政党的各级组织互动

依据民主集中制原则，不论是中共还是各民主党派的组织体系都是由中央组织、地方组织和基层组织构成的，中央组织类似"神经中枢"，是中共和各民主党派的全部工作的指挥中心；基层组织类似"细胞"，是中共和各民主党派全部工作的基础；地方组织作为承上启下者，起着沟通、协调上下级组织的重要作用。美国学者罗伯特 D. 帕特南在研究社会资本和民主进步之间的相互

关系时强调，使民主运转起来"必须从基层开始"①，因为普通公民充满活力的群众性基层活动是至关重要的。按照他的逻辑，多党合作应该从基层做起，然后像登台阶一样拾级而上，形成自下而上的运转模式。但也有学者认为，中央组织对中共和各民主党派来说历来位高权重，而且多党合作的"历史记忆"和"时代心声"，几乎都是在中共中央和各民主党派中央这个层面展开的，中央组织不动，地方组织和基层组织就不敢动、不好动，因而他们主张自上而下，以上带下，认为对基层组织的作用不应估计得过于乐观。

我们认为，为了使新型政党制度更好地运转起来，不应该把上述层次截然分开，而是要强调它们的协调发展，形成上中下的联动。

第一，按照"与中央保持一致"的要求，中共和各民主党派的地方组织、基层组织有着强烈的"看齐对标意识"，因而中央层面的多党合作具有牵一发而动全身的功能，对地方组织和基层组织有着强大的示范和带动作用。从多党合作的实际看，重大的理论、政策和实践，首先都源自中央层面的示范和带动。从一定意义上讲，国内外对中国多党合作的关注，首先就是根据中共中央及其领导人同各民主党派中央及其领导人、无党派代表人士的合作作出判断的。

第二，基层组织的多党合作具有草根性、灵活性、见效快等特点。对中共和各民主党派的中央组织、地方组织来说，基层组织创造的一些好做法，应当在总结经验、优化提升的基础上，适时推向全党；基层组织探索的一些有价值的但不够成熟的做法，应当支持它们进一步实践、改进，并扩大试点范围；基层组织实施的一些有争议但不乏创新性的做法，应当允许它们大胆地试，同时加强指导，建立健全容错纠错机制。

第三，连接中央组织和基层组织的地方组织，历来具有影响两头的能耐。这是因为，在中央组织高度重视、基层组织逐步"动起来"的情况下，地方组织的努力与不努力、作为与不作为，会对中央政策能否落地生根、基层组织的积极性主动性创造性能否得到鼓励和支持产生很大的影响。如果地方组织敢

---

① ［美］罗伯特 D. 帕特南：《使民主运转起来》，王列等译，南昌：江西人民出版社2001年版，中译本序。

于担当、勇于创新,对中央组织形成一种强有力的支持,对基层组织提供一种持续的推动,那么多党合作的新局面就会进一步打开,进一步收效。

五、发挥多党合作在"一国两制"下与特别行政区政党组织衔接中的作用

在当代中国的基本国情中,香港、澳门是实行"一国两制"下的特别行政区,港澳回归以来,"一国两制"实践取得举世公认的成就,成为解决历史遗留的香港、澳门问题的最佳方案;台湾和祖国大陆尚未完成统一,而坚持"和平统一,一国两制"方针,推动两岸关系和平发展,推进祖国和平统一进程,则是全体中华儿女的共同心愿。

目前,香港和台湾都有政党的活动(澳门主要是社团,尚未出现组党的现象),由此就有一个中共和各民主党派如何处理同香港和台湾的政党的关系问题。有学者认为,"当代中国的政党制度应该是多党合作、一体多元的制度,即以中国共产党领导的多党合作和政治协商制度为主体,以台湾的多党竞争体制和香港、澳门的政党体制为多元的政党体制"①。这一提法的实质,"也就是将中国共产党领导的多党合作和政治协商制度与'一国两制'衔接起来"②。在新时代,为保持港澳长期繁荣稳定、解决台湾问题、实现祖国完全统一,我们有必要对这一具有重大现实性和前瞻性的问题进行一些探讨。

我们探讨这一问题有一个绝对的前提,那就是历史形成的政党地位不能改变。所谓历史形成的政党地位,是指中国共产党和各民主党派是全国性政党,中国大陆不搞多党轮流执政,各民主党派作为参政党,拥护中国共产党的领导和执政,共同致力于中国特色社会主义事业。至于香港和台湾的政党,则都属于地方性政党,不论在权力运作中处于什么样的地位,都必须坚持一个中国原则、拥护祖国完全统一。

香港政党有建制派(爱国爱港)和泛民主派(反对派,其中的激进民主派"逢中必反")之分,台湾政党根据对"九二共识"的态度,则分属于蓝营

---

① 周淑珍、柴宝勇:《对当代中国政党制度科学表述的几点思考》,载《求索》2011年第6期。
② 钟德涛:《中国政党制度发展史论》,北京:高等教育出版社2015年版,第335页。

和绿营。从功能上讲，目前香港政党主要是在立法会中扮演代表民意和监督政府的角色，台湾政党在20世纪80年代中期国民党放开"党禁"后，在国民党和民进党之间已经进行过多次执政党轮替。从《香港特别行政区基本法》关于特首和立法会全部议员最终由普选产生的规定看，香港政党（政党联盟）通过推举自己的候选人参与特首的竞选，从而达到上台执政的目的，也是不排除的一种可能；但是，在"一国两制"下，香港政党（政党联盟）即使上台执政，其权力来源也不是单方面的来自港人，更重要的是中央人民政府的授权，因为《香港特别行政区基本法》明确规定特首要由中央人民政府任命，只有这样才能始终确保以爱国者为主体的港人来治理香港。争取包括香港政党（特别是建制派）在内的各种力量来保持香港长期繁荣稳定，是一件利国利港的事情。"在'一国两制'下，与内地的统一战线工作不同，对香港政党的争取工作主要以中央政府而非中国共产党的名义进行"[①]。在这过程中，民主党派和无党派人士也可以通过沟通、交流、联谊等，开展工作，助力"一国两制"基本国策在香港的更好落实。

至于台湾政党，十九大报告讲得非常清楚："承认'九二共识'的历史事实，认同两岸同属一个中国，两岸双方就能开展对话，协商解决两岸同胞关心的问题，台湾任何政党和团体同大陆交往也不会存在障碍。"[②] 近年来中共及相关民主党派（特别是民革、台盟等）同台湾政党（蓝营）的交往，充分说明了这一点。中国各民主党派同台湾的一些政党，在历史上有着千丝万缕的联系，在新时代，他们可以进一步发挥这种优势，在扩大两岸经济文化交流合作、挫败"台独"图谋中扮演更加重要的角色。

中国人民政治协商会议作为中国人民爱国统一战线的组织和中国共产党领导的多党合作和政治协商的重要机构，也可以助力多党合作在"一国两制"条件下与特别行政区政党组织的衔接。例如，"鉴于香港特别行政区存在政党组织活动的事实，可以考虑将香港有影响的爱国政党吸收到中国人民政治协商

[①] 李龙：《论中国共产党与香港政党的政党关系》，载《重庆社会主义学院学报》2016年第1期。

[②] 中共中央党史和文献研究院编：《十九大以来重要文献选编》上，北京：中央文献出版社2019年版，第40页。

会议全国委员会之中，使之在中国人民政治协商会议这一爱国统一战线组织中发挥政治协商、民主监督、参政议政的作用"①。

这样的衔接使当代中国政党制度呈现为两个层面的合作：一是中共和各民主党派、无党派人士在承认和接受四项基本原则基础上的合作，致力于把我国建设成为富强民主文明和谐美丽的社会主义现代化国家；一是中共和各民主党派、无党派人士同承认和接受一个中国原则的港台政党的合作，目的是保持港澳长期繁荣，促进两岸关系发展，实现祖国完全统一。在这两个层面中，第一个层面是主心骨，已经有了深厚的历史积淀；第二个层面是重要补充，历史已经把它的重要性和运作摆上了议事日程。总之，"一国两制"下客观存在的这个问题，正在考验着中国特色社会主义政治发展道路的智慧。

第三节 新时代中国多党合作话语体系建设探析

十九大报告将"坚持和完善中国共产党领导的多党合作和政治协商制度""不断增强意识形态领域主导权和话语权"列为新时代中国特色社会主义基本方略的重要内容。这就提出了加强新时代中国多党合作话语体系建设的历史性任务，因为"话语权"同"话语体系"是密不可分的。

一、话语、话语体系与话语权

马克思恩格斯在《德意志意识形态》这部首次对唯物史观进行比较系统的阐述的著作中，指出人的意识发端于"原初的历史的关系"，而"语言和意识同样具有长久的历史；语言是一种实践的、既为别人存在因而也为我自身而存在的、现实的意识。语言也和意识一样，只是由于需要，由于和他人交往的迫切需要才产生的"②。从中可见，语言（也就是说话、话语）作为人类对社

---

① 钟德涛：《中国政党制度发展史论》，北京：高等教育出版社2015年版，第335页。
② 《马克思恩格斯文集》第1卷，北京：人民出版社2009年版，第533页。

会实践活动的现实反映,是社会交往的产物而非"纯粹的"自发现象,"需要"是促成语言产生、发展和嬗变的根本推动力量。语言是人类特有的符号系统,是作为"类"的人与动物相区别的一个重要标志,在美国学者尼尔·波斯曼看来:"最强大的意识形态工具就是我们的语言。语言是纯粹的意识形态。它不仅教导我们事物的名称,还教导我们什么事物可以命名。它把世界划分为主体和客体。它指明什么事件被当作过程,什么事件被当作事物。它教导我们时间、空间和数的观念,形成人与自然、人与人的观念。"①

以语言为基本要素而构建的话语体系(discourse system),是承载话语主体的思想观念和价值取向的完整有序的话语建制,是理论化、系统化的话语群的外在反映。话语体系的核心问题是话语权,而话语权是话语权利(discourse right)和话语权力(discourse power)的统一,作为权利,它强调话语资格即"我可以说",但"我可以说"的目的,是为了话语权威即"我说了要影响别人",《辞海》对话语权的解释就是"人们所享有的发表见解的权利。特指话语所具有的强制性和排他性的影响力"②,不少学者对话语权的理解干脆取"权力说",强调语言所具有的权力表征,像法国学者米歇尔·福柯就说"话语即权力"③,英国学者安东尼·吉登斯认为话语权可以通过对社会行动过程的支配和控制而引出一种结果,即"'让'什么'发生','让'什么'不发生'"④。在当代,话语体系是各国对内对外政策的声音表达,话语权更是被上升到国家治理的"软实力""巧实力"的高度。

新时代中国多党合作话语体系,本质上是对新时代中国多党合作的话语呈现、理念表达、经验传递和理论概括,而争取话语权,则是新时代中国多党合作话语体系建设的指向。

---

① [美]尼尔·波斯曼:《技术垄断:文化向技术投降》,何道宽译,北京:北京大学出版社2007年版,第72页。

② 《辞海》第6版,上海:上海辞书出版社2010年版,第778页。

③ [法]米歇尔·福柯:《话语的秩序》,肖涛译等选编:《语言与翻译的政治》,北京:中央编译出版社2001年版,第21页。

④ [英]安东尼·吉登斯:《社会的构成》,李康等译,北京:生活·读书·新知三联书店1998年版,第39页。

二、新时代中国多党合作话语体系建设面对的困难

一个向"强起来"的目标奋进的民族，不但在经济、民生、科技、军事等"硬实力"方面应具有世界影响力，而且在文化、价值、话语、制度、外交等"软实力""巧实力"方面也应具有世界影响力。但是，从当前中国多党合作话语体系看，它同"强起来"的要求还有比较大的差距。

一是具有历史必然性、伟大独创性、巨大优越性的政党制度，却被国内外一些人以不符合"政治多元化"为由冷嘲热讽，"政治多元化"的"司马懿之心"，就是否定共产党的领导，在中国制造所谓的"反对党"，诱导中国政党制度"变天"，尽管在这个问题上我们同国内外敌对势力"没有共同语言，也没有调和余地"①，但多党合作话语体系对此缺乏有力的反辩，甚至因担心被说成"压制言论自由"而让出或者隐匿话语权，以致质疑"中国为什么要实行这样的政党制度"的论调，一直有着广泛的"政治市场"。

二是"共产党领导，多党派合作；共产党执政，多党派参政"的格局，却被国内外一些人攻击为"一党专政"，但多党合作话语体系缺乏对十月革命后社会主义国家政党制度演变的具体的历史的剖析，特别是缺乏对新型政党制度之于旧式政党制度的超越、扬弃的剖析，结果"一党专政"这一具有特定时空适用性的话语成为一张随意性很强的"标签"，成为在中国鼓噪多党制的借口。

三是宪法序言已经明确规定的"将长期存在和发展"的政党制度，却被国内外一些人攻击为"权宜之计"，但多党合作话语体系缺乏结合全面依法治国战略布局对此进行深入研究，结果人们总是只从政策角度看问题，认为多党合作很容易随着中共领导人及其看法、注意力的改变而改变，削弱了对我国社会主义政党制度的认同和自信。

四是在国家政治生活中发挥重要作用的民主党派，却被国内外一些人攻击为"花瓶""瓶花""摆设"，但多党合作话语体系缺乏结合多党合作的丰富实

---

① 《江泽民文选》第3卷，北京：人民出版社2006年版，第235页。

践、生动故事乃至国外客观评价对民主党派的实际状况进行深度分析,参政党"可有可无"言论依然比较盛行,多党合作和政党协商、政治协商的价值总被贬低甚至否定,这对贯彻"十六字"方针、构建和谐政党关系是很不利的。

五是我们最有发言权解读中国多党合作实践、构建中国多党合作理论,却被国内外一些人"他塑"掉了。"话语赤字"使多党合作话语体系处处受到掣肘,很多时候失声失语、寡言少语、拙言笨语,在对外传播方面尤其显得捉襟见肘,甚至经常"挨骂"。

出现这些问题,说明中国多党合作话语体系建设方面仍存在不足,由此也就在很大程度上丧失了话语权,"短板效应"非常明显。这个问题不解决,或者解决得不好,我们就很难从根本上改变一谈到政党制度就处于被动、防守、疲于应对的局面,这是新时代中国多党合作制度必须认真应对的重大课题。

三、新时代中国多党合作话语体系建设的契机

马克思说:"如果从观念上来考察,那么一定的意识形式的解体足以使整个时代覆灭。"① 十八大以来,习近平一再强调意识形态工作是党的一项极端重要的工作,并且在思考如何牢牢掌握意识形态工作的领导权和话语权的过程中,形成了关于加强新时代话语体系建设的比较系统的观点和主张,为新时代中国多党合作话语体系建设提供了良好的契机。

其一,加强话语体系建设才能从根本上扭转"我国哲学社会科学在国际上的声音还比较小,还处于有理说不出、说了传不开的境地"②,更好发挥我国哲学社会科学作用。新时代中国多党合作话语体系建设是加快构建中国特色哲学社会科学的题中之义,同我国哲学社会科学的发展现状一样,目前它在学术命题、学术思想、学术观点、学术标准、学术话语上的能力和水平同我国综合国力和国际地位还不太相称,需要按照立足中国、借鉴国外、挖掘历史、把握当代、关怀人类、面向未来的思路进行大力建设,以期在世界政党制度话语

---

① 《马克思恩格斯文集》第8卷,北京:人民出版社2009年版,第170页。
② 中共中央党史和文献研究院编:《十八大以来重要文献选编》下,北京:中央编译出版社2018年版,第329页。

体系中以鲜明的中国特色、中国风格、中国气派,争得尊严和荣誉。

其二,话语体系建设要坚持以马克思主义为指导。马克思主义深深融入了当代中国哲学社会科学的理念、规范、方法和话语之中,并且占据着真理和道义的制高点,话语体系建设只有坚持马克思主义的基本立场、基本观点和基本方法,才能"任凭风浪起,稳坐钓鱼船",并且坚决抵制"历史终结论""普世价值"等错误思潮的干扰。习近平新时代中国特色社会主义思想是马克思主义中国化最新成果,是当代中国马克思主义、21世纪马克思主义,新时代中国多党合作话语体系建设只有在习近平新时代中国特色社会主义思想特别是习近平总书记关于多党合作的重要论述的指导下,才能准确反映马克思主义政党理论和统一战线学说在新时代的应用和发展,否则不但达不到掌握话语权的目的,而且还会带来混乱和谬误。

其三,用中国梦建构执政—参政话语体系。用中国梦建构执政话语体系,是人们津津乐道的"习式话语"的最大亮点,对内,它用"两个一百年"奋斗目标,激发中华儿女勠力同心、全面建设社会主义现代化强国;对外,它用"中国这头狮子已经醒了,但这是一只和平的、可亲的、文明的狮子"[1] 的宣示,展示了正在走向世界舞台中央、正在不断为人类做出更大贡献的大国形象和担当,增强了国际社会对中国的理解和认同。新时代中国多党合作话语体系建设也应当围绕中国梦展开,因为中国梦不但衔接起各民主党派和中共为中国革命、建设、改革奋斗的昨天、今天和明天,也彰显着中国多党合作的理论逻辑、历史逻辑和实践逻辑,是构建新型政党制度的粘合剂、助推器。

其四,善于提炼标识性概念,着力打造融通中外的新概念、新范畴、新表述。在学科建设中,一个理论体系的构建,总是从一定的逻辑起点出发,经过一系列的逻辑中介,最终得出自己的逻辑结论的。逻辑中介包括构成理论体系的概念、范畴、思想、观点、论断等,在这当中,作为思维工具的范畴具有重要的地位和作用,范畴是反映事物本质和普遍联系的基本概念,是"帮助我们认识和掌握自然现象之网的网上纽结"[2]。理论体系以特定范畴为基本元素,

---

[1] 《习近平在中法建交50周年纪念大会上的讲话》,载《人民日报》2014年3月28日。
[2] 《列宁全集》第55卷,北京:人民出版社1990年版,第78页。

在此基础上推演出基本观点、基本原理并勾勒出自己的理论轮廓。习近平强调每个学科都要构建成体系的学科理论和概念，因而非常关注新概念、新范畴、新表述的打造，显示了深厚的理论功底。可以说，学科建设中的这个基础工程搞好了，并且能够比较好地与国际社会开展对话，那么向世界传播"中国声音"的问题也就能够得到比较好的解决。新时代中国多党合作话语体系建设也应通过提炼和创新一批新鲜话语、借鉴和改造一批外来话语、完善和更新一批既有话语，使自己的话语宝库不断充实起来。

其五，话语风格上与大众话语对接，为人民群众所喜闻乐听。列宁强调"最马克思主义＝最通俗和朴实（转化）"、"最马克思主义＝（转化）最通俗"①，习近平的话语风格很好地继承了经典作家的素朴衣钵，他"善于用讲故事、举事例、摆事实的方式同频共振、凝聚共识；善于用大白话、大实话和群众语言深入浅出、解惑释疑；善于用聊天式、谈心式的语气娓娓道来、触及心灵；善于用极其凝炼、高度概括的话语提纲挈领、大开大合；善于用问题开刀，拿现象作靶开诚布公、振聋发聩；善于用古今中外的优秀文化元素广征博引、纵横捭阖；善于用诗一般的语言抒发大情怀、展现真性情；善于用可亲可敬、平易和蔼又从容淡定、沉稳大气的肢体语言和语态眉宇传神、灵动善融"②，因而即便对普通群众也充满吸引力、感染力、感召力。新时代中国多党合作话语体系建设同样要致力于大众化，不能搞书斋里的繁琐哲学，否则除了少数搞专业的人外，群众不感兴趣、不点赞，好端端的东西反而会变成形式主义。

其六，积极探索信息化条件下的话语体系建设途径。近年来，以"互联网＋"、手机移动端、大数据的崛起为标志，以"万物互联""即时即地""量化设计"为走向的信息化浪潮，不论在中国还是在世界都方兴未艾。习近平在推动我国智慧社会、信息社会发展的同时，高度重视网络安全问题，强调要使网络空间清朗起来。互联网不是法外之地，新时代的伟大斗争包含网上舆论斗争，为此要严密防范和抑制网上攻击渗透言行，分析网上斗争的特点和规

---

① 《列宁全集》第30卷，北京：人民出版社1985年版，第422页。
② 文秀：《习近平讲话的语言风格及特点》，载《学习时报》2013年12月9日。

律，正确运用战略战术，组织力量对错误思想观点进行批驳，牢牢掌握网络舆论战场上的主动权。对新时代中国多党合作话语体系建设来说，网信事业的发展既是机遇也是挑战，面对在政党制度问题上一些搬弄是非、颠倒黑白、造谣生事、触犯宪法和法律底线的言行在网络上大行其道的情形，新时代中国多党合作话语体系建设必须敢于亮剑，理直气壮唱响网上主旋律，使中国多党合作的主题和主线、主流和本质深入人心，形成网上正面舆论强势。

此外，与话语体系建设的一个相关问题，是习近平以敏锐的战略思维、世界眼光，提出在反思西方国家宣传方式中对其进行借鉴。习近平指出："在宣传方面，西方国家是很有一套的。……做'看不见的宣传'。他们的策略是，上乘的宣传看起来要像从未进行过一样，最好的宣传应该是能让被宣传的对象沿着你所希望的方向行进，而他们却认为是自己在选择方向。"① 这就要求我们重视对西方"看不见的宣传"的研究，学会让观点潜伏在声音和画面之中，把观点的影响活动由前台转移到幕后，让受众在"润物细无声"中接受主流意识形态的熏陶，如果"官话"满天飞，马克思等经典作家的身影和声音无时不在、无处不有，但却只是作为静态的、不容置疑的"塑像"置放着，他们的思想表面"在场"实际上"不在场"，那就根本达不到传播、灌输的效果。就中国多党合作的宣传而言，"看不见的宣传"缺乏意识、缺少规划，这也成为新时代中国多党合作话语体系建设中亟待突破的问题。

四、推进新时代中国多党合作话语体系建设的举措

"话语之方式乃思维之方式，话语之建构乃精神之建构"②，话语体系重在建设，如果像毛泽东说的那样"仅仅把箭拿在手里搓来搓去，连声赞曰：'好箭！好箭！'却老是不愿意放出去"③，就会停留在老话陈旧且不管用、新话缺失且不会用、西话蛮横且满天飞的窘境。新时代中国多党合作话语体系也是如

---

① 转引自方毅华：《广电离"看不见"的宣传有多远》，载《中国广播电视学刊》2015 年第 1 期。
② 施旭主编：《当代中国话语研究（总第一辑）》，杭州：浙江大学出版社 2008 年，创刊贺词二。
③ 《毛泽东选集》第 3 卷，北京：人民出版社 1991 年版，第 820 页。

此，只有在搞清楚前提、主体、说什么、怎么说、为谁说、说了由谁评判等的基础上，通过持之以恒的建设，才能更好掌握新时代中国多党合作话语权。

第一，创造理论。"这是一个需要理论而且一定能够产生理论的时代，这是一个需要思想而且一定能够产生思想的时代"①，新时代中国多党合作话语体系建设应紧密结合学科体系、学术体系建设进行，因为只有学科体系、学术体系建设上去了，创造出能够深刻把握问题、经严格演绎推理而产生强大逻辑力量、具有彻底说服人的理论，话语体系才有自己的核心构件，才会丰满而有后劲而不是矫揉造作，话语权也才能得到保障和增值。新时代中国多党合作的学科体系、学术体系具有新兴、交叉的特点，涉及马克思主义、历史、政治、社会、文化、党建、语言等各领域，需要学科群的整体发力，这是在为话语体系建设涵养水土。

第二，立足问题创新理论。"从某种意义上说，理论创新的过程就是发现问题、筛选问题、研究问题、解决问题的过程。"② 十八大以来，习近平在回答新时代坚持、完善和发展什么样的政党制度，怎样坚持好、发展好、完善好这样的政党制度的过程中，不断根据新的实践推出新的理论，像社会主义协商民主、新型政党制度、政党协商、中国特色社会主义参政党等，就是具有原创性、时代性的概念和理论，连术语都给人耳目一新的感觉。术语作为学科的专门用语，每一个都有严格规定的意义，因而恩格斯强调"一门科学提出的每一种新见解都包含这门科学的术语的革命"③，美国学者托马斯·库恩认为"科学革命"指的就是"某些科学术语发生意义变革的事件"④。基于问题意识和导向而在新时代中国多党合作话语体系中涌现出来的术语，不是简单延续我国历史文化典籍的母版，不是简单套用马克思主义经典著作的模板，不是其他社会主义国家处理政党关系的再版，也不是国外政党制度花样的翻版，它没有

---

① 《习近平在哲学社会科学工作座谈会上的讲话》，载《人民日报》2016年5月18日。
② 中共中央党史和文献研究院编：《十八大以来重要文献选编》下，北京：中央文献出版社2018年版，第326页。
③ 《马克思恩格斯文集》第5卷，北京：人民出版社2009年版，第32页。
④ [美]托马斯·库恩：《必要的张力——科学的传统和变革论文选》，范岱年等译，北京：北京大学出版社2004年，序言第XIII页。

现成的教科书,而是从新时代多党合作面临的新老问题并在解决问题中提炼出来的,新见解不仅包含着理论上的重大创新和突破,也意味着今后的实践更注重科学性、规律性。

第三,讲好故事。中国多党合作的故事迭出,别的不说,举凡"一根头发和一把头发""唱对台戏""两个鼻孔出气""肝胆相照""交响乐队""同心圆"等形象比喻,都有着鲜为人知的故事,而故事中承载的中共和各民主党派、无党派人士为中国梦而同心同德、通力合作的"道",更是深具中国价值和中国智慧。习近平说:"我们有本事做好中国的事情,还没有本事讲好中国的故事?我们应该有这个信心!"① 新时代中国多党合作话语体系建设应讲好故事、搞好故事载道,以形成一种"看不见的宣传"的效应。

第四,阐释贡献。中国多党合作有着深厚的历史渊源、共同的政治基础、现实的社会根据和独特的民主形式,是调节政治关系、保障政治秩序、推动社会进步、维护政局稳定的忠诚卫士。在新时代中国多党合作话语体系建设中,我们有"美人之美"的心胸,尊重别人对政党制度的选择,也乐意吸取别人有益的经验和做法来弥补自己的不足,但我们也应有"各美其美"的自信,对自己的精华和长处,对"中国奇迹"中蕴含的多党合作的贡献,敢于理直气壮发声,敢于秀出来同别人共享。

第五,兼顾国内国际两个方面。以中国问题、我们正在做的问题为中心,决不是夜郎自大、自娱自乐,而是包含着对"海外来声"的回应。面对西方"国家本身就是叙事。叙事,或者阻止他人叙事的形成"② 的话语霸权,新时代中国多党合作话语体系建设应精心构建对外话语体系,勇于打破西方的话语暴力,积极主导涉中的话题并创设若干世界性的议题,增强中国在政党制度领域的国际话语分量、话语优势和话语权,这不但是让世界知道"学术中的中国""理论中的中国""哲学社会科学中的中国"的一个重要内容,而且表明我们有为解决世界性政党制度问题提供思路和方法的能力,正如习近平所说,

---

① 《习近平新时代中国特色社会主义思想学习纲要》,北京:学习出版社、人民出版社2019年版,第154—155页。

② [美]爱德华·W.萨义德:《文化与帝国主义》,李琨译,北京:生活·读书·新知三联书店2003年版,第3页。

"这是由特殊性到普遍性的发展规律"①。此外,政党理论研究在当今世界上非常活跃,国外关注政党、政党政治、政党关系、政党制度等的专家学者为数不少,因而我们也可以通过支持和鼓励海外学会、基金会特别是中国学术研究中心研究中国多党合作问题,加强国内外智库交流,汲取其中有益的东西。

第六,坚持为人民立言。如果说中共和各民主党派都要有"样子",那么这个"样子"反映到新时代中国多党合作话语体系,就是要坚持为人民立言,塑造立党为公、执政(参政)为民的负责任政党形象。新时代中国多党合作正越来越受到世人的关注,要破除人们对它到底能走多久、到底能走多远的疑虑,就需要用更加系统和完备的理论、直白和有说服力的话语,在有"破"有"立"、有"攻"有"守"中让人们更好地明了它、认同它。在走向"强起来"的过程,新时代中国多党合作话语体系需要走出弱势者的心态和表达方式,在叙事中不断增加阳光、包容、坚毅的色彩,更加坦荡地让世界知道自己的价值追求和战略目标,并且把评价标准交给实践、事实,交给最有发言权的"阅卷人"——中国人民,而不是那些满脑子充满主观臆断的人。

---

① 中共中央党史和文献研究院编:《十八大以来重要文献选编》下,北京:中央文献出版社2018年版,第324页。

结束语 关于马克思主义多党合作的理论与实践的若干总结

马克思主义多党合作，是马克思主义政党在探索实行什么样的政党制度、怎样建设这样的政党制度中所形成的理论和实践成果。纵览马克思主义发展史特别是社会主义发展的历史进程，我们可以尝试着从以下几个方面对马克思主义多党合作（特别是中国多党合作）的理论与实践做一个总结：

一、马克思主义多党合作是社会主义发展的历史进程中结出的政治文明成果

按照历史唯物主义所揭示的人类社会发展规律，社会主义是资本主义的扬弃物，社会主义及其政党制度同样是资本主义及其政党制度的扬弃物。

作为一种价值，社会主义是带着对资本主义的道义控诉和对美好未来的憧憬来到地球上的，从1516年莫尔发表《乌托邦》、开启空想社会主义学说算起，有500多年的时间了。从那以后，公平正义的理念，深深嵌入社会主义者的脑海之中，包括对一系列政治制度、政党制度的设计，也是如此。

作为一种科学，社会主义以唯物史观和剩余价值学说为基础对资本主义进行制度批判并为社会进步、人类解放而斗争，从1848年马克思恩格斯发表《共产党宣言》、兴起科学社会主义的理论与运动算起，有170多年的时间了。从那以后，无产阶级革命、建设、改革事业离不开自己的政党的领导，因而必须建设一个永葆先进性、纯洁性的无产阶级革命政党；无产阶级只有解放全人类最后才能解放自己，因而无产阶级在运动中必须团结一切可以团结的力量，

成为科学社会主义的共识。社会主义国家实行什么样的政党制度,马克思恩格斯并没有给出答案,但他们提供了无产阶级革命政党处理同其他政党关系的一般策略、原则,阐述了在这个问题上的基本立场、基本方法、基本观点。

作为一种制度,社会主义带着对人类社会历史的巨大贡献而赋予当代世界发展崭新内容,从1917年十月革命后建立社会主义国家、开展社会主义革命和建设算起,有100多年时间了。战后社会主义制度从一国向多国、从欧陆向欧亚拉美拓展,更是彰显了这一新型社会制度的生命力和优越性。新生的社会主义国家都坚持共产党的领导,但在政党制度上选择共产党单独执政制的居多,只有中国延续民主革命时期中共和民主党派合作的优良传统,始终坚持多党合作制度,为国际共运也为世界探索不同于一党制、多党制的新型政党制度做出了贡献。

作为一种自我完善和发展,社会主义不同于阶级社会采取以阶级斗争为直接动力来推动社会革命或社会改良的做法,而是以改革为动力,将改革作为党领导人民进行伟大社会革命的继续,作为社会主义制度的自我完善和发展。从20世纪20年代苏俄实行新经济政策算起,这种改革、这种自我完善和发展,几乎和社会主义制度的建立不相上下。20世纪50—80年代各国对社会主义建设道路的探索,特别是中共十一届三中全会后中国走上建设中国特色社会主义道路,更是表明社会主义条件下的改革只有进行时、没有完成时。中国在改革开放中将多党合作制度作为政治体制改革的一项重要内容,不断完善、发展这项制度,使民主党派的作用、多党合作制度的效能,都得到了比较好的发挥。

作为一种历史辩证法,社会主义的发展进程是前进性与曲折性的统一,从发生东欧剧变、苏联解体这一重大"政治地震"算起,社会主义事业在世界遭受严重冲击,有30年的时间了。由于这样,世界的政治力量格局、意识形态格局呈现出"资强社弱"的态势,只是社会主义并没有失败和破产,苏东剧变固然不是好事,但坏事在一定条件下可以向对立面转化,因而"人民经受锻炼,从中吸收教训,将促使社会主义向着更加健康的方向发展"[①]。李大

---

① 《邓小平文选》第3卷,北京:人民出版社1993年版,第383页。

钊当年预测的"试看将来的环球,必是赤旗的世界"①,定将成为现实。中国特色社会主义进入新时代,中国多党合作在习近平新时代中国特色社会主义思想的指引下,依然在前进的道路上不懈探索,在经受考验中显示自己的生命力。

马克思主义发展史特别是社会主义发展的历史进程结出的政治文明成果很多,在政党制度方面,马克思主义多党合作便是其中的一朵靓丽之花。

二、马克思主义多党合作是马克思主义政党学说和处理政党关系思想民族化、时代化、大众化的产物

共产党人对待马克思主义的正确态度,首先是坚持,因为马克思主义"具有世界历史意义的伟大功绩"②,至今依然占据着真理和道义的制高点,尽管世界上形形色色的理论、思潮很多,但唯有马克思主义是共产党人的"真经",如果没有念好"真经"而总想着"西天取经","就要贻误大事"③。当然,坚持马克思主义,并不是恪守马克思、恩格斯、列宁提出的每一个具体论断,而是从基本立场、基本方法、基本观点的角度,去把握其基本原理,坚持马克思主义政党学说和处理政党关系思想,也是如此。在社会主义国家的历史上,凡是背离马克思主义基本原理而对西方投怀入抱的所谓"改革",特别是放弃共产党的领导(包括对统一战线和多党合作的领导)而改行多党制的所谓"转型",无不酿成悲剧,不能不引起依然处在执政地位的共产党人的高度警惕。

共产党人对待马克思主义的态度,还必须发展,这个发展,具体是通过对马克思主义的民族化、时代化、大众化来实现的。

首先是民族化。马克思主义只有同各国革命、建设、改革的具体实际,同各国的历史、文化相结合,在解决本国实际问题并"创造些新的东西"④ 中发

---

① 《李大钊选集》,北京:人民出版社1978年版,第117页。
② 《列宁全集》第35卷,北京:人民出版社1985年版,第164页。
③ 《习近平关于社会主义文化建设论述摘编》,北京:中央文献出版社2017年版,第67页。
④ 《毛泽东文集》第2卷,北京:人民出版社1993年版,第408页。

挥威力，才能体现自身价值。毛泽东强调："对于中国共产党说来，就是要学会把马克思列宁主义的理论应用于中国的具体的环境。"① 马克思主义政党学说和处理政党关系思想走出书斋、走向实际，首先是一个民族化的问题，社会主义国家对政党制度的不同选择，在很大程度上取决于不同国家的国情、社情、民情；同时要看到，即便选择了多党合作的国家，多党合作也有瓜熟蒂落、顺理成章或貌合神离、碰碰磕磕之分，甚至还有选择了之后又抛弃的情形。在国际共产主义运动中，说到多党合作，人们很自然地首先想到中国、谈到中国、关注中国，就是因为中国在这一方面的"土生土长性"或者说"内生性"，无人能及。当今讲到社会主义国家多党合作，一个不得不承认的事实是，这基本上讲的就是中国的新型政党制度，人们也往往从这个"窗口"中判断多党合作在社会主义国家是否还能够存在、是否还能够得到比较好的运转。

其次是时代化。社会存在决定社会意识。既然时代及其经济基础、上层建筑是在不断发展变化的，那么理论思维就只能是具体的历史的，"它在不同的时代具有完全不同的形式，同时具有完全不同的内容"②。对马克思主义政党学说和处理政党关系思想的实际运用，如同对其他原理的实际运用一样，在肯定、坚持基本原理的前提下，"随时随地都要以当时的历史条件为转移"③，既不能搞"过时论"，武断地认为产生于19世纪40年代的马克思主义作为一种历史转变的乌托邦规划，已经被证明不可能了；又不能搞"不可超越论"，将真理绝对化，无视历史条件的变化而试图恪守经典作家的一切结论。民主革命时期共产党人努力争取同民主政党之间的团结和协调，同社会主义条件下共产党人同民主党派发展新型政党关系、建设新型政党制度，在内容和形式上是不可同日而语的。

再次是大众化。马克思主义政党学说和处理政党关系思想是用来指导实践的，而历史活动的结果"必将是群众队伍的扩大"④，在多党合作中，如果

---

① 《毛泽东选集》第2卷，北京：人民出版社1991年版，第534页。
② 《马克思恩格斯文集》第9卷，北京：人民出版社2009年版，第436页。
③ 《马克思恩格斯文集》第2卷，北京：人民出版社2009年版，第5页。
④ 《马克思恩格斯文集》第1卷，北京：人民出版社2009年版，第287页。

"群众队伍"不是愈来愈扩大,而是愈来愈萎缩,那么,它就同统一战线的主旨背道而驰了。马克思说理论掌握群众后"也会变成物质力量"[1],化成群众的自觉行动,这就要求在民族化、时代化中形成的多党合作理论及其指导下的实践,能够"飞入寻常百姓家",赢得大众的认可,获得持久的合法性。

"化者,彻头彻尾彻里彻外之谓也。"[2] 就马克思主义政党学说和处理政党关系思想的"三化"来说,民族化统领时代化、大众化,民族化内在地包含着时代化、大众化,因为同本国具体实际相结合的过程,也是同时代特征、时代主题相结合的过程,还是理论和群众互相掌握的过程,因而可以说民族化是时代化、大众化的内核,时代化、大众化围绕民族化展开;同时,时代化、大众化分别从把握时代脉搏、争取人民群众认同的角度,有力地支撑着民族化,又拓展和深化了民族化。在中国,上述"三化"所形成的毛泽东多党合作思想和中国特色社会主义多党合作思想,在中国革命、建设、改革的进程中,推动了中国多党合作制度的确立、巩固和发展,而习近平总书记关于多党合作的重要论述是中国特色社会主义多党合作思想的最新理论成果,是指导新时代"风景这边独好"的中国多党合作的强大思想理论武器。

三、马克思主义多党合作必须坚持合规律性与合目的性相统一

事物发展中本质的、必然的、内在的联系,叫作规律,"天行有常,不为尧存,不为桀亡"(《荀子·天论》),强调的就是客观规律所固有的不以人的意志为转移的特点。马克思主义多党合作中的合规律性,首先就是要顺应共产党执政规律、社会主义建设规律、人类社会发展规律的要求。从唯物辩证法的角度讲,这种合规律性体现的就是马克思主义多党合作中的真理尺度、科学精神。

首先是共产党执政规律。共产党是社会主义国家的最高政治领导力量,共产党的领导主要体现在"把方向、谋大局、定政策、促改革"[3],而这一切在

---

[1] 《马克思恩格斯文集》第1卷,北京:人民出版社2009年版,第11页。
[2] 《毛泽东选集》第3卷,北京:人民出版社1991年版,第841页。
[3] 转引自黄苇町:《苏共亡党十年祭》,南昌:江西高校出版社2002年版,第51页。

结束语 关于马克思主义多党合作的理论与实践的若干总结

很大程度上是通过执政来体现的。执政党手握重权，对于实现自己的领导意志固然具有非执政党所不可比拟的优势，但是正如前苏联部长会议主席尼·雷日科夫所说，"权力应当成为一种负担。当它是负担时就会稳如泰山，而当权力变成一种乐趣时，那么一切也就完了"①。苏共在没有友党参政的情况下，搞所谓的"垄断真理、权力和利益的制度"②，由此造成的个人集权制、领导职务终身制、指定接班人制、干部等级授职制、享有特权制、党政不分制等，都背离了民主共和国的原则，也是封建君主专制的毒素渗透到社会主义体制中的表现，给社会主义和共产党的声誉带来了负面影响。苏共从"我们时代的光荣、智慧和良心"（列宁语），蜕化成为令人失望的乌合之众，它的失败也就成定局了。苏东剧变，外因固然值得重视，但"物必自腐而后虫生"，内因尤其是执政的共产党自身的问题，才是最主要的，总结经验教训不能够以外因代替内因，否则就违背了辩证唯物主义的基本观点。

十一届三中全会后，邓小平提出一个重要论断，那就是"为了坚持党的领导，必须努力改善党的领导"③。在如何改善党的领导问题上，一开始强调改革的关键首先是实行党政分开，划清党组织和国家政权的职能，从根本上解决长期形成的党政不分、以党代政问题，并为此而大幅度调整党的组织形式和工作机构。但是，执政党的特点使得党组织和国家政权的职能往往有所交叉，因而机械的"划清"既不现实也不可能，弄不好还会成为削弱党的领导的借口。十三届四中全会后，经过一段时间的思考和探索，"党政分开"逐渐被"改进（改善）党的领导方式和执政方式"所取代，十六届四中全会总结新中国成立后党执政的六条主要经验，深刻揭示了共产党执政的本质和规律，其中之一就是"必须坚持科学执政、民主执政、依法执政"④。民主执政表明，执政党应高度重视权力来源，尊重授权人的主体地位，敬畏授权人的信任；民主执政还表明，执政党应坚持为人民执政，以发展党内民主带动人民民主，壮大

---

① 欧阳淞：《坚持和加强党的全面领导》，载《人民日报》2018年9月11日。
② 转引自周淑真：《政党和政党制度比较研究》，北京：人民出版社2001年版，第173页。
③ 《邓小平文选》第2卷，北京：人民出版社1994年版，第268页。
④ 中共中央文献研究室编：《十六大以来重要文献选编》中，北京：中央文献出版社2006年版，第274页。

最广泛的爱国统一战线。爱国统一战线包含多党合作这一重要内容，这就使多党合作同加强共产党的执政能力、探索和遵循共产党执政规律紧密地结合起来了。

其次是社会主义建设规律。社会主义的根本任务是发展生产力，尤其是经济文化落后国家的社会主义建设要以经济建设为中心，各项工作都必须服从和服务于这个中心。但是，社会主义优越性所要求的全面发展、全面进步，要求在社会主义建设中不仅要有经济发展，还要有政治民主、文化繁荣、社会和谐、生态良好等，离开了这些，经济建设也不可能搞好，一时取得的成果也很容易丧失，并且也背离努力促进人的全面发展这一马克思主义关于建设社会主义的本质要求。社会主义建设在共产党的领导下，是依靠亿万人民群众来共同完成的，这也是任何人都无法改变的客观规律。社会主义国家的领导阶级是工人阶级，阶级基础是工农联盟，但除此之外，还要依靠包括各民主党派、无党派人士在内的统一战线各界人士，充分发挥他们投身社会主义建设的积极性、主动性、创造性，而"调动积极性是最大的民主"①。在社会主义建设中，有了多党合作的参与和贡献，"众人拾柴火焰高"，社会主义事业就能够在共建共享中得到更好的发展。

再次是人类社会发展规律。这个规律就是恩格斯所说的"人们自己的社会行动的规律"②。正是人类从事的物质生产活动，创造了生产关系必须适合生产力性质的规律，并使这个规律在社会发展中现实地起作用；正是人类从事的经济活动和政治活动、精神活动以及它们的相互作用，形成了上层建筑必须适合经济基础发展要求的规律，并使这个规律在社会发展中现实地起作用。由于这样，人类社会从低级走向高级，人类政治文明不断向前发展，到了资本主义社会，政党出现，政党政治成为民主政治的具有重大意义的表现形式和实现形式，以多党制为代表的政党制度将人类政治文明推向了一个新的阶段，然而多党制的弊病却是资本主义制度所无法从根本上克服的；社会主义国家诞生后，共产党成为社会主义事业的领导核心，实行多党合作的社会主义国家努力

---

① 《邓小平文选》第3卷，北京：人民出版社1993年版，第242页。
② 《马克思恩格斯文集》第3卷，北京：人民出版社1993年版，第300页。

探索社会主义民主尤其是协商民主的实现途径，以此显示社会主义制度的优越性。

上述三个规律是个别、特殊和一般的关系，但其中最重要的是第一个规律。习近平指出："我国社会主义政治制度优越性的一个突出特点是党总揽全局、协调各方的领导核心作用，形象地说是'众星拱月'，这个'月'就是中国共产党。在国家治理体系的大棋局中，党中央是坐镇中军帐的'帅'，车马炮各展其长，一盘棋大局分明。"① 从中可以看出，在社会主义国家，只要共产党对自身执政规律的把握比较到位，越来越深刻，确保"领头羊"不出事，确保党同立法、行政、司法、统战、民主党派、群团、企事业等组织的关系处理得当，那么党对社会主义建设规律、人类社会发展规律的把握一般也能够比较到位、比较深刻，从而促进多党合作健康发展。

爱因斯坦说："人类所做和所想的一切都关系到要满足迫切的需要和减轻苦痛。"② 唯物辩证法不仅强调实践中的真理尺度，而且强调成功的实践要求以真理与价值、科学精神与人文精神的辩证统一为前提。马克思主义多党合作在顺应共产党执政规律、社会主义建设规律、人类社会发展规律的要求的同时，还要充分"满足人的需要"，也就是使多党合作与人民的利益相一致，把满足人民对美好生活的期盼当作重要目标，从而彰显自己的价值尺度和人文精神，实现合规律性与合目的性相统一。有学者曾对当年的共产党和国民党进行过对比，指出两党的根本区别在于国民党在平民百姓中没有根，它要扮上帝，给人民"送慈善"，共产党则植根于平民百姓，要人民自己当家做主，让人民组织起来自己解放自己，结果，国民党迅速蜕变成了新军阀，而共产党则在民众的支持下办成了国民党办不成的事。该学者据此得出一个发人深省的结论，那就是在长期执政的条件下，"我们要高度警惕共产党的国民党化，要警惕'烂根'现象"③。其实，长期执政的党和长期参政的党都要警惕"烂根"

---

① 中共中央文献研究室编：《习近平关于社会主义政治建设论述摘编》，北京：中央文献出版社2017年版，第31页。
② [德]《爱因斯坦文集》第1卷，许良英等译，北京：商务印书馆1976年版，第279页。
③ 鄢一龙等：《大道之行：中国共产党与中国社会主义》，北京：中国人民大学出版社2015年，序二第4页。

现象。

十八大以来，以习近平同志为核心的中共中央坚持以人民为中心的发展思想，反复强调人民立场是中国共产党的根本立场，人心向背决定着一个政党、一个政权的前途命运。习近平指出："以人民为中心的发展思想，不是一个抽象的、玄奥的概念，不能只停留在口头上、止步于思想环节，而要体现在经济社会发展各个环节。"① 他特别强调："要面对面、心贴心、实打实做好群众工作，把人民群众安危冷暖放在心上，雪中送炭，纾难解困，扎扎实实解决好群众最关心最直接最现实的利益问题、最困难最忧虑最迫切的实际问题。"② 共产党讲"立党为公，执政为民"，各民主党派讲"立党为公，参政为民"，都体现了把人民放在心中最高位置、把人民利益摆在至高无上地位的价值追求。

知识分子是社会主义现代化建设的极其重要而宝贵的力量。我国知识分子中70%以上是党外知识分子，民主党派成员和无党派人士中的绝大部分都是党外知识分子，因而多党合作中以人民为中心的价值追求，在很大程度上是同改进知识分子工作、引导党外知识分子爱国奉献密切联系在一起的。社会主义现代化强国不是单纯经济、军事实力的提高，其深层动力源于知识创造和转化能力，源于数量、质量与之相适应的知识分子队伍，一旦在核心性、关键性、原创性科学知识的创造上卡壳，就免不了要遭受西方敲诈勒索的命运。在社会主义条件下，知识分子是工人阶级的一部分，社会主义国家多党合作走过的弯路，同执政党的知识分子政策失误有很大的关系，中国改革开放以来多党合作的喜人局面，亦离不开执政党知识分子政策的拨乱反正和重大调整。在新时代，中国多党合作仍然要把党外知识分子统战工作作为自己的基础性、战略性任务，把握党外知识分子的群体性特征，认真听取他们的心声，将引导与尊重、使用与关怀、鼓励与包容统一起来，形成识才、爱才、用才、容才、聚才的良好风气，树立"尊重知识、尊重人才、尊重劳动、尊重创造"的时代风尚，努力将党外知识分子的"精气神"凝聚到民族复兴的伟业中来。

---

① 中共中央党史和文献研究院编：《十八大以来重要文献选编》下，北京：中央文献出版社2018年版，第168页。

② 《习近平谈治国理政》第2卷，北京：外文出版社2017年版，第364页。

总之，不论是遵循"三大规律"，还是贯彻以人民为中心的新发展理念，最终都要落实到人民的利益和福祉上，落实到长远利益、根本利益和眼前利益、局部利益基于人民对美好生活的向往的调节上，这也为共产党执政和各民主党派、无党派人士参政、为多党合作事业发展指明了方向。不折不扣做到这一点，才能更加展现多党合作是合规律性与合目的性相统一的魅力。

四、马克思主义多党合作必须处理好领导和被领导、执政和参政、互相监督等重大政党关系

一个国家只要存在两个政党，就会产生政党关系，政党的数目越多，一般来说政党关系就越复杂。从政党政治的发展历程看，如果以分离程度的高低为标准，那么政党关系大致可以分为四种①：斗争型政党关系，如新中国成立前中共和各民主党派同国民党的关系；竞争型政党关系，如两党制、多党制国家中执政党和在野党的关系；统合型政党关系，如有的国家虽然存在多党，但执政党处于绝对支配地位下的政党关系；合作型政党关系，如中共和各民主党派的新型政党关系。在合作型政党关系中，仍然需要处理好如下三种重大关系。

首先是领导和被领导的关系。共产党和各民主党派"是有差别的，并不在一个水平上，有领导和被领导的分别"②，共产党的领导地位是历史的选择、人民的选择，也是各民主党派的选择。共产党对民主党派的领导是政治领导，它彰显的是大局、权威——要求民主党派与自己一同走社会主义道路、投身社会主义现代化建设，而不是对民主党派内部事务的包办代替。民主党派享有法定权利和义务，不是共产党的"附庸"或"分部"，民主党派学习共产党的基本理论、基本路线、基本方略，也是一种发扬自我教育优良传统上的自觉行为。共产党对民主党派领导权的实现不是靠军队、靠政权、靠口号，而是靠政绩、靠人民群众的拥护、靠党组织和党员的先锋模范作用；不是采取压迫、压制、压服等手段，而是通过民主协商、说服教育、身先士卒等方法，使民主党

---

① 有关这四种政党关系，参见胡小君、朱昔群：《构建和谐的政党关系》，载《上海市社会主义学院学报》2007 年第 2 期。

② 《毛泽东文集》第 6 卷，北京：人民出版社 1999 年版，第 375 页。

派心悦诚服接受并在政治交接中延续下去。当然，民主党派接受共产党的领导也不应是消极被动的，正如周恩来所说，民主党派在社会主义的范围内"天地很广，可做的事很多，个人活动范围也很大"①，习近平也强调"新时代多党合作舞台极为宽阔"②，民主党派应该在共产党领导下，利用好"天地""舞台"，在爱国奉献中建功立业。总之，一个是共产党领导，一个是民主党派自主性，二者必须兼顾好，决不能顾此失彼，二者一旦失衡，就会危及多党合作事业，因而二者的平衡如有的学者所说"是深化政治体制改革的一个颇为关键的问题"③。

其次是执政和参政的关系。执政和参政是多党合作中最普遍最经常的关系。在中国，共产党执政不搞"一党专政"，这一点中共和布尔什维克有很大的不同，毛泽东在抗战时期就说共产党反对本党的或其他党派的一党专政，"主张统一战线政权"④；共产党执政也不搞"以党治国"，这一点中共和国民党有很大的不同，也是在抗战时期，邓小平明确反对在"三三制"政权中将党的优势建筑在权力上、将党的领导解释为"党权高于一切"，指出"要反对国民党的遗毒传播到我们党内来"⑤。中共在局部执政时期的上述理念被延续到了新中国成立之后，这就使各民主党派的参政成为可能。必须肯定，中共的这种理念不是新中国成立后才产生的，不是外在压力逼迫的，而是在局部执政条件下就有的一种自觉选择，尽管在具体运行中存在问题，但在方向上是完全正确的。

尽管共产党执政和民主党派参政都是长期的、稳定的，在内容上具有西方执政党、反对党所不可比拟的全方位、多层次、立体化的优势，但必须明确，民主党派的"参政"不是"参与执政"，民主党派的"一个参加，三个参与"不是同共产党"联合执政"。这是因为共产党兼具领导核心和执政力量双重角

---

① 《周恩来统一战线文选》，北京：人民出版社1984年版，第390页。
② 《习近平在看望参加政协会议的民盟、致公党、无党派人士、侨联界委员时的讲话》，载《人民日报》2018年3月5日。
③ 邵春霞：《改革进程中中国党际关系模式的优化》，载《政治与法律》2000年第5期。
④ 《毛泽东选集》第2卷，北京：人民出版社1991年版，第760页。
⑤ 《邓小平文选》第1卷，北京：人民出版社1994年版，第12页。

色,"党的执政地位是通过党对国家政权机关的领导来实现的"[①],如果说西方多党制下的政党不具有领导角色,追求的就是执政角色,那么对共产党来说,如果放弃了领导,就谈不上执政,将民主党派上升为"执政党",不论说它是"次要执政党"还是"亚执政党",都会使共产党的双重角色受到影响,产生不好的政治后果,因而没有必要为了提升民主党派的地位而牵强附会地称其为"执政党"。

同时还要看到,"共产党执政和民主党派参政与民主集中制紧密结合"[②]。民主集中制是我国国家机构所实行的原则,人民代表大会是产生其他国家机关的国家权力机关——这也是人民代表大会实现对国家和社会事务管理的途径。人大代表中的共产党员和民主党派成员并不张扬自己的政党身份,他们的共同身份只有一个——人民代表,这是他们履行职责的全部依据,共产党和民主党派都不在人大搞所谓的党团;政府部门的领导职务到底由什么人出任,完全不是根据共产党员和党外人士在人大中的席位来分配的,而是在经过组织人事部门的严格选拔、考察后,由人大依法选举任命的;在政府部门任职的人员都是公务人员,不问党派,一律要求遵纪守法。民主集中制原则设定了共产党和民主党派与政权的关系,设定了中国政党在政权活动中的特点,设定了执政和参政在各自职能的基础上的合作。在中国多党合作中,共产党和民主党派有共同的思想政治基础、宗旨目标,也有性质、角色定位上的差异,共产党执政要给民主党派参政创造更好的条件,民主党派参政则要助力共产党执政地位的稳定和执政能力的提高,互动的结果应该是促进政党关系越来越和谐,而不是相反。

再次是相互监督。互相监督是实行多党合作的重要初衷。共产党在多党合作中处在主要矛盾的地位,共产党主动邀请民主党派监督自己,是为了用好民主监督,完善监督机制,确保权力在阳光下正确行使和运行。民主监督要有所作为,关键是要在非权力监督与有效监督之间寻求结合点。对共产党来说:一要以"广纳群言,以收众益"为座右铭,听得进逆耳之言,容得下尖锐批评,

---

[①] 《江泽民文选》第1卷,北京:人民出版社2006年版,第112页。
[②] 张献生:《我国多党合作中的政党关系》,载《政治学研究》2006年第1期。

如果表面客气而实际敷衍,造成民主党派"你那个政策出来,它去证明这是对的;当你说这个政策错了,它又证明早就该批",只能"反映出我们发扬民主还不够充分,党的自我制约的能力还比较差"①,所以,要从发展社会主义民主的高度去看待民主监督的问题,充分认识到无论什么样的主体、什么样的内容、什么样的形式的监督,"关键都在于发展党和国家的民主生活"②;二要切实完善民主监督机制,对民主党派提出的批评意见要认真研究,及时反馈;三要与舆论工具形成更好的合力,除了民主党派主办的报刊要加强这一方面的工作外,其他的报刊也可以开辟诸如"民主监督专栏",引导民主党派以自己的话语,为新时代的民主监督贡献"笔墨""喉舌"。"良药苦口利于病,忠言逆耳利于行",多个角度看问题,多种观点碰撞,有利于集思广益,尽量减少工作中的反复和折腾、失误和错误,从而更好实现科学执政、民主执政、依法执政的要求。

正确把握相互监督,就必须认识到它也包含着共产党对民主党派的监督。在民主党派的发展历程中,共产党的教育、引导,对于他们在重大历史关头做出正确抉择,发挥了不可替代的作用。在多党合作中,民主党派也必须自觉地、愉快地接受共产党的监督,不但虚心听取共产党对党派工作的意见、建议,而且坚持共产党在政治方向上对党派的把关,而不能以"政党法律地位平等"的名义,不加区分地将来自共产党的声音尤其是批评都当作对党派的不信任和对党派工作的干预。李维汉曾说,共产党主张党派间坦诚相待,"对重大问题我们不仅要过问,而且要研究。必要的时候,我们还应当向民主党派、民主人士提出建议。这种建议或者是出于他们民主党派、民主人士的要求,或者是出于我们的主动,两者都可以"③,这本身也是共产党对民主党派实行政治领导的题中之义。

多党合作制度就是为调节上述领导和被领导、执政和参政、互相监督等重大政党关系而存在的。这些政党关系处理好了,政党与政党、政党与政权、政

---

① 李瑞环:《辩证法随谈》,北京:中国人民大学出版社2007年版,第105页,第87页。
② 《邓小平文选》第1卷,北京:人民出版社1994年版,第215页。
③ 中共中央统战部研究室编:《历次全国统战会议概况和文献》,北京:档案出版社1988年版,第223—224页。

党与社会的关系就能够得到比较好的理顺，广泛性和真实性相统一的利益表达功能、有序性和有效性相统一的政治参与功能、人民性和政党性相统一的民主监督功能就能够得到比较好的体现，公平正义价值在多党合作制度中就能够得到比较好的彰显，从而使执政党和参政党都有施展抱负和发展壮大的机会。

五、马克思主义多党合作必须充分考虑传统文化因素的影响

传统文化，强调这种文化是由历史延传下来的，是历史发展继承性的表现之一。国际共运面对的传统文化主要有三种类型：一种是俄罗斯—苏联文化，尽管这种文化总体上处在欧洲文化的轨道之中，但它却深受蒙古文化的影响，俄罗斯人作为西方人眼中"西方的东方人，东方的西方人"，连自己的谚语都说"如果深究俄罗斯人，就会出现鞑靼蒙古人"，这种带有"战斗民族"特点的文化同东正教的"弥赛亚使命"相结合，便带有浓厚的统制色彩；另一种是东欧国家文化，东欧国家毗邻西欧，尽管它们在战后成了苏联的"卫星国"，但不少东欧国家受西欧文化、民主社会主义思想的熏陶很深，对议会民主情有独钟；还有一种是中国文化，作为一个历史悠久的国家，中国各族人民共同创造了光辉灿烂的文化，中国文化既不同于俄罗斯—苏联文化，也不同于东欧国家文化，对政治发展道路亦有自己的独特影响。

从哲学上讲，中国传统文化和西方传统文化都既有辩证思维传统，也有形而上学传统。在西方传统文化中，居主流地位的是形而上学，它在社会层面上表现为一种抽象主体原则，强调以自我为中心，片面地、对立地看待人世间的各种关系，因而总是立足于对他者的占有和征服。英国政治家、哲学家霍布斯认为，人对人像狼一样，要阻止人类天性中因竞争、猜疑、荣誉而造成的"每一个人对每个人的战争"[1]，就需要"利维坦"这样的共同权力使人慑服，就是这一原则的表达。反观中国传统文化，居主流地位的是以"和合"理念为重要标识的朴素辩证思维，"和"与"合"有相近涵义，因而唐代的孔颖达在解释《礼记·郊特牲》时认为"和，犹合也"。和合在辩证主体上

---

[1] [英]霍布斯：《利维坦》，黎思复等译，北京：商务印书馆2015年版，第95页。

强调"民胞物与"(宋·张载:《西铭》),"万物并育而不相害,道并行而不相悖"(《礼记·中庸》),认为人类乃天地所生同胞,世间万物乃人类朋友,这一切连同其运行法则都是相互联结、相互依存的,具体来说:在人与自然的关系上,强调天人合一,"人法地,地法天,天法道,道法自然"(《道德经·第二十五章》);在人与人的关系上,强调"己欲立而立人,己欲达而达人"(《论语·雍也》),"己所不欲,勿施于人"(《论语·颜渊》);在人与国家的关系上,强调"天下兴亡,匹夫有责"(明·顾炎武:《日知录·正始》),"苟利国家生死以,岂因祸福避趋之"(林则徐:《赴戍登程口占示家人》);在人与社会的关系上,强调"大道之行也,天下为公"(《礼记·礼运》),"穷则独善其身,达则兼济天下"(《孟子·尽心章句上》);在人与世界的关系上,强调"协和万邦"(《尚书·尧典》),"和衷共济"(《尚书·虞书·皋陶谟》),"四海一家"(《荀子·议兵》)。与此相适应的是在思维方法上,强调"物生有两,相反相成""一分为二,合而为一""和而不同,执两用中""和实生物,同则不继"等,表达了对立统一、矛盾分析的思想。总之,"'和合'是中国传统人文精神的精髓,是中国文化的优秀传统之一"①,它深植于中国人内心,一代代中国人的思维和行为方式,无不受它的重大影响,并且至今依然如此。

马克思说:"人们自己创造自己的历史,但是他们并不是随心所欲地创造,并不是在他们自己选定的条件下创造,而是在直接碰到的、既定的、从过去承继下来的条件下创造。"② 这个条件,就包括传统文化。从苏联、东欧四国和中国在政党制度的选择以及多党合作的实际运行看,都可以发现传统文化因素的无形作用。当布尔什维克决定取消其他政党、放弃多党合作而实行共产党单独执政制时,它多少还是流露出了一种政权在手、可以主宰其他政党命运的情绪,这不能说与俄罗斯文化没有一点关联。东欧四国多党合作中,共产党既有受苏联模式强势影响、压制民主政党和多党合作的一面,又有苏共一旦放

---

① 张立文:《和合之境——中国哲学与21世纪》,上海:华东师范大学出版社2001年版,第287页。

② 《马克思恩格斯文集》第2卷,北京:人民出版社2009年版,第470—471页。

松管制、党内的多元化思潮就蠢蠢欲动的一面,民主政党接受共产党的领导也并不那么真心实意,在这里,两种不同传统文化的冲突表现得特别明显,"重返欧洲"的意愿在东欧四国有非常深厚的社会基础,因而在东欧剧变中民主政党与共产党的联盟政策很快瓦解,但却基本没有发生大规模的冲突和流血事件。中国多党合作则离不开中国传统文化中和合思想的滋养,体现这种思想的政党制度才更加契合中国人的心理,更易获得中国人内心的文化认同。在中共和各民主党派从相识到相知、从相信到相助的过程中,和合思想始终是重要的粘合剂,促成了新型政党关系和新型政党制度的形成和发展。

中国传统文化中具有精华与糟粕并存的特点,因而很难用单纯的"好"或者"不好"来下结论。中国传统文化是为自然经济的经济基础和专制主义的上层建筑服务的,那些带有封建性的糟粕,在社会意识中都有所表现,如个体意识和群体意识中的"君君、臣臣、父父、子子"(《论语·颜渊》)、"君为臣纲,父为子纲,夫为妻纲"(《礼纬·含文嘉》)等观念,社会心理中的权力崇拜、圣王情结、宗法等级、义务本位等臣民心态,国民性格中的实用、功利、中庸、嫉妒、私德等特质,社会意识形态中的"普天之下,莫非王土,率土之滨,莫非王臣"(《诗经·小雅·北山》)等主张,长盛不衰,影响至深。当然,中国传统文化中很早就有民本、民主思想,如强调"民之所欲,天必从之"(《书·泰誓上》)、"民为贵,社稷次之,君为轻"(《孟子·尽心章句下》),意识到"政之所兴在顺民心,政之所废在逆民心"(《管子·牧民》)、"水则载舟,水则覆舟"(《荀子·王制》)等,要求统治阶级面对"天心"即"民心",必须"怀""抱""顺""承""度",但毋庸置疑的一点是,它们都是就君民关系而言的,"天惟时求民主"(《尚书·周书·多方第二十》),求的还是为民做主的君主,表露出来的还是害怕民众、希冀"以理杀人"的动机,这些也是消极性因素。中国传统文化中的封建性糟粕和消极性因素,同人民当家做主制度体系和社会主义核心价值观倡导、追求的民主、自由、平等、法治等,是格格不入的,中国多党合作如果吞下这些东西,就会背离为人民民主而奋斗的理想。抗战时期,毛泽东在如何建设新民主主义文化即"中华民族的新文化"时指出,"清理古代文化的发展过程,剔除其封建性的糟粕,吸收其民主性的精华,是发展民族新文化提高民族自信心的必要条件"①。邓小平在改革开放之初提出党和国家领导制度改革时,就强调了肃清封建主义和资产阶级思想影响的问题,改革开放以来中国多党合作事业的发展,是与此息息相关的。近年来一些人不加分析将中国传统文化美化得完美无缺,并且任何人只要提出中国传统文化中存在的糟粕性东西就会被冠上"历史虚无主义"的招牌,是不可取的。只有那些对本民族的文化彻底丧失信心、主张用西方文化全盘代替中国传统文化的言行,才是历史虚无主义的表现,但辩证指出中国传统文化的优缺点,这是毛泽东等人早就意识到并强调过的,不但不是历史虚无主义,反而是马克思主义的要求。

社会主义国家在对待传统文化时,出现过偏差。十月革命前后,以波格丹诺夫等为代表的"无产阶级文化协会"企图通过"实验室的道路"来创造"纯粹无产阶级的"文化,列宁指出无产阶级文化"应当是人类在资本主义社会、地主社会和官僚社会压迫下创造出来的全部知识合乎规律的发展"②,可惜布尔什维克并没有处理好这个问题;在中国,"文革"时期的"破四旧"决不是当时所说的"好得很",而是一场文化的大劫难,近年来又有人打着"弘扬传统文化"的旗号鼓吹"尊孔读经",甚至要求将儒家学说立为"国教",带有浓厚的"文化复古"色彩,好在始终成不了大气候。总结历史的教训,新时代建设文化强国所要发展的中国特色社会主义文化,既有自己的"红色基因"——熔铸于党领导人民在革命、建设、改革中创造的革命文化和社会主义先进文化,又有自己的"民族基因""民族文化血脉""民族精神命脉"——源自于中华民族五千多年文明历史所孕育的中华优秀传统文化。这里的"中华优秀传统文化",首先剔除了传统文化中的封建性糟粕和消极性成分,其次按照创造性转化和创新性发展的要求,对传统文化精华部分的内涵加以补充、拓展、完善,表现形式加以改造,使之符合时代的特点和要求,激活其生命力,这本身也是马克思主义中国化、时代化、大众化的重要内容,正如

---

① 《毛泽东选集》第2卷,北京:人民出版社1991年版,第707—708页。
② 《列宁选集》第4卷,北京:人民出版社2012年版,第285页。

习近平所说,"不忘历史才能开辟未来,善于继承才能善于创新"①。以和合思想为例,应通过对它的现代诠释,达到古为今用、以古鉴今,使之与现代文化相融相通,以文化人在促进政党关系、民族关系、宗教关系、阶层关系、海内外同胞关系等的和谐中发挥更大作用。"文化自信是一个国家、一个民族发展中更基础、更深沉、更持久的力量"②,有了以中华优秀传统文化为底蕴的中国特色社会主义文化的支撑,中国多党合作就有了自己的"根"和"魂",有了自己茁壮成长的沃土。

六、马克思主义多党合作必须加强宣传教育

马克思主义多党合作的宣传教育,是共产党的宣传思想工作的重要内容。马克思主义强调实践、强调"干出来",但这丝毫没有否定宣传思想工作的重要性,事实上,共产党人根据唯物史观关于社会基本矛盾运动原理,历来高度重视宣传思想工作,发挥其在社会主义革命、建设、改革中的精神动力和智力支持作用。但是,在宣传思想工作中,有关多党合作宣传教育显得比较薄弱,结果党内外、国内外都有不少人对多党合作知之不多、不深,甚至产生某些误读、误解,因而亟待加强多党合作宣传教育,使这方面的知识、理念、价值广为普及并得到提高。

第一,增强做好马克思主义多党合作宣传教育的意识。20 世纪初,列宁在指导俄国无产阶级建党的斗争中,特别强调对工人运动自发性的任何崇拜和自觉因素的任何轻视,都只会加强资产阶级意识形态对工人的影响,这是因为"资产阶级意识形态的渊源比社会主义意识形态久远得多,它经过了更加全面的加工,它拥有的传播工具也多得不能相比。所以某一个国家中的社会主义运动愈年轻,也就应当愈积极地同一切巩固非社会主义意识形态的企图做斗争"③。列宁引用考茨基(当时还是马克思主义者)的话——"社会主义意识

---

① 《习近平谈治国理政》第 2 卷,北京:外文出版社 2017 年版,第 313 页。
② 中共中央党史和文献研究院编:《十九大以来重要文献选编》上,北京:中央文献出版社 2019 年版,第 16 页。
③ 《列宁选集》第 1 卷,北京:人民出版社 2012 年版,第 328 页。

是一种从外面灌输到无产阶级的阶级斗争中去的东西,而不是一种从这个斗争中自发地产生出来的东西"①,指出了向工人群众灌输科学社会主义理论的重要性。

从世界政党政治看,西方国家善于通过各种传播工具来宣扬多党制的合理合法性,来制造"丑共""反共"的舆论氛围,来污蔑社会主义国家民主党派的"卫星党"地位和多党合作的"虚假性",经过长期的说教、反复的强化,"谎言"似乎就成了"真理"。特别是在信息化条件下,"推特""脸书"等社交媒体无孔不入,CNN(美国有线网)、BBC(英国广播公司)、FE(自由欧洲)等亦借助网络技术升级换代,从而置社会主义国家于被动地位,如在当代国际受众了解中国的信息中,借助于西方媒体的高达68%,经过其他国家的10%,来自中国媒体的仅有22%,结果世界的"中国记忆"被打上了浓重的"西方烙印",中国多党合作有理说不出、说了传不开,在很大程度上是被"他塑"而不是"自塑"的。"兵马未动,粮草先行",做好马克思主义多党合作宣传教育,首先要树立危机意识、主动意识、反击意识,不应是被别人牵着鼻子走的"救火队",而应该是未雨绸缪的"谋划家"。

第二,明确做好马克思主义多党合作宣传教育的内容和使命任务。在内容上,要以马克思主义政党学说和处理政党关系思想为基础内容,同时突出中国马克思主义的创新理论特别是习近平总书记关于多党合作的重要论述,突出多党合作宣传教育的大众化要求,使人们对什么是多党合作、为什么要实行多党合作、多党合作的历程和理论、实践成果、多党合作与多党制的本质区别、多党合作的走向等,有一个比较正确的认识。在使命任务上,关键是结合多党合作的特点,落实习近平在2018年全国宣传思想工作会议上提出的"举旗帜、聚民心、育新人、兴文化、展形象"的要求:举旗帜,就是要高举习近平新时代中国特色社会主义思想伟大旗帜,在学懂弄通习近平总书记关于多党合作的重要论述上下功夫;聚民心,就是要在新时代"把我们的人搞得多多的",达到大团结、大联合的目的,在人心和力量的较量中始终立于不败之地;育新人,就是要在政治交接中不断培养能够将新时代中国多党合作向前推进的新生

---

① 《列宁选集》第1卷,北京:人民出版社2012年版,第326页。

政治力量，使多党合作事业薪火相传，可持续发展；兴文化，就是要在宽松稳定、团结和谐的政治环境中，使具有浓郁中国和合元素的多党合作文化绽放光芒，显示出自己的独特民族魅力；展形象，就是要紧扣新时代人民对美好生活的向往，展现执政党和参政党亲密合作的良好形象，展现社会主义政党制度的优越性。明确多党合作宣传教育的内容和使命任务，重中之重的是要使人民群众尤其是党外人士在"四个自信"的基础上增强对多党合作的认同。多党合作作为统一战线的组成部分说到底是做人的工作的，多党合作理论只要顺应民心，能够满足新时代中国的需要，那么它就不但不会"出丑"，而且会愈来愈令人深信它的独特魅力和远大前途。

第三，创新做好马克思主义多党合作宣传教育的形式。共产党人不是形式主义者，但也要看到为了达到宣传教育的效果，宣传教育的内容和使命任务需要有效的形式的烘托，事物的表现形式和它的本质不会直接合一，否则"一切科学就都成为多余的了"①。一方面，要加强多党合作话语体系建设，包括推进国际传播能力建设，讲好中国多党合作故事，传播好中国多党合作声音，透过多党合作的窗口向世界展现真实、立体、全面的中国，提高国家文化软实力和中华优秀传统文化国际影响力；另一方面，要按照"掌握思想领导"、掌握意识形态工作主导权的本质要求和内在规律，综合运用并不断创新有效形式。在新时代，"灌输"依然需要，但必须结合信息化、大数据加以改进，实现"面对面"和"键对键"的有机结合。近年来，各民主党派在自我教育中，积极探索传统媒体与新兴媒体融合发展，线上线下共同策进，尤其是充分运用新媒体传播快速、手段灵活等特性，打造信息发布渠道和思想舆论阵地，通过"指尖上的思想政治工作"，潜移默化地拉近党派组织与成员的距离。各民主党派从中央到地方再到基层各级组织，纷纷开通 QQ 群、微信群等公众平台，不仅经常推送"配方"新颖、"工艺"精湛、"包装"时尚的好文章，而且在有学有思、有辩有议中，实现了领导与成员、成员与成员的交流互动，从而使"我们的'家风'健康向上，我们的'家规'日益完善，我们的'家人'越

---

① 《马克思恩格斯文集》第 7 卷，人民出版社 2009 年版，第 925 页。

来越多,我们的'家庭'更加温暖"①。

七、马克思主义多党合作必须有执政党、参政党和理论工作者的共同努力

首先,执政的共产党是多党合作的领导力量。马克思主义多党合作是共产党领导的多党合作,多党合作搞得好不好,关键还是看共产党对多党合作的价值判断、理念表达和制度安排,一旦共产党尤其是它的领袖在多党合作问题上发生动摇,那么多党合作很可能会被压制、被打折扣,甚至"无疾而终"。在社会主义国家中,中国多党合作的成果最丰硕,可以说独一无二、没有之一,这一切都离不开中国共产党的政治魄力和正确领导。习近平指出,当今世界"中国共产党、中华人民共和国、中华民族是最有理由自信的"②,这种自信不是来自我们的夜郎自大,而是来自我们对自己实力和潜力的估计。新中国成立以来多党合作的确立、巩固和发展、完善,则为这种自信提供了一个极好的注脚。

其次,参政的民主党派和无党派人士是多党合作的重要主体。社会主义国家多党合作要搞好,从民主党派的角度讲,也要增强参政党意识,以有为争取有位,否则,即便共产党创造了宽松稳定、团结和谐的环境,提供了广阔的参政通道,民主党派也会因为碌碌无为而令人失望。在中国,各民主党派从对民主政治的追求走向对民族复兴的追求,从新民主主义走向社会主义,从革命走向建设和改革,为展示多党合作制度效能注入了活力,做出了贡献。改革开放以来,举凡推动多党合作制度长期存在和发展的条文入宪、制定《教师法》《反分裂国家法》等法律法规、投身现代化建设、参与扶贫事业、推动祖国统一大业、推进中国特色大国外交等,都凝聚着来自民主党派和无党派人士在政治协商、民主监督、参政议政方面的聪明才智。各民主党派同共产党在政治地位上有执政党和参政党之分,但在坚持和发展中国特色社会主义方面,在为中

---

① 饶海泉等:《绘就多党合作事业的壮美画卷》,载《中国统一战线》2018年第4期。
② 中共中央党史和文献研究院编:《十八大以来重要文献选编》下,北京:中央文献出版社2018年版,第348页。

国人民谋幸福、为中华民族谋复兴方面,却是分工不分家、共建共享、荣辱与共。习近平指出,我国发展航船"既需要中国共产党为这艘巨轮掌好舵,也需要中国共产党和广大统一战线成员一起划好桨"①,表达了一种同舟共济、同向发力的期待。面对被英国道德哲学家威廉斯称为"苏格拉底问题"的"一个人怎样生活"或"一个人应该成为什么样的人"②,民主党派成员和无党派人士的回答应该是:在新时代越是当好共产党的挚友和诤友,就越是能够赢得共产党和人民的尊重,越是能够描绘出美丽的多党合作画卷。

再次,理论工作者的努力也很重要。理论工作者用自己的文字和声音,为多党合作提思想观点、政策建议,提供合法性论证,提供理论宣传、理论武装的话语,这些都是极其重要的。在多种文化碰撞交织的今天,理论工作者如何应对多党合作舆论领域中的"三个地带",守住属于主阵地的红色地带,压缩、管住、破解属于负面东西的黑色地带,争取、"染红"灰色地带,有许多的问题要研究、要解决,这些也是理论工作者爱国奋进、为新时代多党合作出谋划策的重要表现。邓小平在提出四项基本原则时说,它们都不是什么新问题,但是这些原则需要根据新的丰富的事实做出新的有充分说服力的论证,这既是重大的政治任务又是重大的理论任务,"是要费尽革命思想家心血的崇高的创造性的科学工作"③,理论工作者根据新时代的新变化、新发展,深入研究、阐释中国多党合作的相关问题,特别是在创造性工作方面取得新的突破和进展,同样需要潜心研究,拿出无愧于时代和人民的真知灼见。

俗话说:一个篱笆三个桩,一个好汉三个帮。马克思主义多党合作只有在广大人民的支持下,依靠执政党、参政党和理论工作者的共同努力,造成平行四边形法则的强大合力,才能集思广益,臻于完善。

八、马克思主义多党合作必须反对错误倾向

马克思主义多党合作的起伏,同"阶级斗争"问题有关。阶级分析方法

---

① 《习近平在党外人士迎春座谈会上发表讲话》,载《人民日报》2016年1月30日。
② Bernard Williams, *Ethics And The Limits of Philosophy*, London And New York : Rouledge, 2006, p. 1.
③ 《邓小平文选》第2卷,北京:人民出版社1994年版,第180页。

是马克思主义所强调的认识阶级社会的科学方法,阶级斗争的线索使共产党人"能在这种看来扑朔迷离、一团混乱的状态中发现规律性"①,它们在指引共产党人夺取政权的斗争中发挥了伟大的认识工具和行动工具的作用。社会主义国家在剥削阶级作为阶级消灭以后,由于各种因素的影响,阶级斗争还将在一定范围内长期存在,并且不排除某种条件下激化的可能,但它已经不是主要矛盾,社会矛盾尽管很多很复杂,但大多数属于新的历史条件下的人民内部矛盾,各种具体的利益关系可以在全国人民的根本利益一致的基础上进行调节,因而不应当把一切矛盾都简单地归结为阶级矛盾并试图用阶级斗争的方法来解决,即便是处理带有阶级斗争性质的矛盾,也必须服从于而决不能偏离现代化建设。所以,在阶级斗争问题上既要反对熄灭论又要反对扩大化。社会主义条件下的各民主党派是拥护共产党领导和社会主义制度的具有政治联盟性质的参政党,正确处理共产党与民主党派的关系是正确处理人民内部矛盾问题的一部分,必须坚决摈弃不合时宜的"斗争哲学"的那一套旧方法和旧经验,同时坚守共同的思想政治基础不动摇,共同致力于社会主义事业。

在社会主义国家的历史上,执政的共产党在观察和处理社会主义社会的各种矛盾时,常常没有区分好阶级矛盾和非阶级矛盾、对抗阶级之间的矛盾和非对抗阶级之间的矛盾、敌我矛盾和人民内部矛盾,同时习惯于沿用过去熟习的依靠大规模疾风暴雨式群众斗争的方法和经验去解决问题,结果导致阶级斗争扩大化。在这种情况下,民主党派常常被视为"资产阶级政党",它们的言论、行动常常被视为阶级斗争的动向,在批斗的氛围中,民主党派、多党合作的存在与共产党的领导被对立起来,民主党派难以开展活动,参政党功能萎缩,多党合作名存实亡甚至遭受取缔。东欧四国在多党合作中,在一段时间内存在压制民主党派的情形,在另一段时间内也存在共产党对民主党派的领导失之于宽、失之于软、失之于松的情形,造成民主党派对国家领导力量、指导思想、发展道路等的认识模糊、认同动摇,多党合作经不起政治剧变的考验,呈现出复杂的态势。

改革开放后,在否定"以阶级斗争为纲"、对社会主要矛盾和根本任务做

---

① 《列宁选集》第2卷,北京:人民出版社2012年版,第426页。

出新的判断的情况下,邓小平提醒全党:"社会主义社会的阶级斗争是一个客观存在,不应该缩小,也不应该夸大。实践证明,无论缩小或者夸大,两者都要犯严重的错误。"① 具体到意识形态领域内,就是要正确开展反倾向斗争,有右反右,有"左"反"左"。对此,既要坚持"两点论"又要突出"重点论":一方面,在纠正"左"的错误的过程中,一些人"只提反'左'不提反右,这就走到软弱涣散的另一个极端"②;另一方面,从党的历史看,根深蒂固的还是"左"的东西,"'左'带有革命的色彩,好像越'左'越革命。……右可以葬送社会主义,'左'也可以葬送社会主义。中国要警惕右,但主要是防'左'"③。当然,对于思想认识问题和工作实践中的不同意见以致偏差,必须进行实事求是的分析,不能随意说成是政治倾向上的右或"左",更不能重蹈覆辙。

多党合作并非发生在云雾弥漫的幻想太空,多党合作中的成员并非离群索居的抽象人,现实社会中的种种问题或隐或显都会在多党合作中体现出来,因而多党合作中存在不同的声音是正常的,这本身也是求同存异原则的体现,但对个别民主党派成员和无党派人士的不恰当言论,不论是"左"的还是右的,都有必要通过自我教育和思想政治工作,达到提高政治觉悟、增进"四个自信"的目的。对违反各民主党派章程和国家法律的言行,一旦触及多党合作的思想政治基础和政治底线,那么就不能包庇护短,不能以"尊重民主党派的独立性""保持政党关系和谐"等为借口听之任之,而是应该"以斗争求团结",运用参政党的规章和国家法律进行处理,在这方面,民主党派成员和无党派人士同共产党员一样,不能因为是党外人士就享有法外"特权",否则,多党合作就会因共同思想基础的销蚀而不复存在。

在多党合作中,建立容错纠错机制同样非常重要,因而要按照习近平提出的"三个区分开来"④,宽容党外干部在改革创新中的失误错误,激励他们在

---

① 《邓小平文选》第2卷,北京:人民出版社1994年版,第182页。
② 《邓小平文选》第3卷,北京:人民出版社1993年版,第37—38页。
③ 《邓小平文选》第3卷,北京:人民出版社1993年版,第375页。
④ 《习近平在省部级主要领导干部学习贯彻党的十八届五中全会精神专题研讨班上的讲话》,载《人民日报》2016年5月10日。

新时代新担当新作为。如果说从全面从严治党的角度看,对共产党员干部的要求比党外干部高,那么从多党合作的角度看,对党外干部失误错误的宽容则应比共产党员干部高。中国的现代化建设越是向前推进,面临的困难和风险就越大,来自国外的压力、阻力就越大,在伟大事业面前,共产党人和党外人士都不是神仙,不可能样样事情都做得准确无误,只有成绩,没有缺点,因而如果没有一定的容错纠错机制,不分青红皂白地对干部进行处分、处罚,就会严重挫伤包括党外干部在内的整个干部队伍的积极性,而这对于我们事业的发展是十分不利的。

九、马克思主义多党合作必须加强制度化规范化程序化建设

首先,马克思主义多党合作的性质和特点,决定了一些人提出的制定"政党法"、推行所谓的"政党制度法律化"的主张,是行不通的。

实际上,我国宪法和法律并非"零涉及"政党和政党制度问题,如宪法序言中关于爱国统一战线、中国人民政治协商会议、各政党都必须以宪法为根本的活动准则、多党合作制度将长期存在和发展的规定,宪法总纲中关于"中国共产党领导是中国特色社会主义最本质的特征"的规定,相关法律法规中涉及政党的直接或间接、明确或不十分明确的规定,都表明在依法治国的进程中,有关政党和政党制度的重大的、原则性的内容,是有宪法和法律根据的;十八届四中全会将形成完善的党内法规体系纳入全面推进依法治国总目标、将依据党内法规管党治党作为依法执政的一个要求,也体现了执政党遵从法治、带头守法的自觉。但是,如果要求效仿国外"政党法",在我国制定《多党合作法》或《各民主党派参政议政法》等,对我国政党的地位、作用、组织原则;建党目的、条件、程序;政党的经费来源、使用与限制;政党的活动及违宪违法惩处等做出规定,则不仅在理论上而且在实践上都是做不到的,也是有害的。

一是中国共产党和各民主党派之间没有根本的利益冲突,作为共同致力于中国特色社会主义事业的执政党和参政党,多党合作中的领导和被领导、执政和参政、相互监督等矛盾和问题完全可以通过政党协商等协商民主的渠道来求

得解决，因而习近平说"我国法治体系要跟这个制度（指多党合作制度）相配套"①，法制体系不能脱离我国的基本国情、根本的和基本的政治制度而另搞一套。以"民主监督法律化"为例，表面上它可以提高民主监督的声誉，但实质上这却是一个政治陷阱，因为它不仅意味着民主监督形式的改变，更意味着民主监督性质的蜕变。如果将民主党派在四项基本原则的基础上通过提出意见、建议和批评的方式对中共进行的政治监督，从非权力监督变成硬性的法律监督，那就意味着民主党派向共产党、人大、政协、政府、司法机关等提出的意见、建议和批评，不论其对错与否、可行性如何，都具有法律效力，被监督对象必须言听计从，否则"违法必究"，便要受到法律制裁，这样一来，民主党派岂不变成了"第二人大"，唱"对台戏"的本意岂不被扭曲？在我国一院制的政治体系中，只有人民代表大会可以行使最高国家权力，民主党派一旦可以对共产党、行政机关、司法机关等进行质询、弹劾，民主监督就失去了本来的意义，不复存在了。更何况，在民主党派的三项基本职能中，参政议政的主要内容和基本特征，就是政治协商、民主监督，民主监督的性质变了，政治协商就会变成政治对峙，参政议政就会变成类似反对党的活动，整个多党合作制度的初衷也就丧失殆尽了。

二是中国多党合作的运行，主要是依靠共产党的政策的。这里涉及政策和法律的关系。德国比较法学家茨威格特·克茨指出："即使在西方国家，每一项法律规则也都具有或明确或模糊的政策背景。"② 看来，那种认为西方国家只重视国家法律不重视政党政策的观点是有失偏颇的。在社会主义国家，共产党的政策是国家法律的先导和指引，适时通过法定程序将党的政策中那些比较成熟、比较定型的部分上升为法律，有助于在实施法律中贯彻党的意志，多党合作中那些重大的、原则性的方面入宪，就体现了这一点。但是，并非所有的政策都要转变成为法律，共产党的政策对多党合作中各政党的地位、作用、关系以及各民主党派参政议政的内容、形式、保障等都做了比较具体的规定，系

---

① 《习近平关于全面依法治国论述摘编》，北京：中央文献出版社2015年版，第35页。
② ［德］K. 茨威格特，H. 克茨：《比较法总论》，潘汉典等译，贵阳：贵州人民出版社1992年版，第519—520页。

列政策性文件虽然没有转化成为法律性文件,但对共产党和各民主党派都有很强的约束力,从一定意义上说,已经成了双方认可的惯例,多党合作运转得好不好,关键看政策执行得怎么样,而不在于政策条文的无微不至的法律化。

三是从各国政党政治的现状看,"政党法"与一国政党活动是否规范有序并不存在必然的联系。尽管从立法意图上看,"政党法"依据宪法精神,体现专门性和综合性、实体性和程序性、预防性和追惩性、政治性与法律性的统一,但如前所述,拥有或曾经拥有"政党法"的国家都有特殊的背景,俄罗斯在2001年7月颁布"政党法"之后,截至2017年12月,已经进行了43次修改,从一个侧面说明了执行这部法律的难度[①];而且有"政党法"的国家政党乱象也可能依然如故,而没有"政党法"的国家政党活动也可能井然有序,正如台湾学者苏俊雄所说,民主政治与政党法单行法规制订与否无逻辑上的必然联系。法律的特点,就在于它是"肯定的、明确的、普遍的规范"[②],用生硬的法律条文将多党合作纳入"政党法"的框架,不但违背带有强烈协商色彩的多党合作,反倒使其失去固有灵活性和优越性,而且那种严格得有些僵化的形式法治,当今即便在西方国家也引起了人们的反思,是一种并非最佳的选择。

四是制定"政党法"还不能不考虑到一些棘手问题。比如,不能回避在参加国际人权公约的情况下,如何应对在现有的民主党派之外组织其他政党的问题,因为国家人权公约所规定的公民的自由结社权利,是包含组建新的政党的权利的,这同我国有原则性的区别;再比如,不能回避"一国两制"下的港澳的政党问题,以及尚未与大陆实现统一的台湾的政党问题,这些弄得不好,反而容易把事情复杂化甚至引起混乱,至少目前的时机是不成熟的。

第二,加强多党合作的制度化规范化程序化建设。

社会主义国家多党合作不走"法律化"道路、不搞"政党法",但不等于可以按主观意志办事。习近平总书记在中央统战工作会议上举例说,有个地方

[①] 《俄罗斯政党法》,http://pravo.gov.ru/proxy/ips/? docbody = &nd = 102071991
[②] 《马克思恩格斯全集》第1卷,北京:人民出版社1956年版,第71页。

在协助民主党派换届时，让八个民主党派主委互相对调，还美其名曰学习当年毛主席指挥八大军区司令调动。这样瞎指挥，不出问题才怪！① 所以，欲彰显新型政党制度的优越性，就必须加强多党合作的制度化规范化程序化建设。

制度化强调一种做法或组织形式被明确下来并被广泛认可，即使它还未被普遍接受，行为者也可以根据这个做法或组织形式预期未来结果并建立自己的预期目标，进而调整自己的取向及行为。就多党合作来说，它的制度化体现的是对多党合作核心价值观的肯定，对多党合作的原则、格局、内容、方式、途径等的确定，因而成为实现多党合作的根本性保证。社会主义国家多党合作在发展进程中所遭受的挫折，原因很多，首要的一条就是缺乏制度保障，在苏联东欧是这样，在中国也是这样。因而只有将多党合作的好传统、好经验、好形式、好做法、好政策等好东西用制度固定下来，使之成为人们共同遵守的具有权威性的规范，才能保障多党合作不因共产党领导人及其看法和注意力的改变而改变。如果说制度化更多的是从基本政治制度的角度对多党合作提出要求，那么规范化、程序化则更多的是从具体政治制度即政治体制、机制的角度对多党合作提出要求。制度是由人来设计和安排的，也是由人来实施和运作的，这就给制度提出了规范行为（也就是使行为合乎标准）的要求。以往社会主义国家在民主党派参政、监督、协商的不少环节上缺乏配套的、具体的、完善的规范，因而在实际操作中不同程度存在着主观随意性和形式主义，这就需要健全配套的具体措施、规定和细则，使多党合作内容具体化、操作规范化。操作的规范化又是同程序化密不可分的，程序主要包括作出某种行为的方法、步骤、方式、顺序和时限等，程序化的价值体现在，它通过时限要求体现效率，杜绝议而不决；通过步骤上的循序渐进确保章法，杜绝任性；通过党务政务公开确保权力在阳光下运行，杜绝暗箱操作；通过广泛参与调动积极性，杜绝"一言堂"，等等。在多党合作中，有了切合国情的为执政党和参政党共同遵守的程序，多党合作就不会走样，稳定性就有保证。

多党合作的制度化规范化程序化建设存在着密切关系：首先，制度是社会

---

① 参见中共中央文献研究室编：《十八大以来重要文献选编》中，北京：中央文献出版社2016年版，第560—561页。

活动的一种规范系统，是组织起来的程序，从这个意义上看，三者是层层递进、不断细化的过程；反之，规范化、程序化是为实现制度的功能而提出的更加具体的要求，规范化旨在保障多党合作在实际工作中的落地生根，程序化旨在体现公开、公平和公正，因而它们本身也是制度化的表现和进一步强调。总之，加强多党合作的制度化规范化程序化建设，有助于改变多党合作中"自主裁决权""弹性"过大的问题，以健全的政治体制机制体现基本政治制度的本质。

十、马克思主义多党合作必须正确认识本国特色和国际比较

先说本国特色。马克思主义多党合作既有科学社会主义的共性——坚持共产党的领导和社会主义道路，又有不同国家的个性也就是特色。从中国特色社会主义之"特"看，中国多党合作的特色体现在：道路上，既不走改旗易帜的资本主义多党轮替道路，也不走不适合中国国情的共产党单独执政道路，而是坚定不移走共产党领导的多党合作道路；理论体系上，坚持以马克思主义政党学说和处理政党关系思想及其中国化的理论成果——毛泽东多党合作思想和中国特色社会主义多党合作思想为指导，在新时代特别要以后者的最新理论成果——习近平总书记关于多党合作的重要论述为指导；制度上，坚持多党合作制度作为我国的一项基本政治制度的定位，不断完善"共产党领导，多党派合作；共产党执政，多党派参政"的格局；文化上，坚持通过"创造性转化，创新性发展"充分发挥中华优秀传统文化的粘合作用，使和合思想等的精髓更好地为新型政党关系、新型政党制度服务。毛泽东说："科学研究的区分，就是根据科学对象所具有的特殊矛盾性。"[①] 中国多党合作的特色，使它成为马克思主义多党合作的典范，极具理论与实践的研究价值，事实上，当今不仅执政的和非执政的共产党在关注中国多党合作制度，西方搞多党制的国家也在观察中国多党合作制度。

马克思主义多党合作的国际比较，不但要明确和谁比，而且"要弄清所

---

① 《毛泽东选集》第1卷，北京：人民出版社1991年版，第309页。

比较的各个国家的历史发展时期是否可比"①。在这一前提下,这一比较涉及以下多个方面的内容。

首先,以宽广的目光,同世界政党政治所发生的重大变化进行比较。冷战后尤其是进入 21 世纪,世界政党政治发生了重大变化:一是世界政党数量急剧增加,全球 6000 多个政党中有 75% 左右是冷战后新建的,且主要集中在前苏东地区和非洲,政党活动活跃,政党政治不仅对一国内政外交国防等的影响扩大,而且以国际组织、国际会议、国际运动等为载体的国际化现象也不断加强,对国际事务所发生的作用有目共睹;二是伴随苏东剧变和发展中国家转型,多党制借助"多元化"思潮在全球肆虐,至于发达国家,也出现了传统大党力量削弱、政党格局趋于分散化的趋势;三是由于社会结构发生深刻变化,传统的左右翼政党都为争取选民尤其是所谓的"中产阶级"而淡化政纲的意识形态色彩,大量政党由党魁党、阶级政党、团结性政党向"全民化"嬗变,政党社会基础中间化,成员极其复杂;四是政党面对挑战普遍重视自身建设,希冀求变图存,民主和民生成为世界性政党变革的两大话题,但过度的"民主化"、过高的"福利承诺"也带来了派别活动、财政不堪重负等棘手问题;五是在世界非执政共产党的力量有所增长的同时,由于一些国家政治力量失衡,在传统政党之外一些带边缘性、教派性、民粹性、极端性的政党的力量上升,其另类言行越来越引起人们的关注和忧虑。在世界政党政治发生重大变化的多事之秋,中国多党合作制度"我自岿然不动",在坚持中完善、发展,在完善、发展中坚持,显示出蓬勃生机。

第二,以深邃的目光,同西方多党制进行比较。西方国家将多党制视为"普世性"的政党制度,将候选人之间为争夺选票进行的自由竞争视为"普适价值",并且带着"有色眼镜"对偏离西方中心主义者充满顽固不化的傲慢和偏见。以"民主指数"为例,这一由英国《经济学人》杂志社旗下的信息情报社创立的民主评估指标体系,在所谓"科学""中立"的背后,以竞争性选举为核心评判标准,罔顾事实,将中国贴上所谓"专制独裁"国家的标签,而一大批治理能力低下甚至是国际上公认的"失败国家"却因"符合标准"

---

① 《列宁选集》第 2 卷,北京:人民出版社 2012 年版,第 379 页。

"民主"程度较高而轻松跻身前列。众所周知,中国历史上并非没有多党制的尝试,但是它和一党专制一样最终被淘汰,中共和各民主党派在为新中国而奋斗中共同缔造了多党合作制度,在新中国成立后继续保留、实行这一制度至今,体现了强烈的内生性特点。在中国这样一个人口众多、幅员辽阔的东方发展中大国,"只有扎根本国土壤、汲取充沛养分的制度,才最可靠、也最管用"①,适合西方国家且成就它们政治文明的政体,对中国不适用,强制推行就会造成严重后果。"冷战"结束之初,日裔美籍学者弗朗西斯·福山乐观地鼓噪,自由民主制度将构成"历史的终结",人类"找不出比自由民主理念更好的意识形态"②,但是近年来,目睹美国民主和美国政治乱象的福山却转而指出美国两大政党在意识形态上从来没有如此两极分化过,这种政治极化加上美国麦迪逊式的制衡体系,导致"否决政治"越来越主导美国政治的运作,由此带来了否决为上、治理为下、政争不断而效率低下的严重问题,关乎长远的改革步履维艰。③ 同时,海外一些学者在对中国政治进行观察和思考时,也提出了一些比较客观的判断,像沃马克就认为中国政党政治的实践可能探索出"党政型民主"的新模式④。总之,中国多党合作制度适应中国国情、国家性质和社会发展状况,因而捍卫、实行这一制度是正义的事情,没有什么输理的地方。有的人"言必称西方",对政治制度、政党制度只有西方政治学的所谓"多元主义"标准,因而明明知道中国多党合作在实践中取得成效、符合国情,就是不敢理直气壮表达出来,这是一种缺乏信心的表现。

第三,以平和的目光,同其他社会主义国家政党制度进行比较。社会主义国家的政党制度不是千篇一律的,既有共产党单独执政制与多党合作制的区别,就是在实行多党合作制的国家,效果也不尽一致甚至可能大相径庭。

---

① 中共中央文献研究室编:《十八大以来重要文献选编》中,北京:中央文献出版社2016年版,第695—697页。

② [美]弗朗西斯·福山:《历史的终结及最后之人》,黄胜强等译,北京:中国社会科学出版社2003年版,第1页。

③ Francis Fukuyama, "America in Decay: The Sources of Political Dysfunction", *Foreign Affairs* (Sept./Oct. 2014), Vol. 93, No. 5 (Sept. 2014), pp. 5 – 26.

④ Brantly Womack, "Democracy And The Governing Party: A Theoretical Perspective", *Journal of Chinese Political Science*, 2005, 10 (1): 23 – 42.

结束语 关于马克思主义多党合作的理论与实践的若干总结

从共产党单独执政制与多党合作制的比较看，二者的共同点，一是都属于社会主义性质的政党制度，都是社会主义国家对本国建设与无产阶级专政的国体相适应的政党制度的探索；二是共产党都处于领导核心和执政地位，都规定党的指导思想和为社会主义奋斗的理想对于政党制度的适用性；三是都强调要发展社会主义民主，完善人民当家做主的制度体系，确保人民成为国家和社会主义的主体地位。二者的差别也是非常明显的，一是与共产党单独执政制相比，实行多党合作制意味着在共产党之外，有一个或若干个民主党派的存在和发展，共产党和民主党派共同在国家政治生活中发挥作用；二是与共产党单独执政制相比，实行多党合作制意味着更强的政治包容性，能够通过民主党派和多党合作的平台，将社会主义事业发展中新出现的社会阶层和集团吸收到体制内，引导这些群体的有序政治参与，从而在政治协商、利益协调中，使共产党执政的社会基础不断增强和扩大；三是与共产党单独执政制相比，实行多党合作制意味着社会主义民主的实现形式更加丰富多彩，也更有生机活力。民主党派和无党派人士除了在国家政治生活中参加政治协商、民主监督、参政议政之外，事实上活动的舞台非常广泛，如基于与某些群团组织的密切关系而在其中发挥影响，或在对外工作中以自己的话语和行动彰显独特作用等，从而助力国家形成更广泛、更有效的民主。

至于社会主义国家多党合作的比较，以中国和东欧四国为例，二者的共同点是比较清楚的，就是在共产党领导下实行多党派的合作，但从不同之处看中国和东欧四国的差别亦是非常明显的：一是从共产党在民众中的影响力和执政根基看，中国共产党在民主革命时期运用统一战线、武装斗争、党的建设这"三大法宝"，领导中国人民进行艰苦卓绝的斗争，打败"三座大山"，建立人民当家做主的新中国，党在中国人民当中享有崇高的威望，党的执政根基伴随着新中国成立以来特别是改革开放以来所取得的成就而坚如磐石，中国各民主党派对中国共产党的领导，是发自内心的、心悦诚服的。反观东欧四国共产党，它们多数在"二战"之前的力量和影响非常有限，"二战"之后在苏联红军的扶持下上台执政，并在"冷战"背景下巩固执政地位，这种带有"飞来峰"特点的执政党，在广大民众包括在各民主政党中缺乏先天威信，一旦外部条件（尤其是苏联因素）发生变化，那么自然就容易出现基础不牢、地动山摇的情形;二是从各民主党派的社会基础及同共产党合作的程度看,中国各民主党派在民主革命时期具有阶级联盟特点,社会主义基本制度确立后,则具有政治联盟特点,它们在中国革命、建设、改革的进程中,接受中国共产党的领导,与中共亲密合作,从爱国主义走向社会主义,广泛性和进步性不断增强。反观东欧四国民主政党,它们的社会基础比较单一,缺乏统一战线性质,革命胜利前,它们醉心于西方民主模式,在社会主义条件下,它们对共产党的领导、社会主义道路、马克思列宁主义指导地位等,与其说是自愿认同,不如说是一种无可奈何的接受,因而多党合作的基础比较脆弱;三是从多党合作的实际运作看,尽管中国多党合作也走过弯路,但中国共产党善于坚持真理、修正错误,通过拨乱反正、改革创新,使多党合作在改革开放之后重新走上正轨并在制度化、规范化、程序化方面不断加强,成为展示社会主义政治文明的重要窗口。反观东欧四国多党合作,它们的民主政党数量远没有中国的民主党派多,虽然也建立了类似中国人民政协这样的统一战线组织,共产党和各民主政党也通过联席会议等形式进行政党协商,但都比较缺乏制度保障,多党合作受到来自"左"的和右的影响都比较大,很多人包括一些民主政党成员对多党合作也不抱有太多的信心。

　　社会主义国家不论是实行哪一种政党制度,都是执政的共产党对符合本国国情的政治发展道路的探索的组成部分。由于主客观因素的影响,不同国家对这一问题的回答不尽相同,也无法强求一致,但透过苏东剧变的教训,中国更坚定了坚持好、完善好、发展好中国共产党领导的多党合作和政治协商制度的信心。社会主义国家应该按照和平共处五项原则和党际交往四项原则,在加强治党治国交流中,加强政党制度建设的交流,互相取长补短,这本身也是构建社会主义国家命运共同体的题中之义。

　　通过国际比较,马克思主义多党合作应该清醒意识到:一是政党制度在各国的产生和发展,都有自己的历史的、文化的、现实的因素,没有哪一种政党制度是可以随随便便移植成功的,也没有哪一种政党制度能够以"普世""普适"自居,世界政党政治的舞台既是丰富多彩的,也是充满博弈的,哪一种政党制度能够"笑到最后",这不是一个理论问题,而是一个实践问题,需要由实践去做出检验和回答;二是多党合作在本质上是发扬人民民主的问题,一

结束语 关于马克思主义多党合作的理论与实践的若干总结

切有助于发扬人民民主的理念、体制、机制，即便来自西方国家，也可以按照"以我为主，为我所用"的原则对其加以吸收、借鉴，这种吸收、借鉴不是妄自菲薄，恰恰是自信的一种表现；三是多党合作在发展的进程中不可能一帆风顺，甚至可能遭受挫折，马克思在1848年欧洲革命失败后面对反动势力的反扑、无产阶级运动的挫折，清醒地指出：即便社会在表面上退到出发点后面了，但这并不是说历史就不前进了，因为"实际上社会首先要为自己创造革命所必需的出发点，创造唯一能使现代革命成为真正的革命的形势、关系和条件"①，马克思主义多党合作总结经验教训，将在未来岁月促进自身向着更加健康的方向发展；四是新时代中国多党合作的坚持、完善和发展，不但是马克思主义多党合作的中流砥柱，而且作为"中国智慧""中国方案"的一个体现，为世界政党文明增添了富有"中国元素"的新型政党制度模式，这种模式不强加于人，但却可以给人启迪——中国多党合作为什么行。按照"面向现代化，面向世界，面向未来"的要求不断加强自身建设，久久为功，中国多党合作一定能够在世界政党政治舞台上占有一席之地。

---

① 《马克思恩格斯文集》第1卷，北京：人民出版社2009年版，第474页。

后 记

本书是我所主持的国家社科基金项目"社会主义国家多党合作的理论与实践研究"（立项编号14BKS038；结项证书号：20193628）的最终成果。经过努力，我终于如履薄冰般地完成了国家社科基金项目的研究工作，并几经修改、完善，最后将出版物的名称定为"马克思主义多党合作的理论与实践研究"。

我的求学之路比较艰辛。小时候在镇上的小学、中学读书，由于众所周知的原因，没有接受特别好的基础教育。后来，一路"斗争"，终于学有所成，所以每一次听电视连续剧《西游记》的主题歌——《敢问路在何方》，我都特别感动。尽管在繁重的教学、行政工作之余搞学术研究非常辛苦，但我无怨无悔，就愿意自讨苦吃。思维的智慧太美丽了，知识的力量太强大了，"我思故我在"！可以说，本书的出版于我而言，不是终点，而又是一个新的起点。有梦想，有动力，生活总要继续，奔跑不能停息！

中央编译出版社的李媛媛女士、王丽芳女士为本书的出版尽心竭力。在此，真诚感谢李媛媛女士、王丽芳女士的帮忙，正是她们的敬业精神，使得本书能够顺利面世！